Thomas Theis

Einstieg in C# mit Visual Studio

Ideal für Programmiereinsteiger

Rheinwerk
Computing

Liebe Leserin, lieber Leser,

Sie möchten C# lernen? Eine gute Wahl, denn wegen ihrer großen Vielseitigkeit und Leistungsfähigkeit ist C# eine der wichtigsten Programmiersprachen unserer Zeit. Wenn Sie auf schnelle und praktische Weise lernen möchten, eigene Windows-Programme mit C# zu entwickeln, ist dieses Buch genau das Richtige für Sie!

Unser Autor Thomas Theis vermittelt Ihnen anhand zahlreicher kleiner Beispielprogramme zunächst die Grundlagen der C#-Programmierung. Schritt für Schritt lernen Sie alles, was Sie für Ihre weitere Arbeit wissen müssen. Vorkenntnisse sind nicht erforderlich. Bereits nach kurzer Zeit werden Sie Ihr erstes Programm entwickeln, auch wenn Sie Programmieranfänger sein sollten. Nach und nach werden Sie dann mit den fortgeschrittenen Themen wie der objektorientierten Programmierung oder der Entwicklung von Datenbankanwendungen vertraut gemacht. Am Ende beherrschen Sie C# so gut, dass Sie mühelos auch größere Windows-Programme wie z. B. einen Taschenrechner oder das Spiel Tetris entwickeln können.

An zahlreichen Übungsaufgaben können Sie Ihr neu gewonnenes Wissen direkt testen und vertiefen. Die dazugehörenden Musterlösungen finden Sie auf *www.rheinwerk-verlag.de/6114* unter »Materialien« bzw. im Downloadpaket, das den elektronischen Ausgaben dieses Buchs beigegeben ist.

Dieses Buch wurde mit großer Sorgfalt geschrieben, geprüft und produziert. Sollte dennoch einmal etwas nicht so funktionieren, wie Sie es erwarten, freue ich mich, wenn Sie sich mit mir in Verbindung setzen. Ihre Kritik und konstruktiven Anregungen sind uns jederzeit herzlich willkommen!

Viel Spaß beim Entwickeln Ihrer Programme wünscht Ihnen nun

Ihre Anne Scheibe
Lektorat Rheinwerk Computing

anne.scheibe@rheinwerk-verlag.de
www.rheinwerk-verlag.de
Rheinwerk Verlag • Rheinwerkallee 4 • 53227 Bonn

Auf einen Blick

Wir hoffen, dass Sie Freude an diesem Buch haben und sich Ihre Erwartungen erfüllen. Falls Sie Anregungen, Wünsche und Kommentare haben, lassen Sie es uns wissen: **service@rheinwerk-verlag.de**.

Informationen zu unserem Verlag und Kontaktmöglichkeiten finden Sie auf unserer Verlagswebsite **www.rheinwerk-verlag.de**. Dort können Sie sich auch umfassend über unser aktuelles Programm informieren und unsere Bücher und E-Books bestellen.

Autor Thomas Theis
Lektorat Anne Scheibe, Ariane Podacker
Copy-Editing RYZE Digital GmbH, Mainz
Typografie & Layout Vera Brauner
Satz Typographie & Computer, Krefeld
Herstellung Nadine Preyl
Covergestaltung Mai Loan Nguyen Duy
Druck Beltz Grafische Betriebe, Bad Langensalza

FSC
www.fsc.org
MIX
Papier | Fördert gute Waldnutzung
FSC® C089473

Dieses Buch wurde mit mineralölfreien Farben auf FSC-zertifiziertem Papier aus nachhaltiger Waldwirtschaft gedruckt. Der Umwelt zuliebe verzichten wir zusätzlich auf die Einschweißfolie. Hergestellt in Deutschland.

Bibliografische Information der Deutschen Nationalbibliothek:
Die Deutsche Nationalbibliothek verzeichnet diese Publikation in der Deutschen Nationalbibliografie; detaillierte bibliografische Daten sind im Internet über *http://dnb.dnb.de* abrufbar.

ISBN 978-3-367-10849-7

8., aktualisierte Auflage 2026

Rheinwerk Verlag GmbH • Rheinwerkallee 4 • 53227 Bonn
service@rheinwerk-verlag.de

Inhalt

10 Beispielprojekte 451

11 Windows Presentation Foundation 475

Materialien zum Buch

Auf der Webseite zu diesem Buch stehen folgende Materialien für Sie zum Download bereit:

- **alle Beispielprogramme**
- **alle Übungsprogramme mit Musterlösungen**

Gehen Sie auf *https://www.rheinwerk-verlag.de/6114*. Klicken Sie auf den Reiter MATERIALIEN. Sie sehen die herunterladbaren Dateien samt einer Kurzbeschreibung des Dateiinhalts. Klicken Sie auf den Button HERUNTERLADEN, um den Download zu starten. Je nach Größe der Datei (und Ihrer Internetverbindung) kann es einige Zeit dauern, bis der Download abgeschlossen ist.

Kapitel 1
Einführung

In diesem Kapitel erlernen Sie anhand eines ersten Projekts den Umgang mit der Entwicklungsumgebung und den Steuerelementen. Anschließend werden Sie in der Lage sein, Ihr erstes eigenes Windows-Programm zu erstellen.

Bei C# (gesprochen: »C Sharp«) handelt es sich um eine objektorientierte Programmiersprache, die im Auftrag von Microsoft entwickelt wurde. In den meisten Fällen wird sie im Zusammenhang mit der .NET-Softwareplattform von Microsoft genutzt.

Die erste Version der Sprache C# erschien im Jahr 2001. Sie hat eine ähnliche Zielsetzung wie Java und C++ und wird ständig weiterentwickelt. In diesem Buch wird mit C# in der Version 14.0 gearbeitet, die zusammen mit der Version 2026 der Entwicklungsumgebung Visual Studio im November 2025 erschienen ist.

In den letzten Jahren wurden der Sprache C# eine Reihe von Eigenschaften und Merkmalen hinzugefügt, besonders im funktionalen Bereich. Damit kann der C#-Code kompakter und verständlicher gestaltet werden.

1.1 C# und Visual Studio

Mithilfe der Entwicklungsumgebung Visual Studio 2026 und der .NET-Softwareplattform können Sie in mehreren Sprachen programmieren, unter anderem in C#. Die .NET-Softwareplattform bietet Klassenbibliotheken, Programmierschnittstellen und Dienstprogramme zur Entwicklung von Anwendungen. Außerdem wird eine Laufzeitumgebung zur Ausführung der Anwendungen zur Verfügung gestellt. In diesem Buch wird mit der .NET-Softwareplattform in der aktuellen Version .NET 10.0 gearbeitet.

Mit C# und der Entwicklungsumgebung Visual Studio 2026 lassen sich Anwendungen unterschiedlichen Typs erstellen, unter anderem:

- *Windows-Forms*-Anwendungen mit leicht zu erstellenden grafischen Benutzeroberflächen und ereignisorientierter Programmierung

- *WPF*-Anwendungen mit der Klassenbibliothek *Windows Presentation Foundation (WPF)* und der Auszeichnungssprache *eXtensible Application Markup Language (XAML)*
- Datenbankanwendungen mit lesendem und schreibendem Zugriff auf unterschiedliche Datenbanksysteme

1.2 Aufbau dieses Buchs

Dieses Buch vermittelt Ihnen zunächst einen einfachen Einstieg in die Programmierung mit C# und der Entwicklungsumgebung Visual Studio 2026. Die Bearbeitung der Beispiele und das selbstständige Lösen der vorliegenden Übungsaufgaben helfen dabei. Dadurch werden Sie schnell erste Erfolgserlebnisse haben, die Sie zum Weitermachen motivieren. In späteren Kapiteln werde ich Ihnen anschließend auch komplexere Themen vermitteln.

Von Anfang an wird mit anschaulichen Windows-Anwendungen gearbeitet. Die Grundlagen der Programmiersprache und die Standardelemente einer Windows-Anwendung, wie Sie sie bereits von anderen Windows-Programmen her kennen, werden gemeinsam vermittelt. Die Anschaulichkeit einer Windows-Anwendung hilft dabei, den eher theoretischen Hintergrund der Programmiersprache leichter zu verstehen.

1.3 Visual Studio 2026

Für dieses Buch wird die frei verfügbare Entwicklungsumgebung *Visual Studio Community 2026* eingesetzt. Sie können sie unter Windows 11 nutzen.

Diese Version von Visual Studio können Sie bei Microsoft herunterladen und auf Ihrem PC installieren. Eine Installationsanleitung finden Sie im Anhang. Die Projekte in diesem Buch wurden unter Windows 11 bearbeitet. Auch die Screenshots sind unter dieser Windows-Version entstanden.

Visual Studio 2026 bietet eine komfortable Entwicklungsumgebung. Sie umfasst einen Editor zur Erstellung des Programmcodes, einen Compiler zur Erstellung der ausführbaren Programme, einen Debugger zur Fehlersuche und vieles mehr. Während der Eingabe Ihres Codes werden Sie im Editor von Hilfsmitteln wie *IntelliSense* und *Copilot* mit vielen wertvollen Hinweisen und Eingabehilfen unterstützt.

Noch eine Anmerkung in eigener Sache: Für die Hilfe bei der Erstellung dieses Buchs bedanke ich mich beim Team des Rheinwerk Verlags, besonders bei Anne Scheibe.

Thomas Theis

1.4 Mein erstes Windows-Programm

Anhand eines ersten Projekts werden Sie nun die verschiedenen Schritte durchlaufen, die zur Erstellung eines einfachen Programms mit C# in Visual Studio notwendig sind. Das Programm soll nach dem Aufruf zunächst so aussehen wie in Abbildung 1.1 gezeigt.

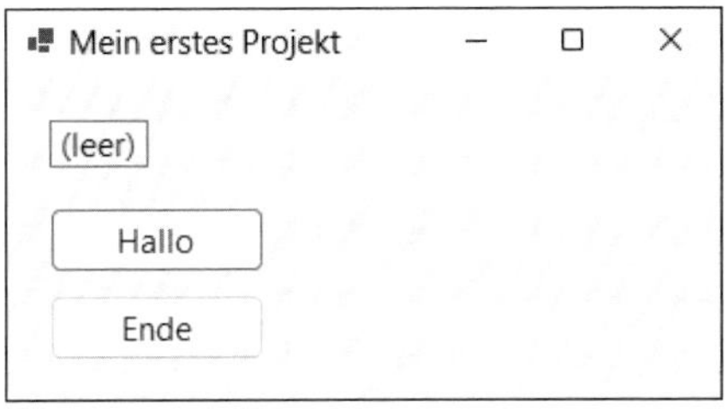

Abbildung 1.1 Erstes Programm nach dem Aufruf

Nach Betätigung des Buttons HALLO soll sich der Text in der obersten Zeile entsprechend verändern (siehe Abbildung 1.2).

Abbildung 1.2 Nach einem Klick auf den Button »Hallo«

1.5 Visual-Studio-Entwicklungsumgebung

Während der Projekterstellung werden Sie die Visual-Studio-Entwicklungsumgebung Schritt für Schritt kennenlernen.

1.5.1 Ein neues Projekt

Nach dem Aufruf des Programms *Visual Studio Community 2026* betätigen Sie zur Erstellung eines neuen C#-Projekts vom Startbildschirm aus die Schaltfläche NEUES PROJEKT ERSTELLEN (siehe Abbildung 1.3).

Abbildung 1.3 Startbildschirm

Sollten Sie bereits ein Projekt erstellt und anschließend den Startbildschirm wieder geschlossen haben, steht Ihnen auch der Menüpunkt DATEI • NEU • PROJEKT zur Verfügung.

Anschließend wählen Sie aus der Liste der Vorlagen die Vorlage WINDOWS FORMS-APP aus. Sie ist leichter zu finden, nachdem Sie die Liste der Vorlagen mithilfe der drei Hilfslisten gefiltert haben. Wählen Sie in diesen Hilfslisten wie in Abbildung 1.4 die Einträge C#, WINDOWS und DESKTOP aus.

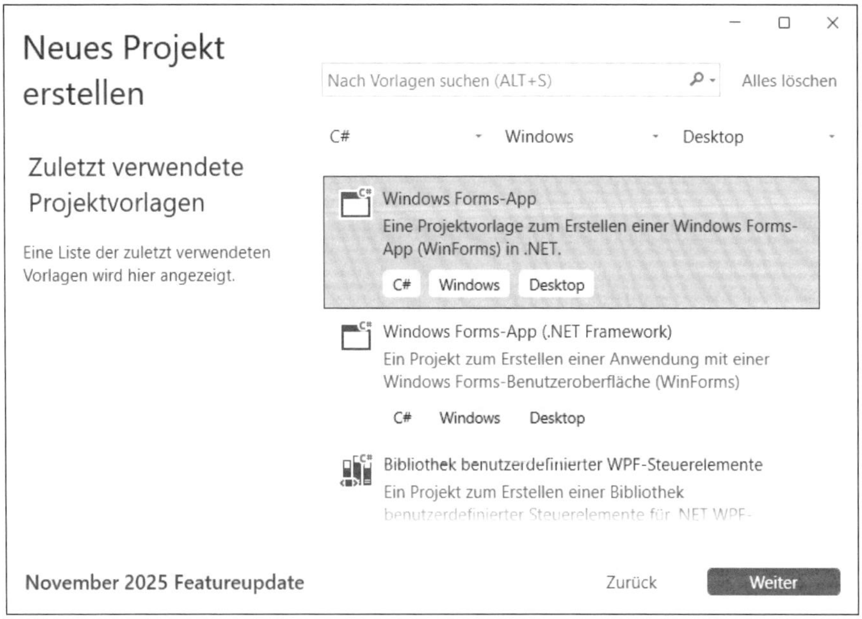

Abbildung 1.4 Vorlage für Windows-Forms-Projekt

Nach Betätigung der Schaltfläche WEITER tragen Sie im nächsten Dialogfeld den Projektnamen ein, hier zum Beispiel: »HalloWelt«, siehe Abbildung 1.5. Zudem wählen Sie den Ort aus, in dem das Verzeichnis für das Projekt neu erstellt wird.

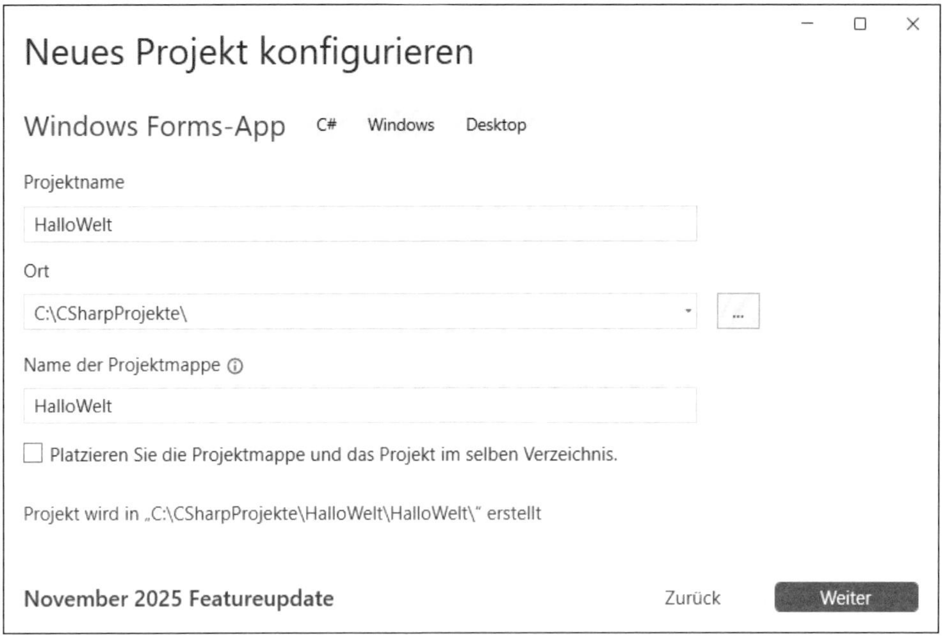

Abbildung 1.5 Projektname und Oberverzeichnis

Wiederum nach der Betätigung der Schaltfläche WEITER wählen Sie das verwendete Framework für Ihr Projekt aus. Nehmen Sie die neueste Version, also .NET 10.0, siehe Abbildung 1.6.

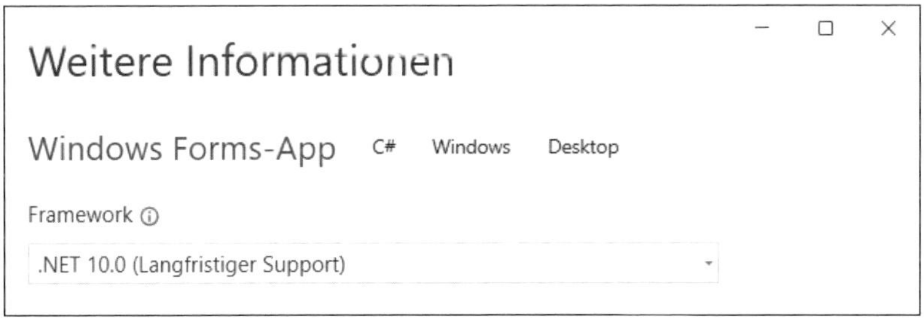

Abbildung 1.6 Auswahl des Zielframeworks

Nach Betätigung der Schaltfläche ERSTELLEN erscheint die Entwicklungsumgebung mit dem neu erstellten Projekt, zunächst mit dem Formular (engl. *form*). Es enthält die Oberfläche für die Benutzer des Programms (siehe Abbildung 1.7). Nach dem Erscheinen des Formulars können Sie zwischen der Ansicht des Formulars und der Ansicht des Codes über die Menüpunkte ANSICHT • CODE beziehungsweise ANSICHT • DESIGNER hin- und herschalten.

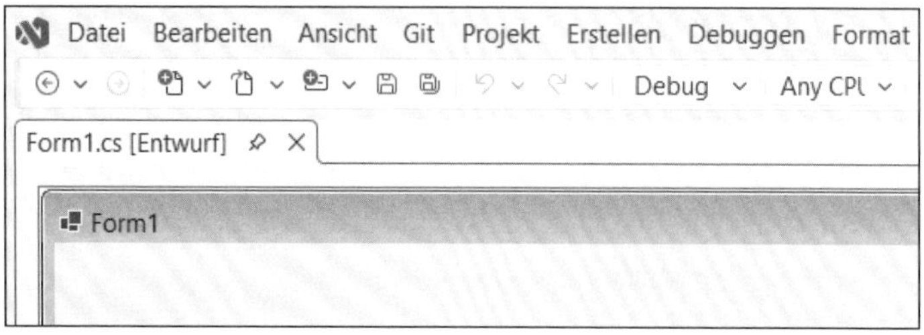

Abbildung 1.7 Benutzerformular

Über das Menü ANSICHT sollten Sie zudem zwei wichtige Hilfsmittel einblenden, und zwar die TOOLBOX und das EIGENSCHAFTEN-Fenster.

Die TOOLBOX (deutsch: Werkzeugkasten) enthält die Steuerelemente für den Benutzer, mit denen er den Ablauf des Programms steuern kann. Sie werden vom Programmentwickler in das Formular eingefügt (siehe Abbildung 1.8).

Sollten in der Toolbox keine Steuerelemente angezeigt werden, klicken Sie einmal auf das Benutzerformular und anschließend wieder auf die Toolbox. Weitere Registerkarten, zum Beispiel DATENQUELLEN, werden nicht benötigt und können jeweils über das Kreuz oben rechts ausgeblendet werden.

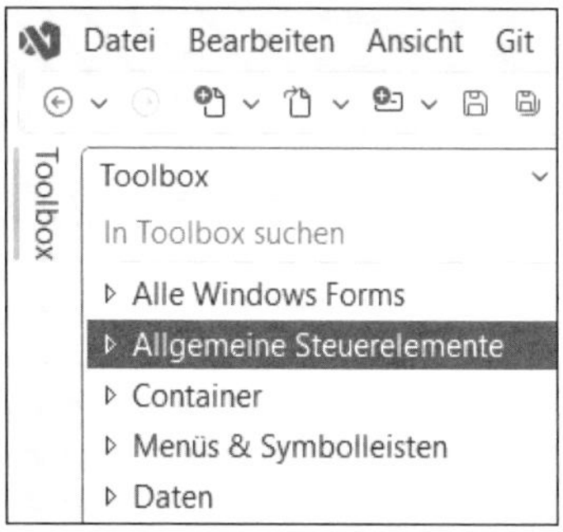

Abbildung 1.8 Verschiedene Kategorien von Steuerelementen

Das EIGENSCHAFTEN-Fenster (engl. *properties window*) dient dem Anzeigen und Ändern der Eigenschaften von Steuerelementen innerhalb des Formulars durch die Programmentwicklerin (siehe Abbildung 1.9). Ich empfehle Ihnen, sich die Eigenschaften in alphabetischer Reihenfolge anzeigen zu lassen. Betätigen Sie dazu einfach unter Form1 System.Windows.Forms.Form das zweite Symbol von links.

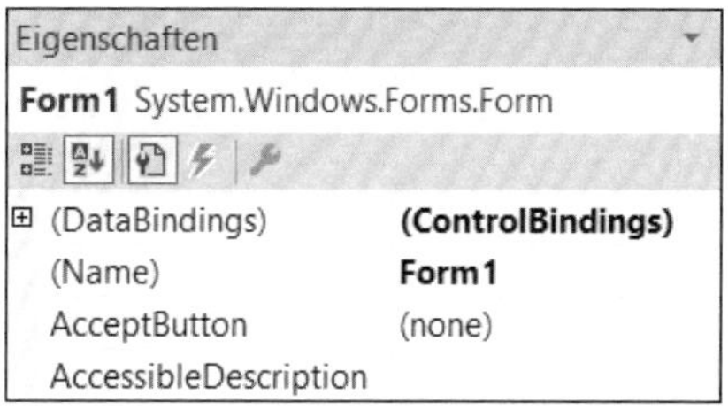

Abbildung 1.9 Eigenschaften-Fenster

Der Projektmappen-Explorer (engl. *solution explorer*) zeigt das geöffnete Projekt mit dessen Elementen (siehe Abbildung 1.10). Sollte er nicht angezeigt werden, blenden Sie ihn über das Menü Ansicht ein.

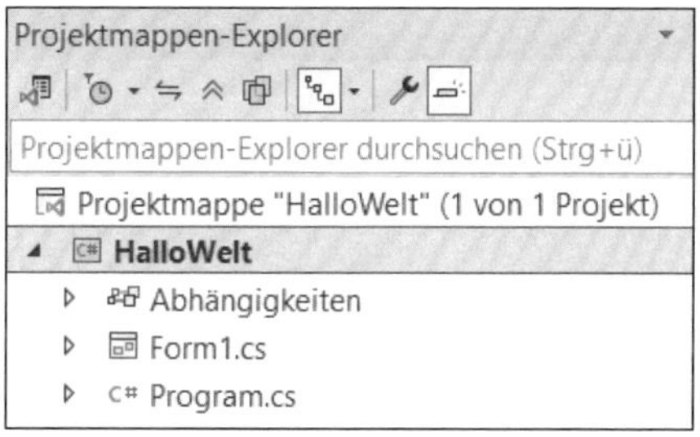

Abbildung 1.10 Projektmappen-Explorer

Ist das Formular nicht sichtbar, führen Sie einen Doppelklick auf den Namen der Formulardatei Form1.cs im Projektmappen-Explorer aus.

Sollten die Eigenschaften eines Steuerelements nicht im bereits sichtbaren Eigenschaften-Fenster angezeigt werden, markieren Sie zunächst wiederum den Namen der Formulardatei Form1.cs im Projektmappen-Explorer und anschließend das betreffende Steuerelement. Es empfiehlt sich, den Projektmappen-Explorer ein wenig zugunsten des Eigenschaften-Fensters zu verkleinern.

1.5.2 Einfügen von Steuerelementen

Zunächst sollen drei Steuerelemente in das Formular eingefügt werden: ein *Bezeichnungsfeld* (*Label*) und zwei *Befehlsschaltflächen* (*Command Buttons*, kurz: *Buttons*). Ein

Bezeichnungsfeld dient dazu, einen Text auf der Benutzeroberfläche anzuzeigen, häufig als Bezeichnung eines anderen Steuerelements. Ein Button dient zum Starten bestimmter Programmteile oder, allgemeiner ausgedrückt, zum Auslösen von Ereignissen.

Um ein Steuerelement einzufügen, ziehen Sie es mithilfe der Maus aus der TOOLBOX an die gewünschte Stelle im Formular. Alle Steuerelemente finden sich in der TOOLBOX in der Kategorie ALLE WINDOWS FORMS. Übersichtlicher ist jedoch der Zugriff über die Kategorie ALLGEMEINE STEUERELEMENTE (engl. *common windows forms*, siehe Abbildung 1.11).

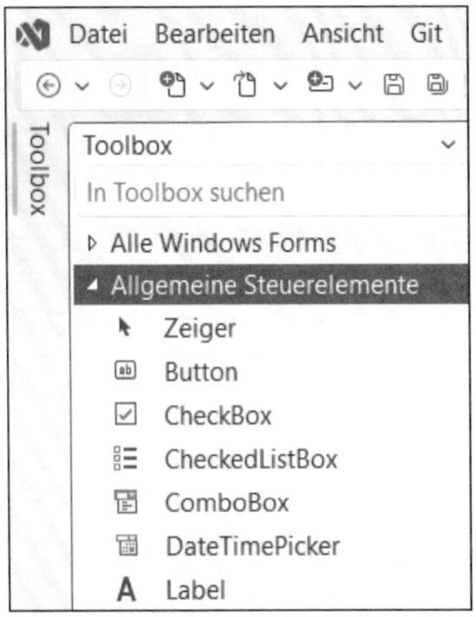

Abbildung 1.11 Allgemeine Steuerelemente

Ein Doppelklick auf ein Steuerelement in der TOOLBOX fügt es ebenfalls in das Formular ein. Position und Größe des Elements können anschließend noch verändert werden. Dazu wählen Sie das betreffende Steuerelement vorher durch einfaches Anklicken aus (siehe Abbildung 1.12). Ein nicht mehr benötigtes Steuerelement können Sie durch Auswählen und Drücken der Taste `Entf` wieder entfernen.

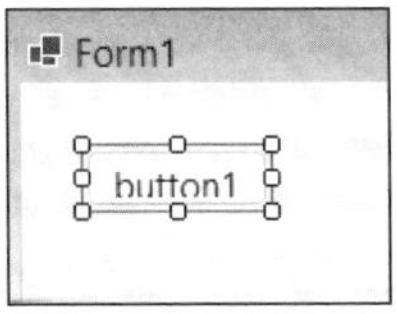

Abbildung 1.12 Ausgewählter Button

Die Größe und andere Eigenschaften des Formulars selbst können Sie ebenfalls verändern. Dazu wählen Sie es vorher durch Anklicken einer freien Stelle im Formular aus.

1.5.3 Arbeiten mit dem Eigenschaften-Fenster

Die eingefügten Steuerelemente haben zunächst einheitliche Namen und Aufschriften; diese sollten Sie für Ihre Programmentwicklung ändern. Es gibt bestimmte Namenskonventionen, die die Lesbarkeit erleichtern: Die Namen enthalten den Typ (mit drei Buchstaben abgekürzt) und die Aufgabe des Steuerelements (jeweils mit großem Anfangsbuchstaben). Ein Button, der die Anzeige der Zeit auslösen soll, wird zum Beispiel mit `CmdZeit` bezeichnet.

Aus den Namen der Steuerelemente ergeben sich auch die Namen der sogenannten *Ereignismethoden*, ebenfalls mit großem Anfangsbuchstaben, siehe Abschnitt 1.5.5. Auf die Einhaltung der Namenskonventionen wird auch im Editor geachtet.

Vorsilben für häufig genutzte Steuerelemente sind:

- `Cmd` für einen Command-Button (deutsch: Befehlsschaltfläche)
- `Txt` für eine TextBox (deutsch: Textfeld)
- `Lbl` für ein Label (deutsch: Bezeichnungsfeld)
- `Opt` für einen RadioButton (deutsch: Optionsschaltfläche)
- `Frm` für ein Form (deutsch: Formular) und
- `Chk` für eine CheckBox (deutsch: Kontrollkästchen)

Zur Änderung des Namens eines Steuerelements muss es zunächst ausgewählt werden. Das können Sie entweder durch einfaches Anklicken des Steuerelements auf dem Formular oder durch seine Auswahl aus der Liste am oberen Ende des EIGENSCHAFTEN-Fensters tun.

Im EIGENSCHAFTEN-Fenster werden alle Eigenschaften des ausgewählten Steuerelements angezeigt. Die Liste ist zweispaltig: In der linken Spalte steht der Name der Eigenschaft, in der rechten ihr aktueller Wert. Die Eigenschaft (NAME) für den Namen des Steuerelements steht am Anfang der Liste der Eigenschaften. Wählen Sie die betreffende Zeile aus, und geben Sie den neuen Namen ein. Nach Bestätigung mit der Taste [↵] ist die Eigenschaft geändert (siehe Abbildung 1.13).

Es ist übersichtlicher, sich die Eigenschaften in alphabetischer Reihenfolge anzeigen zu lassen. Diese Sortierung können Sie wählen, indem Sie das zugehörige Symbol im Kopf des EIGENSCHAFTEN-Fensters anklicken.

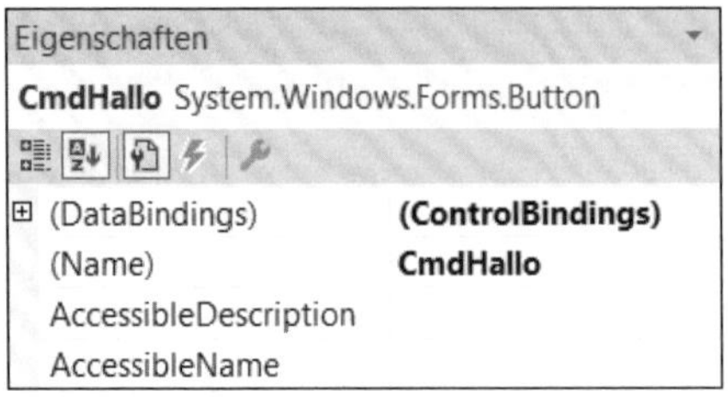

Abbildung 1.13 Button nach der Namensänderung

Die Aufschriften der Buttons, Labels und Formulare entsprechen jeweils den Werten der Eigenschaft `Text`. Die Eigenschaft `Size` (deutsch: Größe) besitzt die Untereigenschaften `Width` (deutsch: Breite) und `Height` (deutsch: Höhe).

Die Eigenschaft `Location` (deutsch: Ort, Position) besitzt die Untereigenschaften `X` (horizontale Position) und `Y` (vertikale Position). Dabei handelt es sich um die Koordinaten der oberen linken Ecke des Steuerelements, gemessen von der oberen linken Ecke des umgebenden Elements (meist des Formulars). Sämtliche Werte werden in Pixeln angegeben.

Wird der Wert einer Eigenschaft geändert, wirkt sich das unmittelbar auf das Steuerelement im Formular aus. Im Folgenden sind die gewünschten Werte für die Eigenschaften der Steuerelemente dieses Programms in Tabellenform angegeben, siehe Tabelle 1.1.

Typ	Eigenschaft	Einstellung
Formular	`Text`	Mein erstes Projekt
	`Size`, `Width` / `Height`	350; 200
Label	`Name`	`LblAnzeige`
	`Text`	(leer)
	`BorderStyle`	`FixedSingle`
	`Location`, `X` / `Y`	20; 20
Button	`Name`	`CmdHallo`
	`Text`	Hallo
	`Size`, `Width` / `Height`	100; 30
	`Location`, `X` / `Y`	20; 60

Tabelle 1.1 Steuerelemente mit Eigenschaften

Typ	Eigenschaft	Einstellung
Button	Name	CmdEnde
	Text	Ende
	Size, Width / Height	100; 30
	Location, X / Y	20; 100

Tabelle 1.1 Steuerelemente mit Eigenschaften (Forts.)

Hiermit legen Sie den Startzustand fest, also diejenigen Werte der Eigenschaften, die die Steuerelemente zu Beginn des Programms beziehungsweise eventuell während des gesamten Programms haben sollen. Viele Eigenschaftswerte können Sie auch noch während der Laufzeit des Programms durch den Programmcode verändern.

Bei einem Label ergibt die Einstellung der Eigenschaft `BorderStyle` auf `FixedSingle` einen Rahmen. Zur Änderung auf `FixedSingle` klappen Sie die Liste bei der Eigenschaft auf und wählen den betreffenden Eintrag aus (siehe Abbildung 1.14). Zur Änderung einiger Eigenschaften müssen Sie gegebenenfalls ein Dialogfeld aufrufen.

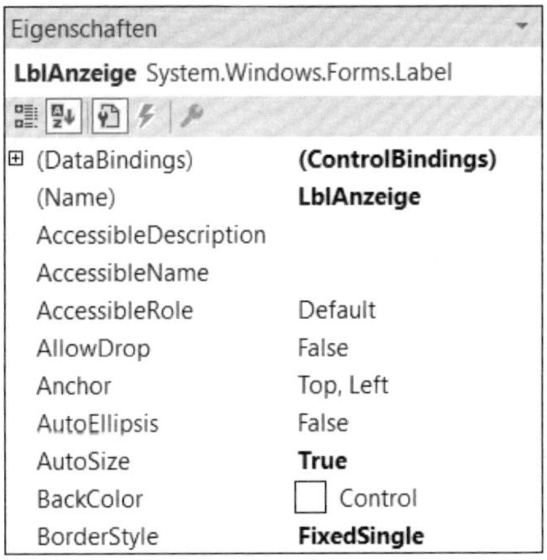

Abbildung 1.14 Label nach der Änderung von Namen und BorderStyle

Im Label soll zunächst der Text (LEER) erscheinen. Hierzu wählen Sie den vorhandenen Text durch Anklicken aus und ändern ihn.

Sie finden alle im aktuellen Formular vorhandenen Steuerelemente in der Liste, die sich am oberen Ende des EIGENSCHAFTEN-Fensters öffnen lässt. Dabei zeigt sich ein Vorteil der einheitlichen Namensvergabe: Die Steuerelemente des gleichen Typs stehen immer direkt untereinander.

1.5.4 Speichern eines Projekts

Die Daten eines C#-Projekts werden innerhalb von Visual Studio in verschiedenen Dateien gespeichert. Zum Speichern des gesamten Projekts verwenden Sie den Menüpunkt DATEI • ALLES SPEICHERN. Diesen Vorgang sollten Sie in regelmäßigen Abständen durchführen, damit keine Änderungen verloren gehen können.

Die in diesem Skript angegebenen Namen erleichtern eine schnelle und eindeutige Orientierung, auch in älteren Programmen.

1.5.5 Das Codefenster

Der Ablauf eines Windows-Programms wird unter anderem durch das Auslösen von Ereignissen durch die Benutzerin gesteuert. Sie löst zum Beispiel die Anzeige des Textes *Hallo* aus, indem sie auf den Button HALLO klickt. Entwickler müssen dafür sorgen, dass aufgrund dieses Ereignisses der gewünschte Text angezeigt wird. Zu diesem Zweck schreiben sie Programmcode und ordnen diesen Code dem Klick-Ereignis zu. Der Code wird in einer sogenannten *Ereignismethode* abgelegt.

Zum Schreiben einer Ereignismethode führen Sie am besten einen Doppelklick auf dem betreffenden Steuerelement aus. Daraufhin erscheint das Codefenster. Zur Erinnerung: Zwischen der Ansicht des Formulars und der Ansicht des Codes können Sie über die Menüpunkte ANSICHT • CODE beziehungsweise ANSICHT • DESIGNER hin- und herschalten. Das ist auch über einen Klick auf den Reiter der betreffenden Registerkarte möglich (siehe Abbildung 1.15).

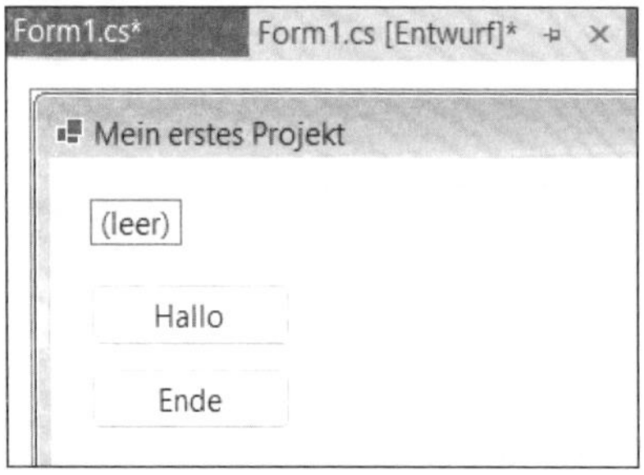

Abbildung 1.15 Registerkarten mit Reitern

Nach erfolgtem Doppelklick auf den Button HALLO erscheinen im Codefenster die folgenden Einträge:

```
namespace HalloWelt
{
    public partial class Form1 : Form
    {
        public Form1()
        {
            InitializeComponent();
        }

        private void CmdHallo_Click(object sender, EventArgs e)
        {
        }
    }
}
```

Listing 1.1 Projekt »HalloWelt«, Button »Hallo«, ohne Code

Lassen Sie sich nicht von der Vielzahl der automatisch erzeugten Zeilen und den noch unbekannten Inhalten abschrecken. Innerhalb der geschweiften Klammern der Ereignismethode `CmdHallo_Click()` wird später Ihr eigener Programmcode hinzugefügt.

Es folgt ein erster Überblick über die anderen Bestandteile, die in späteren Abschnitten für das eigene Programmieren wichtig werden:

- C# ist eine objektorientierte Sprache. Ein wichtiges Element objektorientierter Sprachen sind die sogenannten *Klassen*. Klassen eröffnen weitere Programmiermöglichkeiten. Namensräume (engl. *namespaces*) wiederum enthalten zusammengehörige Klassen.
- Dieses erste Projekt verfügt über einen eigenen Namensraum, daher `namespace HalloWelt`.
- Alle Elemente des aktuellen Formulars `Form1` stehen innerhalb der öffentlich zugänglichen Klasse `Form1`, daher `public class Form1`. Ein Teil der Elemente steht in dieser Datei. Ein anderer Teil, der automatisch erzeugt wurde, steht in einer anderen, hier nicht sichtbaren Datei, daher der Zusatz `partial` (deutsch: teilweise).
- Die Methode `InitializeComponent()` enthält Programmzeilen, die das Aussehen und Verhalten der Steuerelemente des Programms bestimmen.
- Der Zusatz `private` bedeutet, dass die Ereignismethode `CmdHallo_Click()` nur in dieser Klasse bekannt ist. Mit `void` wird gekennzeichnet, dass diese Methode lediglich etwas ausführt, aber kein Ergebnis zurückliefert.

- Auf weitere Einzelheiten dieser automatisch erzeugten Bestandteile werde ich zu einem späteren Zeitpunkt eingehen, da es hier noch nicht notwendig ist und eher verwirren würde.

Der anfänglich ausgeführte Doppelklick führt immer zu dem Ereignis, das am häufigsten mit dem betreffenden Steuerelement verbunden wird. Das ist beim Button das Ereignis `Click`. Zu einem Steuerelement gibt es aber auch noch andere mögliche Ereignisse.

Bei den nachfolgenden Programmen werden nur noch diejenigen Teile im Buch abgebildet, die von der Entwicklerin per Codeeingabe erzeugt werden, sowie diejenigen Teile des automatisch erzeugten Codes, die wichtig für das allgemeine Verständnis sind.

Sie können sich jederzeit den vollständigen Programmcode ansehen, falls Sie eines der Beispielprojekte laden und ausprobieren. Alle Beispielprojekte finden Sie zum Download auf der Webseite zum Buch in den MATERIALIEN.

Hinweis

Lassen sie sich nicht irritieren, falls in Ihrer Installation von Visual Studio blaue Linien unter den deutschen Begriffen im Code erscheinen. Diese Begriffe sind nur für die englische Rechtschreibprüfung unbekannt, beeinflussen aber nicht die korrekte Funktion des Codes oder den Ablauf des Programms. Als mögliche Korrekturmaßnahme wird Ihnen unter anderem eine Deaktivierung der Rechtschreibprüfung vorgeschlagen.

1.5.6 Schreiben von Programmcode

In der Methode `CmdHallo_Click()` soll eine Befehlszeile eingefügt werden, sodass sie anschließend wie folgt aussieht:

```
private void CmdHallo_Click(object sender, EventArgs e)
{
    LblAnzeige.Text = "Hallo";
}
```

Listing 1.2 Projekt »HalloWelt«, Button »Hallo«, mit Code

Der ausgegebene Text muss in Anführungszeichen gesetzt werden.

Der Inhalt einer Methode setzt sich aus einzelnen Anweisungen zusammen, die nacheinander ausgeführt werden. Die vorliegende Methode enthält nur eine Anweisung; in ihr wird mithilfe des Gleichheitszeichens eine Zuweisung durchgeführt.

Bei einer Zuweisung wird der Ausdruck rechts vom Gleichheitszeichen ausgewertet und der Variablen, der Objekteigenschaft oder der Steuerelementeigenschaft links vom Gleichheitszeichen zugewiesen. Die Zeichenkette `Hallo` wird der Eigenschaft `Text` des Steuerelements `LblAnzeige` mittels der Schreibweise `Steuerelement.Eigenschaft = Wert` zugewiesen. Das führt zur Anzeige des Werts.

Nach dem Wechsel auf die Formularansicht können Sie das nächste Steuerelement auswählen, für das eine Ereignismethode geschrieben werden soll. Innerhalb des Codefensters kann Text mit den gängigen Methoden der Textverarbeitung editiert, kopiert, verschoben und gelöscht werden.

In der Ereignismethode `CmdEnde_Click()` soll der folgende Code stehen:

```
private void CmdEnde_Click(object sender, EventArgs e)
{
    Close();
}
```

Listing 1.3 Projekt »HalloWelt«, Button »Ende«

Die Methode `Close()` dient dem Schließen eines Formulars. Da es sich um das einzige Formular dieses Projekts handelt, wird dadurch das Programm beendet und die gesamte Windows-Anwendung geschlossen.

Dies waren einige Beispiele zur Änderung der Eigenschaften eines Steuerelements zur Laufzeit des Programms durch Programmcode. Sie erinnern sich: Zu Beginn hatten wir bereits die Starteigenschaften der Steuerelemente im EIGENSCHAFTEN-Fenster eingestellt.

1.5.7 Kommentare

Bei längeren Programmen mit vielen Anweisungen gehört es zum guten Programmierstil, Kommentarzeilen zu schreiben. In diesen Zeilen werden einzelne Anweisungen oder auch längere Blöcke von Anweisungen erläutert, damit Sie selbst oder auch ein anderer Programmierer sie später leichter nachvollziehen können. Kommentare werden nicht übersetzt oder ausgeführt.

Ein Kommentar beginnt mit der Zeichenkombination /*, endet mit der Zeichenkombination */ und kann sich über mehrere Zeilen erstrecken. Eine andere Möglichkeit ergibt sich durch die Zeichenkombination //. Ein solcher Kommentar erstreckt sich nur bis zum Ende der Zeile.

Der folgende Programmcode wird um einen Kommentar ergänzt:

```
private void CmdEnde_Click(object sender, EventArgs e)
{
    /* Diese Anweisung beendet
       das Programm */
    Close();
}
```

Listing 1.4 Projekt »HalloWelt«, Button »Ende«, mit Kommentar

Hier noch ein kleiner Trick: Sollen bestimmte Programmzeilen für einen Test des Programms kurzfristig nicht ausgeführt werden, können Sie sie auskommentieren, indem Sie die Zeichenkombination // vor die betreffenden Zeilen setzen. Das geht sehr schnell, indem Sie die betreffenden Zeilen markieren und anschließend das entsprechende Symbol in der Symbolleiste anklicken (siehe Abbildung 1.16).

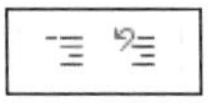

Abbildung 1.16 Kommentar ein/aus

Rechts daneben befindet sich das Symbol, das die Auskommentierung nach dem Test wieder rückgängig macht.

1.5.8 Starten, Ausführen und Beenden des Programms

Nach dem Einfügen der Steuerelemente und dem Erstellen der Ereignismethoden ist das Programm fertig und kann gestartet werden. Dazu betätigen Sie den START-Button in der Symbolleiste (dreieckiger grüner Pfeil nach rechts). Alternativ starten Sie das Programm über die Funktionstaste [F5] oder den Menüpunkt DEBUGGEN • DEBUGGEN STARTEN. Das Formular erscheint, und das Betätigen der Buttons führt zum programmierten Ergebnis.

Zur regulären Beendigung eines Programms ist der Button mit der Aufschrift ENDE vorgesehen. Möchten Sie ein Programm während des Verlaufs vorzeitig abbrechen, können Sie auch den ENDE-Button in der Symbolleiste (rotes Quadrat) betätigen. Alternativ beenden Sie das Programm über die Tastenkombination [⇧]+[F5] oder den Menüpunkt DEBUGGEN • DEBUGGEN BEENDEN.

Tritt während der Ausführung eines Programms ein Fehler auf, werden Sie darauf hingewiesen, und das Codefenster zeigt die entsprechende Ereignismethode sowie die fehlerhafte Zeile an. In diesem Fall beenden Sie das Programm, korrigieren den Code und starten das Programm wieder.

Es ist empfehlenswert, das Programm bereits während der Entwicklung mehrmals durch einen Aufruf zu testen und nicht erst, wenn das Programm vollständig erstellt worden ist.

Ein geeigneter Zeitpunkt dazu ergibt sich zum Beispiel

- nach dem Einfügen der Steuerelemente und dem Zuweisen der Eigenschaften, die Sie zu Programmbeginn benötigen, oder
- nach dem Erstellen jeder Ereignismethode.

1.5.9 Ausführbares Programm

Nach erfolgreichem Test des Programms können Sie die ausführbare Datei (*.exe*-Datei) auch außerhalb der Entwicklungsumgebung aufrufen. Haben Sie an den vorgegebenen Einstellungen nichts verändert, findet sie sich im Unterverzeichnis *HalloWelt/bin/Debug/net10.0-windows* des aktuellen Projekts. Das Programm kann mithilfe eines Doppelklicks auf diese Datei im Windows-Explorer gestartet werden.

Die Weitergabe eines eigenen Windows-Programms auf einen anderen PC ist etwas aufwendiger. Diesen Vorgang werde ich im Anhang beschreiben.

1.5.10 Schließen und Öffnen eines Projekts

Um ein Projekt zu schließen, wählen Sie den Menüpunkt DATEI • PROJEKTMAPPE SCHLIESSEN. Haben Sie Veränderungen vorgenommen, werden Sie vorher gefragt, ob Sie diese Änderungen speichern möchten.

Wollen Sie die Projektdaten sicherheitshalber zwischendurch speichern, ist das über den Menüpunkt DATEI • ALLES SPEICHERN möglich. Das ist bei längeren Entwicklungsphasen sehr zu empfehlen.

Zum Öffnen eines vorhandenen Projekts wählen Sie entweder auf dem Startbildschirm die große Schaltfläche PROJEKT ODER PROJEKTMAPPE ÖFFNEN oder den Menüpunkt DATEI • ÖFFNEN • PROJEKT/PROJEKTMAPPE. Im Dialogfeld PROJEKT ÖFFNEN wählen Sie zunächst das gewünschte Projektverzeichnis aus und anschließend die gleichnamige Projektmappendatei mit der Endung *.slnx*.

Alle Beispielprojekte finden Sie zum Download auf der Webseite zum Buch in den MATERIALIEN. Sollte eines der Projekte einmal nicht gestartet werden können, sollten Sie es über den Menüpunkt ERSTELLEN • PROJEKTMAPPE NEU ERSTELLEN neu erstellen.

1.5.11 Übung »UName«

Erzeugen Sie ein Windows-Programm mit einem Formular, das zwei Buttons und ein Label enthält (siehe Abbildung 1.17). Bei Betätigung des ersten Buttons erscheint im Label Ihr Name. Bei Betätigung des zweiten Buttons wird das Programm beendet. Hier einige Namensvorschläge: Projektname *UName*, Buttons `CmdMeinName` und `CmdEnde`, Label `LblMeinName`.

Abbildung 1.17 Übung »UName«

Alle Lösungen zu den Übungsaufgaben finden Sie zum Download auf der Webseite zum Buch in den MATERIALIEN.

1.6 Ausgaben

In C#-Anwendungen werden neben einfachen Texten auch Zahlenwerte, Ergebnisse von Berechnungen, Eigenschaften von Objekten und komplexe Ausdrücke ausgegeben. Im Projekt *GrundlagenAusgaben* in diesem Abschnitt werden einige Regeln für Ausgaben erläutert.

Die Benutzeroberfläche des Programms enthält die vier Buttons `CmdAnzeigen1` bis `CmdAnzeigen4` und ein Label mit dem Namen `LblAnzeige`.

1.6.1 Methode »ToString()«

Nach der Betätigung des ersten Buttons erscheint ein Zahlenwert im Label, siehe Abbildung 1.18. Die Ereignismethode dazu sieht wie folgt aus:

```
private void CmdAnzeigen1_Click(object sender, EventArgs e)
{
    int x = 42;
    // LblAnzeige.Text = x;
    // LblAnzeige.Text = x + "";
    LblAnzeige.Text = x.ToString();
}
```

Listing 1.5 Projekt »GrundlagenAusgaben«, erster Button

In diesem Programm kommt die erste Variable zum Einsatz. Sie hat den Namen `x`. Variablen dienen allgemein zum Speichern von Werten. In Variablen des Datentyps `int` können ganzzahlige Werte gespeichert werden. Mithilfe eines Gleichheitszeichens wird der Variablen `x` der Wert 42 zugewiesen. Mehr zu Variablen und Datentypen folgt in Abschnitt 2.1.

Im Label soll der Wert von `x` ausgegeben werden. Die Zuweisung `LblAnzeige.Text = x` führt zu einem Fehler, da die Eigenschaft `Text` des Labels eine Zeichenkette erwartet und keinen Zahlenwert. Daher ist diese Anweisung auskommentiert.

Die Zahl muss zunächst in eine Zeichenkette umgewandelt werden. Das könnten Sie erreichen, indem Sie `x` mithilfe des Verkettungsoperators `+` mit einer leeren Zeichenkette verbinden. Diese Lösung ist allerdings nicht sehr elegant und daher hier ebenfalls auskommentiert.

Die Methode zur korrekten Umwandlung heißt `ToString()`. Sie wird hier für die Variable `x` aufgerufen und liefert eine Zeichenkette, die der Eigenschaft `Text` des Labels zugewiesen werden kann.

Abbildung 1.18 Ausgabe eines Zahlenwerts

1.6.2 String-Interpolation

Mithilfe der String-Interpolation können Sie Werte von Variablen, Ergebnisse von Berechnungen, Eigenschaften von Objekten und komplexe Ausdrücke unmittelbar und in übersichtlicher Form in Zeichenketten einbetten, siehe Abbildung 1.19. Das geschieht hier nach der Betätigung des zweiten Buttons:

```
private void CmdAnzeigen2_Click(...)
{
    int x = 42;
    LblAnzeige.Text = $"Wert: {x}";
}
```

Listing 1.6 Projekt »GrundlagenAusgaben«, zweiter Button

Die String-Interpolation wird mit dem Operator $ vor der Zeichenkette eingeleitet. Die gewünschten Variablen werden jeweils in geschweifte Klammern gesetzt.

Abbildung 1.19 String-Interpolation

Hinweis

Im Kopfteil vieler Ereignismethoden stehen häufig die Standardparameter `sender` der allgemeinen Klasse `object` und `e` der Klasse `EventArgs`. Sie werden aus Gründen der Übersichtlichkeit im weiteren Verlauf des Buchs durch drei Punkte ersetzt. Sie werden künftig nur noch dargestellt, wenn es auf ihre Inhalte ankommt.

1.6.3 Zeilenumbrüche

Lange Anweisungen im Programmcode können mithilfe von Umbrüchen über mehrere Zeilen verteilt und damit besser lesbar gemacht werden. Das geschieht auch für den Abdruck langer Anweisungen in diesem Buch.

Die Ausgabe eines Programms kann ebenfalls über mehrere Zeilen verteilt werden, und zwar mithilfe der Zeichenfolge `"\n"`, siehe Abbildung 1.20.

Beides wird in der Ereignismethode für den dritten Button gezeigt:

```
private void CmdAnzeigen3_Click(...)
{
    int x = 25, y = 17, z;
    z = x + y;
    LblAnzeige.Text = "Das Ergebnis der " +
        $"Berechnung:\n{x} + {y} = {z}";
}
```

Listing 1.7 Projekt »GrundlagenAusgaben«, dritter Button

Zunächst findet eine Berechnung statt. Die Werte der beiden ganzzahligen Variablen `x` und `y` werden addiert. Das Ergebnis wird in der ganzzahligen Variablen `z` gespeichert. Die gesamte Berechnung wird ausgegeben.

Es handelt sich um eine lange Anweisung, die über zwei Zeilen verteilt wird. Der Umbruch findet in der Zeichenkette statt. Es werden zwei Zeichenketten gebildet, die mithilfe des Verkettungsoperators + verbunden werden. Die drei Variablen werden mithilfe der String-Interpolation in der zweiten Zeichenkette eingebettet.

Die Zeichenfolge `"\n"` kann, unabhängig von der String-Interpolation, an beliebigen Stellen in einer Zeichenkette eingebettet werden.

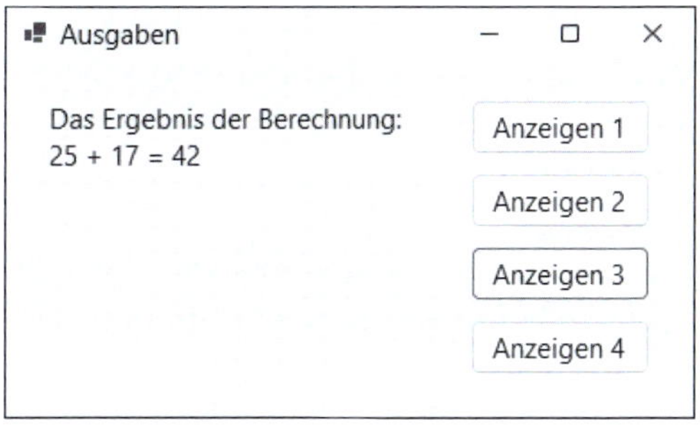

Abbildung 1.20 Zeilenumbrüche

Hinweis

Die Umbrüche zwischen den einzelnen Zeilen einer langen Anweisung können nicht an jeder beliebigen Stelle durchgeführt werden. Ich empfehle die folgenden Stellen:

- nach einer öffnenden Klammer
- vor einer schließenden Klammer
- nach einem Komma in einem Satz
- nach einem Operator
- nach einem Punkt hinter einem Objektnamen

Führen Sie im Editor einen Zeilenumbruch innerhalb einer Zeichenkette durch, werden beide Teile der Zeichenkette automatisch durch Anführungszeichen begrenzt und durch den Verkettungsoperator + miteinander verbunden.

1.6.4 Dialogfeld für Ausgabe

Die statische Methode `Show()` der Klasse `MessageBox` bietet die Möglichkeit, eine Ausgabe in einem eigenen Dialogfeld hervorzuheben, siehe Abbildung 1.21. Der Benutzer muss das Lesen der Information zunächst bestätigen, bevor das Programm weiterläuft. Die Methode erwartet als Parameter innerhalb der runden Klammern eine Zeichenkette. Diese kann nach den beschriebenen Regeln erstellt werden.

Es folgt die Ereignismethode für den vierten Button:

```
private void CmdAnzeigen4_Click(...)
{
    int x = 25, y = 17, z;
    z = x + y;
    MessageBox.Show("Das Ergebnis der " +
        $"Berechnung:\n{x} + {y} = {z}");
    LblAnzeige.Text = "Ende";
}
```

Listing 1.8 Projekt »GrundlagenAusgaben«, vierter Button

Das Dialogfeld kann von Entwicklern auch dazu genutzt werden, während der Entwicklung eines Programms die Werte bestimmter Variablen zu bestimmten Zeitpunkten zu kontrollieren.

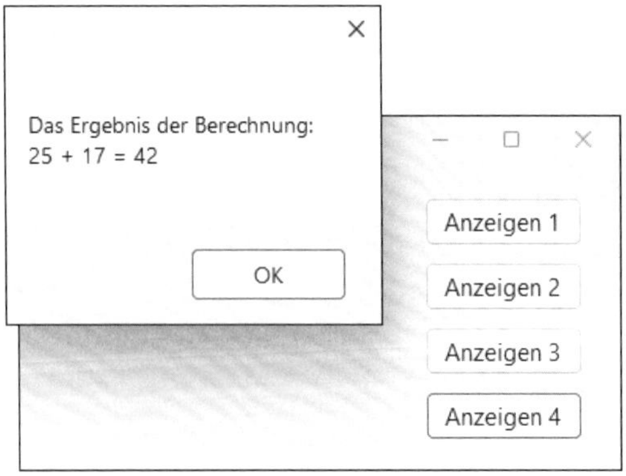

Abbildung 1.21 Dialogfeld für Ausgabe

Hinweis

Mehr zu statischen Elementen einer Klasse finden Sie in Abschnitt 5.9.

1.7 Arbeiten mit Steuerelementen

In diesem Abschnitt lernen Sie anhand eines neuen Projekts mit dem Namen *GrundlagenSteuerelemente* mehr über den Umgang mit Steuerelementen.

1.7.1 Steuerelemente formatieren

Zur besseren Anordnung der Steuerelemente auf dem Formular können Sie sie mithilfe der Maus nach Augenmaß verschieben. Steht dabei das aktuelle Element horizontal oder vertikal parallel zu einem anderen Element, erscheinen automatisch Hilfslinien.

Weitere Möglichkeiten bieten die Menüpunkte im Menü FORMAT. Sollte das Menü nicht sichtbar sein: Markieren Sie in der Formular-Ansicht das Formular oder eines der Steuerelemente, und achten Sie darauf, dass im Eigenschaftenfenster die Eigenschaften des betreffenden Elements angezeigt werden. Spätestens dann wird das Menü FORMAT eingeblendet.

Sollen mehrere Steuerelemente auf einmal formatiert werden, müssen sie zuvor markiert werden (siehe Abbildung 1.22). Das geschieht entweder:

- durch Umrahmung der Elemente mit einem Rechteck, nachdem Sie zuvor das Steuerelement `Zeiger` ausgewählt haben, oder
- durch Mehrfachauswahl, indem Sie ab dem zweiten auszuwählenden Steuerelement die [⇧]-Taste (wie für Großbuchstaben) oder die [Strg]-Taste gedrückt halten.

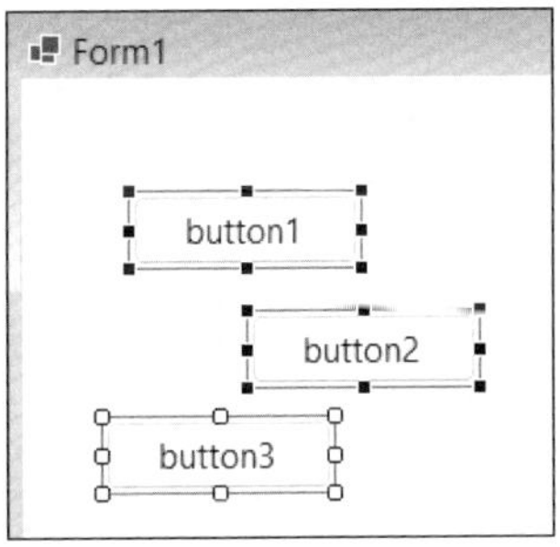

Abbildung 1.22 Mehrere markierte Elemente

Über das Menü FORMAT haben Sie anschließend folgende Möglichkeiten zur Anpassung der Steuerelemente:

- Die ausgewählten Steuerelemente können horizontal oder vertikal zueinander ausgerichtet werden (Menü FORMAT • AUSRICHTEN).

- Auch die horizontalen und/oder vertikalen Dimensionen der ausgewählten Steuerelemente können angeglichen werden (Menü FORMAT • GRÖSSE ANGLEICHEN).
- Zudem können die horizontalen und vertikalen Abstände zwischen den ausgewählten Steuerelementen angeglichen, vergrößert, verkleinert oder entfernt werden (Menü FORMAT • HORIZONTALER ABSTAND/VERTIKALER ABSTAND).
- Die Steuerelemente können horizontal oder vertikal innerhalb des Formulars zentriert werden (Menü FORMAT • AUF FORMULAR ZENTRIEREN).
- Sollten sich die Steuerelemente teilweise überlappen, können Sie einzelne Steuerelemente in den Vorder- beziehungsweise Hintergrund schieben (Menü FORMAT • REIHENFOLGE).
- Sie können alle Steuerelemente gleichzeitig gegen versehentliches Verschieben absichern (Menüpunkt FORMAT • STEUERELEMENTE SPERREN). Diese Sperrung gilt nur während der Entwicklung des Programms.

Abbildung 1.23 zeigt ein Formular mit drei Buttons, die alle linksbündig ausgerichtet sind und den gleichen vertikalen Abstand voneinander haben.

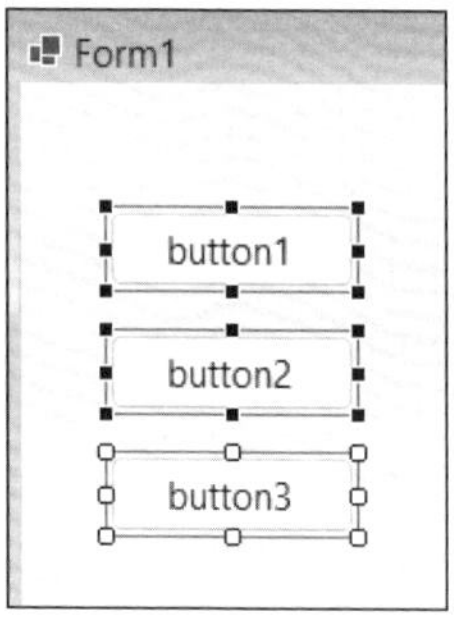

Abbildung 1.23 Nach der Formatierung

Übung

Laden Sie das Projekt *HalloWelt* aus Abschnitt 1.4, markieren Sie darin mehrere Steuerelemente, und testen Sie anschließend die einzelnen Möglichkeiten des FORMAT-Menüs aus.

1.7.2 Steuerelemente kopieren

Zur effektiveren Bearbeitung können vorhandene Steuerelemente einschließlich aller ihrer Eigenschaften kopiert werden. Markieren Sie hierzu die gewünschten Steuerelemente, und kopieren Sie sie über die beiden Menüpunkte BEARBEITEN • KOPIEREN (Tastenkombination [Strg]+[C]) und BEARBEITEN • EINFÜGEN (Tastenkombination

[Strg]+[V]). Anschließend sollten Sie die neu erzeugten Steuerelemente direkt umbenennen und an den gewünschten Positionen anordnen.

Übung

Laden Sie das Projekt *HalloWelt* aus Abschnitt 1.4, und kopieren Sie einzelne Steuerelemente. Kontrollieren Sie anschließend die Liste der vorhandenen Steuerelemente im EIGENSCHAFTEN-Fenster auf eine einheitliche Namensgebung.

1.7.3 Eigenschaften zur Laufzeit ändern

Steuerelemente haben unter anderem die Eigenschaften `Size` (mit den Komponenten `Width` und `Height`) und `Location` (mit den Komponenten `X` und `Y`) zur Angabe von Größe und Position.

Alle Eigenschaften können sowohl während der Entwicklungszeit als auch während der Laufzeit eines Projekts verändert werden. Zur Änderung während der Entwicklungszeit können Sie die Eigenschaftswerte wie gewohnt im EIGENSCHAFTEN-Fenster eingeben. Als Beispiel für Änderungen während der Laufzeit soll hingegen das folgende Programm im Projekt *GrundlagenSteuerelemente* dienen (siehe Abbildung 1.24).

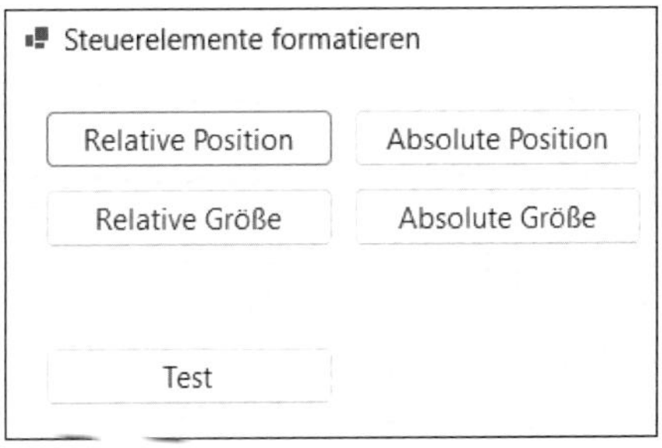

Abbildung 1.24 Position und Größe bestimmen

Es wird nur der Teil des Programmcodes angezeigt, der verändert wurde:

```
private void CmdPositionRel_Click(...)
{
    CmdTest.Location = new Point(
        CmdTest.Location.X + 20, CmdTest.Location.Y);
}
private void CmdPositionAbs_Click(...)
{
    CmdTest.Location = new Point(100, 150);
```

```
}
private void CmdGroesseRel_Click(...)
{
    CmdTest.Size = new Size(
        CmdTest.Size.Width + 20, CmdTest.Size.Height);
}
private void CmdGroesseAbs_Click(...)
{
    CmdTest.Size = new Size(50, 100);
}
```

Listing 1.9 Projekt »GrundlagenSteuerelemente«, Position und Größe

Das Formular enthält zunächst fünf Buttons. Die oberen vier Buttons dienen der Veränderung von Position und Größe des fünften Buttons. Die Position eines Elements kann relativ zur aktuellen Position oder auf absolute Werte eingestellt werden. Das Gleiche gilt für die Größe eines Elements. Bei beiden Angaben handelt es sich um Wertepaare (`X`/`Y` beziehungsweise `Breite`/`Höhe`).

Zur Einstellung der Position dient die Struktur `Point` aus dem Standard-Namensraum `System.Drawing`. Ein Objekt dieser Struktur liefert ein Wertepaar. In diesem Programm wird mit `new` jeweils ein neues Objekt der Struktur `Point` erzeugt, um das Wertepaar bereitzustellen. Zwei Buttons dienen zur Veränderung der Position:

- Bei Betätigung des Buttons Absolute Position wird die Position des fünften Buttons auf die Werte `X=100` und `Y=150` gestellt, jeweils gemessen von der linken oberen Ecke des Formulars.
- Bei Betätigung des Buttons Relative Position wird die Position des fünften Buttons auf die Werte `X = CmdTest.Location.X + 20` und `Y = CmdTest.Location.Y` gestellt. Bei `X` wird also der alte Wert der Komponente `X` um 20 erhöht, das Element bewegt sich nach rechts. Bei `Y` wird der alte Wert der Komponente `Y` nicht verändert, das Element bewegt sich somit nicht nach oben oder unten.

Zur Einstellung der Größe dient die Struktur `Size`, ebenfalls aus dem Namensraum `System.Drawing`. Ein Objekt dieser Struktur liefert ebenfalls ein Wertepaar. Hier wird mit `new` jeweils ein neues Objekt der Struktur `Size` erzeugt, um das Wertepaar bereitzustellen. Zwei Buttons dienen zur Veränderung der Größe:

- Bei Betätigung des Buttons Absolute Grösse wird die Größe des fünften Buttons auf die Werte `Width = 50` und `Height = 100` gestellt.

- Bei Betätigung des Buttons RELATIVE GRÖSSE wird die Größe des fünften Buttons auf die Werte `Width = CmdTest.Size.Width + 20` und `Height = CmdTest.Size.Height` gestellt. Bei `Width` wird also der alte Wert der Komponente `Width` um 20 erhöht, das Element wird breiter. Bei `Height` wird der frühere Wert der Komponente `Height` nicht verändert; das Element verändert seine Höhe daher nicht.

Nach einigen Klicks sieht das Formular aus wie in Abbildung 1.25.

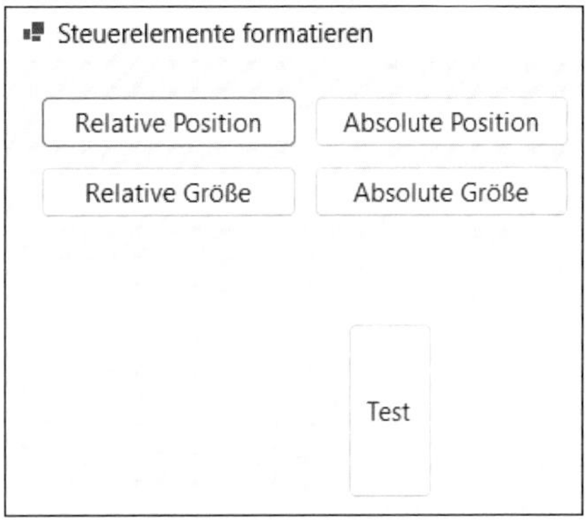

Abbildung 1.25 Veränderung von Eigenschaften zur Laufzeit

1.7.4 Ausgabe von Eigenschaften

In einem Label des Formulars werden die aktuelle Position und Größe des Buttons nach Betätigung des Buttons ANZEIGEN ausgegeben:

```
private void CmdAnzeigen_Click(...)
{
    LblAnzeige.Text = $"X:{CmdTest.Location.X} " +
        $"Y:{CmdTest.Location.Y}\n" +
        $"Breite:{CmdTest.Size.Width} " +
        $"Höhe:{CmdTest.Size.Height}";
}
```

Listing 1.10 Projekt »GrundlagenSteuerelemente«, Anzeige

Mithilfe des Verkettungsoperators + werden vier Zeichenketten für die Ausgabe miteinander verbunden. Eine einzige lange Zeichenkette hätte ebenfalls ausgereicht, wäre aber nicht so übersichtlich und außerdem für den Abdruck im Buch zu lang gewesen.

Die erste Zeichenkette enthält zunächst den Text "X:". Anschließend folgt dank der String-Interpolation der Wert von CmdTest.Location.X und nicht der Text "CmdTest.Location.X". Die anderen drei Zeichenketten werden auf dieselbe Art gebildet.

Nach einigen Klicks und der Betätigung des Buttons ANZEIGEN sieht das Formular aus wie in Abbildung 1.26.

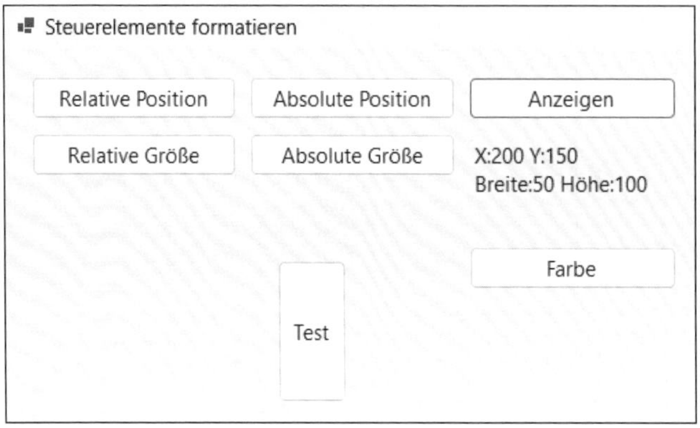

Abbildung 1.26 Anzeige der Eigenschaften

1.7.5 Farben und die Struktur »Color«

Die Hintergrundfarbe eines Steuerelements wird mit der Eigenschaft BackColor festgelegt. Dabei können Sie die Farbe zur Entwicklungszeit wie folgt einstellen: Sie wählen die Eigenschaft BackColor aus, klappen die Liste auf, wählen den Reiter BENUTZERDEFINIERT und danach eine Farbe aus, zum Beispiel Hellrot. Anschließend erscheint der zugehörige Farbcode als Wert der Eigenschaft (hier: 255;128;128). Diese Werte stehen für den Rot-, Grün- und Blau-Anteil der Farbe, jeweils zwischen 0 und 255. Alternativ können Sie für übliche Farben auch den englischen Farbnamen (Red, White, Black ...) eingeben.

Ein Beispiel, ebenfalls im Projekt *GrundlagenSteuerelemente*:

```
private void CmdFarbe_Click(...)
{
    BackColor = Color.Yellow;
    LblAnzeige.BackColor = Color.FromArgb(192, 255, 0);
}
```

Listing 1.11 Projekt »GrundlagenSteuerelemente«, Farbe

Hintergrundfarben und andere Farben können Sie auch zur Laufzeit einstellen. Dabei bedienen Sie sich der Farbwerte aus der Struktur Color, ebenfalls aus dem Namensraum

`System.Drawing`. Sie bietet vordefinierte Farbnamen, zum Beispiel `Yellow`. Der Wert kann der Eigenschaft `BackColor` eines Steuerelements zugewiesen werden.

Die Klasse `Form1` beschreibt das Aussehen und Verhalten des Formulars selbst. Zur Änderung einer Eigenschaft des Formulars müssen Sie nur den Namen der Eigenschaft angeben, ohne den Namen eines Steuerelements davor.

Außerdem bietet die Struktur `Color` die Methode `FromArgb()`. Diese können Sie zum Beispiel mit drei Parametern aufrufen, nämlich den Werten für den Rot-, Grün- und Blau-Anteil der Farbe.

Der betreffende Teil des Formulars sieht nach der Änderung der Farben aus wie in Abbildung 1.27.

Abbildung 1.27 Nach Änderung der Farben

Kapitel 2
Grundlagen

In diesem Kapitel erlernen Sie auf anschauliche Weise die Sprachgrundlagen von C# in Verbindung mit den gängigen Steuerelementen von Windows-Programmen.

In den folgenden Abschnitten lernen Sie wichtige Elemente der Programmierung, wie Variablen, Operatoren, Verzweigungen und Schleifen, gemeinsam mit wohlbekannten, häufig verwendeten Steuerelementen kennen.

2.1 Variablen und Datentypen

Variablen dienen der vorübergehenden Speicherung von Daten, die sich während der Laufzeit eines Programms ändern können. Eine Variable besitzt einen eindeutigen Namen, unter dem sie angesprochen werden kann.

2.1.1 Namen und Werte

Für die Namen von Variablen gelten in C# die folgenden Regeln:

- Sie beginnen mit einem Buchstaben.
- Sie können nur aus Buchstaben, Zahlen und einigen wenigen Sonderzeichen (wie zum Beispiel dem Unterstrich _) bestehen.
- Sie dürfen Umlaute oder auch das »ß« enthalten. Allerdings kann das zu Fehlern beim Einsatz in anderssprachigen Umgebungen führen. Daher rate ich davon ab.
- Innerhalb eines Gültigkeitsbereichs dürfen nicht zwei Variablen mit demselben Namen deklariert werden (siehe Abschnitt 2.1.3).

Variablen erhalten ihre Werte durch Zuweisung per Gleichheitszeichen. Kommt eine Variable auf der rechten Seite des Gleichheitszeichens vor, muss sie vorher einen Wert erhalten haben. Anderenfalls wird ein Fehler gemeldet.

2.1.2 Datentypen

Neben dem Namen besitzt jede Variable einen Datentyp, der die Art der Information bestimmt, die gespeichert werden kann. Der Entwickler wählt den Datentyp danach aus, ob er Texte, Zahlen ohne Nachkommastellen, Zahlen mit Nachkommastellen oder zum Beispiel logische Werte speichern möchte. Außerdem muss er sich bei Zahlen Gedanken über die Größe des Zahlenbereichs und die Genauigkeit machen.

Die wichtigsten von C# unterstützten Datentypen können in einige große Gruppen unterteilt werden:

Es gibt Datentypen zur Speicherung von ganzen Zahlen:

- den Datentyp `byte` mit Werten von 0 bis 255
- den Datentyp `short` mit Werten von –32.768 bis 32.767
- den Datentyp `int` mit Werten von –2.147.483.648 bis 2.147.483.647
- den Datentyp `long` mit Werten von –9.223.372.036.854.775.808 bis 9.223.372.036.854.775.807

Außerdem gibt es Datentypen zur Speicherung von Zahlen mit Nachkommastellen:

- den Datentyp `float` mit einfacher Genauigkeit und Werten von ca. $-3{,}4 \times 10^{38}$ bis ca. $3{,}4 \times 10^{38}$
- den Datentyp `double` mit doppelter Genauigkeit und Werten von ca. $-1{,}7 \times 10^{308}$ bis ca. $1{,}7 \times 10^{308}$
- den Datentyp `decimal` mit variabler Genauigkeit und Werten von ca. $-7{,}9 \times 10^{28}$ bis ca. $7{,}9 \times 10^{28}$

Einige weitere nützliche Datentypen sind:

- der Datentyp `bool` für Wahrheitswerte, also `true` oder `false` (wahr oder falsch)
- der Datentyp `char` für einzelne Zeichen
- der Datentyp `string` für Zeichenketten mit variabler Länge

Im folgenden Beispiel werden Variablen dieser Typen deklariert, mit Werten versehen und in einem Label angezeigt (Projekt *GrundlagenDatentypen*).

```
private void CmdAnzeigen_Click(...)
{
    /* Ganze Zahlen */
    byte By;
    short Sh;
```

```
int It, Hex, Bn;
long Lg;

/* Zahlen mit Nachkommastellen */
float Fl;
double Db1, Db2, Exp1, Exp2;
decimal De;

/* Boolesche Variable, Zeichen, Zeichenkette */
bool Bo;
char Ch;
string St;

/* Ganze Zahlen */
By = 200;
Sh = 30000;
It = 2_000_000_000;
Lg = 3_000_000_000;
Hex = 0x2f5;                // oder: 0x_2f5
Bn = 0b1001;                // oder: 0b_10_01

/* Zahlen mit Nachkommastellen */
Fl = 1.0f / 7;
Db1 = 1 / 7;
Db2 = 1.0 / 7;              // oder: 1.000_000_000
De = 1.0m / 7;
Exp1 = 1.5e3;
Exp2 = 1.5e-3;

/* Boolesche Variable, Zeichen, Zeichenkette */
Bo = true;
Ch = 'a';
St = "Das ist ein Text";

LblAnzeige.Text = $"byte: {By}\n" +
    $"short: {Sh}\n" + $"int: {It}\n" +
    $"long: {Lg}\n" + $"(binäre Zahl): {Bn}\n" +
    $"(hexadezimale Zahl): {Hex}\n\n" +
    $"float: {Fl}\n" + $"double 1: {Db1}\n" +
    $"double 2: {Db2}\n" + $"decimal: {De}\n" +
```

```
        $"Exponent positiv: {Exp1}\n" +
        $"Exponent negativ: {Exp2}\n\n" +
        $"bool: {Bo}\n" + $"char: {Ch}\n" +
        $"string: {St}";
}
```

Listing 2.1 Projekt »GrundlagenDatentypen«

Nach Betätigung des Buttons sieht die Ausgabe wie in Abbildung 2.1 aus.

Abbildung 2.1 Wichtige Datentypen

Variablen werden mithilfe der Anweisung `<Datentyp> <Variablenname>;` deklariert. Mehrere Variablen desselben Datentyps können, durch Kommata getrennt, innerhalb einer Anweisung deklariert werden (zum Beispiel `int x, y;`). Variablen können bereits bei der Deklaration mit einem Wert initialisiert werden, zum Beispiel: `short Sh = 30000;`.

Zur deutlicheren Darstellung von Zahlen, die viele Ziffern enthalten, können Sie sowohl vor als auch nach dem Komma das Trennzeichen _ (Unterstrich) nutzen, zum Beispiel als Tausender-Trennzeichen.

Einige Informationen zu ganzen Zahlen:

- Bei den zugehörigen Datentypen führt die Zuweisung einer zu großen Zahl zu einer Überschreitung des Wertebereichs und zu einer Fehlermeldung.
- Ganze Zahlen können auch in hexadezimaler Form zugewiesen werden, mithilfe von 0x zu Beginn der Zahl, gefolgt von den hexadezimalen Ziffern. Diese gehen von 0 bis

9, es folgen a (= dezimal 10), b (= 11), c (= 12), d (= 13), e (= 14) und f (= 15). Ein Beispiel: Die Hexadezimalzahl 0x2f5 entspricht der Dezimalzahl 757, denn es gilt: $2 \times 16^2 + 15 \times 16^1 + 5 \times 16^0 = 512 + 240 + 5 = 757$.

- Eine weitere Möglichkeit zur Zuweisung bieten die binären Zahlen. Sie beginnen mit der Zeichenfolge 0b, gefolgt von binären Ziffern, also 0 oder 1. Ein Beispiel: Die Binärzahl 0b1001 entspricht der Dezimalzahl 9, denn es gilt: $1 \times 2^3 + 0 \times 2^2 + 0 \times 2^1 + 1 \times 2^0 = 8 + 1 = 9$.
- Das Trennzeichen zur deutlicheren Darstellung können Sie auch bei Hexadezimalzahlen oder bei Binärzahlen einsetzen.

Es folgen Informationen über Zahlen mit Nachkommastellen:

- Die zugehörigen Datentypen unterscheiden sich in ihrer Genauigkeit. Nachkommastellen müssen im Programmcode durch einen Dezimalpunkt abgetrennt werden. In der Ausgabe wird dagegen ein Dezimalkomma dargestellt. Die Zuweisung einer zu großen Zahl führt zu einer Fehlermeldung. Die Zuweisung einer zu kleinen Zahl wiederum führt zur Anzeige von UNENDLICH (!) beziehungsweise zu einer ungenauen Speicherung.
- `float`-Werte sollten mit einem `f` gekennzeichnet werden, `decimal`-Werte mit einem `m`. Damit erhält die gesamte Division im vorliegenden Programm einen `float`- beziehungsweise `decimal`-Wert.
- Sehr große oder sehr kleine Zahlen können im Programmcode auch in der Exponentialschreibweise zugewiesen werden. Zwei Beispiele: `1.5e3` für `1500.0` oder `1.5e-3` für `0.0015`.
- Zahlen mit Nachkommastellen werden nur bis zu einer bestimmten Genauigkeit gespeichert. Daher kann es vorkommen, dass zum Beispiel der berechnete Wert 2,8 als 2,799999999 ausgegeben wird. Sie haben aber die Möglichkeit, Zahlen für die Ausgabe zu formatieren (siehe Abschnitt 4.7.5) beziehungsweise zu runden (siehe Abschnitt 6.6).

Bei der Division von zwei ganzen Zahlen werden die Nachkommastellen abgeschnitten. Möchten Sie das nicht, müssen Sie zumindest eine der beiden Zahlen als Zahl mit Nachkommastellen kennzeichnen, zum Beispiel durch das Anhängen von `.0`: Statt `1` schreiben Sie `1.0`.

Werte für den Datentyp `bool` werden mit `true` und `false` zugewiesen, aber mit `True` und `False` ausgegeben. Werte für einzelne Zeichen müssen in einfachen Anführungszeichen und für Zeichenketten in doppelten Anführungszeichen angegeben werden. Von den hier genannten Datentypen kommen `int`, `double`, `bool` und `string` am häufigsten zum Einsatz.

Sie können Variablen auch mit dem Schlüsselwort `var` deklarieren. Sie müssen dabei mit einem Wert initialisiert werden. Ihr Datentyp ergibt sich implizit mithilfe dieses Werts. In vielen Fällen ergibt sich daraus allerdings zusätzlicher Aufwand bei der Übersetzung oder Ausführung des Programms. Beispiele sehen Sie in Abschnitt 4.8.1.

Übung »UDatentypen«

Schreiben Sie ein Programm im Projekt *UDatentypen*, in dem Ihre Adresse, Ihr Nach- und Vorname, Alter und Gehalt jeweils in Variablen eines geeigneten Datentyps gespeichert und anschließend wie in Abbildung 2.2 ausgegeben werden.

Abbildung 2.2 Übung »UDatentypen«

2.1.3 Gültigkeitsbereich

Eine Variable, die innerhalb einer Methode vereinbart wird, ist nur in ebendieser Methode bekannt und gültig. Außerhalb der Methode ist die Variable unbekannt und ungültig. Eine solche Variable bezeichnet man auch als *lokale Variable*. Sobald die Methode abgearbeitet wurde, steht der Wert der Variablen nicht mehr zur Verfügung. Beim nächsten Aufruf der gleichen Methode wird die Variable neu deklariert und erhält einen neuen Wert.

Eine Variable, die außerhalb einer Methode vereinbart wird, ist innerhalb der gesamten Klasse gültig, hier also innerhalb der Klasse des Formulars. Bei einer solchen Variablen handelt es sich um eine *Eigenschaft des Objekts der Klasse* oder auch *Objekteigenschaft*. Ihr Wert kann in jeder Methode der Klasse gesetzt oder abgerufen werden und bleibt so lange erhalten, wie das Formular im laufenden Programm existiert.

Eine solche Objekteigenschaft kann mit dem Zugriffsmodifizierer `private` deklariert werden. Damit ist sie außerhalb der Klasse unbekannt und ungültig. Wird sie dagegen mit dem Zugriffsmodifizierer `public` vereinbart, ist sie *öffentlich*. Damit ist sie auch außerhalb der jeweiligen Klasse, also zum Beispiel auch in anderen Formularen, bekannt und gültig. Diese Themen aus dem Bereich der Objektorientierung müssen hier noch nicht weiter vertieft werden, mehr dazu in .

Gibt es in einem Programmabschnitt mehrere Variablen mit demselben Namen, gelten die folgenden Regeln:

- Lokale Variablen mit demselben Namen in derselben Methode sind nicht zulässig.
- Eine Objekteigenschaft wird innerhalb einer Methode von einer lokalen Variablen mit dem gleichen Namen ausgeblendet.

Nachfolgend werden Variablen unterschiedlicher Gültigkeitsbereiche deklariert, verändert und ausgegeben (Projekt *GrundlagenGueltigkeit*):

```
public partial class Form1 : Form
{
    ...
    private int Mx = 0;

    private void CmdAnzeigen1_Click(...)
    {
        int x = 0;
        Mx++;
        x++;
        LblAnzeige.Text = $"x: {x} Mx: {Mx}";
    }

    private void CmdAnzeigen2_Click(...)
    {
        int Mx = 0;
        Mx++;
        LblAnzeige.Text = $"Mx: {Mx}";
    }
}
```

Listing 2.2 Projekt »GrundlagenGueltigkeit«

In der ersten Methode wird der Wert der Objekteigenschaft `Mx` bei jedem Aufruf erhöht. Die Zuweisung `Mx++` entspricht der Zuweisung `Mx = Mx + 1`, siehe auch Abschnitt 2.2.1. Ebenso entspricht die Zuweisung `x++` der Zuweisung `x = x + 1`, allerdings wird die lokale Variable `x` zu Beginn der Methode immer wieder auf 0 gesetzt. Die Ausgabe des Programms nach mehrfacher Betätigung des ersten Buttons sehen Sie in Abbildung 2.3.

Abbildung 2.3 Lokale Variable »x« und Objekteigenschaft »Mx«

In der zweiten Methode blendet die lokale Variable `Mx` die gleichnamige Objekteigenschaft aus. Die lokale Variable wird zu Beginn der Methode immer wieder auf 0 gesetzt. Die Ausgabe des Programms nach mehrfacher Betätigung des zweiten Buttons sehen Sie in Abbildung 2.4.

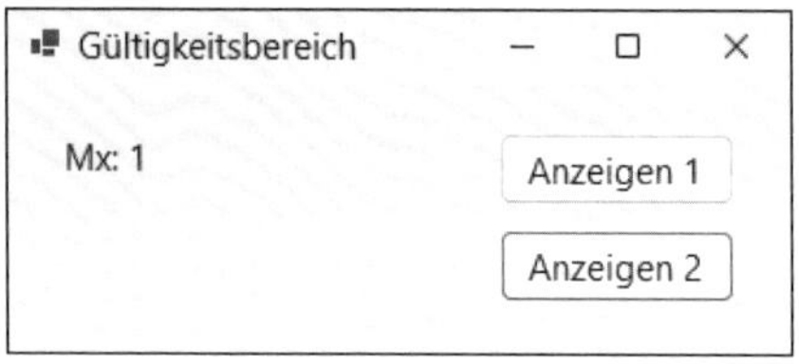

Abbildung 2.4 Lokale Variable »Mx«

Hinweis

Ändern Sie eine Objekteigenschaft im gesamten Formular nicht, macht Visual Studio Sie darauf aufmerksam, dass Sie sie mit dem Attribut `readonly` versehen sollten. Auf diese Weise können Sie sie besser vor einem versehentlichen Schreibzugriff schützen. Hier hätten Sie `Mx` also wie folgt deklariert:

```
private readonly int Mx = 0;
```

Übung »UGueltigkeit«

Erstellen Sie ein Programm im Projekt *UGueltigkeit*, in dem zwei Buttons, ein Label und drei Variablen eines geeigneten Datentyps eingesetzt werden:

- eine Objekteigenschaft `x`
- eine Variable `y`, die nur lokal in der Methode zum `Click`-Ereignis des ersten Buttons gültig ist
- eine Variable `z`, die nur lokal in der Methode zum `Click`-Ereignis des zweiten Buttons gültig ist

In der ersten Methode sollen x und y jeweils um 0,1 erhöht und angezeigt werden (siehe Abbildung 2.5).

Abbildung 2.5 Ausgabe der ersten Methode nach einigen Klicks

In der zweiten Methode sollen x und z jeweils um 0,1 erhöht und angezeigt werden (siehe Abbildung 2.6).

Abbildung 2.6 Ausgabe der zweiten Methode nach weiteren Klicks

2.1.4 Konstanten

Konstanten sind vordefinierte Werte, die während der Laufzeit nicht verändert werden können. Am besten geben Sie Konstanten aussagekräftige Namen, damit sie leichter zu behalten sind als die Werte, die sie repräsentieren.

Konstanten werden an einer zentralen Stelle definiert und können an verschiedenen Stellen des Programms genutzt werden. Somit muss eine eventuelle Änderung einer Konstanten zur Entwurfszeit nur an einer Stelle erfolgen. Der Gültigkeitsbereich von Konstanten ist analog zum Gültigkeitsbereich von Variablen. Zu den Konstanten zählen auch die integrierten Konstanten. Auch sie repräsentieren Zahlen, die aber nicht so einprägsam sind wie die Namen der Konstanten.

Im folgenden Beispiel werden mehrere Konstanten vereinbart und genutzt (Projekt *GrundlagenKonstanten*):

```
public partial class Form1 : Form
{
    ...
    private const int MaxWert = 75;
    private const string Eintrag = "Picture";
```

```
    private void CmdAnzeigen1_Click(...)
    {
        const int MaxWert = 55;
        const int MinWert = 5;
        LblAnzeige.Text = $"{(MaxWert - MinWert) / 2}\n{Eintrag}";
    }
}
```

Listing 2.3 Projekt »GrundlagenKonstanten«, Konstanten

Konstanten werden mithilfe des Schlüsselworts `const` definiert.

Die Konstanten `MaxWert` und `Eintrag` werden als konstante Objekteigenschaften deklariert, also als Konstanten mit klassenweiter Gültigkeit. Innerhalb der Methode werden die beiden lokalen Konstanten `MaxWert` und `MinWert` festgelegt. Die lokale Konstante `MaxWert` blendet die konstante Objekteigenschaft gleichen Namens aus, wie Sie in Abbildung 2.7 sehen.

Mithilfe des Operators `$` und der geschweiften Klammern können Sie innerhalb von Zeichenketten auch die Werte von berechneten Ausdrücken oder Umwandlungen angeben.

Visual Studio macht Sie darüber hinaus darauf aufmerksam, dass die konstante Objekteigenschaft `MaxWert` im gesamten Projekt nicht verwendet wird, also entfernt werden könnte.

Abbildung 2.7 Konstanten

2.1.5 Enumerationen

Enumerationen sind Aufzählungen von Konstanten, die thematisch zusammengehören. Alle Enumerationen haben denselben Datentyp, der ganzzahlig sein muss. Bei der Deklaration werden ihnen Werte zugewiesen. Innerhalb von Visual Studio gibt es für C# zahlreiche vordefinierte Enumerationen. Ähnlich wie bei den integrierten Konstanten sind die Namen der Enumerationen und deren Elemente besser lesbar als die durch sie repräsentierten Zahlen.

Ein Beispiel: Die Enumeration `DialogResult` ermöglicht der Programmiererin, die zahlreichen möglichen Antworten der Benutzerin beim Einsatz von Windows-Standarddialogfeldern (JA, NEIN, ABBRECHEN, WIEDERHOLEN, IGNORIEREN ...) anschaulich einzusetzen.

Im folgenden Programm wird mit einer eigenen und einer vordefinierten Enumeration gearbeitet (ebenfalls im Projekt *GrundlagenKonstanten*):

```
public partial class Form1 : Form
{
    ...
    private enum Farbe : int
    {
        Rot = 1, Gelb = 2, Blau = 3
    }

    private void CmdAnzeigen2_Click(...)
    {
        LblAnzeige.Text = $"Farbe: {Farbe.Gelb} {(int)Farbe.Gelb}";
    }

    private void CmdAnzeigen3_Click(...)
    {
        LblAnzeige.Text =
            $"Sonntag: {DayOfWeek.Sunday} {(int)DayOfWeek.Sunday}\n" +
            $"Samstag: {DayOfWeek.Saturday} {(int)DayOfWeek.Saturday}";
    }
}
```

Listing 2.4 Projekt »GrundlagenKonstanten«, Enumerationen

Mithilfe des Schlüsselworts `enum` wird die Enumeration `Farbe` vom Datentyp `int` vereinbart. Da es sich um einen Typ handelt und nicht um eine Variable oder Konstante, muss sie außerhalb von Methoden vereinbart werden. Damit ist sie automatisch für die gesamte Klasse gültig.

In der ersten Ereignismethode wird ein Element der eigenen Enumeration `Farbe` verwendet. Zunächst wird der Name des Elements ausgegeben: `Gelb`. Die Zahl, die das Element repräsentiert, kann erst nach einer Umwandlung in den entsprechenden Datentyp ausgegeben werden. Diese Umwandlung wird mithilfe eines Casts vorgenommen: `(int)` (siehe Abbildung 2.8).

Abbildung 2.8 Erste Enumeration

In der zweiten Ereignismethode werden zwei Elemente der vordefinierten Enumeration `DayOfWeek` verwendet (siehe Abbildung 2.9). Sie können sie zur Ermittlung des Wochentags eines gegebenen Datums verwenden.

Abbildung 2.9 Zweite Enumeration

2.2 Operatoren

Zum Zusammensetzen von Ausdrücken werden in C# Operatoren aus verschiedenen Kategorien benötigt. Werden mehrere Operatoren innerhalb eines Ausdrucks verwendet, kommen die Vorrangregeln (Prioritäten) für die Reihenfolge der Abarbeitung zum Einsatz, die Sie weiter unten in diesem Abschnitt finden. Sind Sie sich bei der Verwendung dieser Regeln nicht sicher, empfiehlt sich der Einsatz von Klammern zur expliziten Festlegung der Rcihenfolge.

2.2.1 Rechenoperatoren

Die Rechenoperatoren aus Tabelle 2.1 werden für Berechnungen eingesetzt.

Operator	Beschreibung
+	Addition
-	Subtraktion oder Negation
*	Multiplikation
/	Division
%	Modulo
++	Erhöhung um 1 (Inkrement)
--	Verminderung um 1 (Dekrement)

Tabelle 2.1 Rechenoperatoren

Multiplikation und Division innerhalb eines Ausdrucks sind gleichrangig und werden von links nach rechts in der Reihenfolge ihres Auftretens ausgewertet. Dasselbe gilt für Additionen und Subtraktionen, wenn sie zusammen in einem Ausdruck auftreten. Multiplikation und Division haben Vorrang vor Addition und Subtraktion.

Diese Rangfolge können Sie mit Klammern außer Kraft setzen. Damit erreichen Sie, dass bestimmte Teilausdrücke vor anderen Teilausdrücken ausgewertet werden. In Klammern gesetzte Operationen haben grundsätzlich immer Vorrang. Innerhalb der Klammern gilt jedoch wieder die normale Rangfolge der Operatoren.

Bei der Division von zwei ganzen Zahlen sollten Sie beachten, dass die Nachkommastellen abgeschnitten werden. Wenn Sie das nicht möchten, müssen Sie zumindest eine der beiden Zahlen als Zahl mit Nachkommastellen kennzeichnen, zum Beispiel durch Anhängen von `.0`: Statt `5` schreiben Sie also `5.0`.

Der Modulo-Operator `%` berechnet den Rest einer Division. Einige Rechenbeispiele sehen Sie in nachfolgendem Programm:

```
private void CmdAnzeigen1_Click(...)
{
    LblAnzeige.Text =
        $"7 + 2 * 3 = {7 + 2 * 3}\n" +
        $"(7 + 2) * 3 = {(7 + 2) * 3}\n" +
```

```
        $"22 / 8.0 = {22 / 8.0}\n" +
        $"22 / 8 = {22 / 8}\n" +
        $"22 / -8 = {22 / -8}\n" +
        $"19 % 4 = {19 % 4}\n" +
        $"19.5 % 4.5 = {19.5 % 4.5}\n" +
        $"-19.5 % 4.5 = {-19.5 % 4.5}";
}
```

Listing 2.5 Projekt »GrundlagenOperatorenRechnen«

Die Ausgabe dieses Programmteils sehen Sie in Abbildung 2.10.

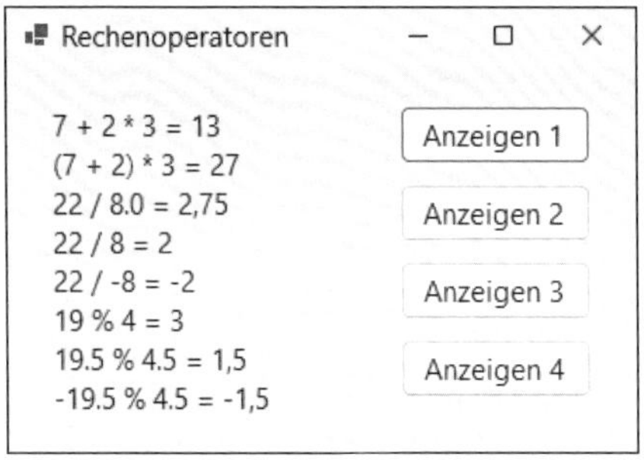

Abbildung 2.10 Wichtige Rechenoperatoren

Die Operatoren ++ und -- dienen als Schreibabkürzung und sollen mithilfe des Projekts *GrundlagenOperatorenRechnen* erläutert werden:

```
private void CmdAnzeigen2_Click(...)
{
    int x = 5;
    x++;
    ++x;
    x = x + 1;
    LblAnzeige.Text = $"Ergebnis: {x}";
}

private void CmdAnzeigen3_Click(...)
{
    int x = 5;
    LblAnzeige.Text = $"Ergebnis: {x++}";
}
```

```
private void CmdAnzeigen4_Click(...)
{
    int x = 5;
    LblAnzeige.Text = $"Ergebnis: {++x}";
}
```

Listing 2.6 Projekt »GrundlagenOperatorenRechnen«

Was passiert in den drei Methoden?

- In der ersten Methode hat `x` zunächst den Wert 5. Der Wert kann mit einer der beiden Kurzformen (`++x` oder `x++`) oder mit `x = x + 1` jeweils um 1 erhöht werden. Anschließend hat `x` den Wert 8. Der Editor schlägt vor, die letzte Anweisung in die Kurzform umzuwandeln.
- In der zweiten Methode wird `x` zunächst ausgegeben und anschließend um 1 erhöht. Das liegt daran, dass der Operator `++` hinter `x` steht. In der Ausgabe sehen Sie noch den alten Wert 5, nach der Anweisungszeile erhält `x` den Wert 6.
- In der dritten Methode wird `x` zunächst um 1 erhöht und anschließend ausgegeben. In diesem Fall steht der Operator `++` vor `x`. In der Ausgabe sehen Sie den neuen Wert 6, nach der Anweisungszeile behält `x` ebenfalls den Wert 6.

Bezüglich der beiden letzten Methoden lässt sich sagen, dass die Schreibweise `x = x + 1;` als eigene Anweisungszeile aufgrund ihrer Eindeutigkeit leichter zu lesen ist. Für den Operator `--` gilt sinngemäß das Gleiche.

Im Projekt *GrundlagenOperatorenRechnen* können Sie auch die beiden Berechnungen mit dem Modulo-Operator `%` selbst nachvollziehen.

Übung »UOperatorenRechnen«

Berechnen Sie im Projekt *UOperatorenRechnen* die beiden Ausdrücke aus Abbildung 2.11, speichern Sie die Ergebnisse in Variablen eines geeigneten Datentyps, und zeigen Sie die Ausdrücke und die Ergebnisse anschließend an.

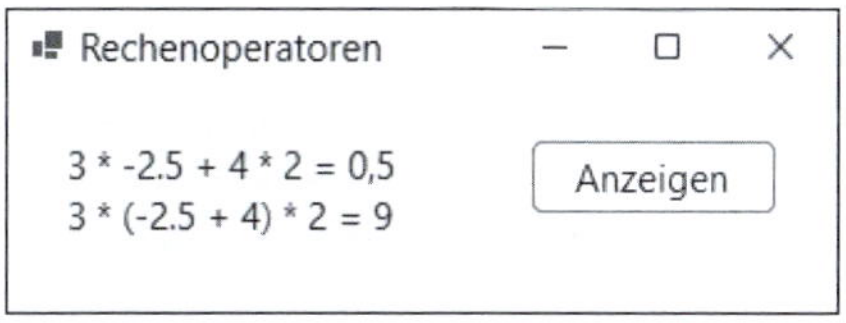

Abbildung 2.11 Rechenoperatoren

2.2.2 Vergleichsoperatoren

Mithilfe von Vergleichsoperatoren (siehe Tabelle 2.2) können Sie feststellen, ob bestimmte Bedingungen zutreffen oder nicht. Das Ergebnis kann beispielsweise zur Ablaufsteuerung von Programmen genutzt werden. In Abschnitt 2.4 werde ich hierauf noch genauer eingehen.

Operator	Beschreibung
<	kleiner als
<=	kleiner als oder gleich
>	größer als
>=	größer als oder gleich
==	gleich
!=	ungleich

Tabelle 2.2 Vergleichsoperatoren

Einige Beispiele sehen Sie in Abbildung 2.12, siehe auch Projekt *GrundlagenOperatorenVergleich*. Anführungszeichen werden in einer Zeichenkette wie folgt gespeichert: `"\"Maier\""`

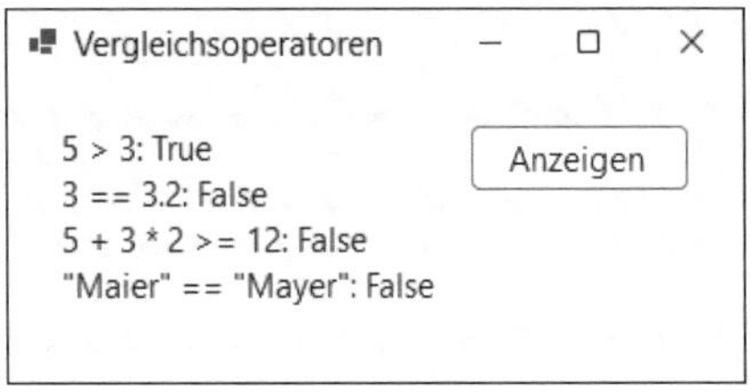

Abbildung 2.12 Vergleichsoperatoren

Übung »UOperatorenVergleich«

Ermitteln Sie im Projekt *UOperatorenVergleich* die Ergebnisse der beiden Ausdrücke aus Abbildung 2.13, speichern Sie sie in Variablen eines geeigneten Datentyps, und zeigen Sie die Ausdrücke und die Ergebnisse anschließend an.

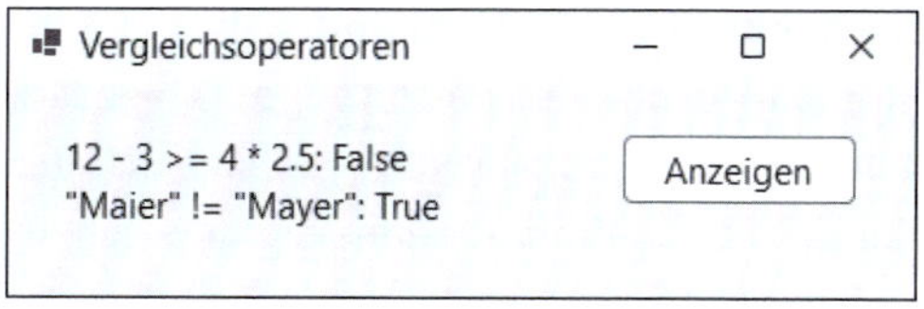

Abbildung 2.13 Vergleichsoperatoren

2.2.3 Logische Operatoren

Logische Operatoren dienen dazu, mehrere Bedingungen zusammenzufassen. Das Ergebnis kann ebenfalls etwa zur Ablaufsteuerung von Programmen genutzt werden (siehe hierzu auch Abschnitt 2.4). Die logischen Operatoren sehen Sie in Tabelle 2.3.

Operator	Beschreibung	Das Ergebnis ist true, wenn ...
!	Nicht	... der Ausdruck `false` ist.
&&	Und	... beide Ausdrücke `true` sind.
||	inklusives Oder	... mindestens ein Ausdruck `true` ist.
^	exklusives Oder	... genau ein Ausdruck `true` ist.

Tabelle 2.3 Logische Operatoren

Es seien die Variablen `A = 1`, `B = 3` und `C = 5` des Typs `int` gesetzt. Die Ausdrücke in der ersten Spalte von Tabelle 2.4 ergeben jeweils die Ergebnisse in der zweiten Spalte.

Ausdruck	Ergebnis
`!(A < B)`	`false`
`B > A && C > B`	`true`
`B < A || C < B`	`false`
`B < A ^ C > B`	`true`

Tabelle 2.4 Ausdrücke mit logischen Operatoren

Aufgrund der höheren Priorität der Vergleichsoperatoren vor den logischen Operatoren `&&`, `||` und `^` werden die Vergleiche zuerst ausgewertet und erst anschließend die Bedingungen zusammengefasst. Der logische Operator `!` hat wiederum eine höhere Priorität als ein Vergleichsoperator. Daher muss der erste Vergleich `A < B` in Klammern gesetzt werden, siehe auch Abschnitt 2.2.5.

In seltenen Fällen werden auch die bitweisen Operatoren & (statt &&) und | (statt ||) eingesetzt. Dabei werden alle Teile eines Vergleichsausdrucks ausgewertet. Im Gegensatz dazu wird bei den Operatoren && und || die Auswertung abgebrochen, sobald sich der Wert des Ausdrucks nicht mehr verändern kann. Die Ergebnisse unterscheiden sich allerdings nur, falls innerhalb des Vergleichsausdrucks Werte verändert werden, zum Beispiel mit den Operatoren ++ oder --, siehe auch Abschnitt 2.2.1.

Alle Berechnungen und Erläuterungen innerhalb dieses Abschnitts können Sie auch mithilfe des Codes im Projekt *GrundlagenOperatorenLogisch* selbst nachvollziehen.

Übung »UOperatorenLogisch«

Ermitteln Sie im Projekt *UOperatorenLogisch* die Ergebnisse der beiden Ausdrücke aus Abbildung 2.14, speichern Sie sie in Variablen eines geeigneten Datentyps, und zeigen Sie die Ausdrücke und die Ergebnisse anschließend an.

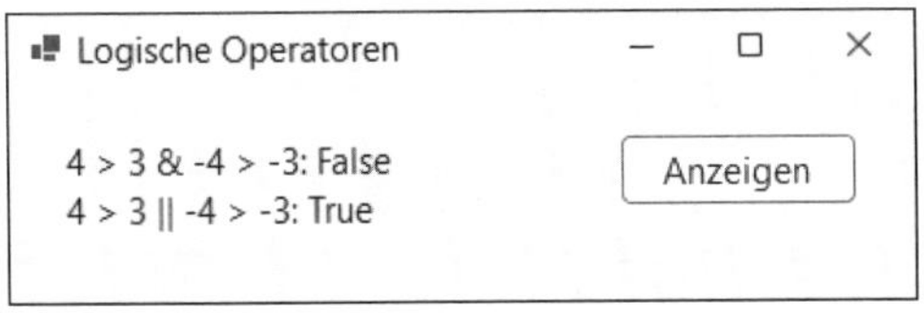

Abbildung 2.14 Logische Operatoren

2.2.4 Zuweisungsoperatoren

Neben dem Zuweisungsoperator = gibt es zur Verkürzung von Anweisungen die kombinierten Zuweisungsoperatoren (siehe Tabelle 2.5), mit denen sogenannte *Verbundzuweisungen* erstellt werden.

Operator	Beispiel	Ergebnis
=	x = 7	x erhält den Wert 7.
+=	x += 5	Der Wert von x wird um 5 erhöht.
-=	x -= 5	Der Wert von x wird um 5 verringert.
*=	x *= 3	Der Wert von x wird auf das Dreifache erhöht.
/=	x /= 3	Der Wert von x wird auf ein Drittel verringert.

Tabelle 2.5 Zuweisungsoperatoren

Operator	Beispiel	Ergebnis
%=	x %= 3	x wird durch 3 geteilt, der Rest der Division wird x zugewiesen.
+=	z += "abc"	Die Zeichenkette z wird um den Text »abc« verlängert.

Tabelle 2.5 Zuweisungsoperatoren (Forts.)

2.2.5 Rangfolge der Operatoren

Enthält ein Ausdruck mehrere Operatoren, werden die einzelnen Teilausdrücke gemäß der Priorität (= Rangfolge) der Operatoren ausgewertet und aufgelöst, siehe Tabelle 2.6. Je weiter oben die Operatoren in der Tabelle stehen, desto höher ist ihre Priorität.

Operator	Beschreibung
- !	Negatives Vorzeichen, logisches Nicht
* / %	Multiplikation, Division, Modulo
+ -	Addition, Subtraktion
< > <= >=	Vergleichsoperatoren für kleiner und größer
== !=	Vergleichsoperatoren für gleich und ungleich
&	Bitweises Und
^	Bitweises exklusives Oder
|	Bitweises Oder
&&	Logisches Und
||	Logisches Oder

Tabelle 2.6 Priorität der Operatoren

Mit Klammern können Sie diese Rangfolge außer Kraft setzen. Die Ausdrücke innerhalb der Klammern werden als erste ausgewertet.

Übung »UOperatorenRangfolge«

Sind die Bedingungen in Tabelle 2.7 wahr oder falsch? Lösen Sie die Aufgabe möglichst ohne Zuhilfenahme des PC. Sie können Ihre Ergebnisse auch mithilfe des Projekts *UOperatorenRangfolge* kontrollieren.

Nr.	Werte	Bedingung
1	a=5 b=10	a>0 && b!=10
2	a=5 b=10	a>0 || b!=10
3	z=10 w=100	z!=0 || z>w || w-z==90
4	z=10 w=100	z==11 && z>w || w-z==90
5	x=1.0 y=5.7	x>=.9 && y<=5.8
6	x=1.0 y=5.7	x>=.9 && !(y<=5.8)
7	n1=1 n2=17	n1>0 && n2>0 || n1>n2 && n2!=17
8	n1=1 n2=17	n1>0 && (n2>0 || n1>n2) && n2!=17

Tabelle 2.7 Übung »UOperatorenRangfolge«

2.3 Einfache Steuerelemente

Die Windows-Programmierung mit C# innerhalb von Visual Studio besteht prinzipiell aus zwei Teilen: der Arbeit mit den visuellen Steuerelementen und der Programmierung mit der Sprache C#. Beides soll in diesem Buch parallel vermittelt werden, um so die eher theoretischen Abschnitte zur Programmiersprache durch anschauliche Praxisbeispiele zu vertiefen.

Daher werde ich zunächst die Steuerelemente Panel, Timer, TextBox und NumericUpDown vorstellen, bevor ich die Verzweigungen zur Programmsteuerung erläutern werde.

2.3.1 Steuerelement »Panel«

Das Steuerelement *Panel* dient normalerweise als Behälter (engl. *container*) für andere Steuerelemente. Sie finden es in der TOOLBOX in der Kategorie CONTAINER. In unserem Beispiel wird es zur visuellen Darstellung eines Rechtecks und für eine kleine Animation genutzt.

Die Eigenschaften `BackColor` (Hintergrundfarbe), `Location` (Position) und `Size` (Größe) sind Ihnen bereits von anderen Steuerelementen her bekannt.

Mithilfe des nachfolgenden Programms im Projekt *SteuerelementPanel* wird ein Panel durch Betätigung von vier Buttons um zehn Pixel nach oben, unten, links oder rechts verschoben. Es hat eine Größe von 100 × 100 Pixel sowie eine eigene Hintergrundfarbe und ist in der Mitte des Formulars positioniert. Die Bewegung wird mithilfe der Struktur `Point` durchgeführt.

In Abbildung 2.15 sehen Sie das Panel im Startzustand und in Abbildung 2.16 nach einigen Klicks.

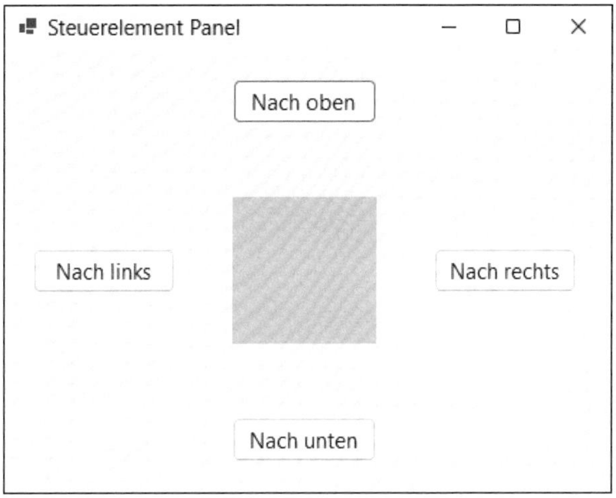

Abbildung 2.15 Zustand zu Beginn

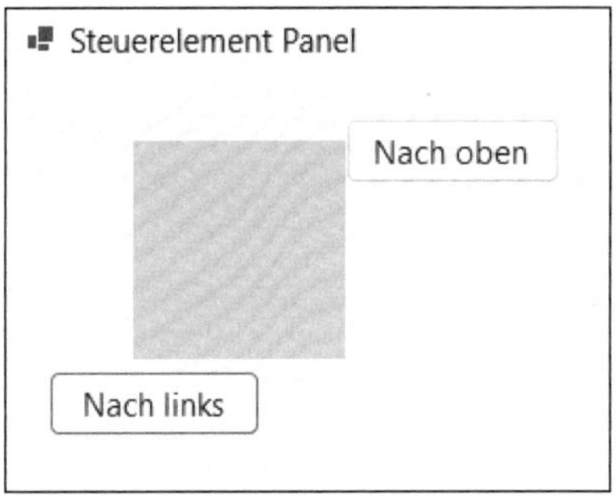

Abbildung 2.16 Zustand nach einigen Klicks

Der Programmcode:

```
private void CmdNachOben_Click(...)
{
    P.Location = new Point(P.Location.X, P.Location.Y - 10);
}
```

```
private void CmdNachLinks_Click(...)
{
    P.Location = new Point(P.Location.X - 10, P.Location.Y);
}

private void CmdNachRechts_Click(...)
{
    P.Location = new Point(P.Location.X + 10, P.Location.Y);
}

private void CmdNachUnten_Click(...)
{
    P.Location = new Point(P.Location.X, P.Location.Y + 10);
}
```

Listing 2.7 Projekt »SteuerelementPanel«

2.3.2 Steuerelement »Timer«

Das Steuerelement *Timer* (dt. *Zeitgeber*) erzeugt in festgelegten Abständen *Ticks* (dt. *Zeittakte*). Bei diesen Ticks handelt es sich um Ereignisse, die der Entwickler mit Aktionen verbinden kann. Ein Timer kann wie jedes andere Steuerelement zum Formular hinzugefügt werden. Sie finden ihn in der TOOLBOX in der Kategorie KOMPONENTEN.

Nach dem Hinzufügen wird er unterhalb des Formulars angezeigt. Zur Laufzeit ist er nicht sichtbar. Seine wichtigste Eigenschaft ist das Zeitintervall in Millisekunden, in dem das Ereignis auftritt. Ein Doppelklick auf den Timer erzeugt die zugehörige Ereignismethode `Tick()`.

Die Eigenschaft `Enabled` dient der Aktivierung beziehungsweise Deaktivierung eines Steuerelements, hier des Zeitgebers. Sie können sie zur Entwicklungszeit oder zur Laufzeit auf `true` oder `false` stellen.

Im nachfolgenden Programm im Projekt *SteuerelementTimer* erscheint zunächst ein Formular mit zwei Buttons. Betätigen Sie den START-Button, erscheint ein x in einem Bezeichnungsfeld. Alle 0,5 Sekunden erscheint automatisch ein weiteres x (siehe Abbildung 2.17). Dies wird durch den Timer gesteuert, bei dem der Wert für die Eigenschaft `Interval` auf 500 steht. Nach Betätigung des STOP-Buttons kommt kein weiteres x mehr hinzu.

Das Bezeichnungsfeld ist zu anfangs vollständig leer und daher unsichtbar. In diesem Fall könnte es nur noch über die Liste im Kopf des Eigenschaftsfensters oder über das Aufziehen eines Rechtecks mit der Maus im ungefähren Bereich des Bezeichnungsfelds ausgewählt werden.

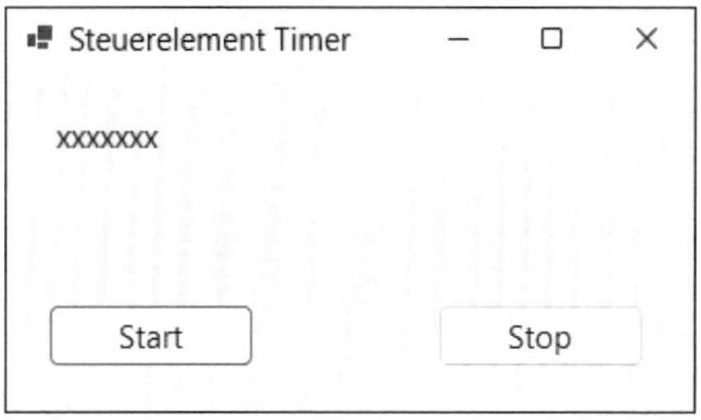

Abbildung 2.17 Zustand einige Sekunden nach dem Start

Der zugehörige Code:

```
private void CmdStart_Click(...)
{
    TimAnzeige.Enabled = true;
}

private void CmdStop_Click(...)
{
    TimAnzeige.Enabled = false;
}

private void TimAnzeige_Tick(...)
{
    LblAnzeige.Text += "x";
}
```

Listing 2.8 Projekt »SteuerelementTimer«

Übung »UPanelTimer«

Erstellen Sie im Projekt *UPanelTimer* eine Windows-Anwendung. In der Mitte eines Formulars sollen zu Beginn vier Panels verschiedener Farbe der Größe 20 × 20 Pixel platziert werden (siehe Abbildung 2.18).

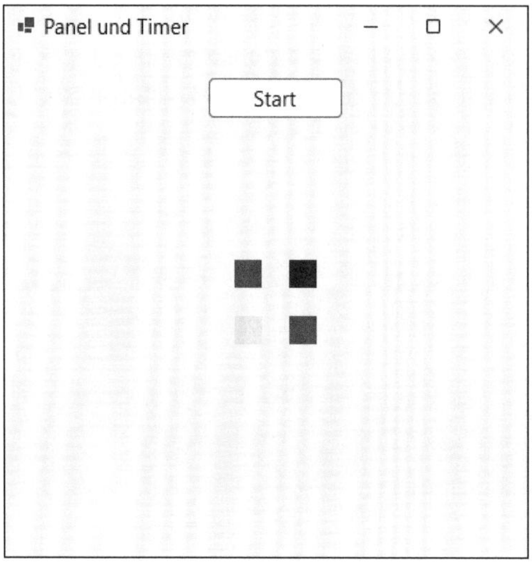

Abbildung 2.18 Zustand zu Beginn

Sobald der START-Button betätigt wird, sollen sich diese vier Panels diagonal zu den Ecken des Formulars bewegen, jedes Panel in eine andere Ecke (siehe Abbildung 2.19).

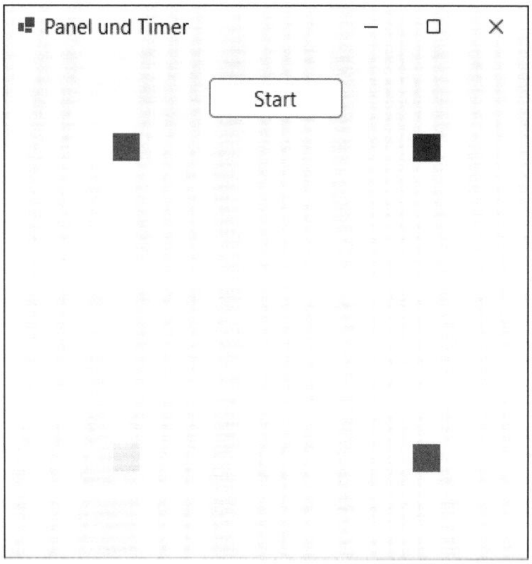

Abbildung 2.19 Zustand einige Sekunden nach dem Start

Übung »UKran«

Diese Übung gehört nicht zum Pflichtprogramm. Sie ist etwas umfangreicher, verdeutlicht aber die Möglichkeiten einer schnellen Visualisierung von Prozessen durch C# innerhalb von Visual Studio durch einige wenige Programmzeilen. Die Übung wird in späteren Abschnitten noch erweitert.

Konstruieren Sie im Projekt *UKran* aus mehreren Panels einen Kran (Fundament, senkrechtes Hauptelement, waagerechter Ausleger, senkrechter Haken am Ausleger). Die Benutzer sollen die Möglichkeit haben, über insgesamt acht Buttons die folgenden Aktionen auszulösen:

- Haken um zehn Pixel ausfahren/einfahren
- Ausleger um zehn Pixel ausfahren/einfahren
- Kran um zehn Pixel nach rechts/links fahren
- Kran um zehn Pixel in der Höhe ausfahren/einfahren

Denken Sie daran, dass bei vielen Bewegungen mehrere Steuerelemente bewegt werden müssen, da der Kran sonst seinen Zusammenhalt verliert. Die Aktionen resultieren aus Änderungen der Größe oder des Orts oder beidem.

In Abbildung 2.20 sehen Sie den Kran im Startzustand und in Abbildung 2.21 nach einigen Klicks.

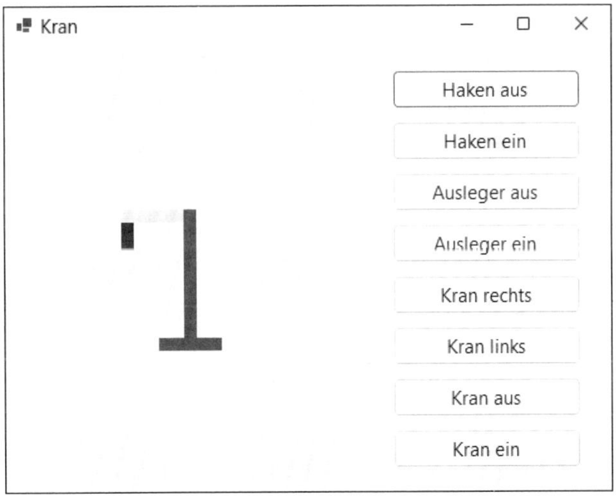

Abbildung 2.20 Übung »UKran«, Zustand zu Beginn

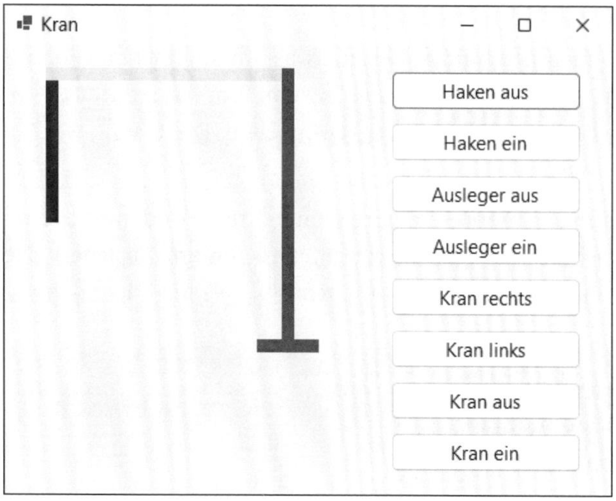

Abbildung 2.21 Übung »UKran«, Zustand nach einigen Aktionen

2.3.3 Steuerelement »TextBox«

Eine *TextBox* (deutsch: Textfeld oder Texteingabefeld) dient in erster Linie dazu, die Eingabe von Text oder Zahlen vom Benutzer entgegenzunehmen. Diese Eingaben werden in der Eigenschaft `Text` der TextBox gespeichert. Das Aussehen und das Verhalten einer TextBox können durch weitere Eigenschaften bestimmt werden:

- `Multiline`: Steht `Multiline` auf `true`, können Sie bei der Eingabe und bei der Anzeige mit mehreren Textzeilen arbeiten.
- `ScrollBars`: Sie können eine TextBox mit vertikalen und/oder horizontalen Bildlaufleisten zur Bearbeitung längerer Texte versehen.
- `MaxLength`: Damit lässt sich die Anzahl der Zeichen der TextBox beschränken. Ist keine Beschränkung vorgesehen, kann die TextBox insgesamt 32.768 Zeichen aufnehmen.
- `PasswordChar`: Haben Sie für diese Eigenschaft im Entwurfsmodus ein Platzhalterzeichen eingegeben, wird während der Laufzeit für jedes eingegebene Zeichen dieser Platzhalter angezeigt. Diese Eigenschaft wird vor allem bei Passwortabfragen verwendet.

Der Inhalt einer TextBox kann von Benutzern mit den gewohnten Mitteln (zum Beispiel `Strg`+`C` und `Strg`+`V`) in die Zwischenablage kopiert beziehungsweise aus der Zwischenablage eingefügt werden.

Benötigen Sie umfangreichere Möglichkeiten zur Formatierung, zum Beispiel zur Tief- oder Hochstellung einzelner Zeichen, empfehle ich das Steuerelement *RichTextBox*, siehe Abschnitt 7.9.

Im nachfolgenden Programm im Projekt *SteuerelementTextBox* können Benutzer in einer TextBox einen Text eingeben. Nach Betätigung des Buttons ANZEIGEN wird der eingegebene Text ausgegeben (siehe Abbildung 2.22).

Abbildung 2.22 Eingabe in TextBox

Der Code lautet wie folgt:

```
private void CmdAnzeigen_Click(...)
{
    LblAnzeige.Text = $"Ihre Eingabe: {TxtEingabe.Text}";
}
```

Listing 2.9 Projekt »SteuerelementTextBox«, Eingabe von Text

In der Eigenschaft `Text` der TextBox wird die Eingabe gespeichert. Die Eigenschaft wird in einen längeren Ausgabetext eingebettet.

Bei der Eingabe und Auswertung von Zahlen sind einige Besonderheiten zu beachten. Im nachfolgenden Programm, das ebenfalls Teil des Projekts *SteuerelementTextBox* ist, können Benutzer in einer TextBox eine Zahl eingeben. Nach Betätigung des Buttons RECHNEN wird der Wert dieser Zahl verdoppelt, das Ergebnis wird in einem Label darunter ausgegeben:

```
private void CmdRechnen_Click(...)
{
    double wert;
    wert = Convert.ToDouble(TxtEingabe.Text);
```

```
    wert *= 2;
    LblAnzeige.Text = $"Ergebnis: {wert}";
}
```

Listing 2.10 Projekt »SteuerelementTextBox«, Eingabe von Zahlen

Der Inhalt der TextBox soll explizit in eine Zahl (mit möglichen Nachkommastellen) umgewandelt werden. Das erreichen Sie mithilfe der Methode `ToDouble()` aus der Klasse `Convert`. Die Klasse `Convert` bietet eine Reihe von Methoden für die Umwandlung (sprich Konvertierung) in andere Datentypen.

Enthält die eingegebene Zeichenkette eine Zahl, wird sie in diese Zahl umgewandelt. Anschließend kann mit dieser Zahl gerechnet werden.

Enthält die eingegebene Zeichenkette keine Zahl, kommt es zu einem Laufzeitfehler. Diese Situation sollten Sie vermeiden. Sie können zum Beispiel zuvor prüfen, ob es sich bei der Zeichenkette um eine gültige Zahl handelt, und entsprechend reagieren. Das wird Ihnen möglich sein, sobald Sie die in Abschnitt 2.4 beschriebenen Verzweigungen zur Programmsteuerung beherrschen.

Allgemein können Sie Programme so schreiben, dass ein Programmabbruch abgefangen wird. Dazu werden Sie in der Lage sein, sobald Sie die Ausnahmebehandlung (siehe hierzu Abschnitt 3.4) anwenden können.

Es folgen einige Eingabebeispiele. In Abbildung 2.23 sehen Sie das Ergebnis für die korrekte Eingabe einer Zahl mit Stellen nach einem Dezimalkomma.

Abbildung 2.23 Korrekte Eingabe mit Dezimalkomma

Die Eingabe einer Zeichenkette, wie zum Beispiel »abc«, führt zur Anzeige einer nicht behandelten Ausnahme. Die Zeile, in der der Fehler auftritt, wird im Code markiert, damit der Fehler beseitigt werden kann (siehe Abbildung 2.24).

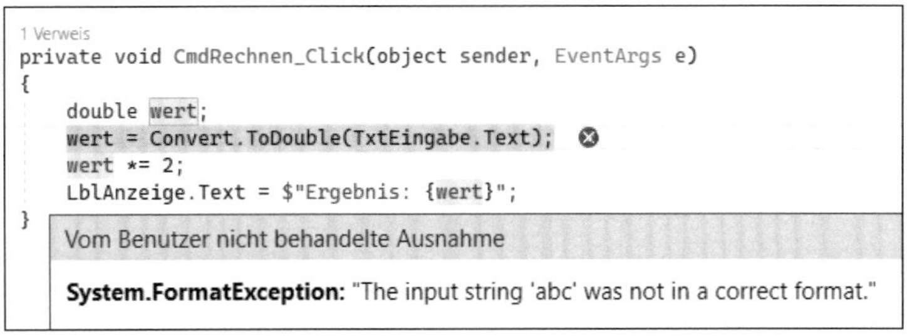

Abbildung 2.24 Markierung der Fehlerzeile

Sie können die aktuellen Werte von Variablen in diesem Moment der Unterbrechung kontrollieren, indem Sie den Cursor über diesen Variablen platzieren. Anschließend müssen Sie das Programm über den Menüpunkt DEBUGGEN • DEBUGGEN BEENDEN stoppen, bevor Sie es neu starten können.

Die Eingabe einer Zahl mit Stellen nach einem Dezimalpunkt führt dazu, dass der Punkt ignoriert wird. Die Eingabe »3.52« wird als 352 interpretiert, was zu dem falschen Ergebnis 704 führt, siehe Abbildung 2.25.

Abbildung 2.25 Falsche Eingabe mit Dezimalpunkt

2.3.4 Steuerelement »NumericUpDown«

Das Steuerelement Zahlenauswahlfeld (engl. *NumericUpDown*) stellt eine andere Möglichkeit dar, Zahlenwerte an ein Programm zu übermitteln. Die Zahlenwerte können innerhalb selbst gewählter Grenzen und in selbst definierten Schritten über zwei kleine Pfeiltasten ausgewählt werden. Sie können aber auch weiterhin wie bei einer TextBox eingegeben werden.

Wichtige Eigenschaften des Steuerelements sind:

- `Value`: bezeichnet zur Entwicklungszeit den Startwert und zur Laufzeit den von der Benutzerin aktuell eingestellten Wert

- Maximum, Minimum: bestimmen den größtmöglichen Wert und den kleinstmöglichen Wert der Eigenschaft Value. Es handelt sich also um die Grenzwerte, die mithilfe der Pfeiltasten erreicht werden können.
- Increment: Mit Increment wird die Schrittweite eingestellt, mit der sich der Wert (Eigenschaft Value) ändert, wenn die Benutzerin eine der kleinen Pfeiltasten betätigt.
- DecimalPlaces: bestimmt die Anzahl der Nachkommastellen in der Anzeige des Zahlenauswahlfelds

Das wichtigste Ereignis dieses Steuerelements ist ValueChanged. Es tritt bei der Veränderung der Eigenschaft Value ein und sollte anschließend zur Programmsteuerung verwendet werden.

Im nachfolgenden Programm im Projekt *SteuerelementNumericUpDown* werden alle diese Eigenschaften und das eben angesprochene Ereignis genutzt. Die Benutzer können hierbei Zahlenwerte von –5,0 bis +5,0 in Schritten von 0,1 über ein Zahlenauswahlfeld einstellen. Der ausgewählte Wert wird unmittelbar in einem Label angezeigt (siehe Abbildung 2.26).

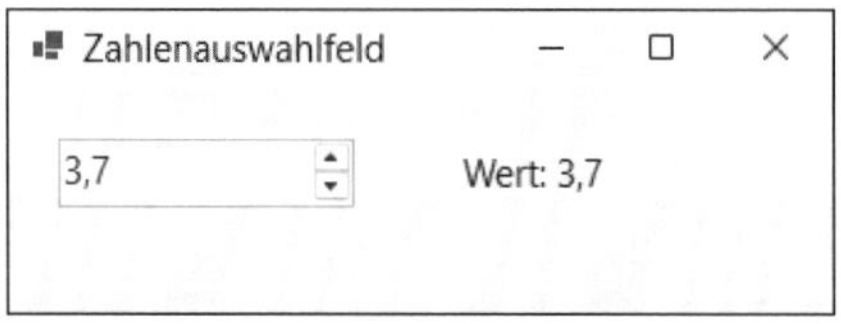

Abbildung 2.26 Zahlenauswahlfeld

Die Eigenschaften werden im Eigenschaftenfenster wie folgt festgelegt:

- Value: Wert 2, die Anwendung startet also bei dem Wert 2,0 für das Zahlenauswahlfeld.
- Maximum, Minimum: Werte 5 und –5
- Increment: Wert 0,1
- DecimalPlaces: Wert 1 zur Anzeige einer einzelnen Nachkommastelle

Der Code lautet:

```
private void NumZahl_ValueChanged(...)
{
    LblAnzeige.Text = $"Wert: {NumZahl.Value}";
}
```

Listing 2.11 Projekt »SteuerelementNumericUpDown«

2.4 Verzweigungen mit »if« und »else«

Der Programmcode wird bisher rein sequenziell abgearbeitet, also eine Anweisung nach der anderen. Verzweigungen und Schleifen ermöglichen eine Steuerung dieser Reihenfolge. Verzweigungen gestatten es dem Programm, sich in verschiedene Alternativen zu verzweigen.

In diesem Abschnitt werden Verzweigungen mithilfe der Schlüsselwörter `if` und `else` erstellt. Im nächsten Abschnitt folgen Verzweigungen mit einer `switch`-Anweisung oder einem `switch`-Ausdruck.

Die Programmausführung wird an eine bestimmte Anweisung oder an einen bestimmten Anweisungsblock übergeben, gegebenenfalls mithilfe von Bedingungen. Diese werden mithilfe von Vergleichsoperatoren erstellt.

2.4.1 Allgemeiner Aufbau

Eine Verzweigung mit `if` und `else` hat folgenden allgemeinen Aufbau:

```
if (Bedingung)
{
   AnweisungenWahr
}
[ else
{
    AnweisungenFalsch
} ]
```

Die Bedingung wird ausgewertet; sie ist entweder wahr oder falsch (`true` oder `false`). Ist die Bedingung wahr, werden die Anweisungen im Bereich `AnweisungenWahr` ausgeführt. Ist die Bedingung nicht wahr und gibt es einen `else`-Teil, werden die Anweisungen im Bereich `AnweisungenFalsch` ausgeführt. Der `else`-Teil ist optional. Das wird mithilfe der rechteckigen Klammern verdeutlicht.

Handelt es sich bei `AnweisungenWahr` oder `AnweisungenFalsch` nur um eine einzelne Anweisung, können die geschweiften Klammern in diesem Teil der Verzweigung weggelassen werden.

Gibt es mehr als zwei Möglichkeiten für den weiteren Programmverlauf, können Verzweigungen auch ineinander verschachtelt werden.

Eine Bedingung kann aus einem einfachen Ausdruck mit Vergleichsoperatoren bestehen oder aus mehreren Vergleichsausdrücken.

In den nächsten Abschnitten folgen im Projekt *GrundlagenIfElse* sieben verschiedene Beispiele für Verzweigungen mit einer oder mehreren Bedingungen. Es werden Zahlenwerte untersucht, die mithilfe eines Zufallsgenerators erstellt werden.

2.4.2 »if« ohne »else«

Zunächst ein `if` ohne `else`:

```
public partial class Form1 : Form
{
    ...
    private readonly Random r = new();
    private void CmdAnzeigen1_Click(...)
    {
        int x = r.Next(7, 13);
        LblAnzeige.ForeColor = Color.Black;
        LblAnzeige.Text = "Wert: " + x + "\n";

        if (x > 9)
        {
            LblAnzeige.Text += "Zweistellig";
            LblAnzeige.ForeColor = Color.Red;
        }
    }
}
```

Listing 2.12 Projekt »GrundlagenIfElse«, »if« ohne »else«

Die Klasse `Random` ermöglicht die Erstellung eines Objekts mit den Eigenschaften eines Zufallsgenerators. Die Variable `r` dient als Verweis auf ein Zufallsgeneratorobjekt, das mithilfe von `new()` neu erzeugt wird. Wird einem neu deklarierten Verweis unmittelbar ein neues Objekt desselben Typs zugewiesen, genügt die Zuweisung von `new()`. Das Objekt stellt eine Objekteigenschaft der Klasse des Formulars dar. Kurz gesagt: Im gesamten Formular steht nun ein Zufallsgenerator zur Verfügung.

Die Verweisvariable wird innerhalb des Projekts nicht mehr verändert; daher sollte sie mithilfe des Attributs `readonly` vor einem versehentlichen Überschreiben geschützt werden, siehe auch Abschnitt 2.1.3.

Die Methode `Next()` des Zufallsgenerators liefert eine zufällige ganze Zahl. Wird sie mit zwei Parametern aufgerufen, begrenzen diese den Zahlenbereich. Der erste Parameter steht für die kleinste mögliche Zufallszahl, der zweite Parameter minus 1 kennzeichnet die größte mögliche Zufallszahl. Mithilfe der Parameter 7 und 13 ergibt sich also eine der Zahlen von 7 bis 12.

Mithilfe der Eigenschaft `ForeColor` wird die Schriftfarbe eines Labels eingestellt. Zunächst wird die zufällige ganze Zahl ausgegeben.

Es folgt die Verzweigung:

- Ist der Wert von `x` größer als 9, wird der Text »Zweistellig« ausgegeben. Außerdem wird die Schriftfarbe des Labels in Rot geändert. Da es sich um zwei Anweisungen handelt, müssen sie in geschweifte Klammern gesetzt werden.
- Ist der Wert von `x` kleiner oder gleich 9, passiert nichts. Es gibt keinen `else`-Teil, in dem etwas ausgeführt werden könnte.

Die Anweisungen innerhalb des `if`-Blocks werden eingerückt. Dadurch ist das Programm leichter lesbar. Ich empfehle diese Schreibweise, insbesondere bei weiteren Verschachtelungen innerhalb des Programms.

Eine mögliche Ausgabe sehen Sie in Abbildung 2.27.

Abbildung 2.27 »if« ohne »else«

2.4.3 »if« mit »else«

Nun folgt ein `if` mit `else`. Es wird also in jedem Fall etwas ausgeführt:

```
private void CmdAnzeigen2_Click(...)
{
    int x = r.Next(7, 13);
    LblAnzeige.Text = "Wert: " + x + "\n";

    if (x > 9)
    {
        LblAnzeige.Text += "Zweistellig";
        LblAnzeige.ForeColor = Color.Red;
    }
```

```
    else
    {
        LblAnzeige.Text += "Einstellig";
        LblAnzeige.ForeColor = Color.Blue;
    }
}
```

Listing 2.13 Projekt »GrundlagenIfElse«, »if« mit »else«

Ist der Wert von x jetzt kleiner oder gleich 9, wird auch etwas ausgegeben. Außerdem wird das Zahlenauswahlfeld nunmehr blau eingefärbt. Da auch im else-Teil zwei Anweisungen stehen, müssen sie ebenso in geschweifte Klammern gesetzt werden.

Eine mögliche Ausgabe sehen Sie in Abbildung 2.28.

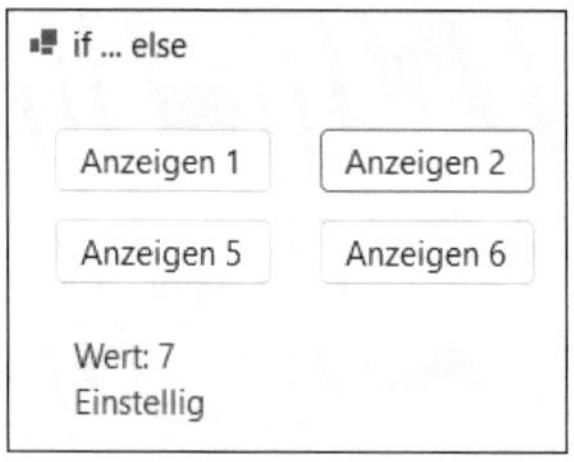

Abbildung 2.28 »if« mit »else«

2.4.4 Geschachtelte Verzweigung mit »if« und »else«

Es folgt ein Beispiel mit drei möglichen Ausführungswegen:

```
private void CmdAnzeigen3_Click(...)
{
    int x = r.Next(-3, 4);
    LblAnzeige.ForeColor = Color.Black;
    LblAnzeige.Text = "Wert: " + x + "\n";

    if (x > 0)
        LblAnzeige.Text += "Größer als 0";
    else
        if (x < 0)
            LblAnzeige.Text += "Kleiner als 0";
        else
            LblAnzeige.Text += "Gleich 0";
}
```

Listing 2.14 Projekt »GrundlagenIfElse«, geschachtelte Verzweigung

In diesem Beispiel liefert der Zufallsgenerator eine der zufälligen Zahlen –3, –2, –1, 0, 1 oder 2. Ist der Wert von x größer als 0, erscheint der Text »Größer als 0«. Ist das nicht der Fall, wird eine weitere Prüfung durchgeführt, da es jetzt immer noch zwei Möglichkeiten gibt:

- Ist der Wert kleiner als 0, erscheint der Text »Kleiner als 0«.
- Ist der Wert nicht kleiner als 0, kann der Wert nur noch gleich 0 sein, da alle anderen Fälle ausgeschlossen sind.

In allen drei Fällen wird nur eine Anweisung ausgeführt. Daher können die geschweiften Klammern jeweils weggelassen werden.

Eine mögliche Ausgabe sehen Sie in Abbildung 2.29.

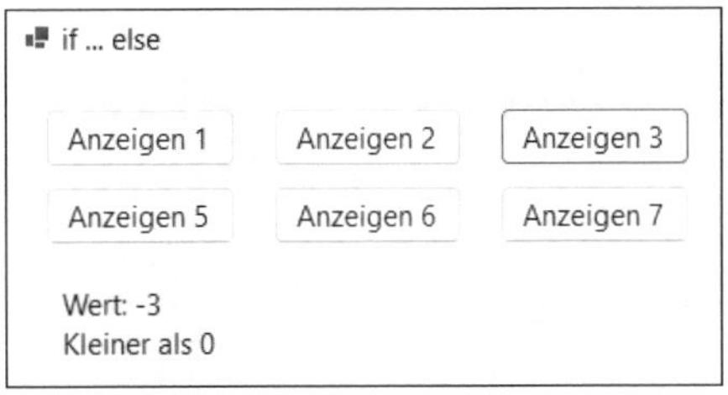

Abbildung 2.29 Geschachtelte Verzweigung

2.4.5 Bedingter Ausdruck mit ternärem Operator ? :

Der ternäre Operator `? :` ermöglicht die Definition eines *bedingten Ausdrucks*. Ein solcher Ausdruck ermöglicht eine Kurzform für eine Verzweigung mit `if` und `else` und liefert immer einen Wert. Dieser Wert wird entweder gespeichert oder ausgegeben. Es folgt ein Beispiel mit zwei Ausgaben für zwei beziehungsweise drei mögliche Fälle:

```
private void CmdAnzeigen4 Click(...)
{
    int x = r.Next(-3, 4);
    LblAnzeige.ForeColor = Color.Black;
    LblAnzeige.Text = "Wert: " + x + "\n";

    LblAnzeige.Text += x > 0 ? "Größer als 0\n"
        : "Kleiner als 0 oder gleich 0\n";
    LblAnzeige.Text += x > 0 ? "Größer als 0"
        : x < 0 ? "Kleiner als 0" : "Gleich 0";
}
```

Listing 2.15 Projekt »GrundlagenIfElse«, bedingter Ausdruck

Die beiden langen Anweisungen mit den bedingten Ausdrücken wurden für den Abdruck im Buch jeweils auf zwei Zeilen verteilt.

In der ersten Anweisung werden zwei Fälle unterschieden. Vor dem Fragezeichen steht die Bedingung. Nach dem Fragezeichen steht der zugewiesene Wert für den Fall, dass die Bedingung zutrifft. Nach dem Doppelpunkt folgt der zugewiesene Wert für den Fall, dass die Bedingung nicht zutrifft.

In der zweiten Anweisung werden drei Fälle unterschieden. Nach dem ersten Doppelpunkt folgt eine zweite Bedingung. Nach dem zweiten Fragezeichen steht der zugewiesene Wert für den Fall, dass die zweite Bedingung zutrifft. Nach dem zweiten Doppelpunkt folgt der zugewiesene Wert für den Fall, dass die zweite Bedingung nicht zutrifft.

Eine mögliche Ausgabe sehen Sie in Abbildung 2.30.

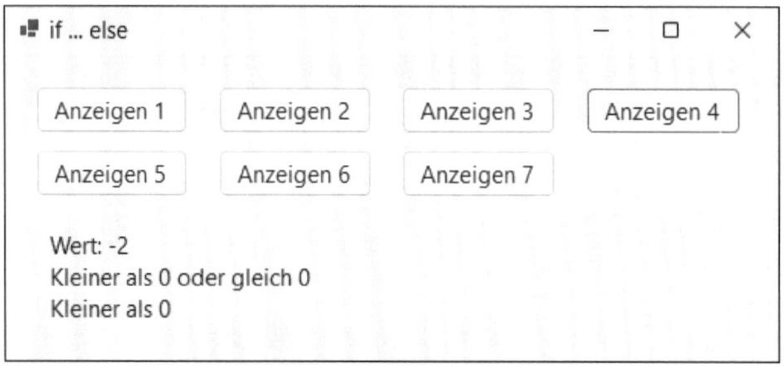

Abbildung 2.30 Bedingter Ausdruck

2.4.6 Logischer Und-Operator &&

Es folgt ein Beispiel mit dem logischen Und-Operator &&:

```
private void CmdAnzeigen5_Click(...)
{
    int x = r.Next(7, 13);
    int y = r.Next(7, 13);
    LblAnzeige.ForeColor = Color.Black;
    LblAnzeige.Text = "Werte: " + x + " / " + y + "\n";

    if (x > 9 && y > 9)
        LblAnzeige.Text += "Beide zweistellig";
    else
        LblAnzeige.Text += "Mindestens eine einstellig";
}
```

Listing 2.16 Projekt »GrundlagenIfElse«, logischer Und-Operator

Nun werden zwei zufällige Zahlen ausgewertet:

- Sind beide Werte größer als 9, wird der erste Text angezeigt.
- Ist mindestens einer der beiden Werte kleiner oder gleich 9, wird der zweite Text angezeigt.

Es wird jeweils nur eine Anweisung ausgeführt. Daher können hier die geschweiften Klammern weggelassen werden.

Eine mögliche Ausgabe sehen Sie in Abbildung 2.31.

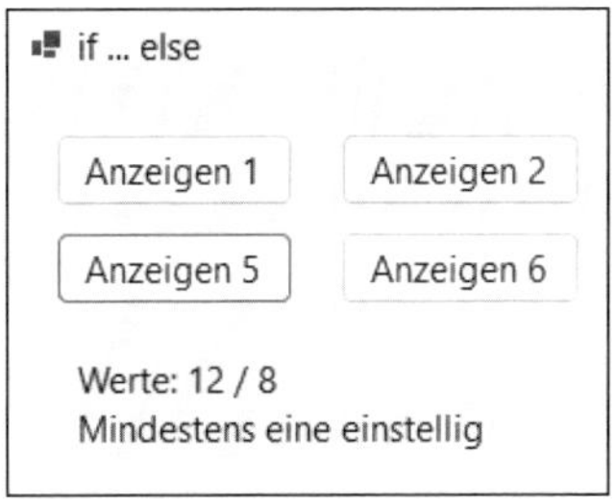

Abbildung 2.31 Logisches Und

2.4.7 Logischer Oder-Operator ||

Der logische Oder-Operator || liefert ein anderes Ergebnis:

```
private void CmdAnzeigen6_Click(...)
{
    int x = r.Next(7, 13);
    int y = r.Next(7, 13);
    LblAnzeige.ForeColor = Color.Black;
    LblAnzeige.Text = "Werte: " + x + " / " + y + "\n";

    if (x > 9 || y > 9)
        LblAnzeige.Text += "Eine oder beide zweistellig";
    else
        LblAnzeige.Text += "Beide einstellig";
}
```

Listing 2.17 Projekt »GrundlagenIfElse«, logischer Oder-Operator

Ist einer der beiden Werte größer als 9 oder sind beide Werte größer als 9, wird der erste Text angezeigt. Sind beide Werte kleiner oder gleich 9, wird der zweite Text angezeigt.

Eine mögliche Ausgabe sehen Sie in Abbildung 2.32.

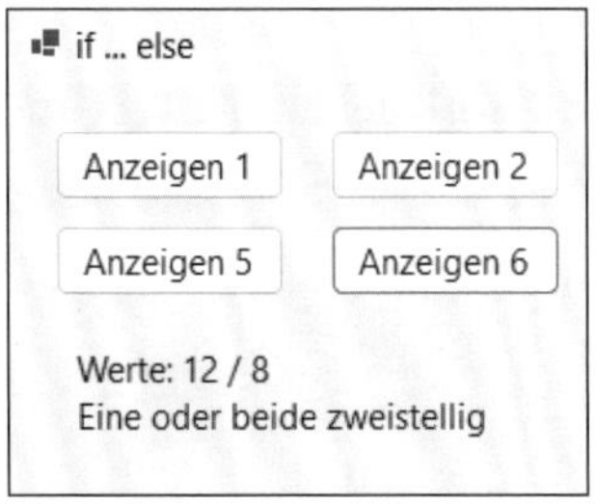

Abbildung 2.32 Logisches Oder

2.4.8 Logischer Exklusiv-Oder-Operator ^

Zudem gibt es noch den Exklusiv-Oder-Operator ^:

```
private void CmdAnzeigen7_Click(...)
{
    int x = r.Next(7, 13);
    int y = r.Next(7, 13);
    LblAnzeige.ForeColor = Color.Black;
    LblAnzeige.Text = "Werte: " + x + " / " + y + "\n";

    if (x > 9 ^ y > 9)
        LblAnzeige.Text += "Nur eine zweistellig";
    else
        LblAnzeige.Text += "Beide einstellig oder beide zweistellig";
}
```

Listing 2.18 Projekt »GrundlagenIfElse«, logischer Exklusiv-Oder-Operator

Ist *nur genau* einer der beiden Werte größer als 9, wird der erste Text angezeigt. Trifft das nicht zu, wird der zweite Text angezeigt.

Eine mögliche Ausgabe sehen Sie in Abbildung 2.33.

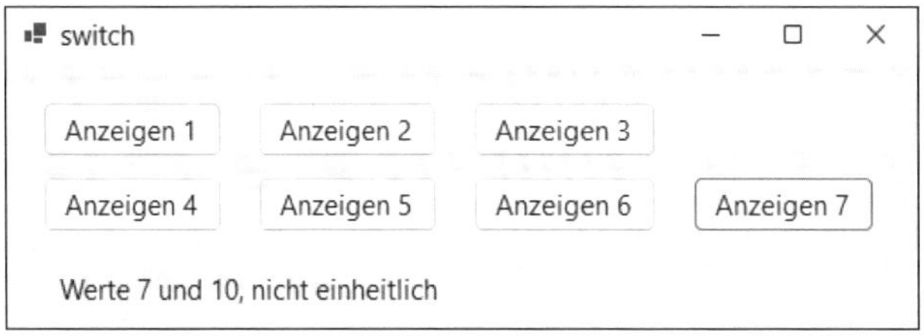

Abbildung 2.33 Logisches Exklusiv-Oder

Übung »USteuerbetragIfElse«

Schreiben Sie ein Programm im Projekt *USteuerbetragIfElse*, das zu einem eingegebenen Gehalt den Steuerbetrag berechnet und ausgibt (siehe Abbildung 2.34). Es wird davon ausgegangen, dass die Benutzer eine gültige Zahl eingeben, gegebenenfalls mit Dezimalkomma. Es wird von der folgenden vereinfachten Formel ausgegangen:

```
Steuerbetrag = Gehalt * Steuersatz
```

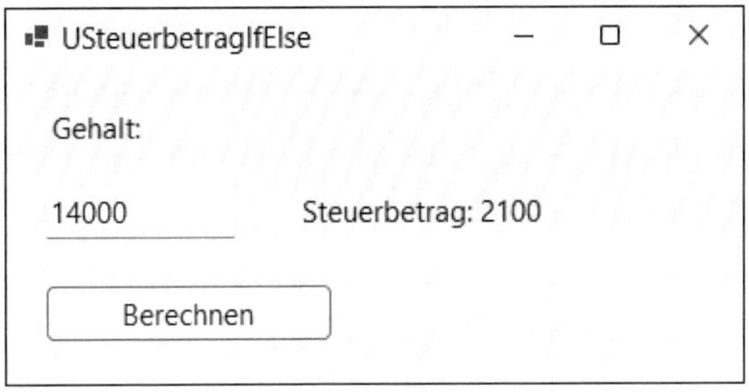

Abbildung 2.34 Übung »USteuerbetragIfElse«

In Tabelle 2.8 sind die Steuersätze angegeben.

Gehalt	Steuersatz
von 0 € bis einschl. 12.000 €	12 %
von über 12.000 € bis einschl. 20.000 €	15 %
von über 20.000 € bis einschl. 30.000 €	20 %
über 30.000 €	25 %

Tabelle 2.8 Übung »USteuerbetragIfElse«

Übung »UKranVerzweigung«

Erweitern Sie im Projekt *UKranVerzweigung* die Übung *UKran* aus Abschnitt 2.3.2. Die Änderungen der Größe des Krans und seine Bewegungen sollen kontrolliert werden. Haken, Ausleger und Kran selbst dürfen nicht zu groß und nicht zu klein werden. Der gesamte Kran und auch keiner seiner Bestandteile darf sich aus dem linken Bereich des Formulars hinausbewegen. Nutzen Sie Bedingungen und Verzweigungen, um das zu verhindern.

2.5 Verzweigungen mit »switch«

Eine Verzweigung kann in vielen Fällen auch mit einer switch-Anweisung oder einem switch-Ausdruck gebildet werden. Mit ihrer Hilfe kann eine Mehrfachauswahl gegebenenfalls übersichtlicher gestaltet werden.

2.5.1 Allgemeiner Aufbau

Zunächst folgt der allgemeine Aufbau einer switch-Anweisung:

```
switch (Testausdruck)
{
   [ case Möglichkeit1:
      Anweisungen1
      [break | goto case MöglichkeitX] ]
   [ case Möglichkeit2:
      Anweisungen2
      [break | goto case MöglichkeitX] ]
   ...
   default:
      Anweisungen
      break | goto case MöglichkeitX
}
```

Es wird ein Testausdruck verwendet, der zu Beginn des Blocks ausgewertet wird. Sein Wert wird anschließend der Reihe nach mit den gegebenen Möglichkeiten verglichen. Bei dem Testausdruck kann es sich um eine Variable oder um einen berechneten Ausdruck handeln. Bei den verschiedenen Möglichkeiten darf es sich nur um konstante Werte handeln.

Bei der ersten Übereinstimmung einer der Möglichkeiten mit dem Testausdruck werden die zugehörigen Anweisungen bis zum nächsten break oder goto case ausgeführt:

- Beim Erreichen einer break-Anweisung fährt das Programm mit der ersten Anweisung nach dem switch-Block fort.
- Beim Erreichen einer goto case-Anweisung fährt das Programm hingegen mit der ersten Anweisung der betreffenden Möglichkeit fort.

Trifft keine der Möglichkeiten nach den verschiedenen case zu, werden die Anweisungen nach dem Schlüsselwort default ausgeführt, das am Ende des Blocks steht.

In den nächsten Abschnitten folgen im Projekt *GrundlagenSwitch* drei Beispiele für Verzweigungen mit der switch-Anweisung und vier Beispiele für Verzweigungen mit dem switch-Ausdruck.

2.5.2 Einfache switch-Anweisung

In einem Beispiel für eine einfache switch-Anweisung wird eine Zeichenkette untersucht, die den Namen einer Stadt enthält. Zu diesem Zweck wird sie mit einigen konstanten Zeichenketten verglichen. Zu der Stadt werden der Name des Landes ermittelt, in dem sich diese Stadt befindet, und die Fläche des Landes in Quadratkilometern:

```
public partial class Form1 : Form
{
    private readonly Random r = new();
    private void CmdAnzeigen1_Click(...)
    {
        string stadt = "Antwerpen", land;
        int flaeche;
        switch (stadt)
        {
            case "Paris":
                land = "Frankreich";
                flaeche = 632734;
                break;
            case "Namur":
            case "Antwerpen":
            case "Lüttich":
                land = "Belgien";
                flaeche = 30688;
                break;
            case "Barcelona":
                land = "Spanien";
                flaeche = 505970;
                break;
            default:
                land = "unbekannt";
                flaeche = 0;
                break;
        }
```

```
        LblAnzeige.Text = $"Stadt: {stadt}, Land: {land}," +
            $" Fläche: {flaeche}";     }
}
```

Listing 2.19 Projekt »GrundlagenSwitch«, switch-Anweisung

Wie bei der Verzweigung mit `if` wird in einigen Beispielen des Projekts ein Zufallsgenerator benötigt, auf den die Objekteigenschaft `r` verweist.

Im Beispiel ist der Wert für die Variable `stadt` fest vorgegeben. In einem realen Fall würde dieser Wert zum Beispiel von den Benutzern aus einer ListBox ausgewählt werden (siehe Abschnitt 2.8.1) oder mithilfe des Zufallsgenerators aus einem Datenfeld (siehe Abschnitt 4.4).

Die verschiedenen Fälle sehen wie folgt aus:

- Enthält die Variable `stadt` einen der Werte »Namur«, »Antwerpen« oder »Lüttich«, werden den beiden Variablen `land` und `flaeche` dieselben Werte zugewiesen, da alle drei `case`-Elemente zu denselben Anweisungen führen und erst anschließend ein `break` folgt. Diese drei Fälle werden auf diese Weise zusammengefasst.
- Enthält die Variable `stadt` einen der Werte »Paris« oder »Barcelona«, werden den beiden Variablen `land` und `flaeche` die Werte gemäß den Anweisungen nach dem jeweils zutreffenden `case` zugewiesen.
- Enthält die Variable `stadt` einen anderen Wert, werden den beiden Variablen `land` und `flaeche` die Werte nach dem `default`-Fall zugewiesen.

Die Ausgabe sehen Sie in Abbildung 2.35.

Abbildung 2.35 Einfache switch-Anweisung

2.5.3 switch-Anweisung mit Vergleichsoperatoren

Nach einem `case` kann auch ein Vergleich mithilfe eines Vergleichsoperators stattfinden. Im Beispiel wird ein `double`-Wert untersucht, der mithilfe der Methode `NextDouble()`

des Zufallsgenerators ermittelt wird. Bei der Untersuchung wird der double-Wert mit einigen konstanten Zahlenwerten verglichen. Diese Methode liefert einen Wert, der größer oder gleich 0.0 ist und kleiner als 1.0:

```
private void CmdAnzeigen2_Click(...)
{
    double x = r.NextDouble();
    LblAnzeige.Text = $"Wert: {x * 0.1}\n";

    switch (x * 0.1)
    {
        case < 0.02:
            LblAnzeige.Text += "Größer oder gleich 0.0\n";
            LblAnzeige.Text += "Kleiner als 0.02";
            break;
        case < 0.05:
            LblAnzeige.Text += "Größer oder gleich 0.02\n";
            LblAnzeige.Text += "Kleiner als 0.05";
            break;
        case < 0.08:
            LblAnzeige.Text += "Größer oder gleich 0.05\n";
            LblAnzeige.Text += "Kleiner als 0.08";
            break;
        default:
            LblAnzeige.Text += "Größer oder gleich 0.08\n";
            LblAnzeige.Text += "Kleiner als 0.1";
            break;
    }
}
```

Listing 2.20 Projekt »GrundlagenSwitch«, mit Vergleichsoperatoren

Der berechnete Ausdruck, der untersucht wird, besitzt einen zufälligen Wert, der größer oder gleich 0.0 ist und kleiner als 0.1. Ist dieser Wert kleiner als 0.02, trifft der erste case zu. Ist der Wert größer oder gleich 0.02 und kleiner als 0.05, trifft der zweite case zu usw.

Bei einer Untersuchung wie hier kommt es zusätzlich auf die richtige Reihenfolge der verschiedenen Möglichkeiten an, damit eine eindeutige Aussage getroffen werden kann.

Eine mögliche Ausgabe sehen Sie in Abbildung 2.36.

Abbildung 2.36 switch-Anweisung mit Vergleichsoperatoren

2.5.4 switch-Anweisung mit »goto case«

Mit goto case erweitern sich die Möglichkeiten einer switch-Anweisung.

Im Beispiel wird wiederum eine Zeichenkette untersucht, die den Namen einer Stadt enthält. Neben dem Namen des Landes und dessen Fläche wird ermittelt, ob es sich bei der Stadt um die Hauptstadt des Landes handelt:

```
private void CmdAnzeigen3_Click(...)
{
    string stadt = "Madrid", land;
    bool hauptstadt = false;
    int flaeche;

    switch (stadt)
    {
        case "Paris":
            hauptstadt = true;
            land = "Frankreich";
            flaeche = 632734;
            break;
        case "Brüssel":
            hauptstadt = true;
            goto case "Namur";
        case "Namur":
        case "Lüttich":
            land = "Belgien";
            flaeche = 30688;
            break;
        case "Barcelona":
            land = "Spanien";
```

```
            flaeche = 505970;
            break;
        case "Madrid":
            hauptstadt = true;
            goto case "Barcelona";
        default:
            land = "unbekannt";
            flaeche = 0;
            break;
    }
    LblAnzeige.Text = $"Stadt: {stadt}";
    if (hauptstadt)
        LblAnzeige.Text += ", ist Hauptstadt";
    LblAnzeige.Text += $", Land: {land}, Fläche: {flaeche}";
}
```

Listing 2.21 Projekt »GrundlagenSwitch«, mit »goto case«

Enthält die Variable `stadt` den Wert »Brüssel«, wird der Variablen `hauptstadt` der Wert `true` zugewiesen. Anschließend wird zum `case` »Namur« gesprungen und mit den dortigen Anweisungen fortgefahren. Auf diese Weise werden gegebenenfalls zusätzliche Informationen zugewiesen.

Das Gleiche passiert, falls die Variable `stadt` den Wert »Madrid« enthält. Es kann also auch zu einem `case` gesprungen werden, der bereits weiter oben definiert wurde.

Die Ausgabe sehen Sie in Abbildung 2.37.

Abbildung 2.37 switch-Anweisung mit »goto case«

2.5.5 Einfacher switch-Ausdruck

In den Beispielen zur `switch`-Anweisung wurden in den verschiedenen Fällen jeweils mehrere Werte zugewiesen oder mehrere Anweisungen ausgeführt. Soll aber in den verschiedenen Fällen jeweils nur ein einzelner Wert ermittelt werden, bietet sich aufgrund seiner Kompaktheit der `switch`-Ausdruck an.

Im Beispiel wird eine Zeichenkette untersucht, die den Namen eines Landes enthält. Zu diesem Zweck wird sie mit einigen konstanten Zeichenketten verglichen. Es soll nur der Name der Hauptstadt ermittelt werden:

```
private void CmdAnzeigen4_Click(...)
{
    string land = "Frankreich";
    string hauptstadt = land switch
    {
        "Frankreich" => "Paris",
        "Belgien" => "Brüssel",
        "Spanien" => "Madrid",
        _ => "unbekannt"
    };
    LblAnzeige.Text = $"Land: {land}, Hauptstadt: {hauptstadt}";
}
```

Listing 2.22 Projekt »GrundlagenSwitch«, switch-Ausdruck

Mithilfe des `switch`-Ausdrucks wird der Wert der Variablen `land` untersucht. Das Ergebnis der Untersuchung wird der Variablen `hauptstadt` zugewiesen.

Nach dem Schlüsselwort `switch` folgt ein Block, der mit geschweiften Klammern gebildet wird. Erst nach dem Block folgt das Semikolon, das die gesamte Zuweisung beendet.

Innerhalb des Blocks stehen die einzelnen Möglichkeiten für die Werte der untersuchten Variablen `land`. Ihnen folgen jeweils der Operator `=>`, der für diesen Fall zugewiesene Wert für die Variable `hauptstadt` und ein Komma.

Es muss einen Default-Fall geben. Er wird genutzt, falls keiner der vorherigen Fälle zutrifft. Der Default-Fall wird mithilfe des Operators `_` gebildet. Danach kann noch ein Komma folgen.

Die Ausgabe sehen Sie in Abbildung 2.38.

Abbildung 2.38 Einfacher switch-Ausdruck

2.5.6 »switch« mit »or«

Sie können bei einer switch-Anweisung oder einem switch-Ausdruck mehrere Fälle auch mithilfe von or zusammenfassen.

Im Beispiel wird eine zufällige ganze Zahl von 1 bis 6 untersucht, also der Wert eines Würfels. Es wird ermittelt, ob es sich um einen geraden oder einen ungeraden Wert handelt:

```
private void CmdAnzeigen5_Click(...)
{
    int x = r.Next(1, 7);
    string bewertung = x switch
    {
        1 or 3 or 5 => "ungerade",
        2 or 4 or 6 => "gerade",
        _ => "kein Würfelwert"
    };
    LblAnzeige.Text = $"Wert {x}, {bewertung}";
}
```

Listing 2.23 Projekt »GrundlagenSwitch«, »switch« mit »or«

Der Würfelwert in der Variablen x wird untersucht. Für die Werte 1, 3 oder 5 wird der string-Variablen bewertung der Wert »ungerade« zugewiesen, ansonsten der Wert »gerade«. Wie in jedem switch-Ausdruck muss es einen Default-Fall geben, obwohl dieser aufgrund der Parameter der Methode Next() hier nicht möglich ist.

Eine mögliche Ausgabe sehen Sie in Abbildung 2.39.

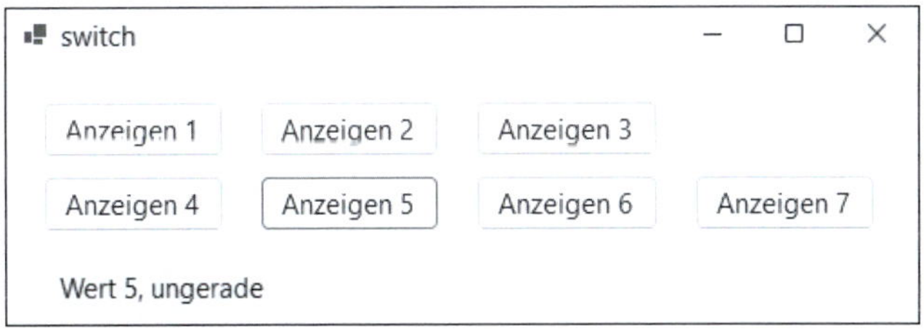

Abbildung 2.39 »switch« mit »or«

2.5.7 switch-Ausdruck mit Vergleichsoperatoren

Auch bei einem switch-Ausdruck können Vergleichsoperatoren genutzt werden. Im Beispiel wird eine zufällige ganze Zahl von –5 bis +15 untersucht. Es wird ermittelt, in welchem Zahlenbereich sie sich befindet:

```
private void CmdAnzeigen6_Click(...)
{
    int x = r.Next(-5, 16);
    string bewertung = x switch
    {
        < 0 => "negativ",
        0 => "Null",
        > 9 => "positiv, zweistellig",
        _ => "positiv, einstellig"
    };
    LblAnzeige.Text = $"Wert {x}, {bewertung}";
}
```

Listing 2.24 Projekt »GrundlagenSwitch«, mit Vergleichsoperatoren

Der Wert in der Variablen x wird untersucht. Ist er kleiner als 0, handelt es sich um eine negative Zahl. Ist er gleich 0, wird dies ohne Vergleichsoperator erkannt. Ist er größer als 9, handelt es sich um eine positive zweistellige Zahl. In allen anderen Fällen kann es sich nur um eine positive einstellige Zahl handeln.

Auch bei dieser Untersuchung kommt es auf die richtige Reihenfolge der verschiedenen Möglichkeiten an.

Eine mögliche Ausgabe sehen Sie in Abbildung 2.40.

Abbildung 2.40 switch-Ausdruck mit Vergleichsoperatoren

2.5.8 »switch« mit mehreren Vergleichen und »when«

Mithilfe einer switch-Anweisung oder eines switch-Ausdrucks können auch mehrere Ausdrücke verglichen werden. Das Schlüsselwort when bietet außerdem die Möglichkeit, zusätzliche Bedingungen zu erstellen.

Im Beispiel werden zwei zufällige ganze Zahlen von 7 bis 12 untersucht. Für beide gemeinsam wird ermittelt, in welchem Zahlenbereich sie sich befinden:

```
private void CmdAnzeigen7_Click(...)
{
    int x = r.Next(7, 13);
    int y = r.Next(7, 13);
    string bewertung = (x, y) switch
    {
        ( < 10, < 10) when x == y => "beide einstellig und gleich",
        ( < 10, < 10) => "beide einstellig",
        ( > 9, > 9) when x == y => "beide zweistellig und gleich",
        ( > 9, > 9) => "beide zweistellig",
        _ => "nicht einheitlich"
    };
    LblAnzeige.Text = $"Werte {x} und {y}, {bewertung}";
}
```

Listing 2.25 Projekt »GrundlagenSwitch«, mehrere Vergleiche, »when«

Die untersuchten Ausdrücke, hier die beiden Variablen `x` und `y`, müssen in runden Klammern notiert werden, getrennt durch ein Komma. Auf dieselbe Weise müssen die verschiedenen Fälle aufgelistet werden. Zusätzlich kann nach dem Schlüsselwort `when` eine Bedingung stehen. Auch bei dieser Untersuchung kommt es auf die richtige Reihenfolge der verschiedenen Möglichkeiten an.

Eine mögliche Ausgabe sehen Sie in Abbildung 2.41.

Abbildung 2.41 »switch« mit mehreren Vergleichen und »when«

Übung »USteuerbetragSwitch«

Es handelt sich um dieselbe Aufgabenstellung wie bei der Übung im Projekt *USteuerbetragIfElse* aus Abschnitt 2.4.8. Das Ergebnis soll diesmal mithilfe von `switch` berechnet werden.

2.6 Verzweigungen und Steuerelemente

In diesem Abschnitt werden CheckBoxen und RadioButtons beziehungsweise Gruppen von RadioButtons eingeführt. Damit können Zustände unterschieden beziehungsweise Eigenschaften eingestellt werden. Dazu werden Verzweigungen benötigt, die Sie bereits in Abschnitt 2.4 kennengelernt haben.

2.6.1 Steuerelement »CheckBox«

Die *CheckBox* (deutsch: Kontrollkästchen) bietet den Benutzern die Möglichkeit, zwischen zwei Zuständen zu wählen, zum Beispiel *an* oder *aus*, wie bei einem Schalter. Sie können damit auch kennzeichnen, ob sie eine bestimmte optionale Erweiterung wünschen oder nicht. Die Benutzer bedienen eine CheckBox, indem sie ein Häkchen setzen oder entfernen.

Das wichtigste Ereignis bei der CheckBox ist nicht der `Click`, sondern das Ereignis `CheckedChanged`. Dieses Ereignis zeigt an, dass die CheckBox von der Benutzerin bedient wurde und damit der Zustand der CheckBox geändert wurde. Das kann beispielsweise auch durch Programmcode geschehen.

Eine Ereignismethode zu `CheckedChanged` löst in jedem Fall etwas aus, sobald die CheckBox (vom Benutzer oder vom Programmcode) geändert wurde.

Allerdings wird der Programmablauf meist so gestaltet, dass bei einem anderen Ereignis der aktuelle Zustand der CheckBox (an/aus) abgefragt und anschließend entsprechend reagiert wird.

Die wichtigen Eigenschaften der CheckBox sind:

- `Checked`: der Zustand der CheckBox mit den Werten `true` und `false`
- `Text`: die Beschriftung neben der CheckBox

Im Projekt *SteuerelementCheckBox* werden alle oben genannten Möglichkeiten genutzt (siehe Abbildung 2.42).

Der Programmcode:

```
private void CmdPruefen_Click(...)
{
    LblPruefen.Text = ChkSchalter.Checked ? "An" : "Aus";
}
```

```
private void ChkSchalter_CheckedChanged(...)
{
    LblSchalter.Text = ChkSchalter.Checked ? "An" : "Aus";
}

private void CmdUmschalten_Click(...)
{
    ChkSchalter.Checked = !ChkSchalter.Checked;
}
```

Listing 2.26 Projekt »SteuerelementCheckBox«

Abbildung 2.42 Zustand nach dem Umschalten, vor dem Prüfen

Der Zustand einer CheckBox (Häkchen gesetzt oder nicht) kann im Programm mithilfe einer Verzweigung ausgewertet werden. Normalerweise werden dabei zwei Werte durch Vergleichsoperatoren miteinander verglichen, und eines der beiden Ergebnisse `true` oder `false` wird ermittelt. Da die Eigenschaft `Checked` aber bereits einem solchen Wahrheitswert entspricht, kann die Bedingung auch verkürzt formuliert werden.

Die Methode `CmdPruefen_Click()` wird aufgerufen, wenn der Benutzer den Button PRÜFEN betätigt. Erst in diesem Moment wird der Zustand der CheckBox (Eigenschaft `Checked` gleich `true` oder `false`) abgefragt und im ersten Label ausgegeben. Es kann also sein, dass die CheckBox vor längerer Zeit oder noch nie benutzt wurde.

Dagegen wird die Methode `ChkSchalter_CheckedChanged()` sofort aufgerufen, wenn der Benutzer die CheckBox betätigt, also ein Häkchen setzt oder entfernt. Ändert der Benutzer den Zustand der CheckBox durch Programmcode, wird die Methode ebenfalls aufgerufen. Im vorliegenden Programm wird der Zustand der CheckBox unmittelbar nach der Änderung ausgegeben.

Die Methode `CmdUmschalten_Click()` dient dem Umschalten der CheckBox per Programmcode. Das kommt in Windows-Anwendungen häufig vor, wenn es logische Zusammenhänge zwischen mehreren Steuerelementen gibt. Die Eigenschaft `Checked` wird mithilfe des logischen Operators `!` auf `true` beziehungsweise `false` gesetzt. Dies führt wiederum zum Ereignis `ChkSchalter_CheckedChanged` und zum Ablauf der zugehörigen, oben erläuterten Ereignismethode.

2.6.2 Steuerelement »RadioButton«

RadioButtons (deutsch: Optionsschaltflächen) treten immer in Gruppen auf und ermöglichen es den Benutzern, eine einzelne Auswahl aus mehreren Möglichkeiten zu treffen, zum Beispiel aus den Farben Rot, Grün oder Blau. Bei zusammengehörigen RadioButtons können Benutzer genau eine davon per Klick auswählen. Alle anderen werden anschließend als *nicht ausgewählt* gekennzeichnet.

Analog zur CheckBox ist `CheckedChanged` das wichtigste Ereignis bei einem RadioButton. Es zeigt an, dass sie ausgewählt wurde. Das kann auch durch Programmcode geschehen.

Der Programmablauf wird meist so gestaltet, dass bei einem anderen Ereignis die aktuelle Auswahl innerhalb der Gruppe abgefragt und anschließend je nach Zustand unterschiedlich reagiert wird.

Die wichtigsten Eigenschaften des RadioButtons sind `Checked` (mit den Werten `True` und `False`) und `Text` (zur Beschriftung). Sie sollten die Eigenschaft `Checked` von einem der RadioButtons (hier: Grün) bereits zur Entwicklungszeit auf `True` setzen. Das muss nicht notwendigerweise der erste RadioButton der Gruppe sein.

Im nachfolgenden Programm im Projekt *SteuerelementRadioButton* werden alle beschriebenen Möglichkeiten genutzt, siehe Abbildung 2.43.

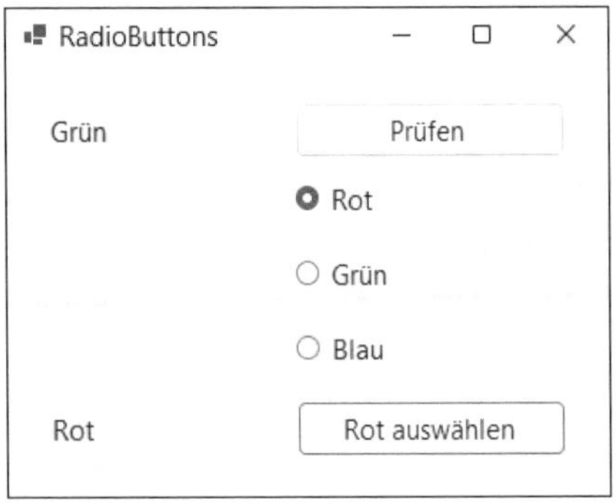

Abbildung 2.43 Zustand nach dem Auswählen, vor dem Prüfen

Der Programmcode:

```
private void CmdPruefen_Click(...)
{
    LblPruefen.Text = OptRot.Checked ? "Rot"
        : OptGruen.Checked ? "Grün" : "Blau";
}
private void OptRot_CheckedChanged(...)
{
    LblAuswahl.Text = "Rot";
}
private void OptGruen_CheckedChanged(...)
{
    LblAuswahl.Text = "Grün";
}
private void OptBlau_CheckedChanged(...)
{
    LblAuswahl.Text = "Blau";
}
private void CmdAuswahlRot_Click(...)
{
    OptRot.Checked = true;
}
```

Listing 2.27 Projekt »SteuerelementRadioButton«

Die Methode `CmdPruefen_Click()` wird aufgerufen, wenn die Benutzerin den Button PRÜFEN betätigt. Erst in diesem Moment wird der Zustand der Gruppe mithilfe einer mehrfachen Verzweigung abgefragt und ausgegeben.

Eine der drei `CheckedChanged()`-Methoden wird aufgerufen, wenn der betreffende RadioButton von der Benutzerin oder durch Programmcode ausgewählt wird. Eine Ausgabe erfolgt also unmittelbar nach der Änderung.

Die Methode `CmdAuswahlRot_Click()` dient der Auswahl eines bestimmten RadioButtons per Programmcode. Logische Abhängigkeiten zwischen mehreren Steuerelementen kommen häufig vor. Die Eigenschaft `Checked` wird auf `true` gesetzt. Das führt wiederum zum Ereignis `CheckedChanged` des jeweiligen RadioButtons und zum Ablauf der zugehörigen, oben erläuterten Ereignismethode.

Innerhalb eines Formulars oder einer GroupBox (siehe Abschnitt 2.6.4) kann immer nur bei einem RadioButton die Eigenschaft `Checked` den Wert `true` haben. Sobald ein anderer

RadioButton angeklickt wird, ändert sich der Wert der Eigenschaft bei dem bisher gültigen RadioButton.

2.6.3 Gemeinsame Methode für mehrere Ereignisse

Gibt es mehrere Ereignisse, die auf ähnliche Weise behandelt werden sollen, sollten Sie sie in einer gemeinsamen Ereignismethode behandeln. Diese häufig verwendete Technik wird nachfolgend im Projekt *SteuerelementGemeinsameMethode* vorgestellt, das den gleichen Aufbau wie das Projekt *SteuerelementRadioButton* besitzt. Es werden nur die drei `CheckedChanged()`-Methoden durch eine gemeinsame Methode ersetzt.

Zur Erstellung einer gemeinsamen Methode gehen Sie wie folgt vor:

- Markieren Sie das erste Steuerelement, und schalten Sie im EIGENSCHAFTEN-Fenster über das Blitzsymbol auf die Ansicht EREIGNISSE um.
- Anschließend gehen Sie in die Zeile mit dem betreffenden Ereignis, tragen darin einen eigenen Methodennamen ein (siehe Abbildung 2.44), der für alle betroffenen Steuerelemente passend ist, und betätigen die [↵]-Taste. Es wird eine neue Ereignismethode mit dem gewählten Namen erzeugt und ein logischer Zusammenhang zwischen dem Steuerelement und der Ereignismethode hergestellt. Die neue Methode wird angezeigt.

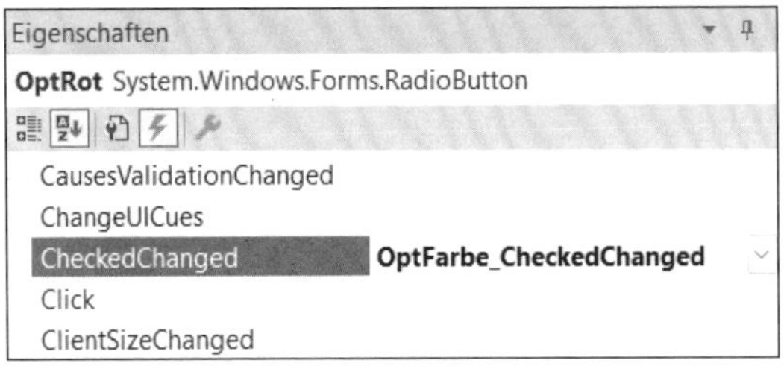

Abbildung 2.44 Eintrag eines eigenen Methodennamens

- Für das zweite Steuerelement (und alle weiteren) wählen Sie diese Ereignismethode aus der Liste aus, ähnlich wie bei der ersten Möglichkeit. Es wird ein logischer Zusammenhang zwischen dem Steuerelement und der bereits erstellten Ereignismethode hergestellt.

Im folgenden Programm wird die Methode `OptFarbe_CheckedChanged()` verwendet. Sie wird durch alle drei `CheckedChanged`-Ereignisse aufgerufen. Der Zustand einer Gruppe von RadioButtons wird angezeigt, sobald der Benutzer einen davon auswählt:

```
private void OptFarbe_CheckedChanged(...)
{
    LblAuswahl.Text = OptRot.Checked ? "Rot"
        : OptGruen.Checked ? "Grün" : "Blau";
}
```

Listing 2.28 Projekt »SteuerelementGemeinsameMethode«

2.6.4 Steuerelement »GroupBox«

Benötigen Sie innerhalb eines Formulars mehrere voneinander unabhängige Gruppen von RadioButtons, wobei in jeder der Gruppen jeweils nur ein RadioButton ausgewählt sein soll, müssen Sie jede Gruppe einzeln in einen Container packen. Ein Formular ist bereits ein Container, wir benötigen also einen weiteren Container. Zu diesem Zweck können Sie das Steuerelement *GroupBox* verwenden.

Eine GroupBox erhält ihre Beschriftung über die Eigenschaft `Text`.

Ist eine GroupBox markiert, wird ein neu erzeugter RadioButton dieser GroupBox zugeordnet. Der RadioButton reagiert dann gemeinsam mit den anderen RadioButtons in dieser GroupBox.

Anderenfalls wird sie dem Formular zugeordnet und reagiert gemeinsam mit den anderen RadioButtons, die im Formular außerhalb von GroupBoxen stehen. Sie können einen bereits erzeugten RadioButton auch im Nachhinein ausschneiden, eine andere GroupBox als Ziel markieren und den RadioButton wieder einfügen, um die Zuordnung zu ändern.

Im Projekt *SteuerelementGroupBox* werden zwei voneinander unabhängige Gruppen von Optionen verwendet (siehe Abbildung 2.45). Zum Start des Projekts sollten der Inhalt der TextBox und die ausgewählten Optionen übereinstimmen.

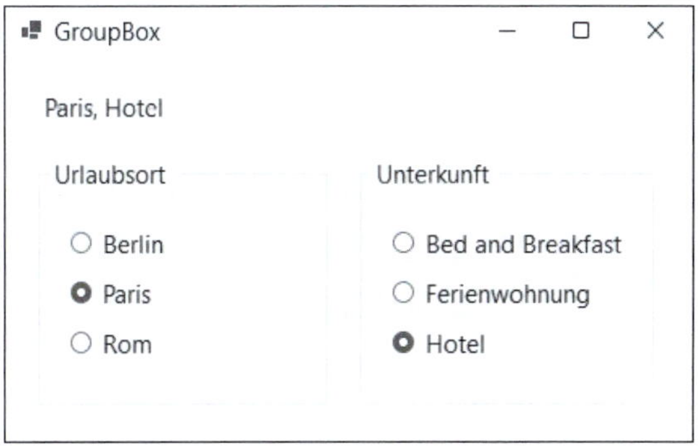

Abbildung 2.45 Zwei Gruppen von RadioButtons

Der Programmcode:

```
public partial class Form1 : Form
{
    ...
    private string Urlaubsort = "Paris";
    private string Unterkunft = "Hotel";

    private void OptUrlaubsort_CheckedChanged(...)
    {
        Urlaubsort = OptBerlin.Checked ? "Berlin"
            : OptParis.Checked ? "Paris" : "Rom";
        LblAnzeige.Text = $"{Urlaubsort}, {Unterkunft}";
    }

    private void OptUnterkunft_CheckedChanged(...)
    {
        Unterkunft = OptBedAndBreakfast.Checked
            ? "Bed and Breakfast" : OptFerienwohnung.Checked
            ? "Ferienwohnung" : "Hotel";
        LblAnzeige.Text = $"{Urlaubsort}, {Unterkunft}";
    }
}
```

Listing 2.29 Projekt »SteuerelementGroupBox«

Bei einer Urlaubsbuchung können Zielort und Art der Unterkunft unabhängig voneinander gewählt werden. Es gibt also zwei Gruppen von RadioButtons, jede in einer eigenen GroupBox.

Innerhalb einer Gruppe wird bei Auswahl eines der drei RadioButtons eine *gemeinsame Methode* aufgerufen, siehe Abschnitt 2.6.3. In den Methoden wird den Variablen `Urlaubsort` und `Unterkunft` ein Wert zugewiesen. Anschließend werden deren Werte ausgegeben.

Diese beiden Variablen müssen als Objekteigenschaften deklariert werden, damit sie auch in der jeweils anderen Methode zur Verfügung stehen. Der Startwert der beiden Variablen sollte mit den jeweils voreingestellten Optionen übereinstimmen.

Übung »UKranOptionenTimer«

Erweitern Sie im Projekt *UKranOptionenTimer* das Projekt aus der Übung *UKranVerzweigung* aus Abschnitt 2.4. Die Bewegung des Krans soll mithilfe eines Timers gesteuert werden. Die Benutzerin wählt zunächst über eine Gruppe von RadioButtons aus, welche Bewegung der Kran ausführen soll. Anschließend betätigt sie den START-Button (siehe Abbildung 2.46). Die Bewegung wird so lange ausgeführt, bis der STOP-Button gedrückt oder eine der bereits bekannten Begrenzungen erreicht wird.

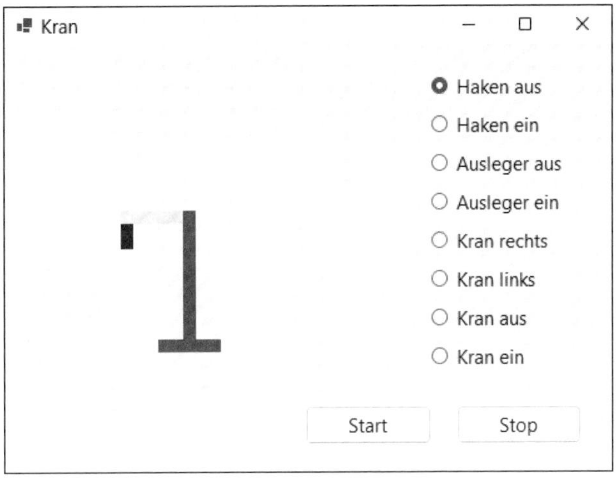

Abbildung 2.46 Übung »UKranOptionenTimer«

2.6.5 Methoden allgemein, Modularisierung

Bisher wurden Methoden behandelt, die mit einem Ereignis zusammenhingen. Darüber hinaus können Sie aber auch unabhängige, allgemeine Methoden schreiben, die von verschiedenen Stellen des Programms aus aufgerufen werden. Diese Methoden definieren Sie direkt im Codefenster.

Nachfolgend das Programm im Projekt *MethodenOhneEreignis*; es handelt sich dabei um eine geänderte Version des Programms im Projekt *SteuerelementGroupBox*:

```
public partial class Form1 : Form
{
    ...
    private void OptUrlaubsort_CheckedChanged(...)
    {
        Urlaubsort = OptBerlin.Checked ? "Berlin"
            : OptParis.Checked ? "Paris" : "Rom";
```

```
        Anzeigen();
    }

    private void OptUnterkunft_CheckedChanged(...)
    {
        Unterkunft = OptBedAndBreakfast.Checked
            ? "Bed and Breakfast" : OptFerienwohnung.Checked
            ? "Ferienwohnung" : "Hotel";
        Anzeigen();
    }

    private void Anzeigen()
    {
        LblAnzeige.Text = $"{Urlaubsort}, {Unterkunft}";
    }
}
```

Listing 2.30 Projekt »MethodenOhneEreignis«

Am Ende der beiden `CheckedChanged`-Ereignismethoden steht jeweils der Aufruf der Methode `Anzeigen()`, die zusätzlich in der Klasse definiert wird und nicht direkt an ein Ereignis gekoppelt ist.

Hinweis

Der Vorteil dieser Vorgehensweise: Gemeinsam genutzte Programmteile können ausgelagert und müssen nur einmal geschrieben werden. Man nennt diesen Vorgang bei der Programmierung auch Modularisierung. In Abschnitt 4.5 werde ich dieses Thema noch genauer behandeln.

2.6.6 Steuerelement »TrackBar«

Das Steuerelement *TrackBar* (deutsch: Schieberegler) dient zur komfortablen Einstellung eines Zahlenwerts. Sie finden es in der TOOLBOX in der Kategorie ALLE WINDOWS FORMS. Im Projekt *SteuerelementTrackBar* werden drei dieser Steuerelemente dazu genutzt, die Hintergrundfarbe eines Panels einzustellen, siehe auch Abbildung 2.47.

Das Ereignis `ValueChanged` eines Schiebereglers zeigt an, dass der Wert geändert wurde. In diesem Projekt führt dieses Ereignis bei allen drei Schiebereglern zur selben Methode.

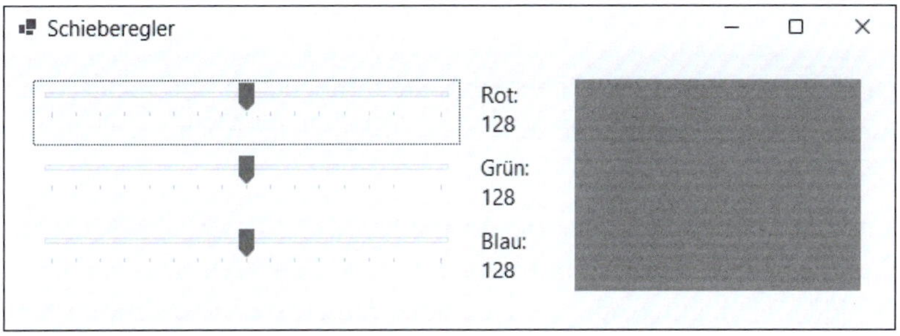

Abbildung 2.47 Projekt »SteuerelementTrackBar«

Zunächst der Code des Programms:

```
private void TrkFarbe_ValueChanged(...)
{
    PanFarbe.BackColor = Color.FromArgb(
        TrkRot.Value, TrkGruen.Value, TrkBlau.Value);
    LblRotWert.Text = "" + TrkRot.Value;
    LblGruenWert.Text = "" + TrkGruen.Value;
    LblBlauWert.Text = "" + TrkBlau.Value;
}
```

Listing 2.31 Projekt »SteuerelementTrackBar«

Die Betätigung eines der drei Schieberegler führt zum Aufruf der Methode `TrkFarbe_ValueChanged()`. Darin wird die Methode `FromArgb()` der Struktur `Color` aufgerufen, die drei Werte (Rot, Grün, Blau) zur Einstellung der Hintergrundfarbe des Panels benötigt. Diese drei Werte werden mithilfe der Eigenschaft `Value` von den Schiebereglern geliefert. Ein Startwert von 128 für alle drei Schieberegler ergibt die Farbe Grau. Neben jedem Schieberegler ist ein zusätzliches Label platziert, in dem der aktuelle Wert als Zahl angezeigt wird.

Die Eigenschaften `Minimum` und `Maximum` stehen für den Zahlenbereich des Schiebereglers, hier von 0 bis 255. Die Eigenschaft `TickFrequency` steht für den Abstand der Markierungen am Schieberegler (hier: 16).

Klickt der Benutzer rechts oder links neben einen Schieberegler, wird dessen Wert um den Eigenschaftswert von `LargeChange` verändert (hier: 32). Hat der Schieberegler den Fokus (ist es also das aktuelle Steuerelement) und der Benutzer betätigt eine der Pfeiltasten, wird der Wert um den Eigenschaftswert von `SmallChange` verändert (hier: 8).

2.7 Schleifen

Schleifen werden in Programmen häufig benötigt. Sie ermöglichen den mehrfachen Durchlauf von Anweisungen und damit die schnelle wiederholte Bearbeitung ähnlicher Vorgänge.

Mit den Schleifenstrukturen `for`, `while`, `do...while` und `foreach...in`. steuern Sie die Anzahl der Wiederholungen eines Anweisungsblocks. Dabei wird der Wahrheitswert eines Ausdrucks (der Schleifenbedingung) oder der Wert eines numerischen Ausdrucks (Wert des Schleifenzählers) benötigt.

Die Schleife `foreach...in` wird bei Feldern oder Auflistungen (engl. *collections*) eingesetzt.

2.7.1 Schleife mit »for«

Ist die Anzahl der Schleifendurchläufe bekannt oder vor Beginn der Schleife berechenbar, sollten Sie die `for`-Schleife verwenden.

Ihr Aufbau sieht wie folgt aus:

```
for (Startausdruck; Laufbedingung; Änderung)
{
   Anweisungen
   [ break ]
   [ continue ]
}
```

Es wird eine *Schleifenvariable* benutzt, die den Ablauf der Schleife steuert und meist im Kopf der Schleife deklariert wird. Damit ist ihre Gültigkeit auf die Schleife begrenzt. Ihr Startwert wird im *Startausdruck* gesetzt.

Die Schleife läuft, solange die *Laufbedingung* wahr ist. Die Laufbedingung wird meist mit einem Vergleichsoperator gebildet. Nach jedem Durchlauf der Schleife findet eine *Änderung* der Schleifenvariablen statt.

Das Schlüsselwort `break` kann eingesetzt werden, um die Schleife aufgrund einer speziellen Bedingung sofort zu verlassen. Das Schlüsselwort `continue` kann eingesetzt werden, um den aktuellen Durchlauf abzubrechen und den nächsten Durchlauf der Schleife unmittelbar zu beginnen.

Handelt es sich bei `Anweisungen` nur um eine einzelne Anweisung, können Sie die geschweiften Klammern weglassen.

Im nachfolgenden Programm im Projekt *GrundlagenFor* werden fünf verschiedene Schleifen durchlaufen (siehe Abbildung 2.48).

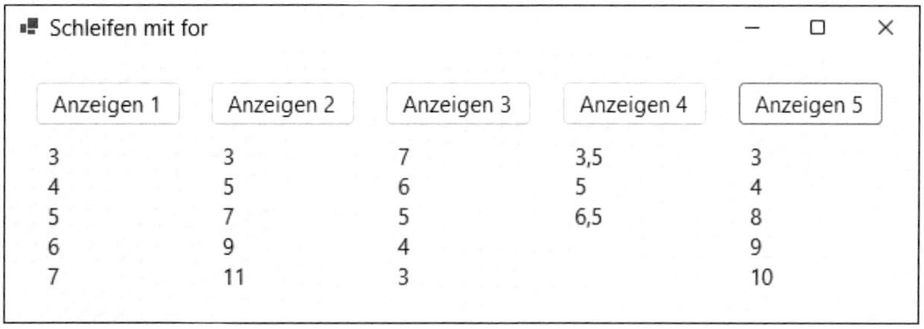

Abbildung 2.48 Verschiedene for-Schleifen

Der Programmcode:

```
private void CmdAnzeigen1_Click(...)
{
    int i;
    LblAnzeige1.Text = "";

    for (i = 3; i <= 7; i++)
    {
        LblAnzeige1.Text += i + "\n";
    }
}

private void CmdAnzeigen2_Click(...)
{
    LblAnzeige2.Text = "";
    for (int i = 3; i <= 11; i += 2)
        LblAnzeige2.Text += i + "\n";
}

private void CmdAnzeigen3_Click(...)
{
    LblAnzeige3.Text = "";
    for (int i = 7; i >= 3; i--)
        LblAnzeige3.Text += i + "\n";
}
```

```
private void CmdAnzeigen4_Click(...)
{
    LblAnzeige4.Text = "";
    for (double d = 3.5; d <= 7.5; d += 1.5)
        LblAnzeige4.Text += d + "\n";
}

private void CmdAnzeigen5_Click(...)
{
    LblAnzeige5.Text = "";
    for (int i = 3; i <= 20; i++)
    {
        if (i >= 5 && i <= 7)
            continue;
        if (i >= 11)
            break;
        LblAnzeige5.Text += i + "\n";
    }
}
```

Listing 2.32 Projekt »GrundlagenFor«

Die erste Schleife nutzt `i` als Schleifenvariable. Die Schleife wird erstmals mit `i = 3` und letztmals mit `i = 7` durchlaufen. Nach jedem Durchlauf wird `i` um 1 erhöht.

In den restlichen Schleifen werden die Schleifenvariablen erst innerhalb der Schleife deklariert. Damit ist ihre Gültigkeit auf die Schleife begrenzt.

Die zweite, dritte und vierte Schleife enthalten jeweils nur eine Anweisung, daher können die geschweiften Klammern weggelassen werden. Zur besseren Lesbarkeit wird diese Anweisung eingerückt. Bei der zweiten Schleife wird die Schrittweite 2 gewählt. Die dritte Schleife läuft abwärts, daher muss die Schleifenvariable vermindert werden. Die vierte Schleife zeigt, dass eine Schleife auch mit Zahlen mit Nachkommastellen durchlaufen werden kann.

In der fünften Schleife werden die Werte 5 bis 7 nicht ausgegeben. Das Schlüsselwort `continue` sorgt dafür, dass der Rest der Anweisungen in der Schleife übersprungen und direkt mit dem nächsten Durchlauf fortgefahren wird. Die Schleife läuft bis 20. Aufgrund des Schlüsselworts `break` wird sie allerdings vorzeitig beendet.

Hinweis

Sie sollten darauf achten, dass Sie *Startausdruck*, *Laufbedingung* und *Änderung* so gestalten, dass Sie keine Endlosschleife konstruieren. Die Schleife `for(int i=5; i<=10; i--)` läuft endlos, da `i` immer kleiner wird und die Laufbedingung daher immer wahr ist.

2.7.2 Schleife mit »while« oder »do-while«

Ist die Anzahl der Schleifendurchläufe nicht bekannt oder vor Beginn der Schleife nicht berechenbar, sollten Sie die `while`-Schleife oder die `do... while`-Schleife verwenden.

Eine `while`-Schleife ist folgendermaßen aufgebaut:

```
while (Laufbedingung)
{
   Anweisungen
   [ break ]
   [ continue ]
}
```

Es folgt der Aufbau der `do-while`-Schleife:

```
do
{
   Anweisungen
   [ break ]
   [ continue ]
}
while (Laufbedingung);
```

Die Schleifen werden so lange durchlaufen, wie die Laufbedingung wahr ist. Die `do-while`-Schleife wird mindestens einmal durchlaufen, da die Laufbedingung erst am Ende geprüft wird. Bei der `while`-Schleife kann es vorkommen, dass sie niemals durchlaufen wird.

Handelt es sich bei `Anweisungen` nur um eine einzelne Anweisung, können Sie wie gewohnt die geschweiften Klammern weglassen. Die Schlüsselwörter `break` und `continue` haben die gleiche Wirkung wie bei der `for`-Schleife.

Im nachfolgenden Programm im Projekt *GrundlagenWhile* werden Zahlen addiert, solange die Summe der Zahlen kleiner als 20 bleibt (siehe Abbildung 2.49). Da die Zahlen durch einen Zufallsgenerator erzeugt werden, ist die Anzahl der Schleifendurchläufe nicht vorhersagbar:

```
public partial class Form1 : Form
{
    ...
    private readonly Random r = new();
    private void CmdAnzeigen1_Click(...)
    {
        int summe = 0;
        LblAnzeige.Text = "";

        while (summe < 20)
        {
            summe += r.Next(1, 7);
            LblAnzeige.Text += $"{summe} ";
        }
    }

    private void CmdAnzeigen2_Click(...)
    {
        int summe = 0;
        LblAnzeige.Text = "";

        do
        {
            summe += r.Next(1, 7);
            LblAnzeige.Text += $"{summe} ";
        }
        while (summe < 20);
    }
}
```

Listing 2.33 Projekt »GrundlagenWhile«

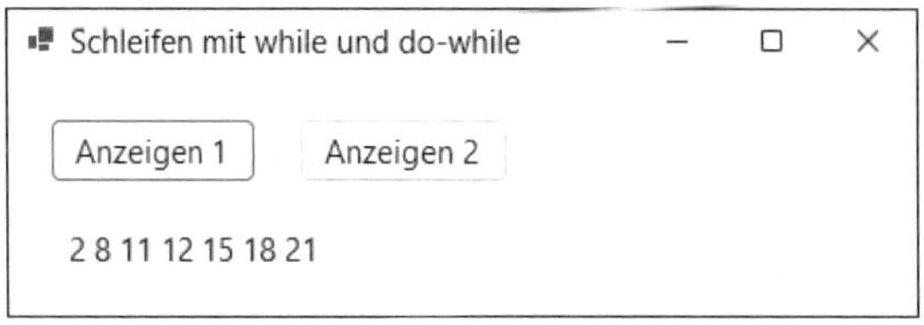

Abbildung 2.49 Bedingungsgesteuerte Schleifen

In der ersten Methode mit der `while`-Schleife wird die Variable `summe` zunächst mit dem Wert 0 initialisiert. Zu Beginn der Schleife (kopfgesteuerte Schleife) wird geprüft, ob die Summe der Zahlen kleiner als 20 ist:

- Trifft das zu, kann die Schleife durchlaufen werden.
- Trifft das nicht zu, endet die Schleife und damit hier auch die Methode.

In der Schleife wird der Wert der Variablen `summe` um eine Zufallszahl von 1 bis 6 erhöht, also um das Ergebnis eines Würfelwurfs. Der Inhalt des Labels wird um den aktuellen Wert der `summe` und einen Zeilenumbruch verlängert. Nach einem Durchlauf der Schleife wird das Programm wieder am Beginn der Schleife fortgesetzt. Wiederum wird geprüft, ob die Summe der Zahlen kleiner als 20 ist.

In der zweiten Methode wird die `do-while`-Schleife mindestens einmal durchlaufen, selbst wenn die Summe der Zahlen größer oder gleich 20 ist. Daher ist die `do-while`-Schleife für diesen Fall nicht so gut geeignet.

Erst am Ende (fußgesteuerte Schleife) wird geprüft, ob die Summe der Zahlen kleiner als 20 ist. Trifft das zu, wird das Programm wieder am Beginn der Schleife fortgesetzt. Trifft das nicht zu, endet die Schleife und damit hier auch die Methode.

Hinweis

Sie sollten wie bei einer `for`-Schleife darauf achten, dass Sie keine Endlosschleife konstruieren. Würde die Variable `summe` in einem der beiden genannten Beispiel ihren Wert nicht ändern, wäre das Ergebnis eine Endlosschleife.

2.7.3 Übungen

Anhand einer Reihe von Übungsaufgaben zu Schleifen (und Verzweigungen) können Sie im Folgenden den Umgang mit einigen typischen Problemen der Programmierung in C# innerhalb von Visual Studio trainieren.

Übung »USchleifeFor«

Schreiben Sie ein Programm im Projekt *USchleifeFor*, das nacheinander die Zahlenfolge aus Abbildung 2.50 ausgibt.

Erweitern Sie anschließend das Programm: Am Ende der Zeile sollen die Summe und der arithmetische Mittelwert aller Zahlen angezeigt werden (siehe ebenfalls Abbildung 2.50). Bei dem genannten Mittelwert handelt es sich um die Summe der Zahlen, geteilt durch die Anzahl der Zahlen.

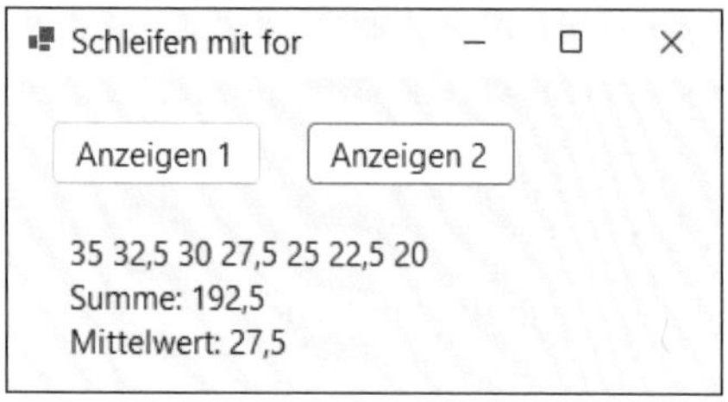

Abbildung 2.50 Übung »USchleifeFor«

Übung »USchleifeWhile«

Schreiben Sie ein Programm im Projekt *USchleifeWhile*, mit dessen Hilfe eine eingegebene Zahl wiederholt halbiert und ausgegeben wird. Es wird davon ausgegangen, dass der Benutzer eine gültige Zahl eingibt, gegebenenfalls mit Dezimalkomma.

Das Programm soll beendet werden, wenn das Ergebnis der Halbierung kleiner als 0,01 ist (siehe Abbildung 2.51). Ist die Zahl bereits zu Beginn kleiner als 0,01, soll sie nicht halbiert werden.

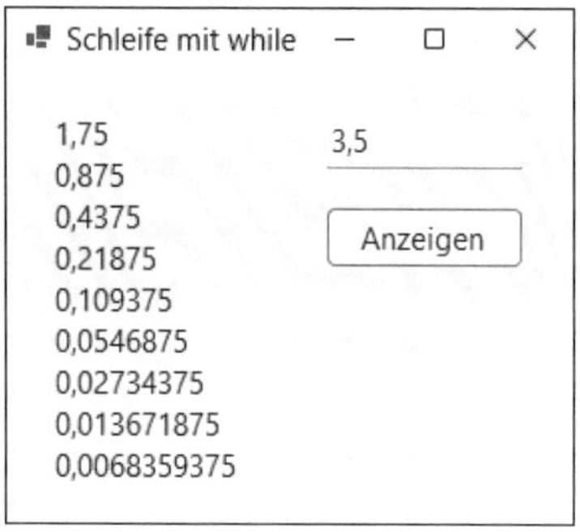

Abbildung 2.51 Übung »USchleifeWhile«

Übung »UZahlenraten«

Schreiben Sie ein Programm im Projekt *UZahlenraten*, mit dem das Spiel *Zahlenraten* gespielt werden kann: Per Zufallsgenerator wird eine ganze Zahl von 1 bis 100 erzeugt, aber nicht angezeigt. Die Benutzerin soll so lange Zahlen eingeben, bis sie die Zahl erraten hat. Es wird davon ausgegangen, dass die Benutzerin eine gültige ganze Zahl eingibt.

Als Hilfestellung soll jedes Mal ausgegeben werden, ob die eingegebene Zahl größer oder kleiner als die zu ratende Zahl ist (siehe Abbildung 2.52). Zusätzlich soll die Anzahl der Rateversuche angegeben werden.

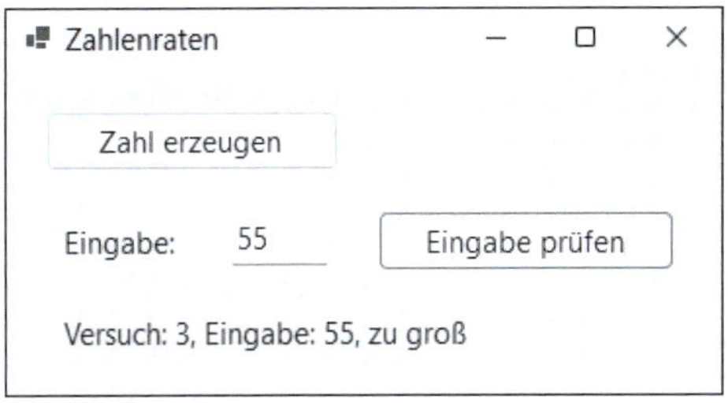

Abbildung 2.52 Übung »UZahlenraten«

Übung »USteuertabelle«

Erweitern Sie im Projekt *USteuertabelle* das Programm aus der Übung *USteuerbetragSwitch* aus Abschnitt 2.5.8. Für jedes Gehalt von 5.000 € bis 35.000 € sollen in Schritten von 3.000 € folgende vier Werte berechnet und ausgegeben werden: Gehalt, Steuersatz, Steuerbetrag sowie Gehalt minus Steuerbetrag. Jedes Gehalt soll mit den zugehörigen Werten in einer eigenen Zeile ausgegeben werden (siehe Abbildung 2.53).

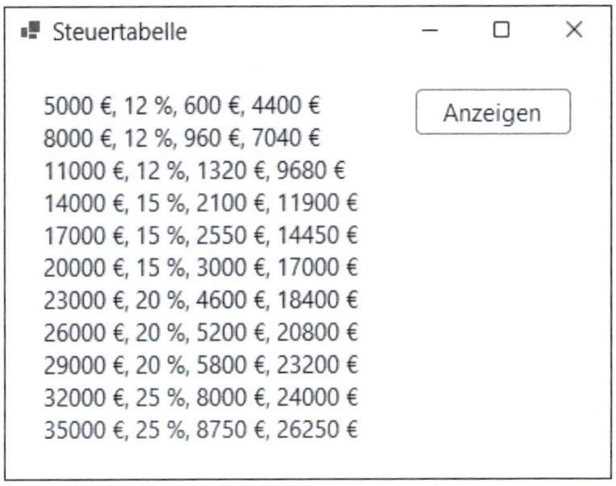

Abbildung 2.53 Übung »USteuertabelle«

2.8 Schleifen und Steuerelemente

In diesem Abschnitt werden die beiden Steuerelemente *ListBox* und *ComboBox* eingeführt. Mit ihnen kann eine einfache oder mehrfache Auswahl aus mehreren Möglichkeiten getroffen werden. Im Zusammenhang mit diesen Steuerelementen werden häufig Schleifen benötigt.

2.8.1 Steuerelement »ListBox«

Eine *ListBox* (deutsch: Listenfeld) zeigt eine Liste mit Einträgen an, aus denen die Benutzer einen oder mehrere auswählen können. Enthält die ListBox mehr Einträge, als gleichzeitig angezeigt werden können, erhält sie einen Scrollbalken.

Die wichtigste Eigenschaft des Steuerelements ListBox ist die Auflistung `Items`. Sie enthält die einzelnen Listeneinträge. Sie können eine ListBox zur Entwurfszeit füllen, indem Sie der Eigenschaft `Items` in einem eigenen kleinen Dialogfeld die entsprechenden Einträge hinzufügen. In der Regel werden Sie eine ListBox aber zur Laufzeit füllen.

2.8.2 ListBox füllen

Bisher habe ich die Eigenschaften und Ereignisse von Steuerelementen behandelt. Darüber hinaus gibt es jedoch spezifische Methoden, die auf diese Steuerelemente beziehungsweise auf deren Eigenschaften angewendet werden können. Bei einer ListBox ist das zum Beispiel die Methode `Add()` der Eigenschaft `Items`.

Diese Methode nutzen Sie am sinnvollsten einmal zum Zeitpunkt des Ladens des Formulars. Dieser Zeitpunkt wird durch das Ereignis `Load` gekennzeichnet. Den Rahmen der zugehörigen Ereignismethode erstellen Sie, indem Sie einen Doppelklick auf einer freien Stelle des Formulars ausführen. Die Klasse des Formulars heißt, sofern Sie das nicht ändern, `Form1`, die Methode hat demnach den Namen `Form1_Load()`.

Im nachfolgenden Programm im Projekt *SteuerelementListBox* wird eine ListBox für italienische Speisen zu Beginn des Programms mit einigen Werten gefüllt, siehe Abbildung 2.54.

Abbildung 2.54 Gefüllte ListBox

Der Programmcode:

```
private void Form1_Load(...)
{
    LstSpeisen.Items.Add("Spaghetti");
    LstSpeisen.Items.Add("Grüne Nudeln");
```

```
        LstSpeisen.Items.Add("Tortellini");
        LstSpeisen.Items.Add("Pizza");
        LstSpeisen.Items.Add("Lasagne");
}
```

Listing 2.34 Projekt »SteuerelementListBox«, ListBox füllen

Das Ereignis `Load` wird ausgelöst, wenn das Formular geladen wird. In diesem Moment werden die einzelnen Speisen der Reihe nach der ListBox hinzugefügt. *Lasagne* steht anschließend ganz unten.

2.8.3 Eigenschaften der ListBox

Die folgenden Eigenschaften einer ListBox beziehungsweise der Auflistung `Items` werden in der Praxis besonders häufig benötigt:

- `Items.Count` gibt die Anzahl der Elemente in der Liste an.
- `SelectedItem` enthält das aktuell vom Benutzer ausgewählte Element der Liste. Die Eigenschaft `SelectedItem` ist ein Objekt der allgemeinen Klasse `object`. Bei der Ausgabe des Inhalts der Eigenschaft wird der Wert implizit in einen String umgewandelt. Ist kein Element ausgewählt, ergibt `SelectedItem` eine leere Zeichenfolge.
- `SelectedIndex` gibt die laufende Nummer des aktuell vom Benutzer ausgewählten Elements an, beginnend bei 0 für das oberste Element. Wird kein Element ausgewählt, ergibt `SelectedIndex` den Wert `-1`.
- Über `Items (Index)` können Sie die einzelnen Elemente ansprechen, das oberste Element ist `Items(0)`.

Der folgende Programmteil, ebenfalls im Projekt *SteuerelementListBox*, veranschaulicht diese Eigenschaften (siehe Abbildung 2.55)

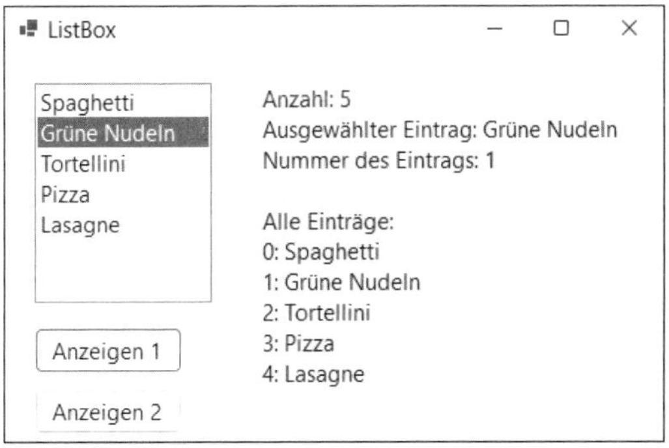

Abbildung 2.55 Eigenschaften der ListBox

Der Programmcode nach Betätigung des ersten Buttons:

```
private void CmdAnzeigen1_Click(...)
{
    LblAnzeige.Text = $"Anzahl: {LstSpeisen.Items.Count}\n";
    LblAnzeige.Text += $"Ausgewählter Eintrag: " +
       $"{LstSpeisen.SelectedItem}\n";
    LblAnzeige.Text += $"Nummer des Eintrags: " +
       $"{LstSpeisen.SelectedIndex}\n\n";

    LblAnzeige.Text += "Alle Einträge:\n";
    for (int i = 0; i < LstSpeisen.Items.Count; i++)
       LblAnzeige.Text += $"{i}: {LstSpeisen.Items[i]}\n";
}
```

Listing 2.35 Projekt »SteuerelementListBox«, Eigenschaften

Die Anzahl der Elemente wird über `LstSpeisen.Items.Count` ausgegeben; in diesem Fall sind es fünf. Der ausgewählte Eintrag steht in `LstSpeisen.SelectedItem`, seine Nummer in `LstSpeisen.SelectedIndex`.

Eine `for`-Schleife dient zur Ausgabe aller Elemente. Sie läuft von 0 bis `LstSpeisen.Items.Count - 1`. Das liegt daran, dass bei einer Liste mit fünf Elementen die Elemente mit 0 bis 4 nummeriert sind. Die einzelnen Elemente werden mit `LstSpeisen.Items[i]` angesprochen. Die Variable `i` enthält bei der Schleife die aktuell laufende Nummer.

2.8.4 ListBox mit foreach-Schleife

Zur Ausgabe der Elemente einer Auflistung ist auch die `foreach`-Schleife geeignet, siehe Abbildung 2.56. Nach Betätigung des zweiten Buttons im Projekt *SteuerelementListBox* wird die folgende Methode durchlaufen:

```
private void CmdAnzeigen2_Click(...)
{
    LblAnzeige.Text = "Alle Einträge mit foreach:\n";
    foreach (string s in LstSpeisen.Items)
       LblAnzeige.Text += $"{s}\n";
}
```

Listing 2.36 Projekt »SteuerelementListBox«, mit foreach-Schleife

Den Kopf einer `foreach`-Schleife verstehen Sie am besten, wenn Sie ihn dem Sinn nach übersetzen: »Durchlaufe jedes Element der Auflistung `LstSpeisen.Items`. Lege dabei jeweils eine Kopie des Elements an. Der Datentyp der Kopie entspricht dem Datentyp eines Elements (hier also `string`).« Innerhalb der Schleife wird jede Zeichenkette `s` einzeln zur Ausgabe hinzugefügt.

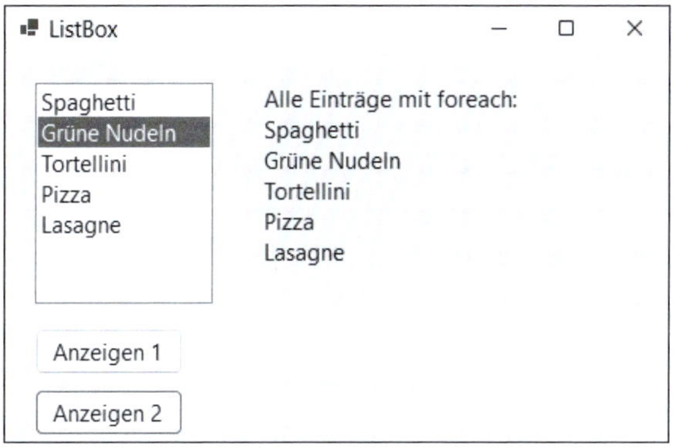

Abbildung 2.56 foreach-Schleife

Hinweis

Beachten Sie, dass eine Änderung des Strings `s` innerhalb der Schleife nicht zur Änderung des zugehörigen Elements der Auflistung führt, da es sich bei `s` um eine Kopie handelt.

2.8.5 Ereignis der ListBox

Ähnlich wie bei der CheckBox oder bei dem RadioButton ist das wichtigste Ereignis einer ListBox nicht der `Click`, sondern das Ereignis `SelectedIndexChanged`. Dieses Ereignis zeigt nicht nur an, dass die ListBox von der Benutzerin bedient wurde, sondern auch, dass die ListBox ihren Zustand geändert hat. Das kann zum Beispiel auch durch Programmcode geschehen. Eine Ereignismethode zu `SelectedIndexChanged` wird in jedem Fall durchlaufen, sobald die ListBox (von der Benutzerin oder vom Programmcode) geändert wird.

Allerdings wird der Programmablauf meist so gestaltet, dass bei einem anderen Ereignis die aktuelle Auswahl der ListBox abgefragt wird und anschließend je nach Zustand unterschiedlich reagiert wird. Der folgende Programmteil, ebenfalls im Projekt *SteuerelementListBox*, veranschaulicht diesen Zusammenhang (siehe Abbildung 2.57).

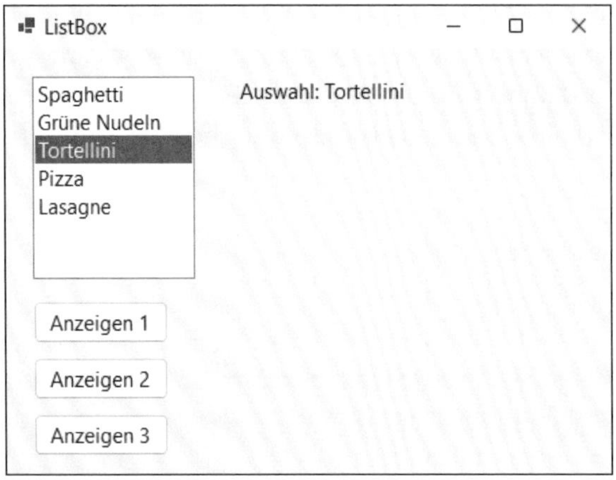

Abbildung 2.57 Auswahl eines Eintrags

Der Programmcode lautet wie folgt:

```
private void LstSpeisen_SelectedIndexChanged(...)
{
    LblAnzeige.Text = $"Auswahl: {LstSpeisen.SelectedItem}";
}

private void CmdAnzeigen3_Click(...)
{
    LstSpeisen.SelectedIndex = 3;
}
```

Listing 2.37 Projekt »SteuerelementListBox«, Ereignis

In der Ereignismethode `CmdAnzeigen3_Click()` wird die Nummer des ausgewählten Elements auf 3 gesetzt. Dadurch wird in der ListBox der Eintrag »Pizza« ausgewählt. Im Label wird die geänderte Auswahl sofort angezeigt, da das Ereignis `LstSpeisen_SelectedIndexChanged` ausgelöst und die gleichnamige Ereignismethode aufgerufen wird.

2.8.6 Methoden der ListBox

Mithilfe der Methode `Insert()` können Sie Elemente zu einer ListBox an der gewünschten Stelle hinzufügen. Die Methode `RemoveAt()` löscht ein Element an der gewünschten Stelle.

Im nachfolgenden Programm im Projekt *SteuerelementListBoxVerwalten* werden die beiden Methoden eingesetzt, um eine ListBox zu verwalten (siehe Abbildung 2.58). Sie können Elemente einfügen, löschen und ändern. Damit kein Fehler auftritt, müssen Sie bestimmte Bedingungen beachten.

Zunächst das Programm:

```
private void CmdLoeschen_Click(...)
{
    int x = LstSpeisen.SelectedIndex;
    if (x != -1)
        LstSpeisen.Items.RemoveAt(x);
}

private void CmdEinfuegen_Click(...)
{
    if (TxtNeu.Text == "")
        return;

    if (OptAnfang.Checked)
    {
        LstSpeisen.Items.Insert(0, TxtNeu.Text);
        TxtNeu.Text = "";
    }
    else if (OptAuswahl.Checked)
    {
        int x = LstSpeisen.SelectedIndex;
        if (x != -1)
        {
            LstSpeisen.Items.Insert(x, TxtNeu.Text);
            TxtNeu.Text = "";
        }
    }
    else
    {
        LstSpeisen.Items.Add(TxtNeu.Text);
        TxtNeu.Text = "";
    }
}
```

```
private void CmdErsetzen_Click(...)
{
    int x = LstSpeisen.SelectedIndex;

    if (TxtErsetzen.Text != "" && x != -1)
    {
        LstSpeisen.Items.RemoveAt(x);
        LstSpeisen.Items.Insert(x, TxtErsetzen.Text);
        TxtErsetzen.Text = "";
    }
}

private void CmdAllesLoeschen_Click(...)
{
    LstSpeisen.Items.Clear();
}
```

Listing 2.38 Projekt »SteuerelementListBoxVerwalten«

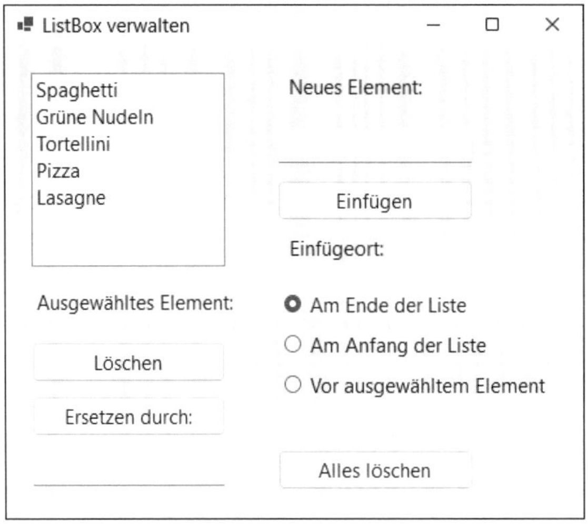

Abbildung 2.58 Verwaltung einer ListBox

Die ListBox wird wie im vorherigen Projekt gefüllt.

In der Methode CmdLoeschen_Click() wird der Wert von SelectedIndex in der Variablen x gespeichert. Anschließend wird untersucht, ob ein Element ausgewählt ist, ob also der Wert von x ungleich -1 ist. Ist das der Fall, wird dieses Element mit der Methode RemoveAt() gelöscht. Ist kein Element ausgewählt, geschieht nichts.

In der Methode CmdEinfuegen_Click() wird zunächst die TextBox untersucht. Ist diese leer, wird die Methode mit dem Schlüsselwort return unmittelbar verlassen. Steht etwas in der TextBox, wird untersucht, welcher Einfügeort über die RadioButtons ausgesucht wird:

- Wird als Einfügeort das Ende der Liste gewählt, wird der Inhalt der TextBox mit der Methode Add() am Ende der Liste angefügt.
- Ansonsten wird die Methode Insert() zum Einfügen des Inhalts der TextBox vor einem vorhandenen Listeneintrag genutzt. Diese Methode benötigt den Index des Elements, vor dem eingefügt werden soll. Das ist
  - entweder der Wert 0, falls am Anfang der Liste eingefügt werden soll,
  - oder der Wert von SelectedIndex, sofern vor dem ausgewählten Element eingefügt werden soll und falls ein Element ausgewählt ist.

Nach dem erfolgreichen Einfügen wird die TextBox gelöscht, damit der gleiche Inhalt nicht versehentlich ein weiteres Mal eingefügt wird.

In der Methode CmdErsetzen_Click() wird untersucht, ob in der TextBox etwas zum Ersetzen steht und ob ein Element zum Ersetzen ausgewählt ist. Ist das der Fall, wird:

- das zugehörige Element mit der Methode RemoveAt() gelöscht
- der neue Text an dieser Stelle mit der Methode Insert() eingefügt
- die TextBox gelöscht, damit nicht versehentlich zweimal das gleiche Element eingefügt wird

In der Methode CmdAllesLoeschen_Click() dient die Methode Clear() zum Leeren der ListBox.

Nach einigen Änderungen sieht die ListBox wie in Abbildung 2.59 aus.

Hinweis

Das Schlüsselwort return dient nicht nur dem unmittelbaren Beenden einer Methode, sondern auch dem Liefern des Rückgabewerts einer Methode, siehe Abschnitt 4.5.7.

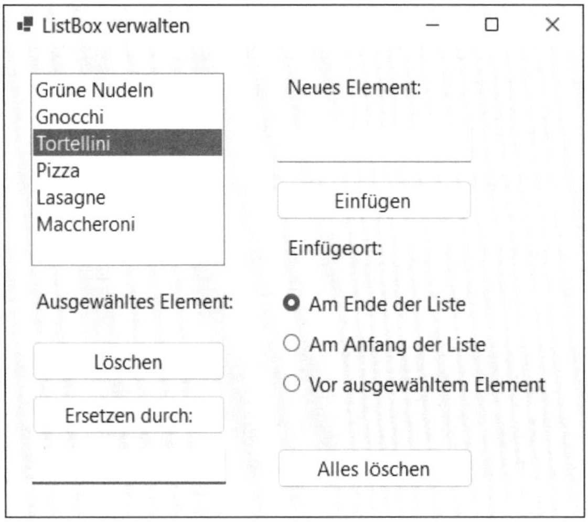

Abbildung 2.59 Nach einigen Änderungen

2.8.7 ListBox mit Mehrfachauswahl

Sie können es dem Benutzer ermöglichen, gleichzeitig mehrere Einträge aus einer Liste auszuwählen. Dazu wird zur Entwicklungszeit die Eigenschaft `SelectionMode` auf den Wert `MultiExtended` gesetzt. Der Benutzer kann anschließend mithilfe der [Strg]-Taste mehrere einzelne Elemente auswählen oder mittels der [⇧]-Taste (wie für Großbuchstaben) einen zusammenhängenden Bereich von Elementen markieren.

Die Eigenschaften `SelectedIndices` und `SelectedItems` enthalten die Nummern beziehungsweise die Einträge der ausgewählten Elemente. Sie ähneln in ihrem Verhalten der Eigenschaft `Items`. Das nachfolgende Programm im Projekt *SteuerelementListBoxMehrfach* soll dies verdeutlichen (siehe Abbildung 2.60).

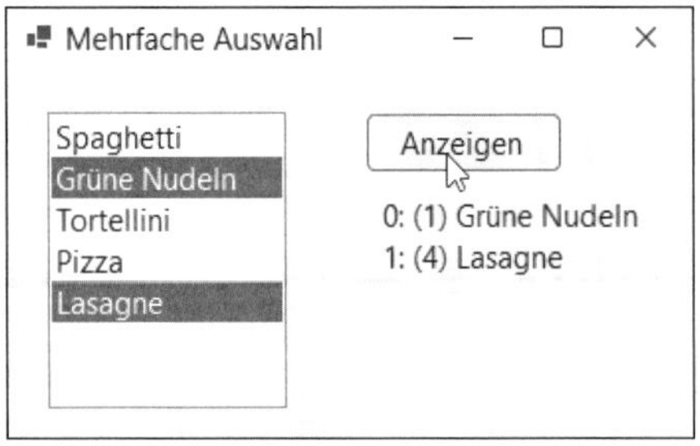

Abbildung 2.60 Mehrere ausgewählte Elemente

Der Programmcode lautet:

```
private void CmdAnzeigen_Click(...)
{
    LblAnzeige.Text = "";
    for (int i = 0; i < LstSpeisen.SelectedItems.Count; i++)
        LblAnzeige.Text += $"{i}: ({LstSpeisen.SelectedIndices[i]})" +
            $" {LstSpeisen.SelectedItems[i]}\n";
}
```

Listing 2.39 Projekt »SteuerelementListBoxMehrfach«

Die ListBox wird wie in den beiden vorherigen Projekten gefüllt. In der Methode `CmdAnzeigen_Click()` werden alle ausgewählten Elemente mithilfe einer `for`-Schleife durchlaufen. Beachten Sie die unterschiedlichen Indizes, zum einen innerhalb der Liste der ausgewählten Elemente, zum anderen innerhalb der gesamten ListBox.

Hinweis

Nach dem Einfügen einer neuen ListBox in ein Formular steht die Eigenschaft `SelectionMode` zunächst auf dem Standardwert `One`, was bedeutet, dass nur ein Element ausgewählt werden kann.

2.8.8 Steuerelement »ComboBox«

Das Steuerelement *ComboBox* (deutsch: Kombinationsfeld) vereinigt die Merkmale einer ListBox mit denen einer TextBox. Der Benutzer kann entweder einen Eintrag aus dem Bereich der ListBox auswählen oder ihn im Bereich der TextBox eingeben. Eine ComboBox besitzt ähnliche Eigenschaften und Methoden wie eine ListBox.

Sie können mithilfe der Eigenschaft `DropDownStyle` zwischen drei Typen von ComboBoxen wählen:

- `DropDown`: Dabei ist die Auswahl aus einer Liste (Aufklappen der Liste mit der Pfeiltaste) oder die Eingabe in die TextBox möglich. Die ComboBox hat die Größe einer TextBox.
- `DropDownList`: Die Auswahl ist begrenzt auf die Einträge der aufklappbaren Liste, also ohne eigene Eingabemöglichkeit. Dieser Typ der ComboBox verhält sich demnach wie eine ListBox, ist allerdings so klein wie eine TextBox. Eine ListBox könnte zwar auch auf diese Größe verkleinert werden, aber die Scrollpfeile wären in diesem Fall sehr klein.

- `Simple`: Wie beim Typ `DropDown` ist die Auswahl aus der Liste oder die Eingabe in die TextBox möglich. Die Höhe einer solchen ComboBox kann wie bei einer ListBox eingestellt werden. Belässt man sie in der Größe einer TextBox, dann kann der Benutzer die einzelnen Einträge erst sehen, nachdem er die ComboBox ausgewählt hat und anschließend eine der beiden Tasten ↑ oder ↓ betätigt hat.

Die Eigenschaft `SelectionMode` gibt es bei ComboBoxen nicht. Das folgende Programm im Projekt *SteuerelementComboBox* führt alle drei Typen von ComboBoxen vor (siehe Abbildung 2.61).

Abbildung 2.61 Drei Typen von ComboBoxen

Der Programmcode:

```
private void Form1_Load(...)
{
    CmbWerkzeug1.Items.Add("Zange");
    CmbWerkzeug1.Items.Add("Hammer");
    CmbWerkzeug1.Items.Add("Bohrer");
    CmbWerkzeug1.Items.Add("Schraubendreher");
```

[... das Gleiche für die beiden anderen ComboBoxen ...]

```
}

private void CmdAnzeigen1_Click(...)
{
    LblAnzeige1.Text = CmbWerkzeug1.Text;
}

private void CmdAnzeigen2_Click(...)
{
```

```
    LblAnzeige2.Text = $"{CmbWerkzeug2.SelectedItem}";
}

private void CmdAnzeigen3_Click(...)
{
    LblAnzeige3.Text = CmbWerkzeug3.Text;
}
```

Listing 2.40 Projekt »SteuerelementComboBox«

Die erste ComboBox hat den `DropDownStyle` `DropDown`. Hat die Benutzerin einen Eintrag ausgewählt, erscheint dieser in der TextBox der ComboBox. Gibt sie selbst einen Eintrag ein, wird er ebenfalls dort angezeigt. Die Eigenschaft `Text` enthält den Inhalt dieser TextBox, also immer den Wert der ComboBox.

Die zweite ComboBox hat den `DropDownStyle` `DropDownList`. Es gibt hier also keine TextBox. Wie bei einer ListBox ermitteln Sie die Auswahl der Benutzerin über die Eigenschaft `SelectedItem`. Dabei handelt es sich um ein Objekt des allgemeinen Typs `object`. Zur Ausgabe muss es in eine Zeichenkette eingebettet werden.

Die dritte ComboBox hat den `DropDownStyle` `Simple`. Im Programm kann sie genauso wie die erste ComboBox behandelt werden. Die Eigenschaft `Text` enthält also immer den Wert der ComboBox.

Übung »UListBox«

Schreiben Sie ein Programm im Projekt *UListBox*, das zwei ListBoxen enthält, in denen jeweils mehrere Elemente markiert werden können. Zwischen den beiden ListBoxen befinden sich zwei Buttons mit Pfeilen nach rechts beziehungsweise nach links (siehe Abbildung 2.62). Bei Betätigung eines der beiden Buttons sollen die ausgewählten Elemente in Pfeilrichtung aus der einen in die andere Liste verschoben werden (siehe Abbildung 2.63).

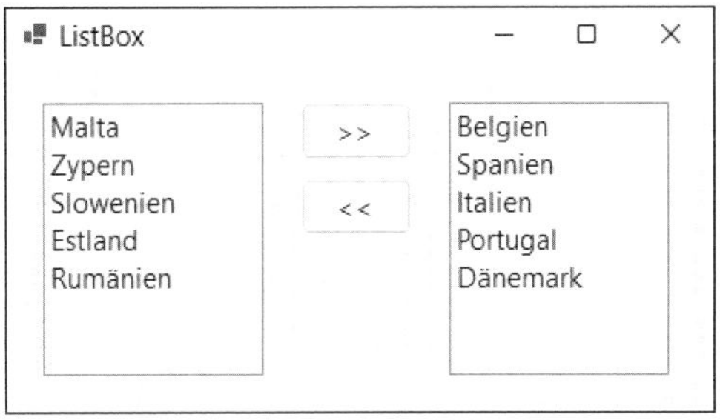

Abbildung 2.62 Übung »UListBox«, Liste vor dem Verschieben

Mit dem Löschen mehrerer Einträge aus einer ListBox sollten Sie vom Ende der Liste her beginnen. Der Grund dafür ist folgender: Löschen Sie eines der vorderen Elemente zuerst, stimmen die Indizes in der Auflistung `SelectedIndices` nicht mehr.

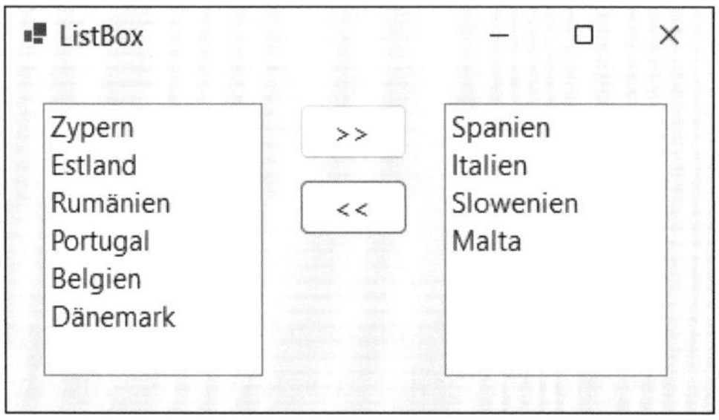

Abbildung 2.63 Übung »UListBox«, Liste nach dem Verschieben

Kapitel 3
Fehlerbehandlung

Vieles lernt man nur aus Fehlern, so auch das Programmieren. In diesem Kapitel stelle ich Ihnen verschiedene Arten von Fehlern und ihre Behandlung vor.

In den folgenden Abschnitten lernen Sie verschiedene Arten von Programmierfehlern kennen. Visual Studio bietet Ihnen zahlreiche Hilfsmittel, die es Ihnen erleichtern, Fehler nach Möglichkeit zu vermeiden, aufgetretene Fehler zu erkennen und die Folgen der Fehler zu beheben.

3.1 Entwicklung eines Programms

Bei der Entwicklung Ihrer eigenen Programme sollten Sie Schritt für Schritt vorgehen. Stellen Sie zuerst einige grundlegende Überlegungen darüber an, wie das gesamte Programm und seine Benutzeroberfläche aufgebaut sein sollten, und zwar auf Papier. Welche Aufgabe soll das Programm erfüllen? Welche Steuerelemente können eingesetzt werden? Was soll passieren, wenn eines davon genutzt wird? Versuchen Sie anschließend nicht, das gesamte Programm mit all seinen komplexen Bestandteilen auf einmal zu entwickeln! Das ist der größte Fehler, den Einsteiger (und manchmal auch Fortgeschrittene) machen können.

Entwickeln Sie stattdessen zunächst eine einfache Version mit nur wenigen Steuerelementen und wenigen Codezeilen. Anschließend testen Sie diese Version. Erst nach einem erfolgreichen Test fügen Sie weitere Steuerelemente und weiteren Code hinzu. Nach jeder Änderung testen Sie erneut. Sollte sich ein Fehler zeigen, wissen Sie, dass er aufgrund der letzten Änderung aufgetreten ist. Nach dem letzten Hinzufügen haben Sie bereits eine einfache Version Ihres gesamten Programms.

Nun ändern Sie den Code für ein Steuerelement in eine komplexere Version ab. Auf diese Weise machen Sie Ihr Programm Schritt für Schritt komplexer, bis Sie schließlich das gesamte Programm so erstellt haben, dass es Ihren anfänglichen Überlegungen auf Papier entspricht.

Manchmal ergibt sich während der praktischen Entwicklung auch noch die eine oder andere Änderung gegenüber Ihrem Entwurf. Das ist kein Problem, solange sich dadurch nicht der gesamte Aufbau ändert. Sollte das allerdings der Fall sein, kehren Sie besser noch einmal kurz zum Papier zurück und überdenken den Aufbau. Das bedeutet nicht, dass Sie die bisherigen Programmbestandteile löschen müssen; möglicherweise brauchen Sie sie lediglich ein wenig zu ändern und anders anzuordnen.

Schreiben Sie Ihre Programme übersichtlich. Sollten Sie gerade überlegen, wie Sie drei oder vier bestimmte Schritte Ihres Programms auf einmal machen können: Machen Sie daraus einfach einzelne Anweisungen, die der Reihe nach ausgeführt werden. Das vereinfacht eine eventuelle Fehlersuche. Möchten Sie (oder eine andere Person) Ihr Programm später einmal ändern oder erweitern, gelingt dadurch der Einstieg in den Aufbau des Programms wesentlich schneller.

Sie können Bildschirmausgaben zur Kontrolle von Werten und zur Suche von logischen Fehlern einsetzen. Außerdem können Sie zusätzlich einzelne Teile Ihres Programms in Kommentarklammern setzen, um festzustellen, welcher Teil des Programms fehlerfrei läuft und welcher Teil demnach fehlerbehaftet sein muss. In diesem Kapitel werden Sie noch weitere Methoden zum Finden von Fehlern kennenlernen.

3.2 Fehlerarten

Während man ein Programm entwickelt und testet, können verschiedene Arten von Fehlern auftreten:

- Syntaxfehler: Das sind Fehler bei der Anwendung der Sprache C# und der zahlreichen Bibliotheken. Sie können mithilfe des Editors minimiert werden.
- Laufzeitfehler: Das sind Fehler zur Laufzeit des Programms, die einen Programmabsturz oder genauer gesagt eine Ausnahme (engl. *exception*) zur Folge haben. Sie sollten möglichst mit einer Ausnahmebehandlung (engl. *exception handling*) umgangen werden.
- Logische Fehler: Sie sind erfahrungsgemäß am schwersten zu finden. Hier bietet das Debuggen eine gute Hilfestellung.

3.3 Syntaxfehler

Syntaxfehler treten zur Entwicklungszeit des Programms auf und haben ihre Ursache in falsch oder unvollständig geschriebenem Programmcode. Bereits beim Schreiben des

Codes macht Visual Studio Sie auf Syntaxfehler aufmerksam. Ein nicht korrekt geschriebenes Schlüsselwort, ein `else` ohne `if` oder andere Fehler werden sofort erkannt und markiert.

Programmierer erhalten häufig bereits eine Information mit einer Hilfestellung zur Fehlerkorrektur. Wird der Fehler nicht behoben, wird eine Übersetzung und Ausführung des Programms abgelehnt.

3.3.1 Editor

Der Editor trägt mit seinen Hilfsmitteln (unter anderem IntelliSense und Copilot) in hohem Maße dazu bei, Syntaxfehler gar nicht erst auftreten zu lassen. Während des Schreibens einer Anweisung werden zahlreiche Hilfestellungen angeboten. Machen Sie sich einmal mit den folgenden Beispielen vertraut. Sie helfen Ihnen, Visual Studio besser zu nutzen:

- Sobald Sie einen Punkt hinter den Namen eines Objekts, zum Beispiel eines Steuerelements, gesetzt haben, erscheint eine Liste der Eigenschaften und Methoden dieses Objekts. Bewegen Sie sich durch diese Liste, wird jeweils eine passende QuickInfo eingeblendet. Das ausgewählte Listenelement wird in den Code eingefügt, wenn Sie die [⭾]-Taste betätigen.
- Beginnen Sie, einen beliebigen Namen zu schreiben, wird sofort eine Hilfsliste mit Anweisungen oder Objekten angeboten, die im Zusammenhang mit der aktuellen Anwendung stehen und die gleichen Anfangsbuchstaben haben.
- Befindet sich der Cursor über einem Programmierelement, wird eine QuickInfo eingeblendet, die Sie über die Möglichkeiten des jeweiligen Elements informiert.
- Sobald Sie den Cursor auf eine öffnende Klammer setzen, wird sie zusammen mit der zugehörigen schließenden Klammer hervorgehoben – und umgekehrt.
- Setzen Sie den Cursor hingegen auf ein Objekt oder eine Variable, werden sämtliche Objekte beziehungsweise Variablen dieser Art in der gleichen Methode hervorgehoben.
- Kontrollstrukturen, also zum Beispiel Verzweigungen und Schleifen, werden bei einem Zeilenwechsel automatisch richtig eingerückt. Der Entwickler kann sie dadurch leichter erkennen und Fehler vermeiden.
- Eingerückte Strukturen sind dank grau gestrichelter senkrechter Hilfslinien gut zu erkennen.
- Bei Warnungen oder Fehlern werden verschiedene Möglichkeiten der Abhilfe vorgeschlagen, die sich mit wenigen Klicks durchführen lassen.

- Unterschiedliche Elemente des Codes werden farblich gut unterschieden.
- Wird eine Variable oder ihr Wert niemals genutzt, erfolgt ein Hinweis.
- Die Benutzung von kombinierten Zuweisungsoperatoren (auch genannt: *Verbundzuweisungen*) wird empfohlen.
- Wird die Eigenschaft einer Klasse niemals geändert, wird die Verwendung des Attributs `readonly` als Schreibschutz für diese Eigenschaft empfohlen.
- Methoden einer Klasse, die keine objektbezogenen Elemente enthalten, sollten nicht als objektbezogene Methoden, sondern als statische Methoden der Klasse deklariert werden. Auf diese Weise sparen Sie Ressourcen, weil die Methode nicht für jedes einzelne Objekt der Klasse zur Verfügung gestellt wird, sondern nur für die Klasse als Ganzes.
- Wird einem neu deklarierten Verweis unmittelbar ein neues Objekt zugewiesen, dessen Typ eindeutig bestimmt werden kann, genügt die Zuweisung von `new()`.
- Wird in den verschiedenen Fällen einer `switch`-Anweisung nur einer einzelnen Variablen ein Wert zugewiesen, wird der Einsatz eines übersichtlicheren `switch`-Ausdrucks empfohlen.
- Während der Eingabe wird häufig weiterer Code in grauer Farbe eingeblendet, der mit hoher Wahrscheinlichkeit an der betreffenden Stelle benötigt wird. Er kann mithilfe der Taste [⭾] akzeptiert und damit eingefügt werden.

Haben Sie sich einmal an diese Mechanismen gewöhnt, bietet der Editor wertvolle Hilfen zur Codierung und Fehlervermeidung.

3.3.2 Syntaxfehler

Einzelne Syntaxfehler und die Reaktionen des Editors auf diese Fehler werden mithilfe des nachfolgenden Programms im Projekt *FehlerSyntax* verdeutlicht. Im Programm soll geprüft werden, ob eine eingegebene Zahl positiv, negativ oder gleich 0 ist. Der Programmcode enthält eine Reihe typischer Fehler:

- Die Eigenschaft der TextBox heißt nicht `Txt`.
- Die Methode zur Konvertierung heißt nicht `ToInt()`.
- Die Bedingung `i < 0` ist ohne Klammern gesetzt.
- Nach dem Text "`negativ`" fehlt das Semikolon.

- In der letzten Zeile wird der Text "gleich 0" markiert, da er dem Label-Objekt und nicht dessen Eigenschaft Text zugewiesen wird.

Die Fehler werden zum Teil bereits während der Codierung automatisch kenntlich gemacht, wie in Abbildung 3.1 zu sehen ist.

```
1 Verweis
private void CmdAnzeigen_Click(object sender, EventArgs e)
{
    if (TxtEingabe.Txt = "")
        return;

    int i = Convert.ToInt(TxtEingabe.Text);

    if (i > 0)
        LblAnzeige.Text = "positiv";
    else if i < 0
        LblAnzeige.Text = "negativ"
    else
        LblAnzeige = "gleich 0";
}
```

Abbildung 3.1 Programmcode mit Fehlern

Bewegen Sie den Cursor über eine der Fehlerstellen im Code, erscheint eine QuickInfo mit einer Fehlermeldung. Nach der Korrektur des ersten Fehlers wird ein weiterer Fehler erkannt (siehe Abbildung 3.2), in diesem Fall beim Gleichheitszeichen.

```
1 Verweis
private void CmdAnzeigen_Click(object sender, EventArgs e)
{
    if (TxtEingabe.Text = "")
        return;

    int i = Convert.ToIn

    if (i > 0)
        LblAnzeige.Text
    else if i < 0
        LblAnzeige.Text
    else
        LblAnzeige = "gleich 0";
}
```

```
string TextBox.Text { get; set; }
Gets or sets the text associated with this control.

Rückgabewerte:
 The text associated with this control.

"Text" ist hier nicht NULL.

CS0029: Der Typ "string" kann nicht implizit in "bool" konvertiert werden.
```

Abbildung 3.2 Weiterer Fehler

Da die Anweisung nur ein einzelnes Gleichheitszeichen statt des Vergleichsoperators == enthält, wird sie als Zuweisung interpretiert. Das Ergebnis der Zuweisung ist eine Zeichenkette, also ein Wert des Datentyps string. Die if-Anweisung erwartet allerdings einen Wert des Datentyps bool, also true oder false.

Erst nach der Beseitigung des letzten Fehlers kann das Programm übersetzt und ausgeführt werden. Die Eingabe eines Textes statt einer Zahl führt allerdings immer noch zu einem Laufzeitfehler. Dessen Behandlung ist Thema des nächsten Abschnitts.

3.4 Laufzeitfehler und Exception Handling

Das Exception Handling dient dem Abfangen von Laufzeitfehlern und dem Behandeln von Ausnahmen. Ausnahmen treten auf, wenn das Programm versucht, eine unzulässige Operation durchzuführen, beispielsweise eine Division durch 0 oder das Öffnen einer nicht vorhandenen Datei.

Es ist besser, Laufzeitfehler von Anfang an zu unterbinden. Das ist allerdings unmöglich, da es Vorgänge gibt, auf die die Programmentwickler keinen Einfluss haben, etwa eine fehlerhafte Benutzereingabe oder einen beim Druckvorgang ausgeschalteten Drucker.

3.4.1 Programm mit Laufzeitfehlern

Im nachfolgenden Beispiel im Projekt *FehlerLaufzeit* werden verschiedene Arten von Ausnahmen hervorgerufen und teilweise mit dem Exception Handling von C# behandelt. Der Benutzer soll zwei Zahlen eingeben. Nach dem Betätigen des Buttons OHNE EXCEPTION HANDLING wird

- mithilfe der Methode `ToInt32()` der Klasse `Convert` versucht, die beiden Zahlen jeweils in ganze Zahlen des Datentyps `int` umzuwandeln,
- die erste Zahl durch die zweite Zahl geteilt und
- das Ergebnis der Division in einem Label ausgegeben.

```
private void CmdOhne_Click(...)
{
    int x, y, z;
    x = Convert.ToInt32(TxtEingabe1.Text);
    y = Convert.ToInt32(TxtEingabe2.Text);
    z = x / y;
    LblAnzeige.Text = $"Ergebnis: {z}";
}
```

Listing 3.1 Projekt »FehlerLaufzeit«, mit Laufzeitfehlern

Gibt der Benutzer die Zahlen 12 und 3 ein, erscheint als Ergebnis erwartungsgemäß die Zahl 4 (siehe Abbildung 3.3).

Wenn er dagegen die Zahlen 12 und 0 eingibt, tritt eine unbehandelte Ausnahme des Typs *DivideByZeroException* auf. In Abbildung 3.4 ist die Zeile zu sehen, in der der Fehler auftritt.

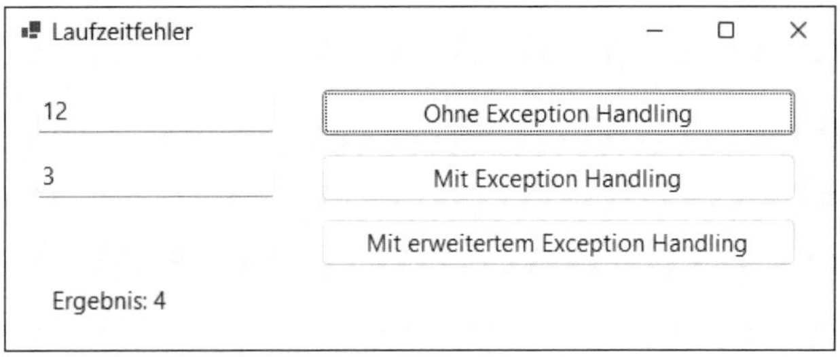

Abbildung 3.3 Eingabe korrekter Zahlen

Nach der Anzeige einer unbehandelten Ausnahme muss das Programm mithilfe des Menüpunkts DEBUGGEN • DEBUGGEN BEENDEN beendet werden, bevor es erneut gestartet werden kann.

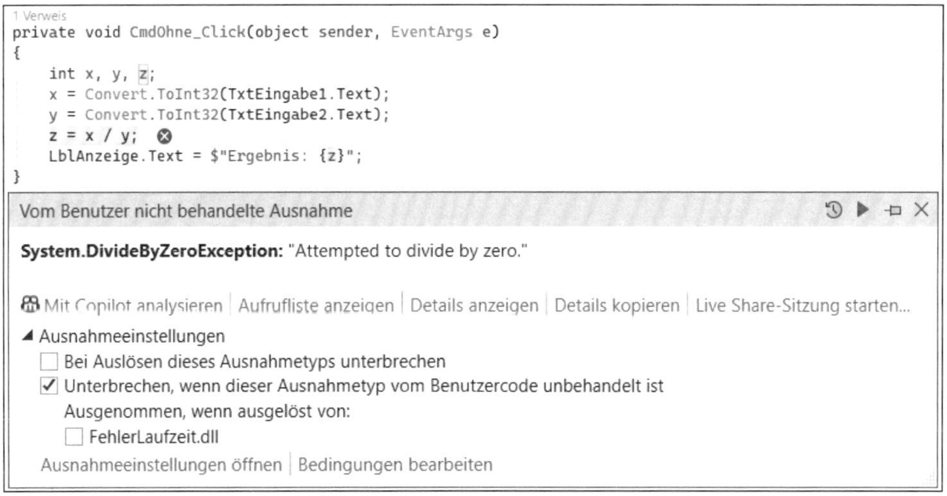

Abbildung 3.4 DivideByZeroException in der markierten Zeile

Gibt der Benutzer eine der beiden Zahlen gar nicht ein, tritt eine unbehandelte Ausnahme des Typs *FormatException* auf. In Abbildung 3.5 ist wiederum die Zeile zu sehen, in der der Fehler auftritt. Das Gleiche passiert, wenn eine Zeichenkette eingegeben wird, die nicht in eine ganze Zahl umgewandelt werden kann.

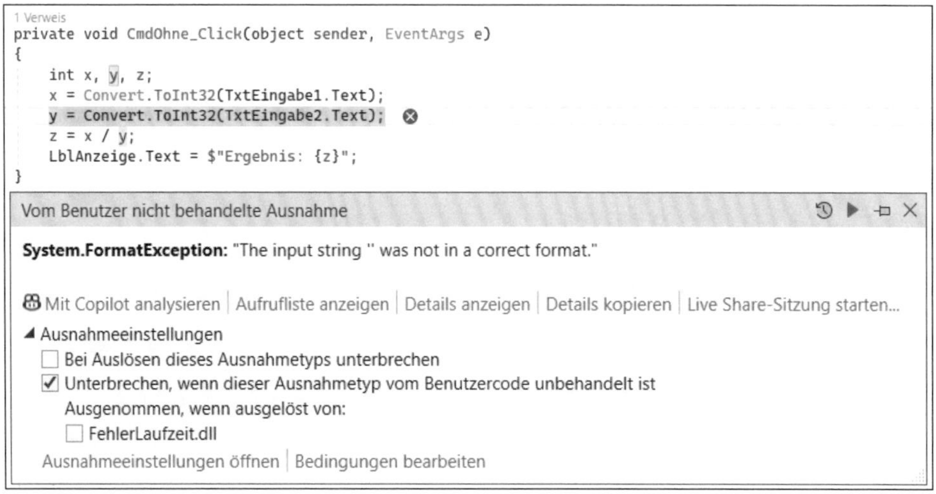

Abbildung 3.5 FormatException in der markierten Zeile

3.4.2 Einfaches Exception Handling

Nun wird das Programm im Projekt *FehlerLaufzeit* verbessert. Nach dem Betätigen des Buttons MIT EXCEPTION HANDLING wird die nachfolgende Methode durchlaufen:

```
private void CmdMit_Click(...)
{
    int x, y, z;

    try
    {
        x = Convert.ToInt32(TxtEingabe1.Text);
        y = Convert.ToInt32(TxtEingabe2.Text);
        z = x / y;
        LblAnzeige.Text = $"Ergebnis: {z}";
    }
    catch (Exception ex)
    {
        LblAnzeige.Text = $"Fehler: {ex.Message}";
    }
}
```

Listing 3.2 Projekt »FehlerLaufzeit«, mit Exception Handling

Das Schlüsselwort `try` leitet das Exception Handling ein. Ab diesem Punkt versucht das Programm, einen Anweisungsblock auszuführen.

Tritt während der nachfolgenden Anweisungen eine Exception auf, wird sie mithilfe von `catch` abgefangen: Das Programm wechselt bei Auftreten der Ausnahme unmittelbar in einen `catch`-Block und führt die dort angegebenen Anweisungen aus.

Im `catch`-Block steht ein Objekt der Klasse `Exception` zur Verfügung, hier mit dem Namen `ex`. Dieses Objekt enthält weitere Informationen zu dem Fehler, unter anderem die Fehlermeldung in der Eigenschaft `Message`. Diese Fehlermeldung wird hier ausgegeben.

Gibt die Benutzerin die Zahlen 12 und 3 ein, erscheint nach wie vor die Zahl 4. Im `try`-Block ist keine Ausnahme aufgetreten. Bei Eingabe der Zahlen 12 und 0 wird eine Fehlermeldung ausgegeben, siehe Abbildung 3.6.

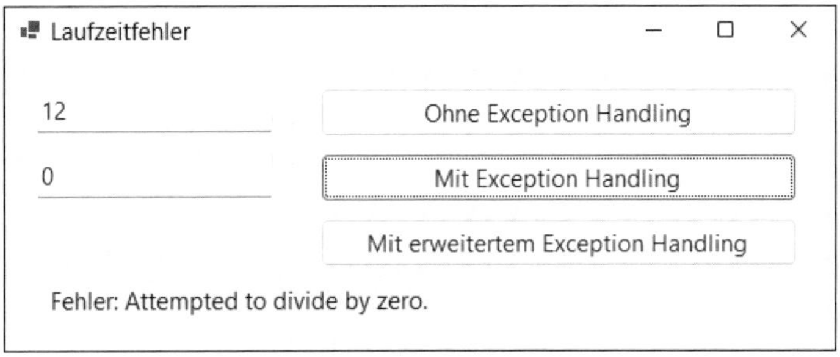

Abbildung 3.6 Division durch 0 abgefangen

Gibt die Benutzerin eine der beiden Zahlen gar nicht ein, erscheint eine andere Fehlermeldung, siehe Abbildung 3.7.

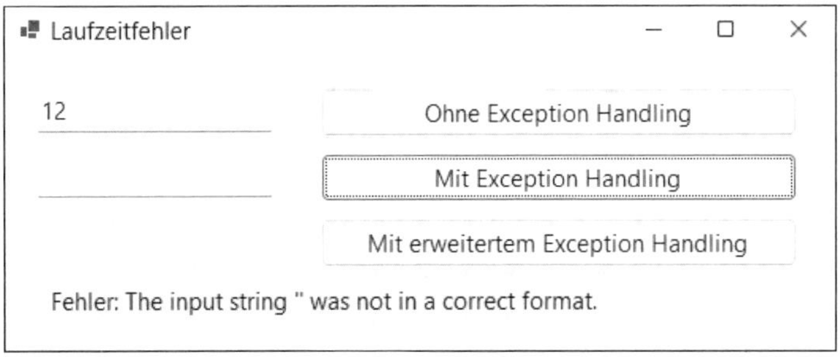

Abbildung 3.7 Formatfehler abgefangen

Das Programm kann nunmehr trotz der Fehler weiterlaufen.

3.4.3 Erweitertes Exception Handling

Die Klasse Exception ist die Basis mehrerer Exception-Klassen. Damit kann ein Fehler wesentlich spezifischer abgefangen und behandelt werden, wie es nach dem Betätigen des Buttons MIT ERWEITERTEM EXCEPTION HANDLING im Projekt *FehlerLaufzeit* gemacht wird:

```
private void CmdErweiterung_Click(...)
{
    int x, y, z;

    try
    {
        x = Convert.ToInt32(TxtEingabe1.Text);
        y = Convert.ToInt32(TxtEingabe2.Text);
        z = x / y;
        LblAnzeige.Text = $"Ergebnis: {z}";
    }
    catch (FormatException)
    {
        LblAnzeige.Text = "Fehler: falsches Eingabeformat";
    }
    catch (DivideByZeroException)
    {
        LblAnzeige.Text = "Fehler: Division durch 0";
    }
    catch (Exception)
    {
        LblAnzeige.Text = "Fehler: allgemein";
    }
}
```

Listing 3.3 Projekt »FehlerLaufzeit«, mit erweitertem Exception Handling

Es gibt nunmehr drei catch-Blöcke, die in der Lage sind, drei verschiedene Fehler durch unterschiedliche Anweisungen zu behandeln:

- Im ersten catch-Block wird der Konvertierungsfehler mithilfe eines Objekts der Klasse FormatException abgefangen.
- Im zweiten catch-Block wird die Division durch 0 mithilfe eines Objekts der Klasse DivideByZeroException abgefangen.

- Im dritten catch-Block werden alle nicht spezifisch abgefangenen Fehler mithilfe eines Objekts der allgemeinen Klasse Exception behandelt.

Die Reihenfolge der catch-Blöcke ist wichtig, da die Blöcke bei Auftreten eines Fehlers der Reihe nach durchlaufen werden. Der erste zutreffende catch-Block wird genutzt. Hätten Sie also den dritten Block mit der allgemeinen Klasse Exception nach vorn gesetzt, wäre in jedem Fehlerfall die Meldung »Fehler: allgemein« erschienen.

Der Editor weist auf die falsche Reihenfolge der catch-Blöcke aber bereits zur Entwicklungszeit hin und ermöglicht so die rechtzeitige Korrektur.

Es wird nicht mehr auf die Eigenschaften des Objekts einer der Exception-Klassen zugegriffen. Daher kann die Deklaration von ex im Kopf der catch-Blöcke weggelassen werden.

3.5 Logische Fehler und Debuggen

Logische Fehler treten auf, wenn eine Anwendung zwar ohne Syntaxfehler übersetzt und ohne Laufzeitfehler ausgeführt wird, aber nicht das geplante Ergebnis liefert. In einem solchen Fall ist offensichtlich die Programmlogik falsch aufgebaut.

Die Ursache logischer Fehler zu finden, ist oft schwierig und kann nur durch intensives Testen und Analysieren der Abläufe und Ergebnisse durchgeführt werden. Visual Studio stellt im Zusammenhang mit dem Debuggen einige wertvolle Hilfen zur Verfügung.

3.5.1 Einzelschrittverfahren

Sie können ein Programm im Einzelschrittverfahren ablaufen lassen, um sich bei jedem einzelnen Schritt die aktuellen Inhalte von Variablen und Steuerelementen anzuschauen. Dabei beginnen Sie mit dem Menüpunkt DEBUGGEN • EINZELSCHRITT (Funktionstaste [F11]).

Als Beispiel dient wiederum das Programm im Projekt *FehlerLaufzeit* zur Division zweier Zahlen. Nach dem Start des Einzelschrittverfahrens startet die Anwendung mit einigen automatisch erzeugten Teilen des Programmcodes.

Es geht los mit der Methode Main(), mit der jedes C#-Programm beginnt. Ein gelber Pfeil vor einer gelb markierten Zeile kennzeichnet den Punkt, an dem das Programm gerade angehalten wurde und auf die Reaktion des Entwicklers wartet.

Nach einigen weiteren Einzelschritten (wiederum mithilfe der Funktionstaste [F11]) wechselt das Programm in die Klasse Form1 des Formulars. Dort durchläuft es unter anderem die Methode `InitializeComponent()`, in der die Eigenschaften und das Verhalten der Steuerelemente festgelegt werden.

Anschließend erscheint das Formular, in dem Sie zwei Zahlen (hier 12 und 3) eingeben. Betätigen Sie den Button OHNE EXCEPTION HANDLING, wird nun die erste Ereignismethode angezeigt. Nach zwei weiteren Einzelschritten steht das Programm in der Zeile mit `y = Convert.ToInt32(...` (siehe Abbildung 3.8).

```
1 Verweis
private void CmdOhne_Click(object sender, EventArgs e)
{
    int x, y, z;
    x = Convert.ToInt32(TxtEingabe1.Text);
    y = Convert.ToInt32(TxtEingabe2.Text);   ≤1 ms verstrichen
    z = x / y;
    LblAnzeige.Text = $"Ergebnis: {z}";
}
```

Abbildung 3.8 Debuggen

Platzieren Sie den Cursor über einer Variablen oder einer Steuerelementeigenschaft (zum Beispiel über der Variablen `x`), sehen Sie den aktuellen Wert. Sie können so auch erkennen, dass die Variable `y` noch den Wert 0 hat, da die aktuell markierte Anweisung noch nicht ausgeführt wurde.

Bereits nach dem nächsten Einzelschritt hat die Variable `y` den Wert 3. Nach Durchführung aller Einzelschritte erscheint das Ergebnis des Programms wie gewohnt in der Anwendung.

Sie können den Ablauf über den Menüpunkt DEBUGGEN • DEBUGGEN BEENDEN stoppen.

Dieses einfache Beispiel zeigt, dass Sie mit dem Einzelschrittverfahren bereits den Ablauf eines Programms stückweise verfolgen und so den Ursprung eines logischen Fehlers leichter lokalisieren können.

Allerdings würden Sie dabei möglicherweise gern die automatisch erzeugten Teile des Programmcodes auslassen. Wie das geht, erläutere ich im nächsten Abschnitt.

3.5.2 Haltepunkte

Dauert Ihnen das Einzelschrittverfahren zu lange, können Sie auch mit Haltepunkten (engl. *breakpoints*) arbeiten. Das Programm durchläuft alle Anweisungen bis zu einem solchen Haltepunkt. Sie setzen einen Haltepunkt in die Nähe der Stelle, an der Sie den Ursprung eines Fehlers vermuten.

Das Setzen eines Haltepunkts geschieht mithilfe des Menüpunkts DEBUGGEN • HALTEPUNKT UMSCHALTEN (Funktionstaste [F9]). Er erscheint am linken Rand vor der Zeile, in der sich der Cursor befindet. Im Beispiel bietet sich hierfür die Zeile `x = Convert.ToInt32(...` an, in der `x` eingelesen und umgerechnet wird (siehe Abbildung 3.9).

Das Programm starten Sie nun über die Funktionstaste [F5]. Es wird vor der Ausführung der Zeile mit dem Haltepunkt unterbrochen. Ab diesem Punkt können Sie das Programm wiederum im Einzelschrittverfahren ablaufen lassen und die Werte der Variablen wie oben beschrieben kontrollieren.

```
1 Verweis
private void CmdOhne_Click(object sender, EventArgs e)
{
    int x, y, z;
    x = Convert.ToInt32(TxtEingabe1.Text);
    y = Convert.ToInt32(TxtEingabe2.Text);
    z = x / y;
    LblAnzeige.Text = $"Ergebnis: {z}";
}
```

Abbildung 3.9 Haltepunkt gesetzt

Sie können auch mehrere Haltepunkte setzen. Um einen Haltepunkt wieder zu entfernen, setzen Sie den Cursor in die betreffende Zeile und betätigen wiederum die Funktionstaste [F9]. Ein Klick auf den Haltepunkt entfernt ihn ebenfalls. Ein weiterer Klick auf den linken Rand lässt ihn wieder erscheinen. Mit Drag and Drop lässt sich ein Haltepunkt in eine andere Zeile verschieben.

3.5.3 Überwachungsfenster

Ein Überwachungsfenster stellt während des Debuggens eine weitere komfortable Lösung zur Variablenkontrolle dar. Sie können insgesamt vier Überwachungsfenster mit unterschiedlichen Inhalten während des Debuggens über den Menüpunkt DEBUGGEN • FENSTER • ÜBERWACHEN einblenden.

Dort können Sie die Namen von Variablen oder von Steuerelementeigenschaften in der Spalte NAME eingeben. In der Spalte WERT erscheint der jeweils aktuelle Wert beim Ablauf der Einzelschritte (siehe Abbildung 3.10). Auf diese Weise lässt sich die Entwicklung mehrerer Werte gleichzeitig und komfortabel verfolgen.

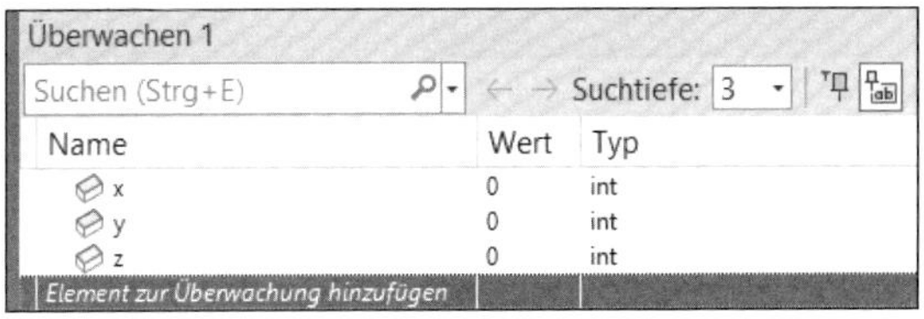

Abbildung 3.10 Überwachung von Werten

Kapitel 4
Erweiterte Grundlagen

Dieses Kapitel widmet sich einigen fortgeschrittenen Themen: dem Umgang mit Ereignissen und Feldern sowie der Modularisierung von Programmen.

Bei der Bedienung von Windows-Programmen finden immer wieder Ereignisse statt, deren Erkennung, Behandlung und Steuerung Thema dieses Kapitels ist. Hinzu kommen wichtige Programmierelemente wie Felder, Strukturen, nullbare Datentypen und Methoden.

4.1 Steuerelemente aktivieren

Neben so offensichtlichen Eigenschaften und Ereignissen wie `Text` oder `Click` gibt es weitere Eigenschaften, Methoden und Ereignisse von Steuerelementen, die den Ablauf und die Benutzerführung innerhalb eines Windows-Programms verbessern können.

4.1.1 Ereignis »Enter«

Das Ereignis `Enter` eines Steuerelements tritt auf, wenn der Benutzer es angewählt hat, also zum aktuellen Steuerelement gemacht hat.

Steuerelemente können per Maus oder per Tastatur angewählt werden. Wird zum Beispiel eine CheckBox per Maus angewählt, ändert sich auch ihr Zustand (Häkchen an/aus). Wird sie jedoch per Tastatur angewählt, so ändert sich der Zustand nicht. In beiden Fällen wurde sie aber zum aktuellen Steuerelement, es ist also das Ereignis `Enter` eingetreten.

Im nachfolgenden Programm im Projekt *ErweiterungEnter* soll mithilfe des Ereignisses `Enter` jeweils eine passende Hilfestellung zu einzelnen Elementen eines Eingabeformulars in einem Label angezeigt werden (siehe Abbildung 4.1). Die beiden Label-Eigenschaften `ForeColor` zur Einstellung der Textfarbe und `Font` zur Einstellung der Schrifteigenschaften sollten zur Entwurfszeit im EIGENSCHAFTEN-Fenster passende Werte erhalten.

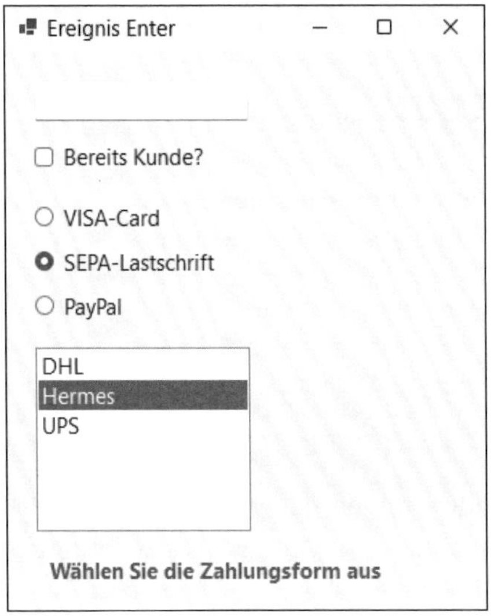

Abbildung 4.1 Ereignis »Enter«

Der Programmcode:

```
private void Form1_Load(...)
{
    LstPaketdienst.Items.Add("DHL");
    LstPaketdienst.Items.Add("Hermes");
    LstPaketdienst.Items.Add("UPS");
}

private void Form1_Activated(...)
{
    LblHilfe.Text = "";
}

private void TxtName_Enter(...)
{
    LblHilfe.Text = "Bitte geben Sie Nachname, Vorname ein";
}

private void ChkKunde_Enter(...)
{
    LblHilfe.Text = "Kreuzen Sie an, ob Sie bereits Kunde sind";
}
```

```
private void LstPaketdienst_Enter(...)
{
    LblHilfe.Text = "Wählen Sie den Paketdienst aus";
}

private void OptZahlungsform_CheckedChanged(...)
{
    LblHilfe.Text = "Wählen Sie die Zahlungsform aus";
}
```

Listing 4.1 Projekt »ErweiterungEnter«

Die ListBox wird wie gewohnt beim Ereignis `Form1_Load` gefüllt.

Das Ereignis `Activated` des Formulars tritt kurze Zeit, nachdem das Formular zur Benutzung bereitsteht, ein. In diesem Moment wird das Label mit dem Hilfetext geleert. Dadurch wird gewährleistet, dass es leer ist, unabhängig davon, welches Steuerelement zu Beginn das aktuelle ist.

Zum Ereignis `Enter` der Steuerelemente TextBox, CheckBox, RadioButton und ListBox gibt es jeweils eine Ereignismethode. Sie sorgt dafür, dass der zugehörige Hilfetext angezeigt wird.

Die Methode zum Ereignis `Activated` des Formulars beziehungsweise zum Ereignis `Enter` der verschiedenen Steuerelemente wird per Doppelklick in der Ereignisliste erzeugt. Diese sehen Sie im EIGENSCHAFTEN-Fenster nach Auswahl der Ansicht EREIGNISSE, siehe Abbildung 4.2 und Abschnitt 2.6.3.

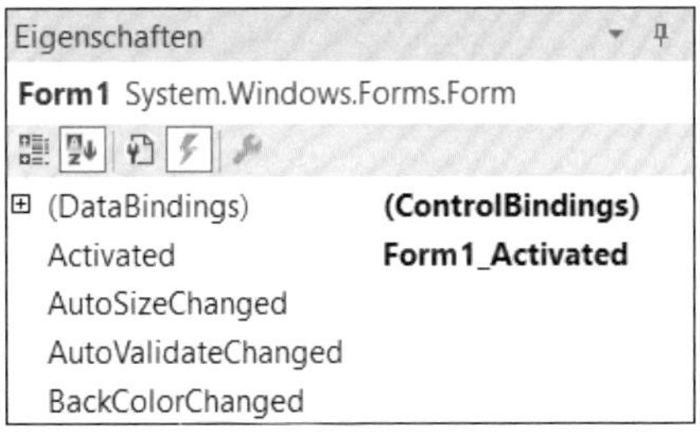

Abbildung 4.2 Ereignis »Formular aktiviert«

Der Hilfetext zu den drei RadioButtons wird in der gemeinsamen Ereignismethode `OptZahlungsform_CheckedChanged()` erzeugt. Ihr Name wird per Hand in der zugehörigen Zeile der Ereignisliste eingetragen (siehe Abbildung 4.3).

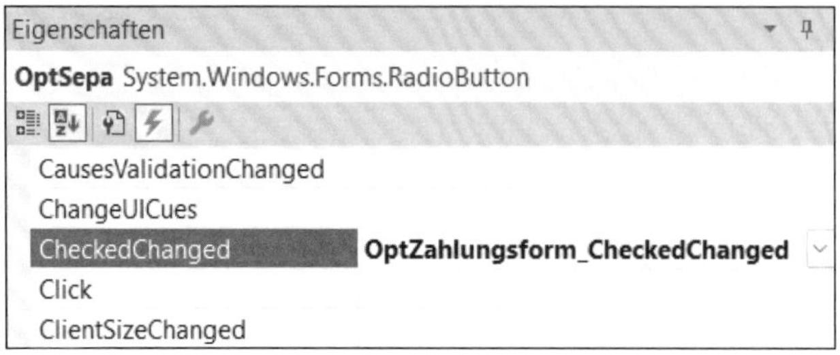

Abbildung 4.3 Gemeinsame Ereignismethode

4.1.2 Eigenschaften »Enabled« und »Visible«

Viele Steuerelemente verfügen über die Eigenschaften `Enabled` (= anwählbar, benutzbar) und `Visible` (= sichtbar). Weisen Sie der Eigenschaft `Enabled` eines Steuerelements zur Entwicklungszeit den Wert `False` beziehungsweise zur Laufzeit den Wert `false` zu, wird es vorübergehend gesperrt, wenn seine Benutzung nicht sinnvoll oder riskant ist.

Ein gesperrtes Steuerelement ist nur noch abgeblendet sichtbar. Dadurch kann eine bessere Benutzerführung erreicht werden, da die Benutzer jeweils immer nur diejenigen Steuerelemente verwenden können, die zu einem sinnvollen Ergebnis führen. Um ein Steuerelement vollständig unsichtbar zu machen, können Sie auch die Eigenschaft `Visible` auf den Wert `false` setzen.

Im nachfolgenden Programm im Projekt *ErweiterungEnabledVisible* haben die Benutzer die Möglichkeit, in zwei TextBoxen jeweils eine Zahl einzugeben. Zwei Buttons dienen zum Addieren der beiden Zahlen. Der erste Button ist zu Beginn deaktiviert, der zweite Button unsichtbar.

Im Programm wird der erste Button nur dann aktiviert und der zweite Button nur dann sichtbar gemacht, wenn beide TextBoxen nicht leer sind:

```
private void TxtEingabe_TextChanged(...)
{
    if (TxtEingabe1.Text != "" && TxtEingabe2.Text != "")
    {
        CmdAnzeigen1.Enabled = true;
        CmdAnzeigen2.Visible = true;
    }
    else
    {
        CmdAnzeigen1.Enabled = false;
        CmdAnzeigen2.Visible = false;
```

```
    }
}

private void CmdAnzeigen_Click(...)
{
    try
    {
        LblAnzeige.Text = "Ergebnis: " +
            (Convert.ToInt32(TxtEingabe1.Text)
            + Convert.ToInt32(TxtEingabe2.Text));
    }
    catch
    {
        LblAnzeige.Text = "0";
    }
}
```

Listing 4.2 Projekt »ErweiterungEnabledVisible«

Zu Beginn ist nur ein deaktivierter Button sichtbar (siehe Abbildung 4.4).

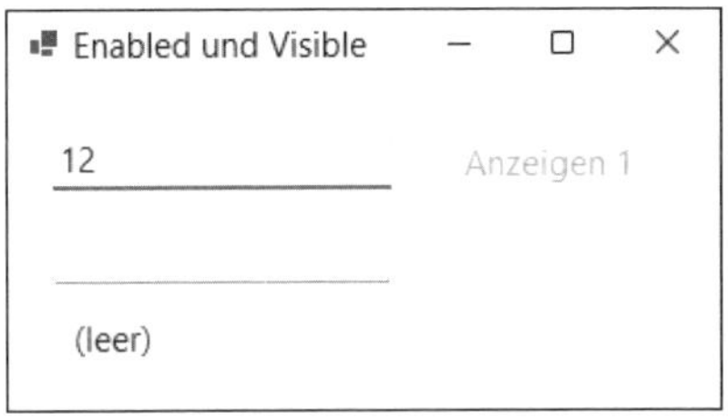

Abbildung 4.4 Keine Berechnung möglich

Das Ereignis `TextChanged` einer TextBox wird bei jeder Änderung des Inhalts ausgelöst. Beide `TextChanged`-Ereignisse werden der Methode `TxtEingabe_TextChanged()` zugeordnet.

Innerhalb dieser Methode wird der Inhalt beider TextBoxen geprüft. Sind beide gefüllt, werden die Eigenschaft `Enabled` des ersten Buttons und die Eigenschaft `Visible` des zweiten Buttons auf `true` gesetzt, siehe Abbildung 4.5. Ist eine der beiden TextBoxen leer, wird der Vorgang wieder rückgängig gemacht.

Der Methode `CmdAnzeigen_Click()` werden die `Click`-Ereignisse beider Buttons zugeordnet.

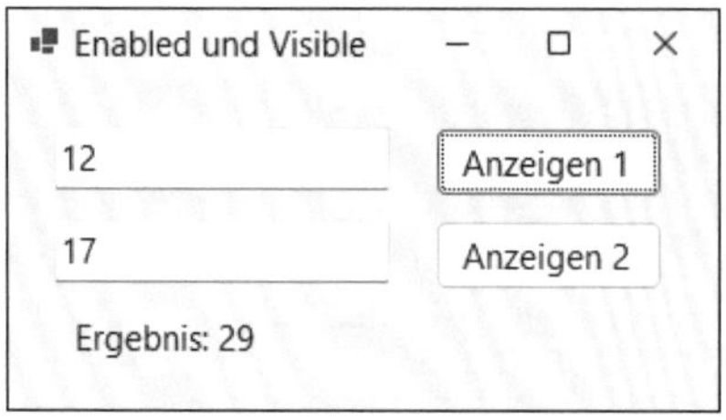

Abbildung 4.5 Berechnung möglich

Übung »UEnabled«

Erstellen Sie im Projekt *UEnabled* eine Anwendung mit einem deaktivierten Button sowie einer ListBox, die mit einigen Elementen gefüllt ist (siehe Abbildung 4.6). Der Button soll nur aktiviert sein, falls ein Element markiert ist (siehe Abbildung 4.7).

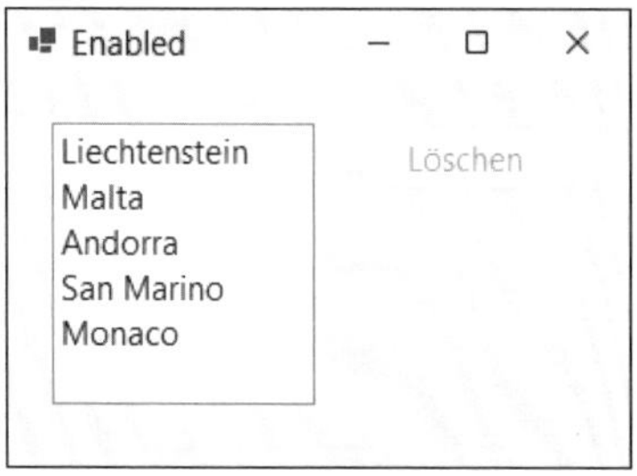

Abbildung 4.6 Übung »UEnabled«, vor der Auswahl eines Eintrags

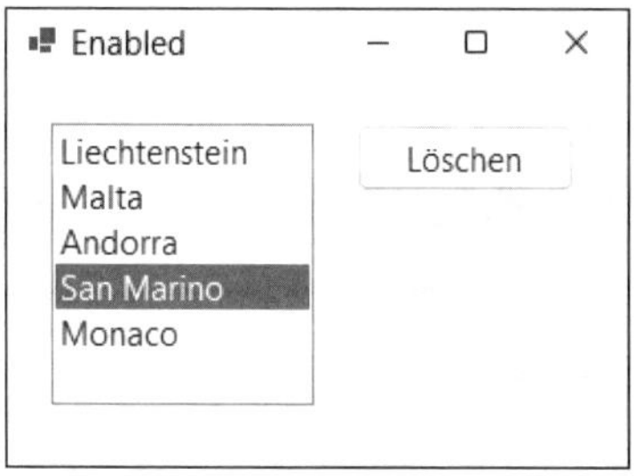

Abbildung 4.7 Übung »UEnabled«, nach der Auswahl eines Eintrags

Sobald der Benutzer den Button drückt, wird das aktuell markierte Element aus der ListBox gelöscht. Ist die ListBox leer oder ist darin kein Element markiert, soll der Button deaktiviert sein.

4.2 Bedienung per Tastatur

In manchen Situationen kann ein Windows-Programm schneller per Tastatur als per Maus bedient werden. Die Benutzerin muss in diesem Fall nicht immer zwischen Maus und Tastatur hin- und herwechseln.

4.2.1 Eigenschaften »TabIndex« und »TabStop«

Bei der Bedienung eines Windows-Programms mit der Tastatur ist die Aktivierungsreihenfolge wichtig. Das ist die Reihenfolge, in der Sie mit der [Tab]-Taste von einem Steuerelement zum nächsten Steuerelement gelangen.

Die Eigenschaft `TabIndex` legt die Position eines Elements in der Aktivierungsreihenfolge fest, um das aktivierte Steuerelement unmittelbar über die Tastatur ansprechen zu können. Ein Button kann danach zum Beispiel direkt durch die Taste [Enter] betätigt werden; in eine TextBox kann unmittelbar eingegeben werden, ohne dass man sie vorher anklicken muss. Den aktiven Button erkennen Sie am gestrichelten Rahmen, die aktive TextBox am blinkenden Cursor.

Beim Einfügen in ein neues Formular erhalten die insgesamt n Steuerelemente zunächst automatisch die Nummern 0 bis n–1 für die Eigenschaft `TabIndex`. Die Entwickler können die Eigenschaft `TabIndex` für Steuerelemente auf andere Werte setzen und damit die Aktivierungsreihenfolge ändern.

Die Eigenschaft `TabStop` legt fest, ob ein Steuerelement überhaupt in die Aktivierungsreihenfolge eingebunden wird. Setzen Sie den Wert dieser Eigenschaft auf `false`, wird das betreffende Steuerelement beim Betätigen der [Tab]-Taste übersprungen. Setzen Sie den Wert stattdessen auf `true`, nimmt es wieder seine ursprüngliche Position in der Aktivierungsreihenfolge ein.

Das nachfolgende Beispiel im Projekt *ErweiterungBedienung* enthält vier TextBoxen. Die Eigenschaften werden vom Entwickler eingestellt so wie in Tabelle 4.1 vorgegeben.

Name	TabIndex	TabStop
`TxtEingabe1`	0	`true`
`TxtEingabe2`	3	`true`
`TxtEingabe3`	1	`false`
`TxtEingabe4`	2	`true`

Tabelle 4.1 Eigenschaften »TabIndex« und »TabStop«

Drückt die Benutzerin die [Tab]-Taste, werden der Reihe nach aktiviert: TxtEingabe1, TxtEingabe4, TxtEingabe2. Sind keine weiteren Elemente vorhanden, beginnt die Reihenfolge wieder bei TxtEingabe1. Das Element TxtEingabe3 wird nie per [Tab]-Taste erreicht, kann jedoch mit der Maus angewählt werden.

4.2.2 Tastenkombination für Steuerelemente

Bei einem Steuerelement kann in der Eigenschaft Text vor einem beliebigen Buchstaben das Zeichen & gesetzt werden. Der Buchstabe, der diesem Zeichen folgt, wird unterstrichen. Durch Betätigung der [Alt]-Taste werden die anwählbaren Buchstaben sichtbar. Durch das Halten der [Alt]-Taste und die Eingabe eines Buchstabens wird das Click-Ereignis des zugehörigen Steuerelements ausgeführt.

Sie sollten vermeiden, dass auf einem Formular mehrere Steuerelemente den gleichen Auswahlbuchstaben haben. Sollte das dennoch der Fall sein, werden sie in der Aktivierungsreihenfolge ausgewählt.

Im Projekt *ErweiterungBedienung* kommen einige Steuerelemente hinzu, die die Starteigenschaften aus Tabelle 4.2 haben. In Abbildung 4.8 sehen Sie den Zustand der Benutzeroberfläche nach Drücken der Taste [Alt].

Typ	Name	Checked	Text	Tastenkombination
Button	CmdBestellen		&Bestellen	[Alt]+[B]
RadioButton	OptBerlin	true	Berl&in	[Alt]+[I]
RadioButton	OptParis	false	&Paris	[Alt]+[P]
RadioButton	OptPrag	false	P&rag	[Alt]+[R]
CheckBox	ChkMietwagen	false	Miet&wagen	[Alt]+[W]

Tabelle 4.2 Beschriftung und Tastenkombination

Nachfolgend die Ereignismethode zum Click-Ereignis des Buttons:

```
private void CmdBestellen_Click(...)
{
    LblAnzeige.Text = "Button betätigt";
}
```

Listing 4.3 Projekt »ErweiterungBedienung«

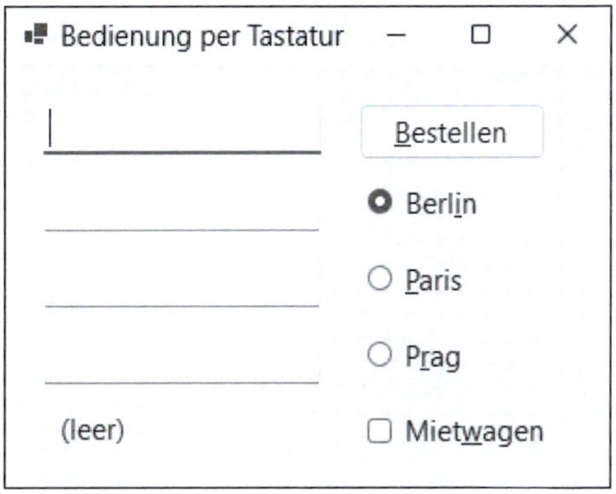

Abbildung 4.8 Nach Betätigung der Taste »Alt«

4.3 Ereignisgesteuerte Programmierung

In diesem Abschnitt wird das Verständnis für die ereignisgesteuerte Programmierung weiter vertieft. In Windows-Programmen löst der Benutzer Ereignisse aus, die der Entwickler mit Ereignismethoden besetzt hat. In diesen Ereignismethoden wird der Programmcode zum jeweiligen Ereignis ausgeführt.

4.3.1 Eine Ereigniskette

Ereignisse können nicht nur von den Benutzern, sondern auch per Programmcode ausgelöst werden, und zwar, indem die Ereignismethode mit ihrem Namen aufgerufen wird. Damit wird die Tätigkeit des Benutzers simuliert. Auf diese Weise können die Folgen mehrerer Ereignisse zusammengefasst werden, die aber nach wie vor auch einzeln ausgelöst werden können.

Das Programm im nachfolgenden Projekt *ErweiterungEreigniskette* enthält einige Buttons und Labels. Bei Betätigung des Buttons Ereignis 1 erscheint ein Text im ersten Label, bei Betätigung des Buttons Ereignis 2 hingegen im zweiten Label. Bei Betätigung des Buttons Ereignis 1+2 soll beides gleichzeitig passieren (siehe Abbildung 4.9). Ein weiterer Button soll zum Löschen der Label-Inhalte führen.

Der zugehörige Programmcode lautet:

```
private void CmdEreignis1_Click(object sender, EventArgs e)
{
```

```
    LblAnzeige1.Text = "Eins";
}

private void CmdEreignis2_Click(object sender, EventArgs e)
{
    LblAnzeige2.Text = "Zwei";
}

private void CmdEreignis3_Click(object sender, EventArgs e)
{
    CmdEreignis1_Click(sender, e);
    CmdEreignis2_Click(sender, e);
}

private void CmdLoeschen_Click(...)
{
    LblAnzeige1.Text = "";
    LblAnzeige2.Text = "";
}
```

Listing 4.4 Projekt »ErweiterungEreigniskette«

Abbildung 4.9 Zwei Ereignisse gleichzeitig auslösen

In der Methode CmdEreignis3_Click() werden die beiden Methoden CmdEreignis1_Click() und CmdEreignis2_Click() per Programmcode aufgerufen. Die notwendigen Parameter sender und e werden dabei weitergegeben. In beiden Labels wird anschließend Text angezeigt.

4.3.2 Endlose Ereignisketten

Durch Aufrufen von Ereignismethoden können Sie allerdings auch (unbeabsichtigt) endlose Ereignisketten auslösen. Dabei stapeln sich die Methodenaufrufe, und das Programm liefert keine Rückmeldung mehr an den Benutzer. Solche endlosen Ereignisketten sollten Sie vermeiden. Nachfolgend erhalten Sie dazu zwei kurze Beispiele im Projekt *ErweiterungEndlos*.

Im ersten Beispiel rufen sich zwei Buttons gegenseitig auf:

```
public partial class Form1 : Form
{
    ...
    private int x = 0;

    private void CmdEreignis1_Click(object sender, EventArgs e)
    {
        CmdEreignis2_Click(sender, e);
    }

    private void CmdEreignis2_Click(object sender, EventArgs e)
    {
        x++;
        if (x < 1000)
            CmdEreignis1_Click(sender, e);
        else
        {
            LblAnzeige.Text = $"Aufruf der Methode für Button: {x}";
            x = 0;
        }
    }
}
```

Listing 4.5 Projekt »ErweiterungEndlos«, mit Button

Die Betätigung eines der Buttons *simuliert* die Betätigung des jeweils anderen Buttons. In der Ereignismethode des zweiten Buttons steht eine Verzweigung, die zu einer Begrenzung der Anzahl der Methodenaufrufe führt. Ohne diese Verzweigung würde das Programm endlos laufen – ohne weitere Rückmeldung an den Benutzer.

In Abbildung 4.10 sehen Sie die Ausgabe des Programms nach der Betätigung eines Buttons.

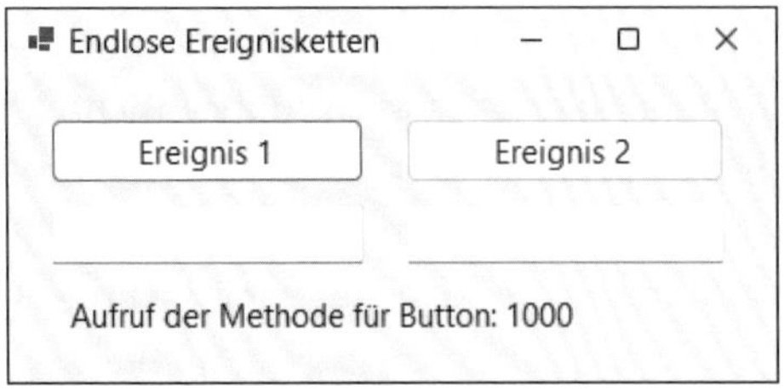

Abbildung 4.10 Buttons rufen sich gegenseitig auf

Im zweiten Beispiel im Projekt *ErweiterungEndlos* ändern sich zwei TextBoxen gegenseitig:

```
public partial class Form1 : Form
{
    ...
    private int x;

    private void TxtEingabe1_TextChanged(object sender, EventArgs e)
    {
        TxtEingabe2_TextChanged(sender, e);
    }

    private void TxtEingabe2_TextChanged(object sender, EventArgs e)
    {
        x++;
        if (x < 1000)
            TxtEingabe1_TextChanged(sender, e);
        else
        {
            LblAnzeige.Text = $"Aufruf der Methode für TextBox: {x}";
            x = 0;
        }
    }
}
```

Listing 4.6 Projekt »ErweiterungEndlos«, mit TextBox

Die Eingabe in eine der beiden TextBoxen *simuliert* die Änderung des Inhalts der jeweils anderen TextBox. Das *simuliert* wiederum die Änderung des Inhalts der ersten TextBox usw. Wiederum sorgt eine Verzweigung dafür, dass das Programm nicht endlos läuft.

4.3.3 TextBoxen koppeln

Eine nützliche Simulation eines Ereignisses ist dagegen das Kopieren des Inhalts einer TextBox in eine andere TextBox während der Eingabe.

Sie können dieses Verhalten beobachten, wenn Sie in Visual Studio ein neues Projekt anlegen. Im Dialogfeld NEUES PROJEKT KONFIGURIEREN ist die TextBox NAME DER PROJEKTMAPPE zunächst an die TextBox PROJEKTNAME gekoppelt: Geben Sie in der TextBox PROJEKTNAME etwas ein, wird der eingegebene Text parallel in die andere TextBox übernommen. Dieses Verhalten ändert sich allerdings, sobald Sie den Cursor in die zweite vorhandene TextBox NAME DER PROJEKTMAPPE setzen: Nun sind die beiden TextBoxen wieder entkoppelt.

Das beschriebene Verhalten soll mithilfe des folgenden Programms im Projekt *ErweiterungKoppeln* vorgeführt werden:

```
public partial class Form1 : Form
{
    ...
    private bool kopplung = true;
    private void Form1_Activated(...)
    {
        TxtProjektname.Focus();
        TxtProjektname.SelectAll();
    }
    private void TxtProjektname_TextChanged(...)
    {
        if (kopplung)
            TxtMappenname.Text = TxtProjektname.Text;
    }
    private void TxtMappenname_Click(...)
    {
        kopplung = false;
    }
}
```

Listing 4.7 Projekt »ErweiterungKoppeln«

Die Objekteigenschaft `kopplung` des Typs `bool` repräsentiert den Zustand der Kopplung. Zu Beginn sind die beiden TextBoxen gekoppelt (siehe Abbildung 4.11), daher steht `kopplung` auf `true`.

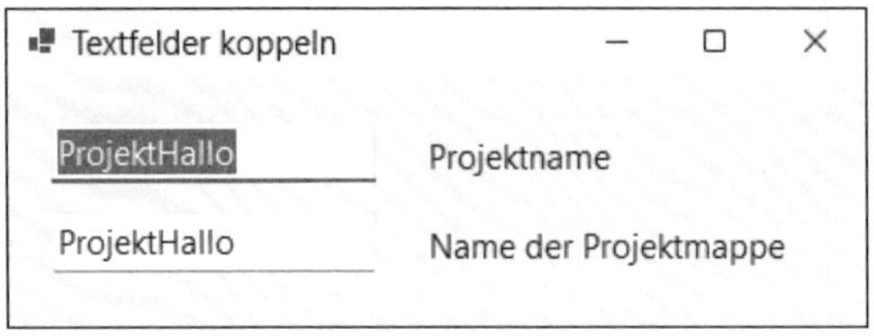

Abbildung 4.11 Gekoppelte TextBoxen

Mithilfe der Methode `Focus()` wird der Cursor in die TextBox gesetzt, und mithilfe der Methode `SelectAll()` wird der gesamte voreingetragene Inhalt der TextBox markiert. Dadurch erreichen Sie, dass der Inhalt durch eine Eingabe der Benutzerin unmittelbar überschrieben werden kann.

Ändert sich der Inhalt der TextBox PROJEKTNAME, wird in der Ereignismethode `TxtProjektname_TextChanged()` geprüft, ob die beiden TextBoxen noch gekoppelt sind. Ist das der Fall, wird der Inhalt unmittelbar in die TextBox NAME DER PROJEKTMAPPE kopiert.

Klickt die Benutzerin in die TextBox NAME DER PROJEKTMAPPE, wird die Kopplung gelöst (siehe Abbildung 4.12). Die Variable `kopplung` wird auf `false` gestellt.

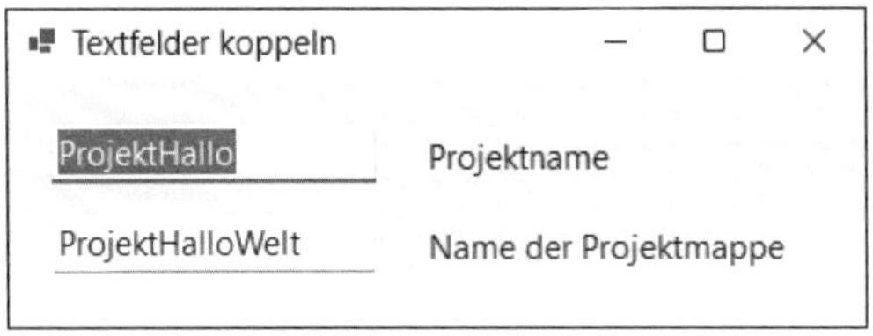

Abbildung 4.12 Entkoppelte TextBoxen

4.3.4 Tastatur und Maus

Im Projekt *ErweiterungTastaturMaus* werden Ereignisse und Informationen erläutert, die bei der Eingabe mithilfe von Tastatur und Maus zur Verfügung gestellt werden. Das Projekt enthält eine TextBox und ein Panel mit einem sichtbaren Rahmen (siehe Abbildung 4.13). In der TextBox wurde die Taste [A] betätigt, im Panel wurde die rechte Maustaste in der Nähe der linken oberen Ecke gedrückt.

Es folgt der Code:

```
private void TxtEingabe_KeyDown(object sender, KeyEventArgs e)
{
    LblEingabe.Text = $"Code:{e.KeyCode}, " +
        $"Value:{e.KeyValue}, Alt:{e.Alt}, " +
        $"Control:{e.Control}, Shift:{e.Shift}";
```

```
    if (e.KeyCode == Keys.Return)
        LblEingabe.Text += ", Return";
    else if (e.KeyCode == Keys.Delete)
        LblEingabe.Text += ", Delete";
}
private void PanMaus_MouseDown(object sender, MouseEventArgs e)
{
    LblMaus.Text = $"X:{e.X}, Y:{e.Y}, " +
        $"Button:{e.Button}, Clicks:{e.Clicks}";
}
```

Listing 4.8 Projekt »ErweiterungTastaturMaus«

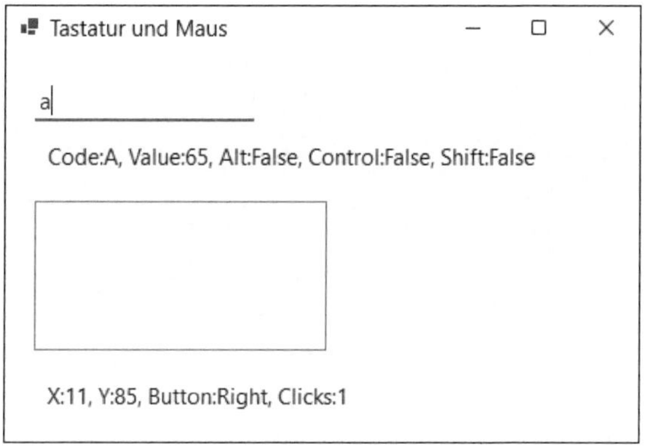

Abbildung 4.13 Informationen zu Tastatur und Maus

Das Ereignis KeyDown tritt ein, wenn Sie die TextBox editieren und dabei eine Taste drücken. Es gibt auch das Ereignis KeyUp, das eintritt, wenn Sie eine Taste wieder loslassen. Der zweite Parameter der KeyDown-Methode (und auch der KeyUp-Methode) liefert einen Verweis auf ein Ereignisobjekt der Klasse KeyEventArgs. Das Objekt enthält Informationen über die betätigte Taste.

Die Eigenschaften KeyCode und KeyValue des Objekts geben den Namen und den Zahlenwert der Taste an. Die Eigenschaften Alt, Control und Shift liefern die boolesche Information, ob gleichzeitig die Tasten [Alt], [Strg] oder [⇧] betätigt wurden.

Die Werte der Eigenschaft KeyCode stammen aus der Enumeration Keys. Sie können durch einen Vergleich mit einem der Elemente der Enumeration prüfen, ob eine bestimmte Taste gedrückt wurde. Das ist zum Beispiel nützlich, wenn Sie während der Eingabe in einer TextBox feststellen möchten, ob die Taste [↵] gedrückt wurde.

Das Ereignis `MouseDown` tritt ein, wenn Sie eine der Maustasten innerhalb des betreffenden Steuerelements drücken. Es gibt auch das Ereignis `MouseUp`, das eintritt, wenn Sie eine Maustaste wieder loslassen. Der zweite Parameter der `MouseDown`-Methode (und auch der `MouseUp`-Methode) liefert einen Verweis auf ein Ereignisobjekt der Klasse `MouseEventArgs`. Das Objekt enthält Informationen über die Mausaktion.

Die Eigenschaften `X` und `Y` des Objekts liefern die Koordinaten des Punkts innerhalb des Steuerelements, an dem die Maustaste gedrückt wurde. Wie üblich befindet sich links oben der Punkt mit den Koordinaten `X=0` und `Y=0`. Die Eigenschaft `Button` gibt an, ob die linke, die mittlere oder die rechte Maustaste betätigt wurde. Mithilfe der Eigenschaft `Clicks` können Sie zwischen einem einfachen und einem doppelten Klick unterscheiden.

4.4 Datenfelder

In Datenfeldern (oder kurz: Feldern) können größere Mengen zusammengehöriger Daten desselben Datentyps gespeichert werden. Datenfelder können ein- oder mehrdimensional sein. Im Zusammenhang mit Datenfeldern werden häufig Schleifen eingesetzt. Diese ermöglichen es, auf alle Elemente eines Datenfelds zuzugreifen.

4.4.1 Eindimensionale Datenfelder

Im nachfolgenden Beispiel im Projekt *DatenfeldEindimensional* werden sieben ganzzahlige Temperatur-Messwerte in einem Datenfeld des Typs `int` gespeichert und in einer ListBox ausgegeben. Die Messwerte werden hier mithilfe eines Zufallsgenerators erzeugt. Eine mögliche Ausgabe sehen Sie in Abbildung 4.14.

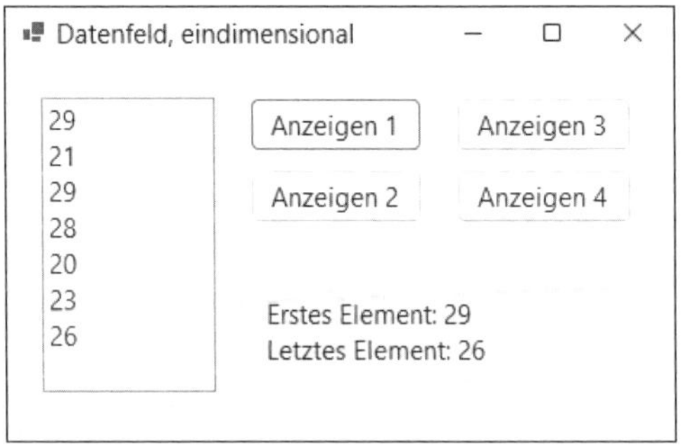

Abbildung 4.14 Eindimensionales Feld

Der Programmcode:

```
public partial class Form1 : Form
{
    ...
    private readonly Random r = new();
    private void CmdAnzeigen1_Click(...)
    {
        int[] a;
        a = new int[7];

        LstFeld.Items.Clear();
        for (int i = 0; i < a.Length; i++)
        {
            a[i] = r.Next(20, 31);
            LstFeld.Items.Add(a[i]);
        }

        LblAnzeige.Text = $"Erstes Element: {a[0]}\n";
        LblAnzeige.Text += $"Letztes Element: {a[^1]}";
    }
}
```

Listing 4.9 Projekt »DatenfeldEindimensional«, Feld erzeugen

Mithilfe der rechteckigen Klammern wird festgelegt, dass es sich bei der Variablen a nicht um eine int-Variable handelt, sondern um einen Verweis auf ein eindimensionales Feld des Typs int. Es können Felder aller bereits genannten Datentypen deklariert werden.

Die Anweisung a = new int[7] erzeugt ein Objekt, genauer gesagt ein eindimensionales Feld mit sieben Elementen, und macht dieses Feld über den Verweis a zugreifbar. Jedes einzelne Element des Felds entspricht einer einzelnen int-Variablen.

Die Elemente werden durch eine laufende Nummer, den sogenannten *Index*, voneinander unterschieden. Der Index beginnt bei 0. Das erste Element des Felds hat die Bezeichnung a[0], das nächste a[1] usw. bis hin zu a[6].

Mithilfe des Operators ^ können Sie auch vom Ende des Felds aus auf die Elemente zugreifen. Das letzte Element des Felds hat die Bezeichnung a[^1], das vorletzte a[^2] usw.

Die ListBox wird zunächst gelöscht. Das ist sinnvoll für den Fall, dass Benutzer den Button mehrmals nacheinander betätigen.

Mithilfe einer for-Schleife wird jedem Element des Felds ein zufälliger Wert zugewiesen. Die Eigenschaft Length dient zur Steuerung der for-Schleife. Sie enthält die Größe, also die Anzahl der Elemente des Felds. Innerhalb der Schleife wird das aktuelle Element mit a[i] angesprochen, da die Schleifenvariable i nacheinander die Werte von 0 bis 6 durchläuft, die als Index benötigt werden.

Die Zahlen werden der ListBox hinzugefügt, sodass nach dem Ablauf der Ereignismethode alle Elemente des Felds in der ListBox angezeigt werden.

Hinweis

Ein ganz typischer Laufzeitfehler im Zusammenhang mit Feldern ist die Benutzung eines Index, der außerhalb des Felds liegt. In diesem Fall folgt eine Ausnahme des Typs IndexOutOfRangeException.

4.4.2 Bereiche

Sind bei der Deklaration eines Felds die Werte aller Elemente bekannt, kann das Feld mithilfe eines *Sammlungsausdrucks* (engl. *collection expression*) initialisiert werden. Ein solcher Ausdruck wird mit einem Paar von rechteckigen Klammern [] gebildet. Er kann unterschiedlichen Typen von Sammlungen zugewiesen werden. Aus der Anzahl der Elemente ergibt sich die Größe der Sammlung.

Mithilfe der Zeichenfolge .. haben Sie Zugriff auf Teilbereiche eines Felds, die wiederum Datenfelder desselben Datentyps darstellen. Es folgen einige Beispiele, ebenfalls im Projekt *DatenfeldEindimensional*.

Der (teilweise auskommentierte) Programmcode lautet wie folgt:

```
private void CmdAnzeigen2_Click(...)
{
    int[] a = [ 12, -5, 17, 8, 33, 4, -9 ];
    LstFeld.Items.Clear();
    for (int i = 0; i < a.Length; i++)
        LstFeld.Items.Add(a[i]);

    int[] bereich = a[1..5];
    // int[] bereich = a[^5..^1];
    // int[] bereich = a[..^2];
    // int[] bereich = a[2..];
    // int[] bereich = a[..];
    LblAnzeige.Text = "";
```

```
    for (int i = 0; i < bereich.Length; i++)
        LblAnzeige.Text += $"{bereich[i]} ";
}
```

Listing 4.10 Projekt »DatenfeldEindimensional«, Bereiche

Ein Index vor der Zeichenfolge `..` kennzeichnet den Beginn des Bereichs. Fehlt er, beginnt der Bereich am Anfang des Felds. Ein Index nach der Zeichenfolge `..` kennzeichnet das erste Element, das sich nicht mehr im Bereich befindet. Fehlt er, endet der Bereich am Ende des Felds.

Die Bereiche im Beispiel erstrecken sich wie folgt:

- `a[1..5]`: vom zweiten bis zum fünften Element
- `a[^5..^1]`: vom fünftletzten bis zum vorletzten Element
- `a[..^2]`: vom ersten bis zum drittletzten Element
- `a[2..]`: vom dritten bis zum letzten Element
- `a[..]`: vom ersten bis zum letzten Element

Die Ausgabe des Programms sehen Sie in Abbildung 4.15.

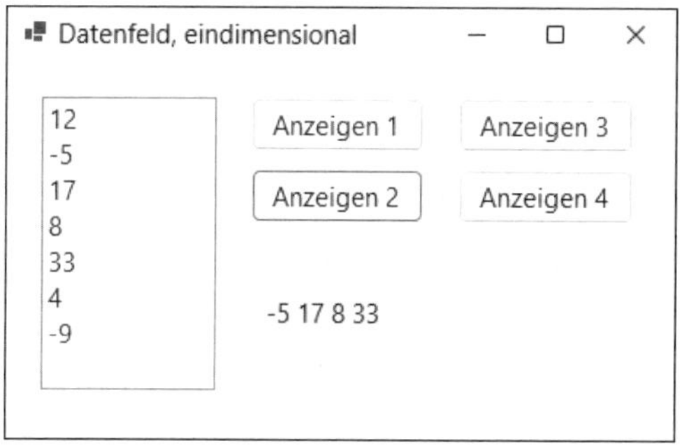

Abbildung 4.15 Bereiche

4.4.3 Datenfelder durchsuchen

Im folgenden Beispiel geht es um eine typische Operation mit einem Feld: Sie möchten den größten und den kleinsten Wert eines Felds ermitteln. Zudem möchten Sie wissen, an welcher Position dieses Maximum beziehungsweise Minimum erstmals im Feld vorkommt. Das soll mithilfe des nachfolgenden Programms (auch im Projekt *DatenfeldEindimensional*) ermittelt werden (siehe Abbildung 4.16).

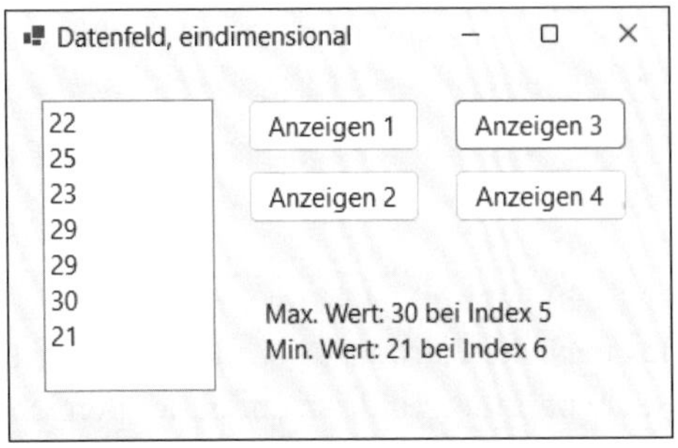

Abbildung 4.16 Maximum und Minimum

Der Programmcode lautet wie folgt:

```
private void CmdAnzeigen3_Click(...)
{
    int[] a = new int[7];
    LstFeld.Items.Clear();
    for (int i = 0; i < a.Length; i++)
    {
        a[i] = r.Next(20, 31);
        LstFeld.Items.Add(a[i]);
    }

    int MaxWert = a[0];
    int MinWert = a[0];
    int MaxWertIndex = 0;
    int MinWertIndex = 0;

    for (int i = 1; i < a.Length; i++)
    {
        if (a[i] > MaxWert)
        {
            MaxWert = a[i];
            MaxWertIndex = i;
        }

        if (a[i] < MinWert)
        {
            MinWert = a[i];
            MinWertIndex = i;
        }
```

```
    }

    LblAnzeige.Text =
        $"Max. Wert: {MaxWert} bei Index {MaxWertIndex}\n" +
        $"Min. Wert: {MinWert} bei Index {MinWertIndex}";
}
```

Listing 4.11 Projekt »DatenfeldEindimensional«, Maximum, Minimum

Das Datenfeld wird wie im ersten Beispiel mit zufälligen Werten gefüllt und in der ListBox dargestellt. Es sind insgesamt vier Variablen vorgesehen, die den größten und den kleinsten Wert sowie deren Feldindizes speichern sollen.

Der Wert des ersten Feldelements wird als größtes und als kleinstes Element vorbesetzt. Der Index des ersten Feldelements wird als Index des größten Elements und als Index des kleinsten Elements vorbesetzt.

Anschließend wird das restliche Feld (ab Index 1) untersucht. Ist eines der Elemente größer als das bisherige Maximum, haben wir ein neues Maximum. Wert und Index des neuen Maximums werden gespeichert. Dieselbe Operation wird analog für das Minimum durchgeführt.

4.4.4 Weitere Methoden

C# stellt mithilfe der Klasse `Array` weitere Methoden für Datenfelder zur Verfügung. Diese werden zum Teil als Objektmethoden über den Feldnamen aufgerufen, zum Teil als statische Klassenmethoden über den Klassennamen.

Im folgenden Programm, ebenfalls im Projekt *DatenfeldEindimensional*, wird ein Feld geklont. Anschließend wird es sortiert und nach einem bestimmten Wert durchsucht (siehe Abbildung 4.17).

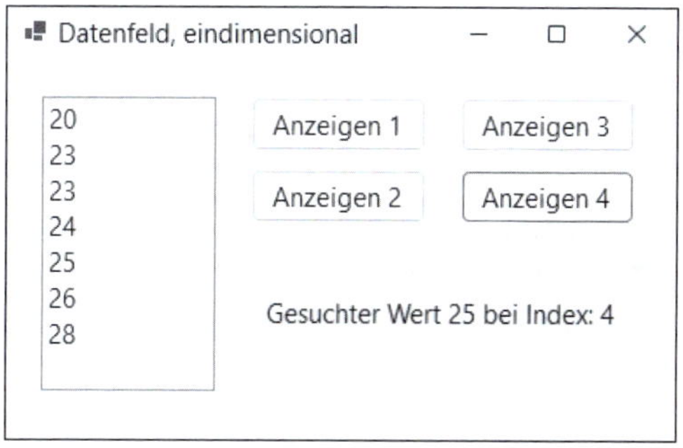

Abbildung 4.17 Wert gesucht und gefunden

Der Programmcode:

```
private void CmdAnzeigen4_Click(...)
{
    int[] a = new int[7];
    for (int i = 0; i < a.Length; i++)
        a[i] = r.Next(20, 31);

    int[] b = (int[])a.Clone();
    Array.Sort(b);
    LstFeld.Items.Clear();
    for (int i = 0; i < b.Length; i++)
        LstFeld.Items.Add(b[i]);

    int SuchIndex = Array.IndexOf(b, 25);
    LblAnzeige.Text = "Gesuchter Wert 25 bei Index: " + SuchIndex;
}
```

Listing 4.12 Projekt »DatenfeldEindimensional«, Methoden

Es wird die Variable `b` deklariert, die als Verweis auf ein eindimensionales `int`-Feld dienen kann.

Die Methode `Clone()` dient zum Kopieren eines gesamten Felds. Sie liefert zunächst einen Verweis auf ein Objekt der allgemeinen Klasse `object`. Dieser Verweis wird mithilfe des Casts (`int[]`) in einen Verweis auf ein eindimensionales Feld des Typs `int` umgewandelt. Anschließend stehen im Feld `b` die gleichen Werte wie im Feld `a` zur Verfügung.

Die statische Methode `Sort()` der Klasse `Array` wird zur aufsteigenden Sortierung des Felds `b` genutzt. Die Elemente des sortierten Felds werden ausgegeben.

Die statische Methode `IndexOf()` der Klasse `Array` liefert zu einem Suchwert (hier: 25) den ersten Index im Suchfeld `b`. Das ist die Position, an der der gesuchte Wert erstmals im Feld gefunden wird. Existiert der Wert nicht, wird `-1` zurückgegeben.

Hinweis

Die einfache Zuweisung `b = a` dient nicht zum Kopieren des Datenfelds `a`. Da es sich bei Datenfeldern um Objekte handelt, würde damit nur ein zweiter Verweis auf das Objekt, also das Datenfeld `a`, zur Verfügung gestellt werden.

Mehr zu statischen Elementen einer Klasse finden Sie in Abschnitt 5.9.

4.4.5 Mehrdimensionale Datenfelder

Haben Sie nicht nur sieben Temperaturwerte, die Sie speichern möchten, sondern werden die Temperaturwerte darüber hinaus an drei verschiedenen Orten aufgenommen, bietet sich ein zweidimensionales Feld an. Die Elemente eines solchen Felds werden über zwei Indizes angesprochen. Der erste Index steht für die laufende Nummer der Messung, der zweite für den Ort, an dem die Messung durchgeführt wird.

Das nachfolgende Programm im Projekt *DatenfeldMehrdimensional*, bei dem die Werte eines Orts jeweils in einer eigenen ListBox angezeigt werden, veranschaulicht das (siehe Abbildung 4.18).

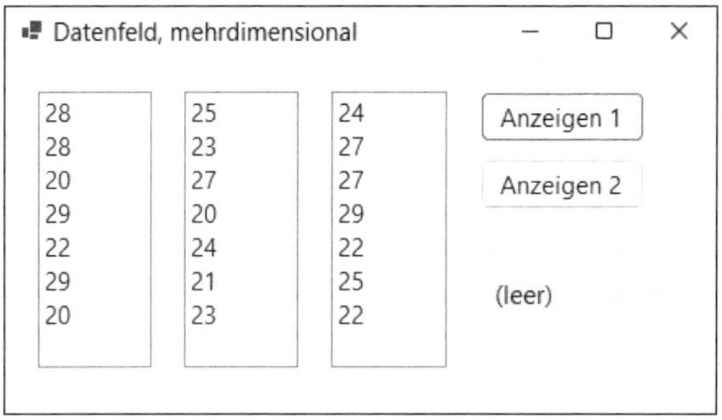

Abbildung 4.18 Zweidimensionales Feld

Hier der Programmcode:

```
public partial class Form1 : Form
{
    ...
    private readonly Random r = new();
    private void CmdAnzeigen1_Click(...)
    {
        int[,] a = new int[7, 3];
        LstSpalte0.Items.Clear();
        LstSpalte1.Items.Clear();
        LstSpalte2.Items.Clear();

        for (int i = 0; i <= a.GetUpperBound(0); i++)
        {
            for (int k = 0; k <= a.GetUpperBound(1); k++)
                a[i, k] = r.Next(20, 31);
            LstSpalte0.Items.Add(a[i, 0]);
```

```
            LstSpalte1.Items.Add(a[i, 1]);
            LstSpalte2.Items.Add(a[i, 2]);
        }
    }
}
```

Listing 4.13 Projekt »DatenfeldMehrdimensional«, Feld erzeugen

Mit `int[,] a` wird `a` zu einem Verweis auf ein zweidimensionales Feld des Typs `int`. Der Ausdruck `new int[7,3]` erzeugt ein neues zweidimensionales Feld mit sieben mal drei Elementen und liefert einen Verweis auf dieses Feld. Der Index beginnt in jeder Dimension bei 0. Die Eigenschaft `Length` des Felds liefert den Wert 21 für die Anzahl der Elemente.

Die drei ListBoxen werden zunächst gelöscht. Das ist sinnvoll für den Fall, dass Benutzer den Button mehrmals hintereinander betätigen.

Es folgen zwei geschachtelte `for`-Schleifen. Geschachtelte Schleifen bestehen aus einer äußeren und einer inneren Schleife. Die äußere Schleife arbeitet hier mit der Schleifenvariablen `i`, die von 0 bis 6 läuft. Die innere Schleife arbeitet hier hingegen mit der Schleifenvariablen `k`, die von 0 bis 2 läuft.

Die obere Grenze für den Index einer Felddimension lässt sich über die Methode `GetUpperBound()` ermitteln. Geben Sie als Parameter den Wert 0 an, wird die obere Grenze für die erste Dimension ermittelt, hier 6. Der Wert 1 führt zur Angabe der oberen Grenze für die zweite Dimension, hier 2.

Die geschachtelte Schleife hat folgenden Ablauf: `i` erhält zunächst den Wert 0, `k` durchläuft die Werte 0 bis 2, worauf `i` den Wert 1 erhält und `k` wieder die Werte von 0 bis 2 usw. Auf diese Weise werden alle 21 Elemente des zweidimensionalen Felds erreicht. Das jeweils aktuelle Element `a[i, k]` erhält seinen Wert wieder über den Zufallsgenerator.

Anschließend werden die drei neuen Werte ihrer jeweiligen ListBox mit `Items.Add()` hinzugefügt. Das Feld wird auf diese Weise vollständig gefüllt und angezeigt.

4.4.6 Indizes ermitteln

Wählt der Benutzer eines der Feldelemente per Mausklick an, werden dessen Indizes in einem Label angezeigt (siehe Abbildung 4.19). Zur Anzeige dient die folgende Methode (ebenfalls im Projekt *DatenfeldMehrdimensional*):

```
private void LstSpalte_Click(object sender, EventArgs e)
{
    ListBox lst = (ListBox)sender;
    LblAnzeige.Text = $"Indizes: {lst.SelectedIndex}, " +
        (lst == LstSpalte0 ? 0 : lst == LstSpalte1 ? 1 : 2);
}
```

Listing 4.14 Projekt »DatenfeldMehrdimensional«, Indizes anzeigen

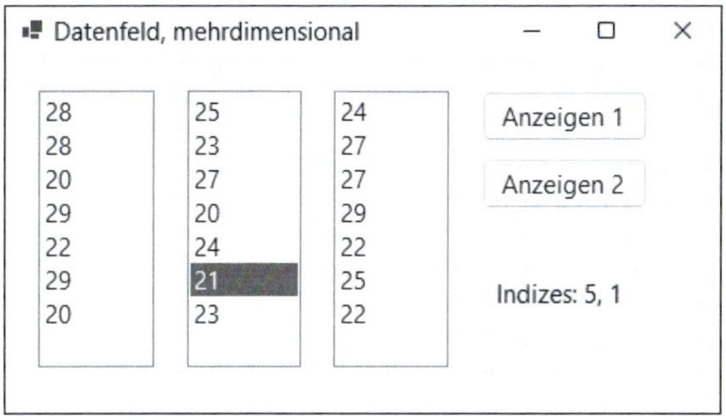

Abbildung 4.19 Indizes des ausgewählten Elements

Zunächst wird der Verweis auf das sendende Objekt mithilfe des Casts (`ListBox`) in einen Verweis auf eine ListBox umgewandelt. Ansonsten hätten wir keinen Zugriff auf die Eigenschaft `SelectedIndex`.

Der Index des markierten Elements innerhalb der ListBox und der Index der betreffenden ListBox (0, 1 oder 2) werden im Label angezeigt.

Letztgenannter wird mithilfe eines bedingten Ausdrucks ermittelt:

- Mithilfe des Vergleichsoperators `==` wird der Verweis auf den Sender des Ereignisses mit dem Verweis auf die erste ListBox verglichen. Es wird also festgestellt, ob das Ereignis von der ersten ListBox ausgelöst wurde.
- Ist das nicht der Fall, wird festgestellt, ob das Ereignis von der zweiten ListBox ausgelöst wurde.
- Ist das ebenfalls nichtzutreffend, wurde das Ereignis von der dritten ListBox ausgelöst.

Mehr zum Vergleich von Objektverweisen finden Sie in Abschnitt 5.7.

4.4.7 Mehr als zwei Dimensionen

Haben Sie nicht nur sieben Messungen an drei Orten, sondern beispielsweise auch noch Messungen an 31 Tagen, benötigen Sie eine dritte Dimension. Die Deklaration sähe in diesem Fall wie folgt aus: `int[ , , ] a = new int[7, 3, 31]`. Es ergeben sich also 7 × 3 × 31 Elemente. `Length` liefert den Wert 651.

Dieses Beispiel lässt sich erweitern: Wie bisher haben wir sieben Messungen an drei Orten an 31 Tagen. Nun werden aber jeweils nicht mehr nur die Temperatur, sondern auch die Windrichtung, die Windgeschwindigkeit und die Luftfeuchtigkeit gemessen. Dazu benötigen Sie jetzt ein entsprechend vierdimensionales Feld, das wie folgt deklariert wird: `double[ , , , ] b = new double[7, 3, 31, 4]`. In diesem Falle liefert `Length` den Wert 2604.

Datenfelder bieten weitgehende Möglichkeiten zur Speicherung und Verarbeitung großer Datenmengen. Der Begriff *Speicherung* wird hier auf die Speicherung während der Verarbeitung bezogen. Für eine dauerhafte Speicherung auf der Festplatte benötigen Sie Textdateien (siehe Abschnitt 6.3) oder besser noch Datenbanken (siehe).

Übung »UDatenfeldEindimensional«

Schreiben Sie ein Programm im Projekt *UDatenfeldEindimensional*, in dem ein eindimensionales Feld mit zehn `int`-Werten erstellt wird. Das Feld soll mithilfe eines Zufallsgenerators vollständig gefüllt und anschließend in einer ListBox ausgegeben werden. Zudem sollen alle Positionen des kleinsten Werts im Feld ermittelt und ausgegeben werden so wie in Abbildung 4.20 dargestellt.

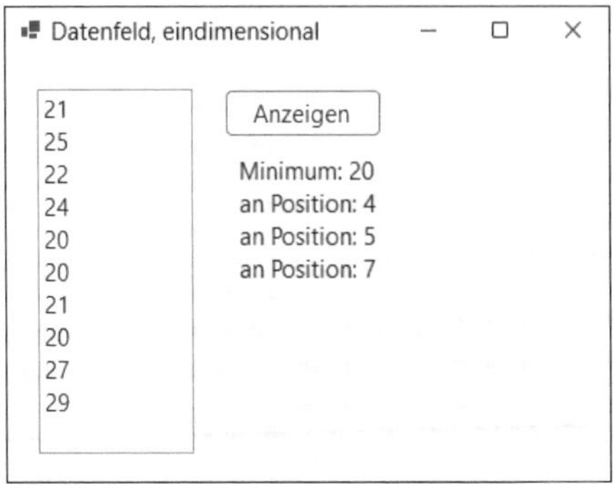

Abbildung 4.20 Übung »UDatenfeldEindimensional«

Übung »UDatenfeldMehrdimensional«

Schreiben Sie ein Programm im Projekt *UDatenfeldMehrdimensional*, in dem ein dreidimensionales Feld mit 6 × 3 × 4 `int`-Werten erstellt wird. Das Feld soll mithilfe eines Zufallsgenerators vollständig gefüllt und anschließend ausgegeben werden. Zudem sollen alle Positionen des kleinsten Werts im Feld ermittelt und ausgegeben werden so wie in Abbildung 4.21 dargestellt.

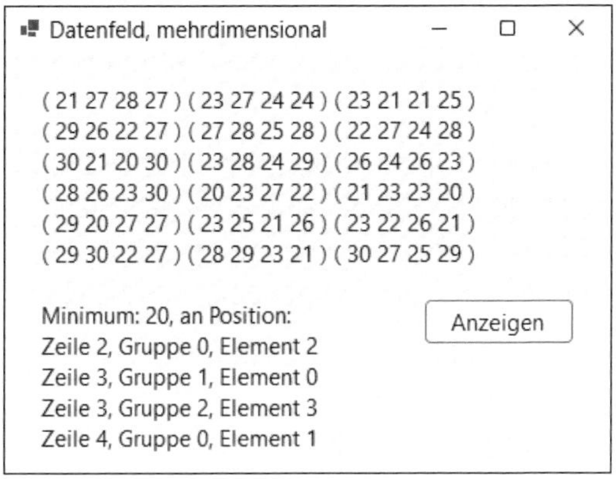

Abbildung 4.21 Übung »UDatenfeldMehrdimensional«

4.4.8 Datenfelder initialisieren

Sie haben bereits gesehen, dass ein eindimensionales Datenfeld unmittelbar bei seiner Deklaration mit Werten initialisiert werden kann. Gleichzeitig wird damit seine Größe festgelegt. Das Gleiche gilt für mehrdimensionale Datenfelder. Für jede weitere Dimension kommen dabei weitere geschweifte Klammern hinzu. Hierzu gibt es das folgende Beispiel (ebenfalls im Projekt *DatenfeldMehrdimensional*):

```
private void CmdAnzeigen2_Click(...)
{
    int[] a = [ 10, 20, 30, 40 ];

    double[,] b = { { 1.1, 1.2, 1.3 }, { 1.4, 1.5, 1.6 } };

    int[,,] c = { {{1, 3, 5, 7, 9}, {9, 7, 5, 3, 1}},
                  {{2, 3, 4, 5, 6}, {6, 5, 4, 3, 2}},
                  {{4, 5, 6, 7, 8}, {8, 7, 6, 5, 4}} };

    LblAnzeige.Text = $"{a[3]} {b[1, 2]} {c[2, 1, 4]}";
}
```

Listing 4.15 Projekt »DatenfeldMehrdimensional«, Initialisierung

Das eindimensionale Feld a hat vier Elemente und wird mithilfe eines Sammlungsausdrucks initialisiert. Das erste Element hat den Index 0 usw. Angezeigt wird der letzte Wert des Felds: 40.

Mehrdimensionale Felder können nur mithilfe von mehreren Ebenen von Paaren von geschweiften Klammern initialisiert werden und nicht mithilfe eines Sammlungsausdrucks.

Das zweidimensionale Feld b hat zwei Zeilen × drei Spalten, also insgesamt sechs Elemente. Die Elemente einer jeden Zeile stehen in geschweiften Klammern. Die beiden Zeilen des Felds sind durch ein Komma voneinander getrennt. Das gesamte Feld steht wiederum in geschweiften Klammern. Angezeigt wird der letzte Wert der letzten Zeile: 1,6.

Das dreidimensionale Feld c hat drei Ebenen × zwei Zeilen × fünf Spalten, also insgesamt 30 Elemente. Pro Dimension kommen weitere Paare geschweifter Klammern hinzu. Angezeigt wird der letzte Wert der letzten Zeile der letzten Ebene: 4.

4.4.9 Verzweigte Datenfelder

Die bisher genutzten mehrdimensionalen Datenfelder waren rechteckig. Es gab also in jeder Zeile die gleiche Anzahl an Spalten beziehungsweise in jeder Ebene die gleiche Anzahl an Zeilen usw.

Es gibt in C# aber auch die Möglichkeit, verzweigte Felder (engl. *jagged arrays*) anzulegen. Dabei handelt es sich um Felder mit Unterfeldern. Die Unterfelder sind voneinander unabhängig und können unterschiedlich groß sein. Je nach Problemstellung eignen sich diese Felder besser zur Lösung als rechteckige Felder. Hierzu folgt ein Beispiel im Projekt *DatenfeldVerzweigt*, siehe dazu auch Abbildung 4.22.

Der Programmcode:

```
public partial class Form1 : Form
{
    ...
    private readonly Random r = new Random();

    private void CmdAnzeigen_Click(object sender, EventArgs e)
    {
        int[][] a = [new int[2], new int[4],
            new int[2], new int[3], new int[1]];
        LblAnzeige.Text = "";
        int anz = 0;
        for (int i = 0; i < a.Length; i++)
```

```
        {
            for (int k = 0; k < a[i].Length; k++)
            {
                a[i][k] = r.Next(20, 31);
                LblAnzeige.Text += $"{a[i][k]} ";
            }
            anz += a[i].Length;
            LblAnzeige.Text += "\n";
        }
        LblAnzeige.Text += $"Anzahl: {anz}";
    }
}
```

Listing 4.16 Projekt »DatenfeldVerzweigt«

Abbildung 4.22 Verzweigtes Datenfeld

Zunächst wird mit `int[][] a` ein Verweis auf ein zweidimensionales Datenfeld vereinbart, das aus einem Hauptfeld mit Unterfeldern vom Datentyp `int` besteht. Dazu dienen zwei Paar rechteckige Klammern.

Auf der rechten Seite der Zuweisung werden anschließend die Größen des Hauptfelds und der verschiedenen Unterfelder festgelegt. Innerhalb der rechteckigen Klammern stehen die fünf Elemente des Hauptfelds. Die Angabe `new int[4]` legt fest, dass es sich bei dem zweiten Element um ein Unterfeld mit vier Elementen handelt.

Die Eigenschaft `Length` des Hauptfelds `a` liefert die Anzahl der Unterfelder, nicht die Anzahl der Elemente des gesamten verzweigten Felds. Für jedes Unterfeld `a[i]` wird mit `Length` seine spezifische Länge geliefert.

Die Elemente erhalten zufällige Werte. Auf jedes Feldelement wird über `a[i][k]`, also mit zwei Paaren rechteckiger Klammern, zugegriffen.

Die Gesamtanzahl der Elemente des verzweigten Felds wird durch Summierung in der Variablen `anz` ermittelt.

4.4.10 Datenfelder sind dynamisch

Steht zum Zeitpunkt des Programmstarts noch nicht fest, wie viele Variablen in einem Feld gespeichert werden sollen, können Sie auch die Veränderung der Größe zur Laufzeit des Programms ermöglichen.

Die Größe kann für ein eindimensionales Feld mithilfe der statischen Methode `Resize()` der Klasse `Array` geändert werden. Bei einer Vergrößerung des Felds bleiben bereits vorhandene Werte erhalten. Bei einer Verkleinerung des Felds gehen nur die überzähligen Werte verloren.

Im folgenden Beispiel im Projekt *DatenfeldDynamisch* wird die Größe des Felds einmal festgelegt (siehe Abbildung 4.23) und anschließend verändert (siehe Abbildung 4.24).

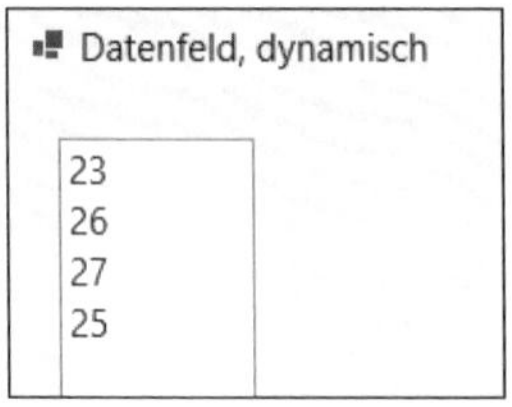

Abbildung 4.23 Feld in der ursprünglichen Größe

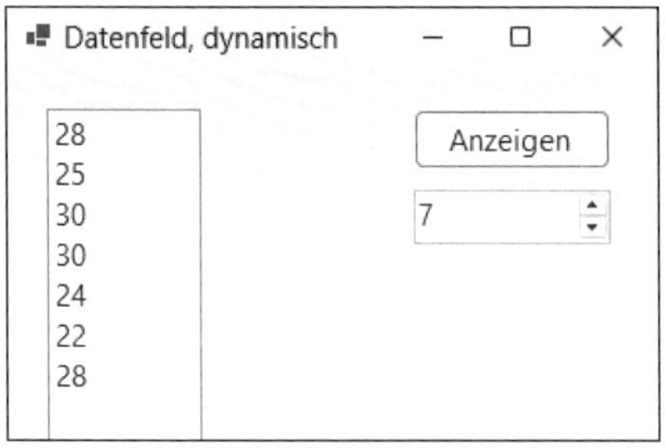

Abbildung 4.24 Veränderung auf gewünschte Größe

Der Programmcode:

```
public partial class Form1 : Form
{
    ...
    private readonly Random r = new();
    private int[] a = new int[4];

    private void Form1_Activated(...)
    {
```

```
        LstFeld.Items.Clear();
        for (int i = 0; i < a.Length; i++)
        {
            a[i] = r.Next(20, 31);
            LstFeld.Items.Add(a[i]);
        }
    }

    private void CmdAnzeigen_Click(...)
    {
        int laenge_alt = a.Length;
        Array.Resize(ref a, (int)NumGroesse.Value);

        LstFeld.Items.Clear();
        for (int i = 0; i < a.Length; i++)
        {
            if(i >= laenge_alt)
                a[i] = r.Next(20, 31);
            LstFeld.Items.Add(a[i]);
        }
    }
}
```

Listing 4.17 Projekt »DatenfeldDynamisch«

Wird ein Verweis auf ein Objekt als Objekteigenschaft deklariert, muss es mit einem Objekt initialisiert werden. Das trifft sowohl auf die Variable `r` zu, die auf ein `Random`-Objekt verweist, als auch auf die Variable `a`, die auf ein `int[]`-Objekt verweist. Das `int[]`-Objekt, also das Datenfeld, wird zunächst mit einer Größe von vier Elementen erstellt. Bei der Aktivierung des Formulars wird das Feld mit zufälligen Werten gefüllt und ausgegeben.

In der Methode `CmdAnzeigen_Click()` wird zunächst die vorherige Größe des Felds gespeichert. Das Feld wird anschließend auf die Größe geändert, die mithilfe des Zahlenauswahlfelds festgelegt wird. Die Werte von dessen Eigenschaften `Minimum`, `Maximum` und `Value` wurden zur Entwicklungszeit auf 1, 10 beziehungsweise 6 gesetzt.

Mithilfe der Methode `Resize()` wird ein neues Feld erstellt. Der Methode wird mithilfe des Schlüsselworts `ref` eine Referenz auf das alte Feld übergeben. Mehr zu `ref` erfahren Sie in Abschnitt 4.5.4. Zudem wird der Methode `Resize()` die gewünschte neue Größe des Felds übergeben. Das Zahlenauswahlfeld liefert einen Wert des Datentyps `decimal`. Dieser muss mithilfe des Casts `(int)` in einen Wert des Datentyps `int` umgewandelt werden.

Bei einer Vergrößerung des Felds erhalten die zusätzlichen Elemente zufällige Werte. Die Werte der bereits vorhandenen Elemente bleiben erhalten.

4.5 Methoden

Mit wachsender Größe Ihrer Programme sollten Sie sie modularisieren, d. h. in kleinere Bestandteile zerlegen, die übersichtlicher sind und einfacher gewartet werden können. Das machen Sie mithilfe von eigenen Methoden.

Auf diese Weise erreichen Sie, dass gleiche oder ähnliche Vorgänge nur einmal beschrieben werden müssen und beliebig oft ausgeführt werden können. Methoden sind auch dazu in der Lage, einen sogenannten *Rückgabewert* zu liefern, zum Beispiel das Ergebnis einer Berechnung.

In einer Methode werden diejenigen Anweisungen zusammengefasst, die als logische Einheit zusammen ausgeführt werden sollen. Einer Methode können Argumente, auch *Parameter* genannt, übergeben werden. Parameter werden innerhalb von runden Klammern nach dem Methodennamen angegeben, durch Kommata voneinander getrennt.

Besitzt eine Methode einen Rückgabewert, wird dieser mithilfe von `return` geliefert. Möchten Sie eine Methode aufgrund einer speziellen Bedingung unmittelbar verlassen – mit oder ohne Rückgabewert –, kommt ebenfalls das Schlüsselwort `return` zum Einsatz.

4.5.1 Einfache Methoden

Im Projekt *Methoden* wird die eigene Methode `Hallo()` definiert und in der Ereignismethode `CmdAnzeigen1_Click()` aufgerufen:

```
private void CmdAnzeigen1_Click(...)
{
    Hallo();
}

private void Hallo()
{
    LblAnzeige.Text = "Hallo Welt";
}
```

Listing 4.18 Projekt »Methoden«, einfache Methode

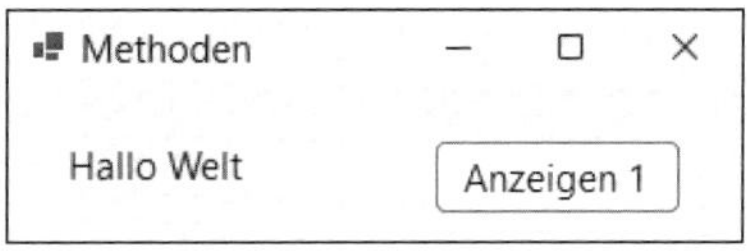

Abbildung 4.25 Einfache Methode

Die Methode `Hallo()` besitzt keinen Parameter und keinen Rückgabewert und führt bei jedem Aufruf dasselbe aus, siehe auch Abbildung 4.25.

4.5.2 Methoden mit Parametern

Als Nächstes wird im Projekt *Methoden* die Methode `ZeigeMaximum()` definiert und von zwei verschiedenen Stellen aus aufgerufen. Sie berechnet den größeren Wert von zwei übergebenen Parametern und gibt ihn aus:

```
private void CmdAnzeigen2_Click(...)
{
    double a, b;
    a = 4.5;
    b = 7.2;
    ZeigeMaximum(a, b);
}

private void CmdAnzeigen3_Click(...)
{
    double c = 23.9;
    ZeigeMaximum(c, 5.6);
}

private void ZeigeMaximum(double x, double y)
{
    if (x > y)
        LblAnzeige.Text = $"Maximum: {x}";
    else
        LblAnzeige.Text = $"Maximum: {y}";
}
```

Listing 4.19 Projekt »Methoden«, Methode mit Parametern

Bei den beiden Parametern der Methode `ZeigeMaximum()` handelt es sich um die beiden `double`-Variablen `x` und `y`. Folglich muss die Methode auch mit zwei `double`-Werten aufgerufen werden. Dabei kann es sich um konstante `double`-Werte oder die Werte von `double`-Variablen handeln. Allgemein ausgedrückt: Anzahl, Reihenfolge und Datentyp der Parameter müssen übereinstimmen.

In der ersten Ereignismethode wird die Methode `ZeigeMaximum()` mit den Variablen `a` und `b` aufgerufen. Dabei werden der Wert von `a` an `x` und der Wert von `b` an `y` übergeben. In der zweiten Ereignismethode wird die Methode `ZeigeMaximum()` mit der Variablen `c` und dem konstanten Wert 5,6 aufgerufen. Dabei wird der Wert von `c` an `x` und der Wert 5,6 an `y` übergeben. Es gilt die Regel: Anzahl, Reihenfolge und Datentyp der Parameter müssen übereinstimmen.

Innerhalb der Methode wird mithilfe einer Verzweigung der größere der beiden Werte ermittelt und ausgegeben. Stimmen die beiden Werte überein, wird der zweite Wert ausgegeben. Die Methode `ZeigeMaximum()` endet, und der Programmablauf kehrt zur aufrufenden Ereignismethode zurück.

Die Variablen, mit denen eine Methode aufgerufen wird, müssen nicht die gleichen Namen haben wie die Variablen, die zur Speicherung der übergebenen Werte bereitstehen. Methoden werden von verschiedenen Stellen des Programms aus mit unterschiedlichen Parametern aufgerufen.

Die beiden lokalen Variablen `a` und `b` sind nur innerhalb der ersten Ereignismethode gültig. Die lokale Variable `c` ist nur innerhalb der zweiten Ereignismethode gültig. Die beiden Parameter `x` und `y` sind nur innerhalb der Methode `ZeigeMaximum()` gültig. Aufgrund dieser Gültigkeitsregeln können Variablen gleichen Namens in unterschiedlichen Methoden vorkommen.

Die Methode `ZeigeMaximum()` und die beiden Ereignismethoden sind nur innerhalb der Klasse `Form1` gültig. Dies wird durch den Zugriffsmodifizierer `private` gekennzeichnet.

In Abbildung 4.26 sehen Sie die Ausgabe.

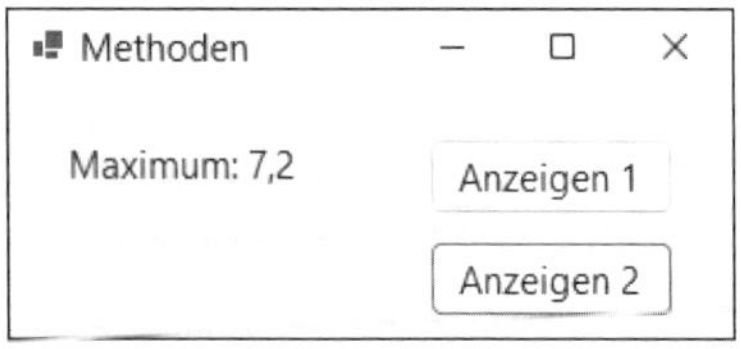

Abbildung 4.26 Methoden mit Parametern

4.5.3 Kurzform

Besitzt eine Methode nur eine einzelne Anweisung, können Sie sie mithilfe eines sogenannten *Ausdruckskörpers* (engl. *expression body*) in einer Kurzform definieren. Haben

Sie sich einmal an diese Kurzform gewöhnt, trägt dies besonders bei der Definition von eigenen Klassen (siehe) zur Übersichtlichkeit Ihrer Programme bei.

Die beiden eigenen Methoden `HalloKurz()` und `ZeigeMaximumKurz()`, ebenfalls im Projekt *Methoden*, sind Kurzformen der eigenen Methoden `Hallo()` und `ZeigeMaximum()` und führen zu den gleichen Ergebnissen:


```
private void CmdAnzeigen4_Click(...)
{
    HalloKurz();
}

private void HalloKurz() => LblAnzeige.Text = "Hallo Welt";

private void CmdAnzeigen5_Click(...)
{
    double d = 7.2;
    ZeigeMaximumKurz(-3.1, d);
}

private void ZeigeMaximumKurz(double x, double y) =>
    LblAnzeige.Text = $"Maximum: {(x > y ? x : y)}";
```

Listing 4.20 Projekt »Methoden«, Kurzform

Wie bisher stehen innerhalb der runden Klammern nach dem Namen der Methode die Parameter der Methode, falls es welche gibt. Es folgt der Operator `=>`. Anschließend folgt die einzige Anweisung der Methode, ohne geschweifte Klammern.

Die Definition der zweiten Methode wurde nur für den Abdruck im Buch auf zwei Zeilen verteilt. Die Verzweigung in der zweiten Methode wurde mithilfe eines bedingten Ausdrucks verkürzt. Bei einer String-Interpolation muss ein bedingter Ausdruck innerhalb von runden Klammern notiert werden.

4.5.4 Übergabe mit »ref«

Werden Variablen eines Basisdatentyps, wie zum Beispiel `int`, `double` oder `bool`, als Parameter an eine Methode übergeben, werden in der Methode Kopien der Variablen benutzt. Der Datentyp `string` zählt auch zu diesen sogenannten *Werttypen*. Eine Veränderung der Kopie hat keine Rückwirkung auf das Original.

Möchten Sie dagegen, dass Veränderungen der Variablen in der Methode eine Rückwirkung auf das Original haben sollen, müssen Sie sie per Referenz an die Methode übergeben. Das geschieht mit dem Schlüsselwort `ref`.

Im nachfolgenden Programm im Projekt *MethodenUebergabe* wird der Unterschied verdeutlicht:

```
private void CmdAnzeigen1_Click(...)
{
    int x = 5, y = 12;
    LblAnzeige.Text = $"Vorher: {x} {y}\n";
    TauscheKopie(x, y);
    LblAnzeige.Text += $"Nachher: {x} {y}";
}

private void TauscheKopie(int a, int b)
{
    int c = a;
    a = b;
    b = c;
    LblAnzeige.Text += $"In der Methode: {a} {b}\n";
}

private void CmdAnzeigen2_Click(...)
{
    int x = 5, y = 12;
    LblAnzeige.Text = $"Vorher: {x} {y}\n";
    TauscheReferenz(ref x, ref y);
    LblAnzeige.Text += $"Nachher: {x} {y}";
}

private void TauscheReferenz(ref int a, ref int b)
{
    int c = a;
    a = b;
    b = c;
    LblAnzeige.Text += $"In der Methode: {a} {b}\n";
}
```

Listing 4.21 Projekt »MethodenUebergabe«, Kopie und Referenz

In den beiden Ereignismethoden startet der gleiche Ablauf:

1. Zwei `int`-Variablen werden mit Startwerten belegt.
2. Es wird eine Methode zum Tauschen der beiden Werte aufgerufen.
3. Die Werte werden vor dem Aufruf der Methode, am Ende der Methode und nach Aufruf der Methode ausgegeben.

In beiden Methoden werden die übergebenen Variablen mithilfe einer dritten Variablen vertauscht (Ringtausch).

Im Fall der Methode `TauscheKopie()` werden Kopien verwendet. Die Endwerte stimmen mit den Startwerten überein, denn der Tausch hat nur intern in der Methode `TauscheKopie()` stattgefunden, er hat keine Wirkung nach außen (siehe Abbildung 4.27).

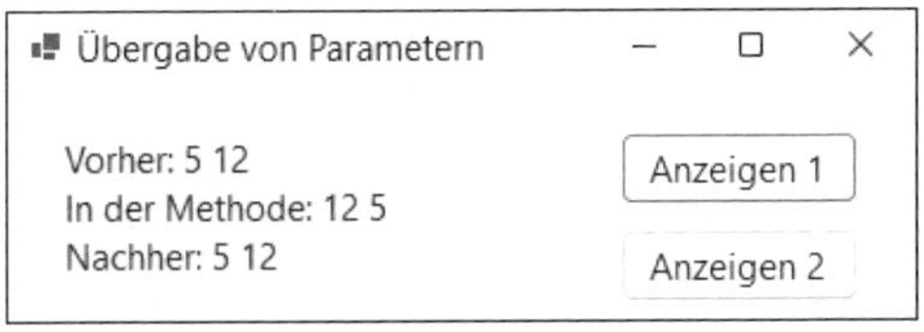

Abbildung 4.27 Übergabe per Kopie

Im Kopf der Methode `TauscheReferenz()` und beim Aufruf dieser Methode wird zusätzlich das Schlüsselwort `ref` verwendet. Auf diese Weise werden Referenzen auf die beiden Variablen übergeben, und der Tausch wirkt sich auf die Originalvariablen (siehe Abbildung 4.28) aus.

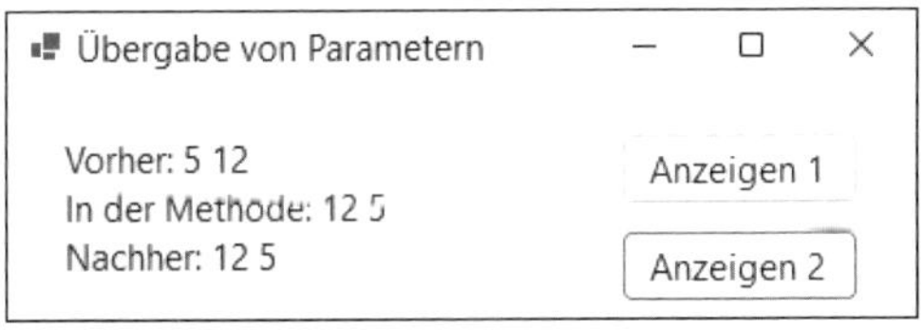

Abbildung 4.28 Übergabe per Referenz

Hinweis

Innerhalb der beiden Methoden `TauscheKopie()` und `TauscheReferenz()` könnte der Tauschvorgang mithilfe von Tupeln verkürzt werden. Die drei ersten Anweisungen würden dann durch `(b,a)=(a,b);` ersetzt werden. Diese Verkürzung hat allerdings keinen Einfluss auf die Originalvariablen. Tupel lernen Sie in Abschnitt 4.8 kennen.

4.5.5 Übergabe von Objektverweisen

Datenfelder gehören zu den sogenannten *Verweistypen*. Variablen dieser Typen werden automatisch per Referenz übergeben. Veränderungen in der Methode wirken sich unmittelbar auf das Original aus.

Das sehen Sie in Teil 2 des Programms im Projekt *MethodenUebergabe*:

```
private void CmdAnzeigen3_Click(...)
{
    int[,] p = { { 6, 7, 2 }, { 4, 4, 1 } };
    LblAnzeige.Text = "";
    Ausgeben(p);
    Multiplizieren(p, 3);
    Ausgeben(p);
}

private void Ausgeben(int [,] x)
{
    for (int i = 0; i <= x.GetUpperBound(0); i++)
    {
        for (int k = 0; k <= x.GetUpperBound(1); k++)
            LblAnzeige.Text += $"{x[i, k]} ";
        LblAnzeige.Text += "\n";
    }
}

private static void Multiplizieren(int[,] x, int faktor)
{
    for (int i = 0; i <= x.GetUpperBound(0); i++)
        for (int k = 0; k <= x.GetUpperBound(1); k++)
            x[i, k] *= faktor;
}
```

Listing 4.22 Projekt »MethodenUebergabe«, Objektverweise übergeben

In der Ereignismethode wird ein zweidimensionales Feld von `int`-Variablen erzeugt und mit Werten gefüllt. Anschließend wird es an zwei verschiedene Methoden übergeben.

In der Methode `Ausgeben()` werden alle Elemente des Felds ausgegeben. Der erste Parameter der Methode `Ausgeben()` ist ein Verweis auf ein zweidimensionales Feld. Die Größe der beiden Dimensionen ist beliebig und wird innerhalb der Methode ermittelt.

In der Methode `Multiplizieren()` wird jedes Element des Felds mit einem übergebenen Faktor multipliziert. An der Ausgabe in Abbildung 4.29 sehen Sie, dass sich diese Änderung auf die Originalwerte ausgewirkt hat.

Da die letztgenannte Methode auf kein Element der Klasse `Form1` zugreift, sollte sie als statische Methode der Klasse deklariert werden. Weil die Methode nicht für jedes einzelne Objekt der Klasse zur Verfügung gestellt wird, sondern nur für die Klasse als Ganzes, sparen Sie Ressourcen.

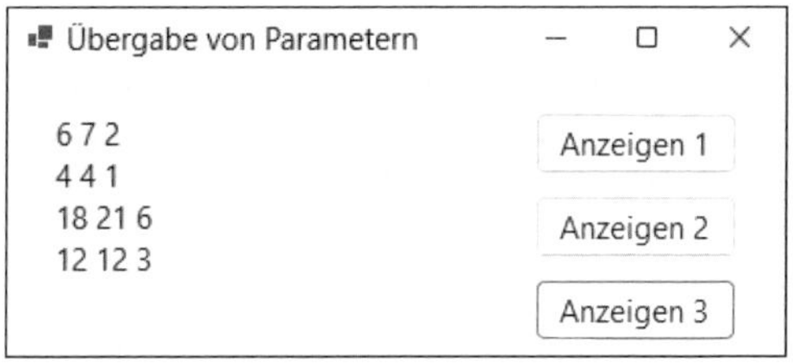

Abbildung 4.29 Übergabe von Verweisen auf Objekte

4.5.6 Ausgabeparameter mit »out«

Eine Variable muss einen Wert besitzen, bevor sie an eine Methode übergeben wird. Es gibt eine Ausnahme: Ergibt sich der Wert der Variablen erst in der Methode, kann die Variable beim Aufruf der Methode als sogenannter *Ausgabeparameter* mithilfe des Schlüsselworts `out` deklariert und an die Methode übergeben werden.

Das sehen Sie in Teil 3 des Programms im Projekt *MethodenUebergabe*:

```
private void CmdAnzeigen4_Click(...)
{
    int a = 12, b = 3;
    Rechnen(a, b, out int summe, out int produkt);
    LblAnzeige.Text = $"Summe: {summe}\nProdukt: {produkt}";
}

private static void Rechnen(int x, int y, out int s, out int p)
{
    s = x + y;
    p = x * y;
}
```

Listing 4.23 Projekt »MethodenUebergabe«, Ausgabeparameter

In der Ereignismethode werden zwei `int`-Variablen, die bereits Werte besitzen, an die Methode übergeben. Zudem werden beim Aufruf zwei weitere `int`-Variablen deklariert und mithilfe des Schlüsselworts `out` übergeben.

In der Methode `Rechnen()` müssen diese beiden Variablen einen Wert erhalten, bevor die Methode wieder verlassen wird. Die Ausgabe des Programms sehen Sie in Abbildung 4.30. Auf diese Weise erreichen Sie auch, dass Methoden mehr als ein Ergebnis ermitteln und zurückgeben.

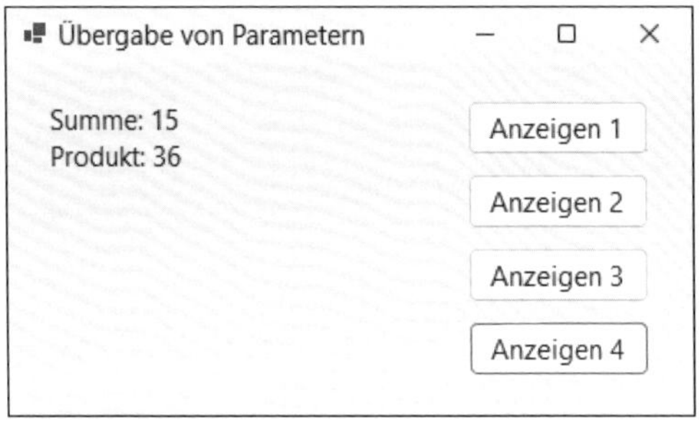

Abbildung 4.30 Ausgabeparameter mit »out«

4.5.7 Methoden mit Rückgabewerten

Eine Methode kann einen Datentyp besitzen, wie eine Variable. Sie muss in diesem Fall in jedem möglichen Anweisungspfad einen Wert dieses Datentyps zurückliefern. Das Schlüsselwort `return` dient bei solchen Methoden dazu, den Wert der Methode zu senden.

Im Projekt *MethodenRueckgabe* wird die Methode `MaxWert()` aufgerufen. Sie berechnet das Maximum der beiden übergebenen Parameter und gibt es an die aufrufende Stelle zurück (siehe Abbildung 4.31).

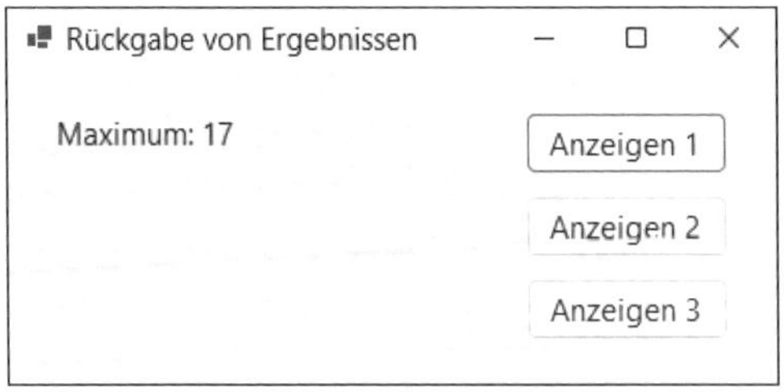

Abbildung 4.31 Darstellung des Rückgabewerts

```
private void CmdAnzeigen1_Click(...)
{
    int a = 12, b = 17, c;
    c = MaxWert(a, b);
    LblAnzeige.Text = $"Maximum: {c}";
}

private void CmdAnzeigen2_Click(...)
{
    int c = 8, d = 22;
    LblAnzeige.Text = $"Maximum: {MaxWert(c, d)}";
}

private static int MaxWert(int x, int y)
{
    if (x > y)
        return x;
    else
        return y;
}

private void CmdAnzeigen3_Click(...)
{
    int p = 5, q = 12;
    int r = MaxWertKurz(p, q);
    LblAnzeige.Text = $"Maximum: {r}";
}

private static int MaxWertKurz(int x, int y) => x > y ? x : y;
```

Listing 4.24 Projekt »MethodenRueckgabe«

In der ersten Ereignismethode wird die Methode `MaxWert()` mithilfe der Anweisung `c = MaxWert(a, b);` aufgerufen. Das hat eine Reihe von Auswirkungen. Zunächst wird die Methode `MaxWert()` des Datentyps `int` aufgerufen, dabei werden zwei Zahlenwerte an die Methode übergeben.

Innerhalb der Methode wird mithilfe einer Verzweigung das Maximum dieser beiden Zahlen ermittelt. Mit dem Schlüsselwort `return` wird die Methode beendet, und es wird der `int`-Rückgabewert der Methode zurückgeliefert. Der Programmablauf kehrt zu der Zeile mit dem Aufruf zurück.

Dort wird der zurückgelieferte Wert über die Zuweisung der Variablen c übergeben. Diese Variable wird anschließend ausgegeben.

In der zweiten Ereignismethode wird die Methode MaxWert() innerhalb der Anweisung zur Ausgabe aufgerufen. Der zurückgelieferte Wert wird keiner Variablen zugewiesen, sondern unmittelbar ausgegeben.

In der dritten Ereignismethode wird die Methode MaxWertKurz() aufgerufen. Sie stellt eine Kurzform der Methode MaxWert() mithilfe eines Ausdruckskörpers dar und führt zum gleichen Ergebnis. Bei einer solchen Kurzform für eine Methode mit Rückgabewert muss nach dem Operator => ein Ausdruck folgen, der den Rückgabewert enthält. In diesem Fall handelt es sich um einen bedingten Ausdruck. Das Schlüsselwort return entfällt.

Die beiden Methoden, die einen Rückgabewert liefern, sollten hier als statische Methode der Klasse Form1 deklariert werden, da sie keine Eigenschaften der Klasse enthalten.

4.5.8 Optionale Parameter

Standardmäßig muss die Anzahl der Parameter in Aufruf und Deklaration einer Methode übereinstimmen. Sie können allerdings auch mit optionalen Parametern arbeiten. Diese müssen beim Aufruf nicht angegeben werden.

Optionale Parameter müssen bei der Definition immer am Ende der Parameterliste stehen. Außerdem müssen sie mit einem Wert initialisiert werden; erst dadurch werden sie als optionale Parameter gekennzeichnet. Ihr Einsatz ist sinnvoll, falls eine Methode viele häufig vorkommende Standardwerte hat.

Im nachfolgenden Beispiel im Projekt *MethodenOptional* wird mehrfach die Methode Addiere() aufgerufen. Sie berechnet jeweils die Summe der übergebenen Parameter und liefert sie zurück:

```
private void CmdAnzeigen1_Click(...)
{
    double a = 4.5, c = 10.3;
    int b = 7, d = 9;
    LblAnzeige.Text = $"Ergebnis: {Addiere(a, b, c, d)}";
}

private void CmdAnzeigen2_Click(...)
{
    double a = 4.5, c = 10.3;
    int b = 7;
```

```
    LblAnzeige.Text = $"Ergebnis: {Addiere(a, b, c)}";
}

private void CmdAnzeigen3_Click(...)
{
    double a = 4.5;
    int b = 7;
    LblAnzeige.Text = $"Ergebnis: {Addiere(a, b)}";
}

private static double Addiere(
    double x, int y, double z = 0.0, int q = 0)
    => x + y + z + q;
```

Listing 4.25 Projekt »MethodenOptional«

Die Methode `Addiere()`, hier in Kurzform definiert, erwartet insgesamt vier Parameter. Die beiden letzten Parameter sind optional und werden mit dem Wert 0 initialisiert.

Werden also die beiden letzten Parameter bei einem Aufruf der Methode nicht angegeben, haben sie den Wert 0,0 beziehungsweise 0. Da innerhalb der Methode eine Addition der vier Parameter stattfindet, ist das der geeignete Wert; das Ergebnis der Methode kann so nicht verfälscht werden. Bei Methoden mit optionalen Parametern, die andere Aufgaben zu erfüllen haben, können jedoch andere Werte zur Initialisierung sinnvoll sein.

In den drei Ereignismethoden wird die Methode `Addiere()` mit vier, drei oder zwei Parametern aufgerufen. In allen Fällen führt das erfolgreich zur Addition und Ausgabe der Werte. Ein Aufruf mit nur einem Parameter hätte zu einer Fehlermeldung geführt, da der Parameter `y` nicht optional ist.

4.5.9 Benannte Parameter

Standardmäßig müssen die Positionen der Parameter innerhalb der Parameterliste in Aufruf und Deklaration einer Methode übereinstimmen. Sie können allerdings Parameter auch mit ihrem Namen aufrufen. In diesem Fall können die Parameter auch anderen Positionen stehen.

Diese *benannten Parameter* müssen entweder am Ende des Aufrufs stehen oder an der vorgesehenen Position. Ihr Einsatz ist sinnvoll, falls eine Methode viele Parameter hat, von denen pro Aufruf nur einzelne benötigt werden. Häufig werden benannte und optionale Parameter gemeinsam genutzt.

Im nachfolgenden Beispiel im Projekt *MethodenBenannt* wird die Methode Rechteck() mehrfach aufgerufen, jeweils mit unterschiedlichen Parametern. Die Methode stellt die Daten eines Rechtecks zusammen und gibt sie aus:

```
private void CmdAnzeigen_Click(...)
{
    LblAnzeige.Text = Rechteck("rot", 4, 6, "Punkte")
        + Rechteck("rot", rand: "Striche", breite: 2, laenge: 5)
        + Rechteck("gelb", 7)
        + Rechteck("blau", rand: "Haarlinie")
        + Rechteck(farbe: "grün", 4, breite: 3, "Doppellinie");
}

private static string Rechteck(string farbe, int laenge = 1,
        int breite = 1, string rand = "Linie") =>
    $"Farbe: {farbe}, Länge: {laenge}, " +
    $"Breite: {breite}, Rand: {rand}\n";
```

Listing 4.26 Projekt »MethodenBenannt«

Die Methode Rechteck(), hier in Kurzform definiert, erwartet maximal vier Parameter. Die drei letzten Parameter sind optional und werden mit den Standardwerten initialisiert. Die Methode wird hier auf fünf unterschiedliche Arten aufgerufen:

1. Alle vier Parameter stehen an der richtigen Position.
2. Der erste Parameter steht an der richtigen Position, die anderen drei stehen an beliebigen Positionen und werden mit Namen angegeben.
3. Die beiden ersten Parameter stehen an der richtigen Position. Die beiden anderen Parameter sind optional und werden hier nicht angegeben.
4. Der erste Parameter steht an der richtigen Position. Von den drei optionalen Parametern wird nur einer angegeben, und zwar mit Namen.
5. Der erste Parameter wird mit Namen angegeben. Er steht zudem an der richtigen Position. Das ist notwendig, weil danach mindestens ein Parameter folgt, der zwar an der richtigen Position steht, aber ohne seinen Namen angegeben wird.

Die Ausgabe sehen Sie in Abbildung 4.32.

Abbildung 4.32 Benannte Parameter

4.5.10 Beliebig viele Parameter

Mithilfe des Schlüsselworts `params` können Sie eine Methode definieren, an die beliebig viele Parameter übergeben werden können. Allerdings müssen diese denselben Datentyp haben und am Ende der Parameterliste stehen.

Im nachfolgenden Beispiel im Projekt *MethodenBeliebig* wird die Methode `Mittelwert()` insgesamt dreimal aufgerufen. Sie berechnet jeweils den Mittelwert der übergebenen Parameter und liefert ihn zurück:

```
private void CmdAnzeigen_Click(...)
{
    LblAnzeige.Text = "Ergebnisse:\n"
        + $"{Mittelwert(4.5, 7.2, 10.3, 9.2)}\n"
        + $"{Mittelwert(4.5, 7.2)}\n"
        + $"{Mittelwert()}";
}

private static double Mittelwert(params double[] x)
{
    if (x.Length == 0)
        return 0.0;

    double summe = 0.0;
    foreach (double z in x)
        summe += z;
    return summe / x.Length;
}
```

Listing 4.27 Projekt »MethodenBeliebig«

Die Methode `Mittelwert()` wird mit unterschiedlich vielen Parametern aufgerufen (4, 2 und 0). Zur Aufnahme steht das Feld `x` zur Verfügung, das keine festgelegte Größe besitzt.

Die Anzahl der Parameter wird mittels der Eigenschaft `Length` ermittelt. Für den Fall, dass die Methode ohne Parameter aufgerufen wird, wird als Ergebnis der Wert 0,0 zurückgesendet.

Gibt es Parameter, werden diese mithilfe einer `foreach`-Schleife summiert. Die Summe wird durch die Anzahl der Parameter geteilt. Der damit berechnete Mittelwert wird als Rückgabewert zurückgeliefert.

Die Ausgabe sehen Sie in Abbildung 4.33.

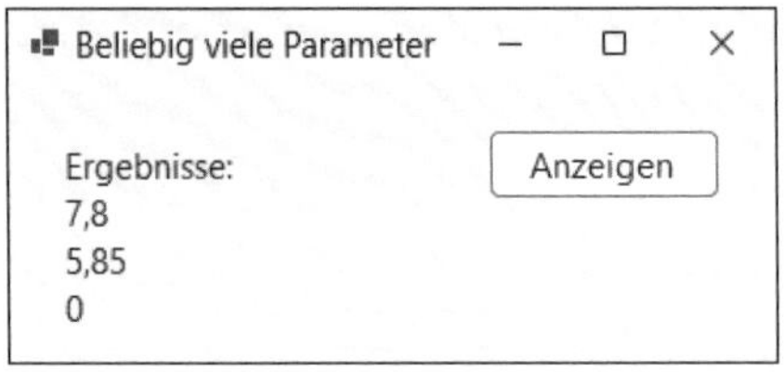

Abbildung 4.33 Beliebig viele Parameter

4.5.11 Rekursiver Aufruf

Methoden können sich auch selbst aufrufen. Dieser Vorgang wird als *Rekursion* bezeichnet. Eine rekursive Methode muss eine Verzweigung enthalten, die die Rekursion wieder beendet, da es sonst zu einer endlosen Kette von Selbstaufrufen kommt, ähnlich wie bei einer endlosen Ereigniskette (siehe Abschnitt 4.3.2). Bestimmte Problemstellungen lösen Sie programmiertechnisch am elegantesten durch eine Rekursion.

Im nachfolgenden Programm im Projekt *MethodenRekursiv* wird eine Zahl so lange halbiert, bis ein bestimmter Grenzwert erreicht oder unterschritten wird. Zur Verdeutlichung der unterschiedlichen Abläufe wird der Vorgang zum einen mittels einer Schleife, zum anderen mithilfe einer Rekursion durchgeführt, siehe Abbildung 4.34.

Der Programmcode:

```
private void CmdAnzeigen1_Click(...)
{
    double x = 22;
    LblAnzeige1.Text = $"x: {x}\n";
```

```
    while (x > 0.1)
    {
        x /= 2;
        LblAnzeige1.Text += $"x: {x}\n";
    }
}

private void CmdAnzeigen2_Click(...)
{
    double x = 22;
    LblAnzeige2.Text = $"x: {x}\n";
    Halbieren(ref x);
    LblAnzeige2.Text += $"x: {x}\n";
}

private void Halbieren(ref double z)
{
    z /= 2;
    if (z > 0.1)
    {
        LblAnzeige2.Text += $"z: {z}\n";
        Halbieren(ref z);
    }
}
```

Listing 4.28 Projekt »MethodenRekursiv«

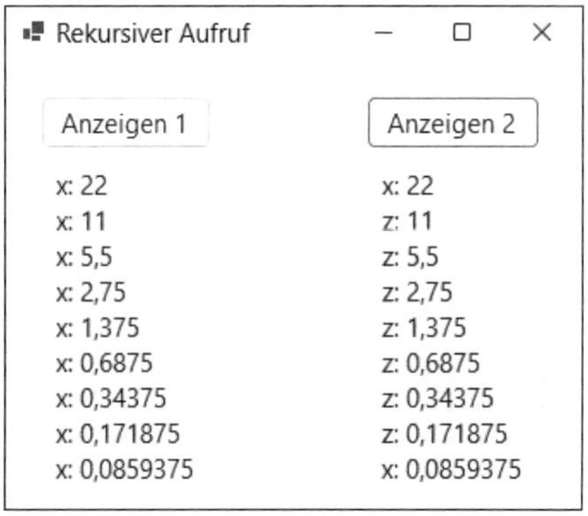

Abbildung 4.34 Halbierung per Schleife/per Rekursion

Für die Lösung mit der Schleife wird die Variable `x` in der ersten Ereignismethode mit dem Wert 22 initialisiert. Anschließend wird sie in einer `while`-Schleife so lange halbiert, bis sie den Wert 0.1 erreicht oder unterschritten hat. Bei jedem Durchlauf der Schleife wird der aktuelle Wert angezeigt, sodass Sie die fortlaufende Halbierung verfolgen können.

Für die Lösung mit der Rekursion wird die Variable `x` in der zweiten Ereignismethode ebenfalls mit dem Wert 22 initialisiert. Anschließend wird die Methode `Halbieren()` aufgerufen. Diese führt eine Halbierung durch. Anschließend wird ein Vergleich mit dem Grenzwert durchgeführt:

- Ist der Grenzwert noch nicht erreicht, ruft sich die Methode `Halbieren()` selbst wieder auf. Dieser Vorgang kann sich mehrmals wiederholen.
- Ist der Grenzwert erreicht oder unterschritten, endet die Methode `Halbieren()`. Das kann gegebenenfalls mehrmals nacheinander passieren, falls sich die Methode mehrmals selbst aufgerufen hat. Das Programm endet mit der letzten Anweisung wieder in der Ereignismethode.

Würde sich der rekursive Aufruf nicht innerhalb einer Verzweigung befinden, würde sich die Methode endlos aufrufen. Die Variable `x` (in der Methode heißt sie `z`) wird jeweils per Referenz übergeben, daher wird immer die Originalvariable `x` halbiert. Das sehen Sie auch an der letzten Ausgabe.

4.5.12 Übungen zu Methoden

Übung »UMethoden«, Teil 1

Schreiben Sie im Projekt *UMethoden* eine Methode, der ein eindimensionales Feld beliebiger Größe von `double`-Variablen übergeben werden kann. In der Methode wird der Mittelwert der Werte des Felds berechnet und als Rückgabewert zurückgeliefert. Testen Sie die Methode durch zwei Aufrufe mit unterschiedlich großen Feldern.

Übung »UMethoden«, Teil 2

Schreiben Sie, ebenfalls im Projekt *UMethoden*, eine Methode, der drei Parameter übergeben werden. Bei den ersten beiden handelt es sich um zwei eindimensionale Felder von `double`-Variablen. Der dritte Parameter ist ein Ausgabeparameter, der ebenfalls auf ein eindimensionales Feld von `double`-Variablen verweist.

In der Methode soll ein neues eindimensionales Feld von `double`-Variablen erzeugt werden und der Reihe nach mit allen Werten des ersten Felds, gefolgt von allen Werten des zweiten Felds, gefüllt werden. Mithilfe des Ausgabeparameters wird das neue Feld zur Aufrufstelle zurückgeliefert und dort ausgegeben. Testen Sie die Methode durch zwei Aufrufe mit unterschiedlich großen Feldern.

4.6 Nullbare Datentypen

Variablen können bekanntlich als Verweise auf Objekte dienen. Nehmen wir einmal an, Sie haben einen Verweis definiert, aber diesem Verweis noch kein Objekt zugewiesen. Das bedeutet, dass der Verweis zurzeit auf `null`, also auf *nichts* verweist.

Nun greifen Sie über den Verweis auf die Eigenschaften und Methoden des Objekts zu. Als Folge tritt eine *Null Reference Exception* (kurz: *NRE*) auf und damit ein Abbruch Ihres Programms.

Das NRE-Problem beschäftigt Entwickler bereits seit Langem, unabhängig von der genutzten Sprache. Es hat in der praktischen Anwendung zu vielen Fehlern und großen Schäden geführt. Die Einführung der Null-Referenz wird von manchen Fachleuten als einer der größten Fehler innerhalb der Computerwissenschaften bezeichnet.

Die Sprache C# bietet *nullbare Datentypen*. Einer Variablen eines solchen Datentyps kann der Wert `null` gefahrlos zugewiesen werden. Zudem bietet C# sichere Operatoren, die den Schutz vor NREs stark verbessern.

Nullbare Datentypen und die sicheren Operatoren werde ich anhand von Zeichenketten, also Objekten der Klasse *String* (kurz: `string`-Objekten), im Projekt *NullbareDatentypen* erläutern.

4.6.1 Nicht nullbare Datentypen

Zum Vergleich schauen wir uns zunächst das Verhalten für Variablen eines Standarddatentyps an. Einer solchen Variablen sollte kein Null-Wert zugewiesen werden. Daher gehört der zugehörige Datentyp zu den *nicht nullbaren Datentypen*.

Es folgt der erste Teil des Programms:

```
private void CmdAnzeigen1_Click(...)
{
    string a1;
    a1 = "Hallo Welt";
    int la1 = a1.Length;
    LblAnzeige.Text = $"Nicht nullbar:\n{a1} {la1}\n";
```

```
    string a2;
    a2 = null;                           // Warnung
    // int la2 = a2.Length;              // NRE
    // LblAnzeige.Text += $"{a2} {la2}";
}
```

Listing 4.29 Projekt »NullbareDatentypen«, nicht nullbare Datentypen

Die Variable `a1` wird als `string`-Variable deklariert. Anders ausgedrückt: Die Variable `a1` ist ein Verweis auf ein Objekt der Klasse `String`. Der Variablen wird eine Zeichenkette zugewiesen.

Auf die Eigenschaften von Objekten eines nicht nullbaren Datentyps wird mithilfe des Operators `.` zugegriffen. Die Eigenschaft `Length` enthält die Länge eines `string`-Objekts, also die Anzahl der Zeichen der Zeichenkette.

Die Variable `a2` wird ebenfalls als `string`-Variable deklariert. Ihr wird der Wert `null` zugewiesen. Der Editor gibt an dieser Stelle bereits eine Warnung aus.

Bei einem weiteren Zugriff (hier auskommentiert), zum Beispiel auf die Eigenschaft `Length`, würde es zu einer NRE kommen. Daher sind solche Zugriffe auf `a2` nicht erlaubt, und Visual Studio ermöglicht die Übersetzung dieser Programmzeilen nicht.

Die Ausgabe dieses Programmteils sehen Sie in Abbildung 4.35.

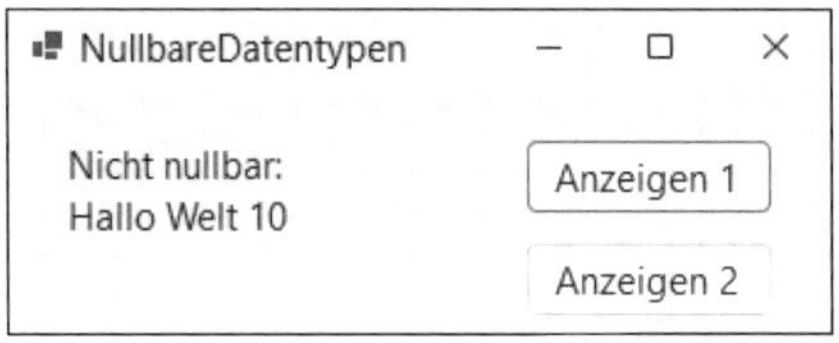

Abbildung 4.35 Nicht nullbare Datentypen

4.6.2 Nullbare Datentypen

Zum Vergleich wird das Verhalten für Variablen des zugehörigen nullbaren Datentyps erläutert. Der zweite Teil des Programms sieht wie folgt aus:

```
private void CmdAnzeigen2_Click(...)
{
    string? a1;
    a1 = "Hallo Welt";
    int? la1 = a1?.Length;
    LblAnzeige.Text = $"Nullbar:\n{a1} {la1}\n";
```

```
    string? a2;
    a2 = null;
    int? la2 = a2?.Length;
    LblAnzeige.Text += $"{a2} {la2}";
}
```

Listing 4.30 Projekt »NullbareDatentypen«, nullbare Datentypen

Die Variablen `a1` und `a2` werden jeweils als Variablen des Datentyps `string?` deklariert. Dabei handelt es sich um einen nullbaren Datentyp. Dieser unterscheidet sich durch das angehängte Zeichen `?` vom zugehörigen nicht nullbaren Datentyp. Den Variablen von nullbaren Datentypen dürfen sowohl Werte des zugehörigen nicht nullbaren Datentyps als auch Null-Werte zugewiesen werden.

Auf die Eigenschaften und Methoden von Objekten eines nullbaren Datentyps wird mithilfe des Operators `?.` zugegriffen. Es muss nicht geprüft werden, ob auf ein Objekt oder auf einen Null-Wert verwiesen wird. Dennoch kommt es auch nach der Zuweisung nicht zu einem Abbruch des Programms.

Die Länge der Zeichenkette sollte in diesem Fall ebenfalls in einer Variablen eines nullbaren Datentyps (hier: `int?`) gespeichert werden.

Die Ausgabe dieses Programmteils sehen Sie in Abbildung 4.36.

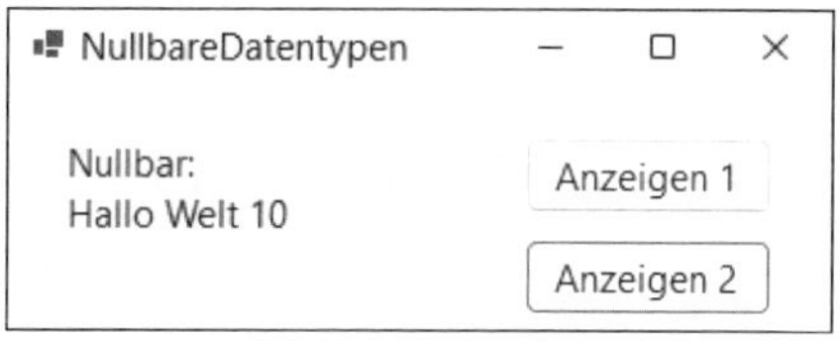

Abbildung 4.36 Nullbare Datentypen

4.6.3 Zugriff nach Verzweigung

Stellen Sie mithilfe einer Verzweigung fest, dass eine nullbare Variable nicht auf `null` verweist, wird der Zugriff deutlich einfacher.

Es folgt der dritte Teil des Programms:

```
private void CmdAnzeigen3_Click(...)
{
    string? a1;
    a1 = "Hallo Welt";
```

```
    int la1 = a1 is null ? 0 : a1.Length;
    LblAnzeige.Text = $"Verzweigung:\n{a1} {la1}\n";

    string? a2;
    a2 = null;
    int la2 = a2 is null ? 0 : a2.Length;
    LblAnzeige.Text += $"{a2} {la2}";
}
```

Listing 4.31 Projekt »NullbareDatentypen«, Zugriff nach Verzweigung

Die beiden Variablen `a1` und `a2` werden wiederum als nullbare `string`-Variablen deklariert. Wird mithilfe des Operators `is` festgestellt, dass die Variable auf `null` verweist, wird die Länge mit 0 festgelegt. Ansonsten kann auf die Eigenschaften und Methoden wie auf eine nicht nullbare Variable mithilfe des Standardoperators `.` zugegriffen werden.

Die Ausgabe dieses Programmteils sehen Sie in Abbildung 4.37.

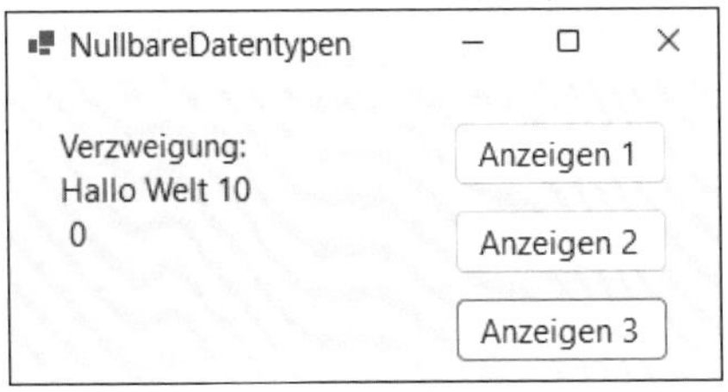

Abbildung 4.37 Zugriff nach Verzweigung

4.6.4 Null-Zusammenfügungsoperator ??

Der *Null-Zusammenfügungsoperator* `??` ermöglicht es Ihnen, einer Variablen eines nicht nullbaren Datentyps den Wert einer anderen Variablen des zugehörigen nullbaren Datentyps zuzuweisen. Besitzt die Variable des nullbaren Datentyps den Wert `null`, wird ein passender Ersatzwert zugewiesen.

Der vierte Teil des Programms sieht wie folgt aus:

```
private void CmdAnzeigen4_Click(...)
{
    string? a1;
    a1 = "Hallo Welt";
    string b1 = a1 ?? "";
    int lb1 = b1.Length;
    LblAnzeige.Text = $"Zusammenfügung:\n{b1} {lb1}\n";
```

```
    string? a2;
    a2 = null;
    string b2 = a2 ?? "";
    int lb2 = b2.Length;
    LblAnzeige.Text += $"{b2} {lb2}";
}
```


Listing 4.32 Projekt »NullbareDatentypen«, Operator ??

Die beiden Variablen a1 und a2 werden auch in diesem Fall als nullbare string-Variablen deklariert. Mithilfe des Operators ?? wird den beiden nicht nullbaren string-Variablen b1 und b2 auf jeden Fall eine Zeichenkette zugewiesen, entweder die Originalzeichenkette oder eine Ersatzzeichenkette, hier eine leere Zeichenkette.

Die Ausgabe dieses Programmteils sieht aus wie in Abschnitt 4.6.3.

4.6.5 Null-Sammelzuweisungsoperator ??=

Der *Null-Sammelzuweisungsoperator* ??= ermöglicht das Gleiche wie der *Null-Zusammenfügungsoperator* ??, aber für ein und dieselbe Variable.

Der fünfte Teil des Programms sieht wie folgt aus:

```
private void CmdAnzeigen5_Click(...)
{
    string? a1;
    a1 = "Hallo Welt";
    a1 ??= "";
    int la1 = a1.Length;
    LblAnzeige.Text = $"Sammelzuweisung:\n{a1} {la1}\n";

    string? a2;
    a2 = null;
    a2 ??= "";
    int la2 = a2.Length;
    LblAnzeige.Text += $"{a2} {la2}";
}
```

Listing 4.33 Projekt »NullbareDatentypen«, Operator ??=

Die beiden Variablen a1 und a2 werden wiederum als nullbare string-Variablen deklariert. Mithilfe des Operators ??= wird ihnen auf jeden Fall eine Zeichenkette zugewiesen, entweder die Originalzeichenkette oder eine Ersatzzeichenkette, auch hier eine leere Zeichenkette.

Die Ausgabe dieses Programmteils sieht aus wie in Abschnitt 4.6.3.

4.6.6 Null-toleranter Operator !

Der *null-tolerante Operator* ! macht Ihr Programm potenziell unsicher und sollte daher möglichst nicht eingesetzt werden.

Er ermöglicht Ihnen den Zugriff auf eine Variable eines nullbaren Datentyps wie auf eine Variable des entsprechenden nicht nullbaren Datentyps. Besitzt die Variable aber den Wert null, kann es zu einer NRE kommen. Bei Einsatz des Operators ! sollten Sie daher absolut sicher sein, dass die Variable nicht den Wert null besitzt.

Es folgt der sechste und letzte Teil des Programms:

```
private void CmdAnzeigen6_Click(...)
{
    string? a1;
    a1 = "Hallo Welt";
    int la1 = a1!.Length;
    LblAnzeige.Text = $"Nulltoleranz:\n{a1} {la1}\n";

    string? a2;
    a2 = null;
    // int la2 = a2!.Length;
    int la2 = a2 != null ? a2!.Length : 0;
    LblAnzeige.Text += $"{a2} {la2}";
}
```

Listing 4.34 Projekt »NullbareDatentypen«, Operator !

Die beiden Variablen a1 und a2 werden auch hier als nullbare string-Variablen deklariert. Im Falle von a1 sind wir sicher, dass der Wert ungleich null ist. Daher können wir den Operator ! beim Zugriff auf die Eigenschaft Length einsetzen.

Würden wir das für a2 machen, käme es zu einer NRE. Daher ist die entsprechende Zeile auskommentiert. Stattdessen wird mithilfe der beiden Operatoren is und not festgestellt, ob nicht auf null verwiesen wird. Nur in diesem Fall kann der Operator ! genutzt werden.

Die Ausgabe dieses Programmteils sieht aus wie in Abschnitt 4.6.3.

4.7 Konsolenanwendung

Bisher werden in diesem Buch ausschließlich Windows-Anwendungen entwickelt, also Programme mit der gewohnten und komfortabel bedienbaren Benutzeroberfläche. Je nach Einsatzzweck kann aber auch eine sogenannte *Konsolenanwendung* genügen. Innerhalb einer solchen Anwendung kommen nur einfache Eingaben und Ausgaben in Textform vor. Sie benötigt wesentlich weniger Programmcode und Speicher.

Auch den Konsolenanwendungen stehen alle Möglichkeiten der Sprache C# und der .NET-Softwareplattform zur Verfügung, so zum Beispiel auch der Zugriff auf Dateien oder Datenbanken.

4.7.1 Anwendung erzeugen

Zur Erzeugung einer Konsolenanwendung gehen Sie zunächst wie gewohnt vor, also entweder über den Startbildschirm und die große Schaltfläche Neues Projekt erstellen oder Sie wählen den Weg über den Menüpunkt Datei • Neu • Projekt. Im Dialogfeld Neues Projekt erstellen wählen Sie nun allerdings die Vorlage Konsolen-App aus (siehe Abbildung 4.38).

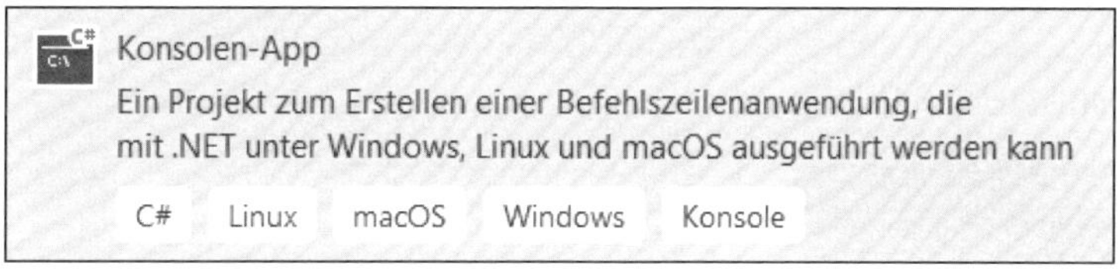

Abbildung 4.38 Neue Konsolenanwendung

Anschließend tragen Sie wie gewohnt einen Projektnamen ein, zum Beispiel *KonsoleEinAus*, und wählen wieder das Zielframework .NET 10.0 aus. Die beiden CheckBoxen unterhalb der Auswahlliste werden nicht markiert.

Im Codefenster erscheint die Datei *Program.cs* mit folgendem Code:

```
Console.WriteLine("Hello, World!");
```

Listing 4.35 Projekt »KonsoleEinAus«, Standardcode

Dieser Code wird ab dem nächsten Abschnitt geändert.

4.7.2 Eingabe eines Textes

Ändern Sie den Code im Projekt *KonsoleEinAus* wie folgt ab:

```
string? s;
Console.Write("Bitte einen Text eingeben: ");
s = Console.ReadLine();
Console.WriteLine($"Text {s} eingegeben");
```

Listing 4.36 Projekt »KonsoleEinAus«, eigener Code

Im Namensraum `System` steht die Klasse `Console` zur Ein- und Ausgabe auf einen Textbildschirm zur Verfügung. Die statische Methode `Write()` schreibt einen Text auf den Bildschirm. Die Methode `WriteLine()` macht das Gleiche und fügt noch einen Zeilenumbruch an.

Die statische Methode `ReadLine()` führt dazu, dass das Programm anhält und auf eine Eingabe wartet. Nach der Eingabe betätigt der Benutzer die Taste [↵]. Die Methode liefert als Rückgabewert die eingegebene Zeichenkette als Variable des nullbaren Datentyps `string?`.

Sie starten das Programm wie gewohnt mit der Taste [F5]. Es öffnet sich ein Konsolenfenster. Sie geben einen Text ein und betätigen die Taste [↵]. Anschließend erscheint die Ausgabe, zum Beispiel wie in Abbildung 4.39.

Abbildung 4.39 Eingabe eines Textes

Nach dem Drücken einer beliebigen Taste schließt sich das Fenster wieder.

Sie können die Anwendung auch mithilfe eines Doppelklicks auf die Anwendungsdatei *KonsoleEinAus.exe* im Unterverzeichnis *bin/Debug/net10.0* Ihres Projektverzeichnisses starten. Allerdings schließt sich das Fenster unmittelbar nach der Eingabe Ihres Textes wieder, sodass Sie die nachfolgende Ausgabe nicht mehr sehen können.

Daher sollten Sie die Anwendungsdatei *KonsoleEinAus.exe* innerhalb einer *Eingabeaufforderung* aufrufen. Diese finden Sie über das Windows-Suchfeld. Nach dem Öffnen der Eingabeaufforderung bewegen Sie sich mithilfe des Befehls `cd` zum genannten Unterverzeichnis. Dort rufen Sie die Anwendung mit dem Befehl `KonsoleEinAus` auf.

4.7.3 Eingabe einer Zahl

Das Projekt *KonsoleEinAus* wird für die Eingabe einer Zahl ergänzt:

```
...
double x;
Console.WriteLine();
try
{
    Console.Write("Bitte eine Zahl eingeben: ");
    x = Convert.ToDouble(Console.ReadLine());
    Console.WriteLine($"Zahl {x} eingegeben");
}
catch
{
    Console.WriteLine("Keine Zahl eingegeben");
}
```

Listing 4.37 Projekt »KonsoleEinAus«, Eingabe einer Zahl

Nach dem Text soll eine Zahl eingegeben werden. Bei der Umwandlung der eingegebenen Zeichenkette in eine Zahl kann eine Ausnahme auftreten; daher wird mit einer Ausnahmebehandlung gearbeitet.

Der Rückgabewert der Methode `ReadLine()` wird mithilfe der Methode `ToDouble()` der Klasse `Convert` in eine `double`-Zahl verwandelt, siehe Abbildung 4.40. Gelingt das nicht, erscheint eine entsprechende Fehlermeldung, siehe Abbildung 4.41.

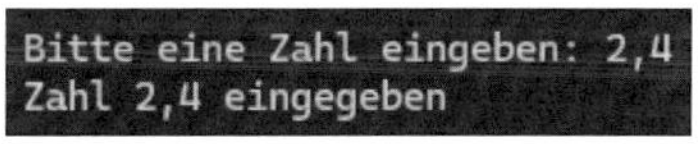

Abbildung 4.40 Richtige Eingabe einer Zahl

Abbildung 4.41 Falsche Eingabe einer Zahl

4.7.4 Erfolgreiche Eingabe einer ganzen Zahl

Das Projekt *KonsoleEinAus* wird für die Eingabe einer ganzen Zahl weiter ergänzt. Die Benutzer werden so lange aufgefordert, eine ganze Zahl einzugeben, bis das erfolgreich geschehen ist:

```
int a;
Console.WriteLine();
do
{
    try
    {
        Console.Write("Bitte ganze Zahl eingeben: ");
        a = Convert.ToInt32(Console.ReadLine());
        break;
    }
    catch
    {
        Console.WriteLine("Fehler, bitte noch einmal");
    }
}
while (true);
Console.WriteLine($"Ganze Zahl {a} eingegeben");
```

Listing 4.38 Projekt »KonsoleEinAus«, wiederholte Eingabe

Die Ausnahmebehandlung für die Eingabe einer ganzen Zahl ist zusätzlich in eine endlose do-while-Schleife eingebettet. War die Eingabe erfolgreich, wird die Schleife mithilfe von break verlassen. War sie nicht erfolgreich, wird ein Fehler gemeldet, und es ist eine erneute Eingabe erforderlich.

In Abbildung 4.42 sehen Sie die Ausgabe mit zwei falschen und einer richtigen Eingabe.

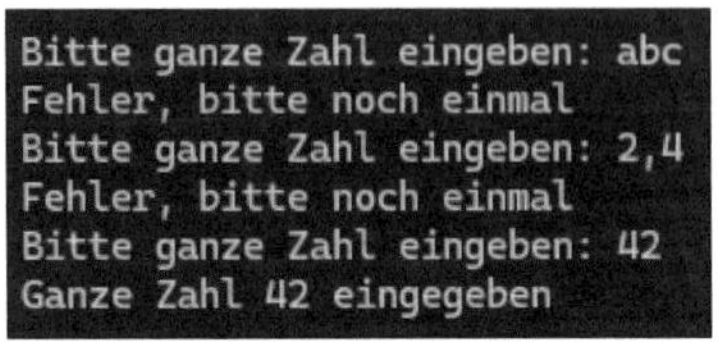

Abbildung 4.42 Eingabe einer ganzen Zahl

Hinweis

Eine Konsolenanwendung kann mit der Tastenkombination Strg+C vorzeitig abgebrochen werden.

4.7.5 Ausgabe formatieren

Die Ausgabe eines Konsolenprogramms kann formatiert werden. Das ist vor allem bei der Ausgabe von Tabellen wichtig.

Hierzu ein Beispiel im Projekt *KonsoleFormat*:

```
string[] stadt = ["München", "Berlin",
    "Bonn", "Bremerhaven", "Ulm"];

for (int i = 0; i < stadt.Length; i++)
    Console.WriteLine(
        "{0,-15}{1,9:0.0000}{2,12:#,##0.0}",
        stadt[i], i / 7.0, i * 10000.0 / 7);
```

Listing 4.39 Projekt »KonsoleFormat«

Die Ausgabemethode `WriteLine()` kann mit einer Formatierungszeichenkette als erstem Parameter aufgerufen werden. Darin stehen für jede Variable die Nummer der danach angegebenen Variablen (beginnend mit der Ziffer 0), ein Komma und die zugehörige Formatierung:

- `{0,-15}`: Die Zeichenkette mit dem Wert von `stadt[i]` wird in der Mindestgesamtbreite 15 ausgegeben. Wegen des Minuszeichens vor der 15 erscheint sie linksbündig.
- `{1,9:0.0000}`: Der Wert von `i / 7.0` wird in der Mindestgesamtbreite 9 ausgegeben, gerundet auf vier Nachkommastellen. Er erscheint standardmäßig rechtsbündig.
- `{2,12:#,##0.0}`: Der Wert von `i * 10000.0 / 7` wird in der Mindestgesamtbreite 12 ausgegeben, gerundet auf eine Nachkommastelle, rechtsbündig. Hat der Wert mehr als drei Stellen vor dem Komma, wird ein Tausenderpunkt angezeigt.

Das Formatierungszeichen `0` steht für eine Ziffer, die auf jeden Fall angezeigt wird; das Formatierungszeichen `#` steht für eine Ziffer, die nur dann angezeigt wird, wenn die Zahl diese Ziffer hat.

Die Ausgabe des Programms sehen Sie in Abbildung 4.43.

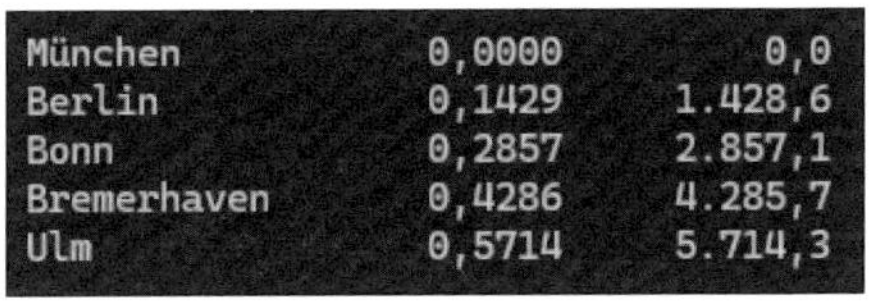

Abbildung 4.43 Ausgabe formatieren

> **Hinweis**
>
> Falls Sie eine Tabelle in einem Label oder einer ListBox ausgeben möchten, können Sie ebenfalls mit den genannten Formatierungen arbeiten. Allerdings sollten Sie für das Steuerelement eine nicht proportionale Schriftart wählen, wie zum Beispiel `Courier New`, damit alle Zeichen dieselbe Breite einnehmen, siehe auch Abschnitt 6.1.9.

4.7.6 Aufruf mit Startparametern

Konsolenanwendungen werden häufig mit Startparametern aufgerufen. Diese können dazu dienen, eine Anwendung auf unterschiedliche Arten aufzurufen, ohne dass dazu der Code geändert werden muss. Ein Startparameter könnte zum Beispiel der Name einer beliebigen Datei sein, die geöffnet und gelesen werden soll und die der Benutzer bei jedem Aufruf eingeben soll.

Die Übernahme der Startparameter in die Anwendung soll mithilfe des Projekts *KonsoleStartparameter* verdeutlicht werden:

```
for (int i = 0; i < args.Length; i++)
    Console.WriteLine($"{i}: {args[i]}");

double summe = 0.0;
foreach (string a in args)
{
    try
    {
        summe += Convert.ToDouble(a);
    }
    catch { }
}
Console.WriteLine($"Summe: {summe}");
```

Listing 4.40 Projekt »KonsoleStartparameter«

Zur Eingabe der Startparameter: Rufen Sie vor dem Start des Programms den Menüpunkt Debuggen • <Projektname>-Debugeigenschaften auf. Geben Sie die Parameter im Feld Befehlszeilenargumente ein, durch Leerzeichen voneinander getrennt, siehe Abbildung 4.44.

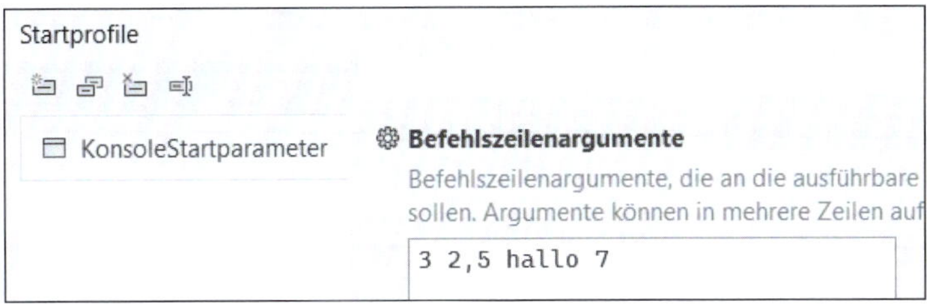

Abbildung 4.44 Eingabe der Startparameter

Die einzelnen Startparameter sind Zeichenketten, sie werden bei einem Aufruf in dem Datenfeld mit dem festgelegten Namen `args` gespeichert. Die `for`-Schleife dient zur Ausgabe der Startparameter inklusive Index. Die `foreach`-Schleife verdeutlicht, dass die Startparameter auch Zahlen enthalten können, die in diesem Beispiel summiert werden.

Ein Aufruf mit den Startparametern `3`, `2,5`, `hallo` und `7` erzeugt eine Ausgabe wie in Abbildung 4.45. Die Zeichenkette »hallo« wird nur ausgegeben; sie wird bei der Summenbildung ignoriert.

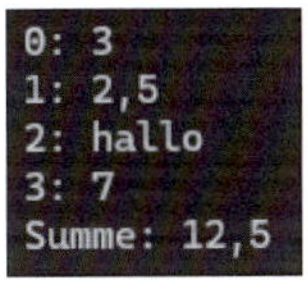

Abbildung 4.45 Aufruf mit Startparametern

Sie können Ihr Programm auch in einer *Eingabeaufforderung* starten, siehe Abschnitt 4.7.2. Rufen Sie es dazu mit seinem Namen auf, gefolgt von einem Leerzeichen und den Startparametern, die wiederum durch Leerzeichen voneinander getrennt sind: `KonsoleStartparameter 3 2,5 hallo 7`

4.8 Tupel

Tupel bieten eine einfache Möglichkeit, thematisch zusammenhängende Daten unterschiedlichen Typs zusammenzufassen. In den verschiedenen Beispielen im Projekt *Tupel* handelt es sich um drei Daten zu einer Person:

- eine ganze Zahl für das Alter einer Person
- eine Zeichenkette für den Vornamen der Person
- einen Wert mit Nachkommastellen für das Gehalt einer Person

Der Rückgabewert einer Methode kann ebenfalls ein Tupel sein. Auf diese Weise können Sie aus einer Methode mehrere Werte auf einmal zurückliefern.

Alle Programme dieses Abschnitts finden Sie im Projekt *Tupel*.

4.8.1 Implizit typisierte Variablen

Im Zusammenhang mit Tupeln benötigen Sie das Schlüsselwort `var` zur Deklaration von implizit typisierten Variablen. Diese Variablen müssen mit einem Wert initialisiert werden. Ihr Datentyp ergibt sich implizit mithilfe dieses Werts. In vielen Fällen ergibt sich daraus allerdings zusätzlicher Aufwand bei der Übersetzung oder Ausführung des Programms.

Nachfolgend ein Beispiel:

```
private void CmdAnzeigen1_Click(...)
{
    var alter = 42;
    var vorname = "Peter";
    var lohn = 18.5;
    LblAnzeige.Text = $"{alter} / {alter.GetType()}\n"
        + $"{vorname} / {vorname.GetType()}\n"
        + $"{lohn} / {lohn.GetType()}";
}
```

Listing 4.41 Projekt »Tupel«, Schlüsselwort »var«

Drei Variablen werden mithilfe des Schlüsselworts `var` deklariert. Sie werden mit einer ganzen Zahl, einer Zeichenkette beziehungsweise einer Zahl mit Nachkommastellen initialisiert. Dabei werden die drei Datentypen `int`, `string` und `double` erkannt und zugeordnet. Zur Verdeutlichung werden die Werte und Datentypen ausgegeben.

Die Methode `GetType()` liefert den Datentyp einer Variablen oder eines Objekts. Mehr zu dieser Methode erfahren Sie in Abschnitt 5.7.5. Die Datentypen `int`, `string` oder `double` werden intern mit `System.Int32`, `System.String` und `System.Double` bezeichnet. Diesen Zusammenhang haben Sie bereits bei den Umwandlungsmethoden der Klasse `Convert` gesehen – sie haben die Namen `ToInt32()`, `ToString()` und `ToDouble()`.

Die Ausgabe des Programms sehen Sie in Abbildung 4.46.

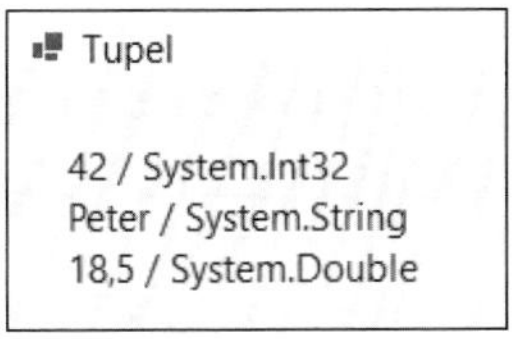

Abbildung 4.46 Ausgabe der Werte und Datentypen

4.8.2 Unbenannte Tupel

Es gibt unbenannte Tupel und benannte Tupel. Die einzelnen Elemente eines unbenannten Tupels haben keine eigenen Namen, sondern nur die Standardnamen `Item1`, `Item2`, `Item3` usw.

Im nachfolgenden Programm werden einige unbenannte Tupel auf unterschiedliche Art und Weise erzeugt:

```
private void CmdAnzeigen2_Click(...)
{
    var personA = (42, "Peter", 18.5);
    LblAnzeige.Text = $"{personA.Item1} "
        + $"{personA.Item2} {personA.Item3}\n";

    (int, string, double) personB = (42, "Peter", 18.5);
    LblAnzeige.Text += $"{personB.Item1} "
        + $"{personB.Item2} {personB.Item3}\n";

    var personC = personB;
    LblAnzeige.Text += $"{personC.Item1} "
        + $"{personC.Item2} {personC.Item3}";
}
```

Listing 4.42 Projekt »Tupel«, unbenannte Tupel

Die Elemente eines Tupels werden innerhalb von runden Klammern notiert, getrennt durch Kommata. Das erste Tupel wird der Variablen `personA` zugewiesen. Diese Variable wird mithilfe des Schlüsselworts `var` als Tupel aus drei Daten deklariert. Diese drei Daten erhalten implizit die Datentypen `int`, `string` beziehungsweise `double`. Die Variable enthält anschließend drei thematisch zusammenhängende Daten zu einer Person.

Die einzelnen Elemente eines unbenannten Tupels heißen `Item1`, `Item2` usw. Sie greifen damit wie auf die Eigenschaft eines Objekts mithilfe der Punktschreibweise zu.

Das zweite Tupel wird der Variablen personB zugewiesen. Sie stellt ebenfalls ein Tupel aus drei Daten dar. Diese drei Daten erhalten ihre Datentypen explizit: Sie stehen vor dem Namen der Variablen innerhalb von runden Klammern, getrennt durch Kommata.

Die Variable personC wird wiederum mithilfe des Schlüsselworts var deklariert. Sie erhält ihren Wert durch Zuweisung des Tupels personB.

In Abbildung 4.47 sehen Sie die Werte der drei Tupel.

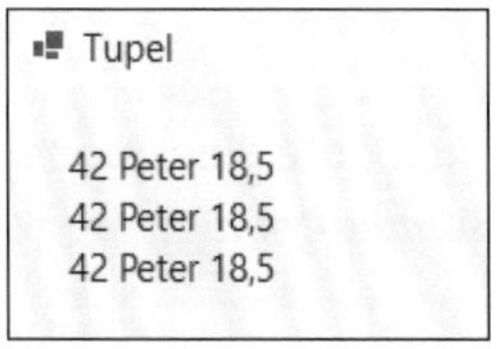

Abbildung 4.47 Drei unbenannte Tupel

4.8.3 Dekonstruktion

Unter der Dekonstruktion eines Tupels versteht man die Zuweisung der Elemente des Tupels zu einzelnen Variablen. Im nachfolgenden Programm werden einige unbenannte Tupel auf unterschiedliche Art und Weise dekonstruiert. Zur Dekonstruktion von Objekten eigener Klassen siehe Abschnitt 5.18.

```
private void CmdAnzeigen3_Click(...)
{
    var personA = (42, "Peter", 18.5);

    var (alter1, vorname1, lohn1) = personA;
    LblAnzeige.Text = $"{alter1} {vorname1} {lohn1}\n";

    (int alter2, string vorname2, double lohn2) = personA;
    LblAnzeige.Text += $"{alter2} {vorname2} {lohn2}\n";

    int alter3;
    string vorname3;
    double lohn3;
    (alter3, vorname3, lohn3) = personA;
    LblAnzeige.Text += $"{alter3} {vorname3} {lohn3}";
}
```

Listing 4.43 Projekt »Tupel«, Dekonstruktion

Das unbenannte Tupel personA soll dekonstruiert werden.

Die drei einzelnen Variablen alter1, vorname1 und lohn1 werden zusammen mithilfe des Schlüsselworts var deklariert. Sie erhalten ihre Werte durch die Zuweisung des Tupels. Damit erhalten sie gleichzeitig implizit ihre Datentypen int, string beziehungsweise double.

Die drei Variablen alter2, vorname2 und lohn2 werden mit Angabe ihrer Datentypen deklariert. Sie erhalten ihre Werte ebenfalls durch die Zuweisung des Tupels.

Bei den drei Variablen alter3, vorname3 und lohn3 wird davon ausgegangen, dass sie bereits vorher, im Laufe des Programms, mit ihren Datentypen deklariert wurden. Sie erhalten ihre Werte wiederum durch die Zuweisung des Tupels.

In Abschnitt 5.18 finden Sie ein anschauliches Beispiel zur Dekonstruktion von Objekten eigener Klassen.

4.8.4 Benannte Tupel

Zur Verbesserung der Lesbarkeit haben die einzelnen Elemente eines benannten Tupels im Gegensatz zu einem unbenannten Tupel eigene Namen. Zusätzlich besitzen sie ihre Standardnamen Item1, Item2 ..., die aber nicht mehr benötigt werden.

Im nachfolgenden Programm wird mit zwei benannten Tupeln gearbeitet:

```
private void CmdAnzeigen4_Click(...)
{
    (int alter, string vorname, double lohn) personA
        = (42, "Peter", 18.5);
    LblAnzeige.Text = $"{personA.alter} "
        + $"{personA.vorname} {personA.lohn}\n";

    var personB = personA;
    LblAnzeige.Text += $"{personB.alter} "
        + $"{personB.vorname} {personB.lohn}";
}
```

Listing 4.44 Projekt »Tupel«, benannte Tupel

Beim benannten Tupel personA erhalten die einzelnen Elemente ihre Namen bei ihrer expliziten Deklaration und ihre Werte durch eine Zuweisung.

Die Namen, Datentypen und Werte des Tupels personA werden anschließend dem Tupel personB zugewiesen. Der Editor weist bereits darauf hin, dass dieses Tupel dekonstruiert werden könnte.

4.8.5 Implizite Namen und Vergleiche

Auch die Namen für die Elemente eines benannten Tupels können implizit übernommen werden. Zudem können gleichartige Tupel mithilfe der Operatoren == und != miteinander verglichen werden.

Es folgen einige Beispiele:

```
private void CmdAnzeigen5_Click(...)
{
    int alter = 42;
    string vorname = "Peter";
    double lohn = 18.5;
    var personA = (alter, vorname, lohn);
    LblAnzeige.Text = $"{personA.alter} "
        + $"{personA.vorname} {personA.lohn}\n";

    int a = 42;
    string v = "Peter";
    double l = 18.5;
    var personB = (a, v, l);

    if (personA == (42, "Peter", 18.5))
        LblAnzeige.Text += "Tupel sind gleich\n";
    if (personA == personB)
        LblAnzeige.Text += "Tupel sind gleich\n";
    personA.alter = 43;
    if (personA != personB)
        LblAnzeige.Text += "Tupel sind nicht gleich";
}
```

Listing 4.45 Projekt »Tupel«, implizite Namen und Vergleiche

Das Tupel personA wird mithilfe des Schlüsselworts var deklariert. Die Datentypen und Werte der drei Variablen werden übernommen. Die Namen der Variablen werden für die Namen der Elemente übernommen.

Dasselbe geschieht beim Tupel personB, nur mit anderen Namen.

Zwei gleichartige Tupel können mithilfe der beiden Operatoren == und != miteinander verglichen werden. Zwei Tupel sind gleichartig, wenn sie dieselbe Anzahl an Elementen mit denselben Datentypen haben. Die Namen der Elemente müssen nicht übereinstimmen. Es ist auch nicht wichtig, ob die Tupel benannt oder unbenannt sind.

Haben alle Elemente dieselben Werte, liefert der Vergleich von Tupeln mithilfe des Operators == den Wert true. Sind bei einem der Elemente die Werte unterschiedlich, liefert der Operator != den Wert true.

Die Ausgabe des Programms sehen Sie in Abbildung 4.48.

```
Tupel

42 Peter 18,5
Tupel sind gleich
Tupel sind gleich
Tupel sind nicht gleich
```

Abbildung 4.48 Implizite Namen und Vergleiche

4.8.6 Unbenannte Tupel und Methoden

Sie können (benannte oder unbenannte) Tupel als Parameter an eine Methode übergeben. Besonders interessant ist es zudem, dass Sie ein (benanntes oder unbenanntes) Tupel als Rückgabewert einer Methode einsetzen können. Damit haben Sie die Möglichkeit, mehrere Werte aus einer Methode zurückzuliefern.

Nachfolgend eine Methode, die mit unbenannten Tupeln arbeitet:

```
private static (double, double) RechnenUnbenannt
    (double a, (double, double) b)
{
    double summe = a + b.Item1 + b.Item2;
    double mittelwert = summe / 3;
    return (summe, mittelwert);
}
```

Listing 4.46 Projekt »Tupel«, Methode mit unbenanntem Tupel

Die Methode RechnenUnbenannt erwartet zwei Parameter: einen double-Wert und ein Tupel, bestehend aus zwei weiteren double-Werten. Innerhalb der Methode handelt es sich um ein unbenanntes Tupel.

Die Summe und der Mittelwert der drei Werte werden berechnet. Beide Rechenergebnisse werden innerhalb eines unbenannten Tupels aus zwei double-Werten als Rückgabewert der Methode zurückgeliefert.

Die Methode wird aus dem folgenden Programm zweimal aufgerufen:

```
private void CmdAnzeigen6_Click(...)
{
    var zahlen = (3.8, 1.2);
    var ergebnis = RechnenUnbenannt(2.5, zahlen);
    LblAnzeige.Text = $"Ergebnis: {ergebnis.Item1} {ergebnis.Item2}\n";

    (double summe, double mittelwert) =
        RechnenUnbenannt(2.5, (3.8, 1.2));
    LblAnzeige.Text += $"Ergebnis: {summe} {mittelwert}";
}
```

Listing 4.47 Projekt »Tupel«, Aufruf der Methode

Beim ersten Aufruf der Methode wird als zweiter Parameter das zuvor deklarierte, unbenannte Tupel zahlen übergeben. Der Rückgabewert wird in dem unbenannten Tupel ergebnis gespeichert.

Beim zweiten Aufruf der Methode wird als zweiter Parameter ein unbenanntes Tupel übergeben, das aus zwei Werten besteht. Der Rückgabewert wird in zwei Variablen dekonstruiert.

Die Ausgabe des Programms sehen Sie in Abbildung 4.49.

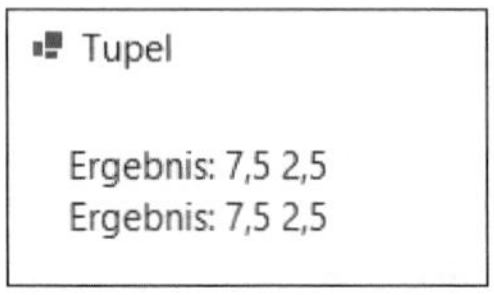

Abbildung 4.49 Methoden und Tupel

4.8.7 Benannte Tupel und Methoden

Nachfolgend eine Methode, die mit benannten Tupeln arbeitet:

```
private static (double summe, double mittelwert)
    RechnenBenannt(double a, (double e, double z) b)
{
    double s = a + b.e + b.z;
```

```
    double m = s / 3;
    return (s, m);
}
```

Listing 4.48 Projekt »Tupel«, Methode mit benanntem Tupel

Innerhalb der Methode handelt es sich bei dem übergebenen Tupel um ein benanntes Tupel mit den Elementen `e` und `z`. Bei dem Rückgabewert handelt es sich ebenfalls um ein benanntes Tupel. Es hat die Elemente `summe` und `durchschnitt`.

Die Methode wird aus dem folgenden Programm zweimal aufgerufen:

```
private void CmdAnzeigen7_Click(...)
{
    (double eins, double zwei) zahlen = (3.8, 1.2);

    var ergebnis = RechnenBenannt(2.5, zahlen);
    LblAnzeige.Text = "Ergebnis: " +
        $"{ergebnis.summe} {ergebnis.mittelwert}\n";

    (double su, double mi) = RechnenBenannt(2.5, zahlen);
    LblAnzeige.Text += $"Ergebnis: {su} {mi}";
}
```

Listing 4.49 Projekt »Tupel«, Aufruf der Methode

Beim ersten Aufruf der Methode wird als zweiter Parameter das zuvor deklarierte benannte Tupel `zahlen` übergeben. Der Rückgabewert wird in dem benannten Tupel `ergebnis` gespeichert. Der Editor weist bereits darauf hin, dass dieses Tupel dekonstruiert werden könnte. Es hat die Elemente `summe` und `durchschnitt`.

Beim zweiten Aufruf der Methode wird der Rückgabewert unmittelbar in zwei Variablen dekonstruiert.

Die Ausgabe des Programms sieht ebenfalls aus wie in Abbildung 4.49.

Kapitel 5
Objektorientierte Programmierung

Die Sprache C# ist rein objektorientiert. Was das genau bedeutet, erfahren Sie in diesem Kapitel.

In den folgenden Abschnitten lernen Sie die objektorientierte Denkweise kennen und erzeugen eigene Klassen und Objekte.

5.1 Was ist Objektorientierung?

Die Objektorientierung ist ein Denkansatz, der Programmierern dabei hilft, die Abläufe der realen Welt in einem Programm nachzubilden. Sie dient zur Klassifizierung der Objekte und Daten, die in einem Programm behandelt werden sollen. Die Eigenschaften und Methoden ähnlicher Objekte werden durch gemeinsame Definitionen, die sogenannten *Klassen*, zusammengefasst und besser handhabbar gemacht.

C# ist eine rein objektorientierte Sprache. Wir haben in diesem Buch bereits die ganze Zeit mit Objekten gearbeitet:

- Zum einen werden Steuerelemente und ihre Eigenschaften genutzt. Jeder Button, jede TextBox usw. ist ein Objekt einer speziellen Klasse, in der die spezifischen Eigenschaften der Objekte dieser Klasse festgelegt sind.
- Zum anderen wird mit Variablen und mit Datenfeldern gearbeitet. Einzelne Variablen sind Objekte ihres Datentyps (`double`, `int` ...). Es können festgelegte Operationen mit ihnen ausgeführt werden (Addition, Subtraktion usw.). Objekten der Klasse `Array` (Datenfeld) stehen vordefinierte Methoden zur Verfügung (`Clone()`, `Sort()` ...).

Der nächste Schritt, die Erzeugung eigener Klassen und der zugehörigen Objekte, sollte also nicht schwerfallen.

Hinweis

Die in diesem Kapitel dargestellten Programme stellen eine Kompromisslösung dar, denn sie veranschaulichen zwar die Objektorientierung in C#, sind aber nicht so umfangreich, dass sich der Vorteil der Objektorientierung in besonderer Weise auswirken würde.

Stattdessen werden kleine und übersichtliche Klassen definiert und genutzt. Dadurch verbessert sich das Verständnis für die Objektorientierung allgemein und gleichzeitig für die Nutzung der bereits vorhandenen Klassen von C# innerhalb von Visual Studio.

5.2 Klasse, Eigenschaft, Methode, Objekt

In der Definition einer Klasse werden die Eigenschaften und Methoden gleichartiger Objekte festgelegt. Die Werte der Eigenschaften kennzeichnen die verschiedenen Objekte. Methoden wiederum sind Aktionen, die für die Objekte ausgeführt werden können.

Diese Begriffe sollen anhand eines Programms illustriert werden. Darin wird eine Klasse für Fahrzeuge definiert. Die Fahrzeuge haben eine Geschwindigkeit, man kann sie beschleunigen, und man kann ihre Eigenschaften auf dem Bildschirm ausgeben.

5.2.1 Definition der Klasse

Zunächst erzeugen Sie wie gewohnt im Projekt *Klassen* eine Windows-Anwendung. Anschließend erstellen Sie eine eigene Datei für die Definition der Klasse für Fahrzeuge. Das erleichtert die Übersicht und die spätere Wiederverwendbarkeit der Klasse.

Nach dem Aufruf des Menüpunkts PROJEKT • KLASSE HINZUFÜGEN öffnet sich beim allerersten Aufruf ein kleines Dialogfeld. Darin gehen Sie auf ALLE VORLAGEN ANZEIGEN. Anschließend und bei jedem weiteren Aufruf des Menüpunkts erscheint das Dialogfeld NEUES ELEMENT HINZUFÜGEN, das verschiedene Vorlagen enthält.

Hier wählen Sie auf der linken Seite die Kategorie C#, anschließend die Unterkategorie CODE und dann auf der rechten Seite die Vorlage KLASSE. In das Feld NAME sollten Sie den Namen der zu erzeugenden Klasse (hier: `Fahrzeug`) eintragen.

Nach dem Betätigen des Buttons HINZUFÜGEN wird eine neue Datei mit dem Namen *Fahrzeug.cs* erstellt, die die neue leere Klasse mit dem Namen `Fahrzeug` enthält. Der Name einer Klasse sollte gemäß Konvention mit einem Großbuchstaben beginnen.

Standardmäßig wird eine neue Klasse mit dem Zugriffsmodifizierer `internal` erzeugt, der den Zugriff auf die Klasse einschränkt. Das ist aber nur bei der Erstellung von großen Klassenbibliotheken wichtig. Für unsere Projekte kann der Zugriffsmodifizierer `internal` weggelassen werden.

Der Code der neuen Klasse Fahrzeug erscheint im Codefenster. Ändern Sie ihn wie folgt:

```
namespace Klassen
{
    class Fahrzeug
    {
        private int geschwindigkeit;

        public string Ausgabe()
        {
            return $"Geschwindigkeit: {geschwindigkeit}";
        }

        // public string Ausgabe => $"Geschwindigkeit: {geschwindigkeit}";

        public void Beschleunigen(int wert)
        {
            geschwindigkeit += wert;
            // this.geschwindigkeit += wert;
        }
    }
}
```

Listing 5.1 Projekt »Klassen«, Definition der Klasse »Fahrzeug«

Die Klassendefinition steht in der Datei *Fahrzeug.cs*. Die neue Klasse befindet sich im gleichen Namensraum wie das Programm: Klassen. Die Definition einer Klasse wird mit dem Schlüsselwort class eingeleitet.

Ein Fahrzeug hat die Eigenschaft geschwindigkeit. Eine Eigenschaft wird mithilfe einer Variablen deklariert, hier vom Datentyp int.

Eigenschaften sind meist innerhalb einer Klasse gekapselt. Dies wird durch den Zugriffsmodifizierer private gekennzeichnet. Kapselung bedeutet, dass das betreffende Element von Programmteilen außerhalb der Klasse nicht direkt erreichbar ist.

Die *Datenkapselung* ist eines der wichtigen und grundlegenden Konzepte der objektorientierten Programmierung: Bestimmte Elemente, wie zum Beispiel Eigenschaften, sollen nur über klar definierte Zugänge erreichbar beziehungsweise veränderbar sein. Die Deklaration public int geschwindigkeit würde diesem Prinzip der Datenkapselung demnach offensichtlich widersprechen.

Hinweis

In diesem Buch wurden diejenigen Variablen, die innerhalb einer ganzen Klasse gültig sind, bisher als *Eigenschaften des Objekts der Klasse* oder kurz als *Objekteigenschaften* bezeichnet. Der Begriff *Eigenschaft* war auf die Eigenschaften der Steuerelemente beschränkt.

Mit wachsendem Verständnis für die Objektorientierung haben Sie vermutlich längst festgestellt, dass Steuerelemente nichts anderes sind als Objekte einer bestimmten Klasse, die Eigenschaften und Methoden besitzt. Im weiteren Verlauf dieses Buchs wird der Begriff *Objekteigenschaft* daher durch den einheitlichen Begriff *Eigenschaft* ersetzt.

Die Methode `Ausgabe()` dient zur kommentierten Ausgabe des Werts der Eigenschaft `geschwindigkeit`. Sie liefert eine Zeichenkette, die den Wert der Eigenschaft enthält. Die Methode wird mit dem Zugriffsmodifizierer `public` öffentlich gemacht, d. h., sie ist von einem Programmteil aus erreichbar, der außerhalb der Klasse steht.

Soll es klasseninterne Methoden geben, die nur von anderen Methoden innerhalb der Klasse erreichbar sind, können Sie sie mit dem Zugriffsmodifizierer `private` aber ebenso kapseln wie Eigenschaften.

Methoden einer Klasse, die nur eine Anweisung umfassen, können auch mithilfe der Kurzform definiert werden. Nach den Kommentarzeichen sehen Sie die alternative Definition der Methode `Ausgabe()`.

Die Methode `Beschleunigen()` dient zur Änderung des Werts der Eigenschaft `geschwindigkeit`. Beim Aufruf wird der Methode ein Wert übergeben, der zu dem bisherigen Wert der Eigenschaft `geschwindigkeit` addiert wird.

Das Schlüsselwort `this` kennzeichnet *dieses Objekt*. Später werden verschiedene Objekte der Klasse `Fahrzeug` erzeugt. Für jedes dieser Objekte kann die Methode `Beschleunigen()` aufgerufen werden, und es wird genau *dieses Objekt* beschleunigt. Dieser Zusammenhang wird durch die Benutzung von `this` noch einmal hervorgehoben, obwohl das nicht unbedingt notwendig wäre. Auch in der Methode `Ausgabe()` könnten Sie `this.geschwindigkeit` schreiben.

5.2.2 Nutzung der Klasse

Nach ihrer Definition kann die Klasse `Fahrzeug` genutzt werden. In der Ereignismethode des Programms im Projekt *Klassen* werden zwei verschiedene Objekte dieser Klasse erzeugt. Die Eigenschaften der beiden Objekte werden verändert und ausgegeben (siehe Abbildung 5.1).

Abbildung 5.1 Objekte erzeugen, verändern, ausgeben

Der Programmcode der Ereignismethode:

```
namespace Klassen
{
    public partial class Form1 : Form
    {
        ...
        private void CmdAnzeigen_Click(...)
        {
            Fahrzeug vespa;
            vespa = new Fahrzeug();

            LblAnzeige.Text = vespa.Ausgabe() + "\n";
            vespa.Beschleunigen(35);
            LblAnzeige.Text += $"{vespa.Ausgabe()}\n\n";
            // LblAnzeige.Text += vespa.geschwindigkeit;

            Fahrzeug schwalbe = new();
            schwalbe.Beschleunigen(50);
            LblAnzeige.Text += schwalbe.Ausgabe();
        }
    }
}
```

Listing 5.2 Projekt »Klassen«, Nutzung der Klasse »Fahrzeug«

Die Klasse `Fahrzeug` wird in der Klasse des Formulars genutzt.

Die Anweisung `Fahrzeug vespa` erzeugt eine Variable mit dem Namen `vespa`, die als Verweis auf ein Objekt der Klasse `Fahrzeug` dienen kann. Mit `new Fahrzeug()` wird ein neues Objekt der Klasse `Fahrzeug` erzeugt. Dank der Zuweisung kann das Objekt über den Verweis `vespa` erreicht werden.

Dieses Objekt verfügt über die Eigenschaften und Methoden, die in der Klassendefinition festgelegt sind. Man spricht auch von einer *Instanz* der Klasse Fahrzeug beziehungsweise vom *Instanziieren* dieser Klasse.

Mit vespa.Ausgabe() wird die Methode Ausgabe() für das Objekt vespa aufgerufen. Diese Methode liefert den Wert der Geschwindigkeit als Zeichenkette. Sie wird dem Label zugewiesen, hier zusammen mit einem Zeilenumbruch.

Mit vespa.Beschleunigen(35) wird die Methode Beschleunigen() für das Objekt vespa aufgerufen. In der Methode wird die Eigenschaft geschwindigkeit des Objekts um den übergebenen Wert erhöht.

Anschließend folgt wieder die Ausgabe. Sie sehen nun, wie sich das Objekt verändert hat. Auch der Aufruf einer Objektmethode, die einen Wert zurückliefert, kann mithilfe des Zeichens $ und der geschweiften Klammern in eine Zeichenkette eingebettet werden.

Es folgt eine auskommentierte Anweisung. Sie kann nicht ausgeführt werden. Das Objekt vespa hat zwar eine Eigenschaft geschwindigkeit, sie ist aber nicht öffentlich erreichbar. Daher würde das Programm nicht übersetzt werden. Einen Hinweis darauf liefert bereits die Tatsache, dass diese Eigenschaft nicht in der Liste enthalten ist, die sich im Editor nach Eingabe des Punkts hinter vespa öffnet.

Häufig finden die Deklaration eines Verweises auf ein Objekt und die Erzeugung des Objekts in derselben Anweisung statt, wie hier bei dem Verweis schwalbe. Kann dabei der Typ des Objekts eindeutig zugeordnet werden, muss die Klasse nicht genannt werden. Hier genügt also Fahrzeug schwalbe = new() statt Fahrzeug schwalbe = new Fahrzeug().

5.3 Eigenschaftsmethode

Eigenschaftsmethoden ermöglichen einen verbesserten Schutz und eine weitergehende Kontrolle von Eigenschaften. Um das zu verdeutlichen, wird die Klasse Fahrzeug im Projekt *KlassenEigenschaftsmethoden* verändert.

5.3.1 Definition der Klasse

Zunächst die neue Klassendefinition:

```
class Fahrzeug
{
    private int geschwindigkeit;
    public int Geschwindigkeit
    {
```

```
        get
        {
            return geschwindigkeit;
        }

        private set
        {
            geschwindigkeit = value > 100 ? 100
                : value < 0 ? 0 : value;
        }
    }

    public void Beschleunigen(int wert)
    {
        Geschwindigkeit += wert;
    }
}
```

Listing 5.3 Projekt »KlassenEigenschaftsmethoden«, Definition der Klasse

Nach wie vor gibt es die geschützte Eigenschaft `geschwindigkeit`.

Zu dieser Eigenschaft wird die Eigenschaftsmethode (engl. *property*) `Geschwindigkeit()` hinzugefügt. Der Name einer Eigenschaftsmethode sollte gemäß Konvention so lauten wie der Name der zugehörigen Eigenschaft, allerdings mit einem Großbuchstaben beginnen.

Eigenschaftsmethoden präsentieren sich wie eine Mischform aus Eigenschaft und Methode. Sie bestehen aus sogenannten *Accessoren*, einem `get`-Accessor und einem `set`-Accessor. Der `get`-Accessor ist verantwortlich für das Lesen der Eigenschaft `geschwindigkeit`, der `set`-Accessor ist verantwortlich für das Schreiben in die Eigenschaft `geschwindigkeit`.

Im vorliegenden Programm wird die Eigenschaftsmethode mit `public` öffentlich gemacht. Der `set`-Accessor wird dagegen mit `private` gekapselt. Somit kann die Eigenschaft `geschwindigkeit` außerhalb der Klasse gelesen, aber nicht verändert werden. Sie können sie nur über die öffentliche Methode `Beschleunigen()` verändern.

Ein Accessor muss mindestens so restriktiv sein wie die Eigenschaftsmethode. Somit ist die Kombination *gekapselte Eigenschaftsmethode* und *öffentlicher Accessor* nicht möglich.

Im `set`-Accessor steht über das festgelegte Schlüsselwort `value` der gelieferte Wert zur Verfügung. Durch eine Verzweigung wird dafür gesorgt, dass der Wert der Eigenschaft geschwindigkeit nicht kleiner als 0 und nicht größer als 100 wird. Eine solche Kontrolle ist einer der Einsatzzwecke einer Eigenschaftsmethode.

In der Methode Beschleunigen() wird der gelieferte Wert zu der Eigenschaftsmethode addiert. Auf diese Weise wird dafür gesorgt, dass sich auch bei Aufruf der Methode Beschleunigen() der Wert der Eigenschaft geschwindigkeit nur innerhalb der erlaubten Grenzen bewegt.

5.3.2 Nutzung der Klasse

Es folgt ein Programm, das die geänderte Klasse nutzt:

```
private void CmdAnzeigen_Click(...)
{
    Fahrzeug vespa = new();
    LblAnzeige.Text = "Geschwindigkeit: " +
        $"{vespa.Geschwindigkeit}\n";
    vespa.Beschleunigen(120);
    // vespa.Geschwindigkeit = 50;
    LblAnzeige.Text += "Geschwindigkeit: " +
        $"{vespa.Geschwindigkeit}";
}
```

Listing 5.4 Projekt »KlassenEigenschaftsmethoden«, Nutzung der Klasse

Zur Ausgabe wird der (öffentlich zugängliche) get-Accessor der Eigenschaftsmethode Geschwindigkeit() benutzt.

Es wird versucht, das Fahrzeug um 120 zu beschleunigen. Das gelingt allerdings nicht, da der set-Accessor der Eigenschaftsmethode Geschwindigkeit() das verhindert (siehe Abbildung 5.2).

Es folgt die auskommentierte Anweisung vespa.Geschwindigkeit = 50. Sie kann nicht durchgeführt werden, da der set-Accessor der Eigenschaftsmethode Geschwindigkeit() gekapselt ist.

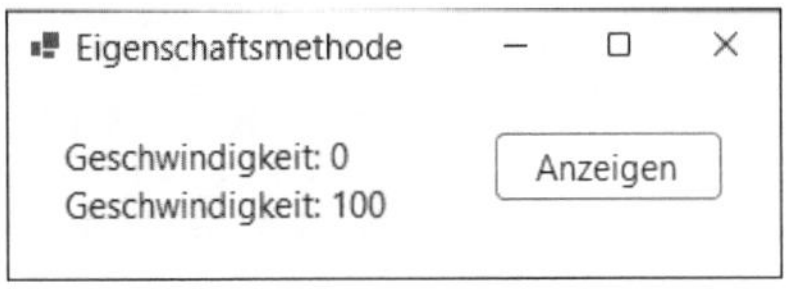

Abbildung 5.2 Kontrolle durch Eigenschaftsmethode

5.4 Konstruktor

Konstruktoren dienen dazu, Objekte bei ihrer Erzeugung mit Werten zu versehen. Es kann pro Klasse mehrere Konstruktoren geben, wenn Sie es dem Benutzer der Klasse ermöglichen möchten, seine Objekte auf verschiedene Art und Weise zu erzeugen. Ein Konstruktor wird in der Klasse wie eine Methode vereinbart. Er hat immer den Namen der Klasse.

Im Projekt *KlassenKonstruktoren* wird die Klasse `Fahrzeug` wiederum verändert mit besonderem Augenmerk auf Konstruktoren. Zudem wird die Ausgabemethode `ToString()` eingeführt und erläutert.

5.4.1 Definition der Klasse

Zunächst die Klasse:

```
class Fahrzeug
{
    private readonly string bezeichnung;
    private readonly int geschwindigkeit;

    public Fahrzeug(string b, int g)
    {
        bezeichnung = b;
        geschwindigkeit = g;
    }

    public Fahrzeug(string b)
    {
        bezeichnung = b;
        geschwindigkeit = 0;
    }

    public Fahrzeug(int g)
    {
        bezeichnung = "(leer)";
        geschwindigkeit = g;
    }

    public Fahrzeug() : this("(leer)", 0) { }
```

```
    public override string ToString()
    {
        return $"Bezeichnung: {bezeichnung}\n" +
            $"Geschwindigkeit: {geschwindigkeit}\n";
    }
}
```

Listing 5.5 Projekt »KlassenKonstruktoren«, Definition der Klasse

Fahrzeuge haben nun zwei Eigenschaften: eine Bezeichnung (mit dem Datentyp `string`) und eine Geschwindigkeit (mit dem Datentyp `int`).

Die Zuweisung des Wertes einer Eigenschaft im Konstruktor zählt nicht zu den Wertänderungen. Gibt es für die betreffende Eigenschaft keine weiteren Wertänderungen, sollten Sie diese Eigenschaft mithilfe des Attributs `readonly` vor dem Überschreiben schützen.

Es sind vier Konstruktormethoden mit dem Namen `Fahrzeug()` vereinbart; diese unterscheiden sich in der sogenannten *Signatur*, d. h. bei der Anzahl und den Datentypen der Parameter. Durch diese Unterscheidung kann das Programm bei der Objekterzeugung erkennen, welche der vier Konstruktormethoden verwendet werden soll.

Neben der Konstruktormethode können auch andere Methoden auf diese Weise *überladen* werden. Das ist eine recht häufige Vorgehensweise: Sie senden beim Aufruf einer Methode bestimmte Daten, und das Objekt weiß anhand der Definition der Klasse und ihrer Methoden, wie es mit den Daten verfahren soll.

Der erste Konstruktor erwartet eine Zeichenkette und eine ganze Zahl. Beide Eigenschaften werden mit den übergebenen Werten vorbesetzt. Der zweite Konstruktor erwartet eine Zeichenkette. Diese wird der Bezeichnung zugewiesen. Die Geschwindigkeit wird mit 0 vorbesetzt. Analog dazu erwartet der dritte Konstruktor eine ganze Zahl. Diese wird der Geschwindigkeit zugewiesen. Die Bezeichnung erhält den Wert »leer«.

Konstruktoren können sich auch gegenseitig aufrufen. Das sehen Sie beim vierten Konstruktor. Dieser Konstruktor erwartet keine Parameter. Nach dem Doppelpunkt wird mithilfe des Schlüsselworts `this`, das immer auf das aktuelle Objekt verweist, der erste Konstruktor aufgerufen, mit dem Text »leer« und der Zahl 0. Der erste Konstruktor muss bereits vorher definiert sein. In der Methode selbst stehen hier keine Anweisungen. Daher genügen die leeren geschweiften Klammern.

In C# ist die allgemeine Klasse `object` mit einigen Eigenschaften und Methoden bereits vordefiniert. Jede andere vordefinierte Klasse und auch jede von Ihnen definierte Klasse erbt diese Eigenschaften und Methoden. Mehr zum Thema Vererbung erfahren Sie in Abschnitt 5.12.

Die Methode `ToString()` gehört zu diesen geerbten Methoden. Sie dient, wie bisher die Methode `Ausgabe()`, zur Ausgabe der Daten eines Objekts als Zeichenkette.

Soll es eine spezifische Methode `ToString()` innerhalb einer Klasse geben, muss die Methode der Klasse `object` mit `override` überschrieben werden.

Wird eine Methode mithilfe von `override` als *überschreibend* gekennzeichnet, muss sie eine gleichnamige Methode der Klasse, von der sie erbt, überschreiben. Diese Methode muss mit `virtual`, mit `abstract` oder selbst mit `override` gekennzeichnet sein. Mehr dazu in Abschnitt 5.14.

5.4.2 Nutzung der Klasse

Das Programm nutzt diese Klasse wie folgt:

```
private void CmdAnzeigen_Click(...)
{
    Fahrzeug vespa = new();
    Fahrzeug schwalbe = new("Moped");
    Fahrzeug yamaha = new(50);
    Fahrzeug honda = new("Motorrad", 75);
    LblAnzeige.Text = $"{vespa}\n{schwalbe}\n{yamaha}";
    LblAnzeige.Text += "\n" + honda.ToString();
}
```

Listing 5.6 Projekt »KlassenKonstruktoren«, Nutzung der Klasse

Es werden vier Objekte der Klasse `Fahrzeug` erzeugt und ausgegeben (siehe Abbildung 5.3). Es wird jedes Mal ein anderer Konstruktor genutzt.

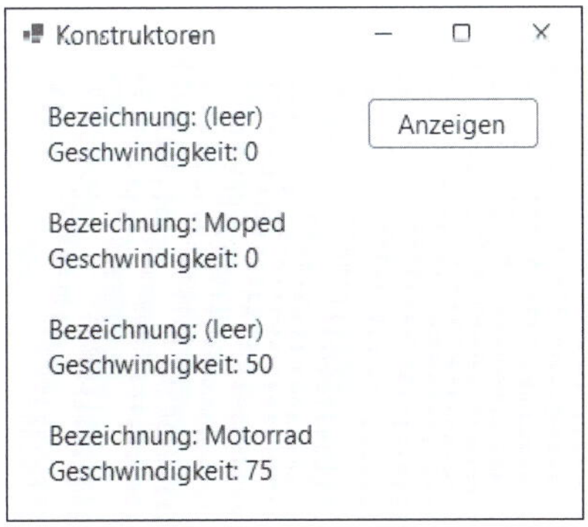

Abbildung 5.3 Vier Objekte nach der Konstruktion

Die Verweise und die Objekte werden jeweils gemeinsam in einer Anweisung erzeugt. Daher genügt der Aufruf von `new()` ohne oder mit Parameter.

Bei der Nutzung der Methode `ToString()` zur Ausgabe der Objekte können Sie den Objektnamen in eine String-Interpolation einbetten oder die Methode explizit aufrufen.

Während der Eingabe erscheint nach `new` nach der öffnenden runden Klammer eine QuickInfo des Editors. Darin werden der Entwicklerin die vier Möglichkeiten zur Objekterzeugung, also die vier Konstruktoren mit Anzahl und Typ der Parameter, zur Auswahl angeboten. Dieses Verhalten kennen wir bereits von der Benutzung der vordefinierten Methoden.

Hinweis

Sobald Sie eigene Konstruktoren definieren, können Sie nur noch diese nutzen. Gibt es keine eigenen Konstruktoren, wird ein interner, parameterloser Konstruktor verwendet wie in den ersten Beispielen dieses Abschnitts.

5.5 Primärkonstruktor

Häufig werden über einen Konstruktor nur die Werte für die Eigenschaften übergeben. In solchen Fällen genügt es, mit einem Primärkonstruktor zu arbeiten. Dabei können die Eigenschaften entweder wie bisher in der Klasse oder unmittelbar im Kopf der Klasse deklariert werden. Neben einem Primärkonstruktor kann es explizite Konstruktoren geben. Diese müssen ihre Daten mithilfe von `this` an den Primärkonstruktor weiterleiten.

Im nachfolgenden Projekt *KlassenKonstruktorenPrimaer* sehen Sie zwei unterschiedliche Beispiele.

5.5.1 Definition der Klasse »Rechteck«

Es folgt die Definition einer Klasse, in der drei Eigenschaften eines Rechtecks festgelegt werden:

```
class Rechteck(double b, double h, string f)
{
    private readonly double breite = b;
```

```
    private readonly double hoehe = h;
    private readonly string farbe = f;

    public Rechteck() : this(0.0, 0.0, "(keine)") { }

    public override string ToString()
    {
        return $"Breite: {breite}\nHöhe: {hoehe}\nFarbe: {farbe}\n";
    }
}
```

Listing 5.7 Projekt »KlassenKonstruktorenPrimaer«, Klasse »Rechteck«

Die Eigenschaften werden wie gewohnt in der Klasse deklariert.

Im Kopf der Klasse wird der Primärkonstruktor mit drei Parametern definiert – ähnlich wie bei einer Methode. Auf diese Weise wird die Erstellung eines Objekts der Klasse mit drei Werten ermöglicht.

Es gibt einen zusätzlichen expliziten Konstruktor ohne Parameter. Dieser ruft hier nur den Primärkonstruktor auf und enthält keine Anweisungen.

5.5.2 Definition der Klasse »Fahrzeug«

Es folgt die Definition:

```
class Fahrzeug(string bezeichnung, int geschwindigkeit)
{
    public override string ToString()
    {
        return $"Bezeichnung: {bezeichnung}\n" +
            $"Geschwindigkeit: {geschwindigkeit}\n";
    }
}
```

Listing 5.8 Projekt »KlassenKonstruktorenPrimaer«, Klasse »Fahrzeug«

Diesmal werden die Eigenschaften unmittelbar im Kopf der Klasse deklariert, innerhalb des Primärkonstruktors.

5.5.3 Nutzung der beiden Klassen

Das Programm nutzt diese beiden Klassen wie folgt:

```
private void CmdAnzeigen_Click(...)
{
    Rechteck re1 = new(50, 20, "Rot");
    LblAnzeige.Text = $"{re1}\n";

    Rechteck re2 = new();
    LblAnzeige.Text += $"{re2}\n";

    Fahrzeug honda = new("Motorrad", 75);
    LblAnzeige.Text += $"{honda}";
}
```

Listing 5.9 Projekt »KlassenKonstruktorenPrimaer«, Nutzung der Klasse

Es werden zwei Objekte der Klasse Rechteck erzeugt. Beim ersten Objekt wird der Primärkonstruktor unmittelbar genutzt, beim zweiten Objekt über den expliziten Konstruktor ohne Parameter. Zudem wird ein Objekt der Klasse Fahrzeug unmittelbar mithilfe des Primärkonstruktors erstellt. Die Ausgabe sehen Sie in Abbildung 5.4.

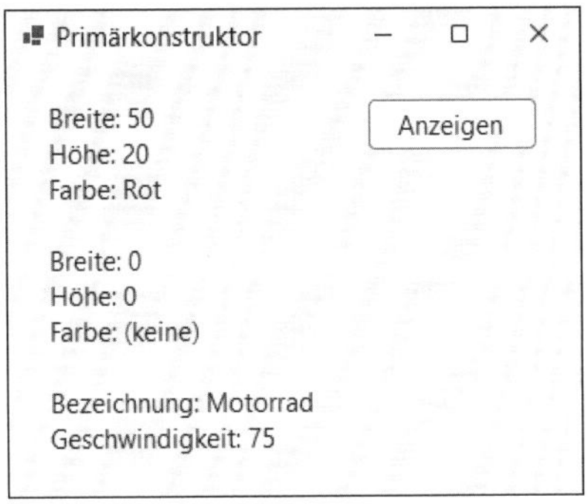

Abbildung 5.4 Einsatz von Primärkonstruktoren

5.6 Namensräume

Innerhalb von größeren Softwareprojekten wird meist nicht nur eine Klasse genutzt, sondern eine ganze Reihe von Klassen. Dabei handelt es sich zum einen um eigene Klassen, die innerhalb des Softwareprojekts definiert worden sind. Zum anderen handelt es sich um bereits vordefinierte Klassen, die bestimmte Aufgaben innerhalb der eigenen Projekte erledigen sollen. Zu diesem Zweck werden sie in das jeweilige Projekt eingebunden. Zur eindeutigen Organisation von Klassen gibt es sogenannte *Namensräume* (engl. *namespaces*).

Ein Namensraum ist ähnlich wie eine Hierarchie von Verzeichnissen aufgebaut. In einem Namensraum kann es, neben einigen Klassen, Unter-Namensräume geben, die wiederum einige Klassen umfassen. Die Unter-Namensräume können wiederum Namensräume enthalten usw.

Es kann mehrere Klassen mit demselben Namen in unterschiedlichen Namensräumen, aber nicht innerhalb desselben Namensraums geben. Auf diese Weise wird auf jede Klasse in eindeutiger Art und Weise zugegriffen.

Die Klassen unserer eigenen Projekte werden automatisch innerhalb eines Namensraums angeordnet, der den Namen des Projekts trägt. Ein Beispiel:

Im Projekt *KlassenKonstruktoren* gibt es den Namensraum `KlassenKonstruktoren`, darin die beiden Klassen `Fahrzeug` und `Form1`. Ihr vollständiger Name lautet: `KlassenKonstruktoren.Fahrzeug` und `KlassenKonstruktoren.Form1`.

Zur Anzeige eines kleinen Nachrichten-Dialogfelds können wir die Methode `Show()` der Klasse `MessageBox` nutzen. Sie stammt aus dem Namensraum `Forms`, der sich im Namensraum `Windows` befindet, der sich wiederum im Namensraum `System` befindet. Dieser Standard-Namensraum `System.Windows.Forms` wird automatisch eingebunden.

Daher genügt der kurze Aufruf:

```
MessageBox.Show("Nachricht")
```

statt des vollständigen Aufrufs

```
System.Windows.Forms.MessageBox.Show("Nachricht")
```

5.7 Referenzen, Vergleiche und Typen

In diesem Abschnitt wird mithilfe des Projekts *KlassenPruefung* das Verständnis für Objekte weiter vertieft. Zunächst geht es um Referenzen, also Verweise auf Objekte. Anschließend geht es um den Vergleich von Referenzen und den Vergleich von Objekten. Zu guter Letzt wird der Typ eines Objekts mithilfe verschiedener Methoden ermittelt.

5.7.1 Definition der Klasse

Es folgt zunächst eine geänderte Definition der Klasse Fahrzeug:

```
class Fahrzeug(string b, int g)
{
    private readonly string bezeichnung = b;
    private int geschwindigkeit = g;

    public override string ToString() =>
        $"{bezeichnung}, {geschwindigkeit}";

    public bool Equals(Fahrzeug x) =>
        bezeichnung == x.bezeichnung &&
        geschwindigkeit == x.geschwindigkeit;

    public void Beschleunigen(int wert) =>
        geschwindigkeit += wert;
}
```

Listing 5.10 Projekt »KlassenPruefung«, Definition der Klasse

Die Klasse Fahrzeug verfügt über einen Primärkonstruktor. Dessen Parameter dienen zur Übergabe an die beiden Eigenschaften.

Die drei Methoden ToString(), Equals() und Beschleunigen() umfassen jeweils nur eine Anweisung und können daher in Kurzform definiert werden. Im weiteren Verlauf dieses Buchs werde ich die Kurzform für Methoden einer Klasse nicht mehr gesondert erläutern.

In der allgemeinen Klasse object gibt es die boolesche Methode Equals(). Boolesche Methoden liefern einen Wahrheitswert. Wenden Sie sie auf zwei Objektverweise einer Klasse an, wird damit festgestellt, ob die Verweise auf dasselbe Objekt verweisen. Es handelt sich also um das gleiche Verhalten wie beim Vergleich mithilfe des Operators ==.

Sie können in Ihrer eigenen Klasse aber auch eine eigene boolesche Methode mit dem Namen Equals() definieren, um festzustellen, ob zwei Objekte gleiche Werte bei allen Eigenschaften haben, also gleich sind. In diesem Fall liefert die Methode den Wert true.

Der eigenen Methode Equals() wird ein Verweis auf ein Objekt der Klasse Fahrzeug übergeben. Der gleichnamigen Methode der allgemeinen Basisklasse object wird ein Objekt der Basisklasse object übergeben. Aufgrund der unterschiedlichen Typen der Parameter findet hier kein Überschreiben statt. Dank des übergebenen Verweises kann auf die Eigenschaften und Methoden des Objekts zugegriffen werden, mit dem das aktuelle Objekt verglichen wird.

Hinweis

Die beiden Eigenschaften werden innerhalb der Klasse `Fahrzeug` definiert und über die Parameter des Primärkonstruktors mit Werten versorgt.

Sie können nicht unmittelbar im Primärkonstruktor definiert werden, da sie dann nicht als Eigenschaften für den Parameter der Klasse `Fahrzeug` in der eigenen Methode `Equals()` bekannt sind.

5.7.2 Referenzen

Mithilfe einer Zuweisung kann einer Referenz (also einem Objektverweis) A ein gleichartiger Objektverweis B zugewiesen werden. Dabei ist allerdings zu beachten, dass nicht das Objekt, sondern nur eine Referenz zugewiesen wird. Die Objektverweise A und B verweisen nach der Zuweisung auf dasselbe Objekt. Wird im weiteren Verlauf des Programms eine Veränderung über einen der beiden Objektverweise vorgenommen, hat das Auswirkungen auf dasselbe Objekt.

Bei der Übergabe von Parametern an eine Methode haben wir bereits ein ähnliches Verhalten kennengelernt. Wenn ein Parameter mit `ref` übergeben wird, hat eine Änderung Auswirkungen auf die Originalvariable. Dieser Vorgang wird daher auch als *Übergabe per Referenz* bezeichnet.

Anders verhält es sich bekanntlich bei der Zuweisung einer Variablen eines Basisdatentyps (zum Beispiel `int` oder `double`). Nach der Zuweisung einer Variablen `A` an eine Variable `B` haben zwar beide zunächst den gleichen Wert. Es handelt sich aber dennoch um zwei verschiedene Variablen, die im weiteren Verlauf des Programms unabhängig voneinander agieren können.

Bezüglich dieses Verhaltens spricht man auch von *Verweistypen* beziehungsweise *Referenztypen* (Objekte) und *Werttypen* (Variablen der Basisdatentypen).

Mithilfe des folgenden Programms im Projekt *KlassenPruefung* werden diese Zusammenhänge verdeutlicht:

```
private void CmdAnzeigen1_Click(...)
{
    Fahrzeug vespa = new("Moped", 50);
    Fahrzeug schwalbe;
    schwalbe = vespa;
```

```
    LblAnzeige.Text = $"{vespa} / {schwalbe}\n";
    vespa.Beschleunigen(35);
    LblAnzeige.Text += $"{vespa} / {schwalbe}";
}
```

Listing 5.11 Projekt »KlassenPruefung«, Referenzen

Nach der Erzeugung eines Objekts sowie eines Objektverweises der Klasse `Fahrzeug` erfolgt die Zuweisung des Objekts zum zweiten Objektverweis. Damit sind `schwalbe` und `vespa` Verweise auf dasselbe Objekt. Wird `vespa` beschleunigt, erfährt man diese Veränderung auch über `schwalbe` (siehe Abbildung 5.5).

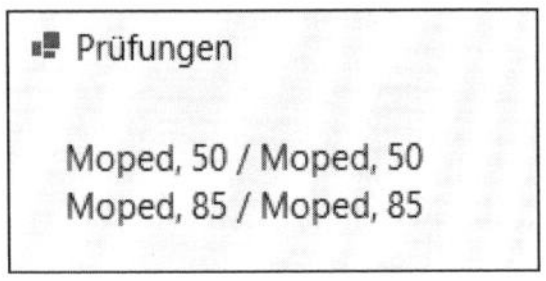

Abbildung 5.5 Zwei Verweise auf ein Objekt

5.7.3 Operator ==

Mithilfe des Operators `==` können Sie feststellen, ob zwei Referenzen auf dasselbe Objekt verweisen. Hierzu ein Beispiel:

```
private void CmdAnzeigen2_Click(...)
{
    Fahrzeug vespa = new("Roller", 35);
    Fahrzeug schwalbe = new("Roller", 35);
    LblAnzeige.Text = "Die beiden Objektverweise zeigen "
        + (vespa == schwalbe ? "" : "nicht ")
        + "auf dasselbe Objekt";
}
```

Listing 5.12 Projekt »KlassenPruefung«, Verweise vergleichen

Es werden zwei Objekte mit den gleichen Eigenschaftswerten erzeugt. Der Vergleich mithilfe des Operators `==` zeigt jedoch, dass es sich nicht um dasselbe Objekt handelt (siehe Abbildung 5.6).

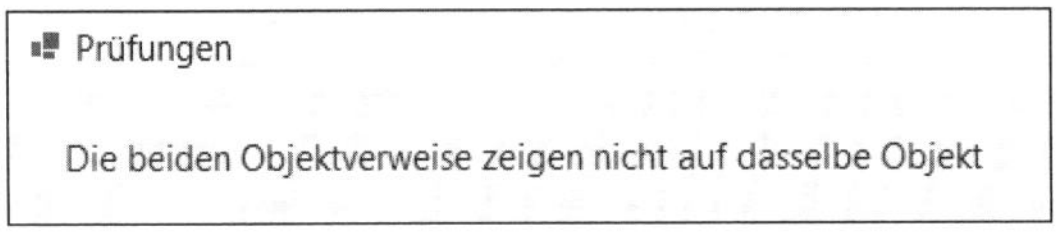

Abbildung 5.6 Zwei verschiedene Objekte

5.7.4 Methode »Equals()«

Mithilfe einer eigenen Methode `Equals()` können Sie feststellen, ob Objekte die gleichen Werte besitzen, also gleich sind:

```
private void CmdAnzeigen3_Click(...)
{
    Fahrzeug vespa = new("Roller", 35);
    Fahrzeug schwalbe = new("Roller", 35);
    LblAnzeige.Text = "Die beiden Objekte sind "
        + (vespa.Equals(schwalbe) ? "" : "nicht ")
        + "gleich";
}
```

Listing 5.13 Projekt »KlassenPruefung«, Objekte vergleichen

Zum Vergleich wird die eigene Methode `Equals()` der Klasse `Fahrzeug` aufgerufen. Darin werden die Werte der Eigenschaften miteinander verglichen. Mit dem booleschen Ergebnis wird die Verzweigung gesteuert.

Die Ausgabe des Programms sehen Sie in Abbildung 5.7.

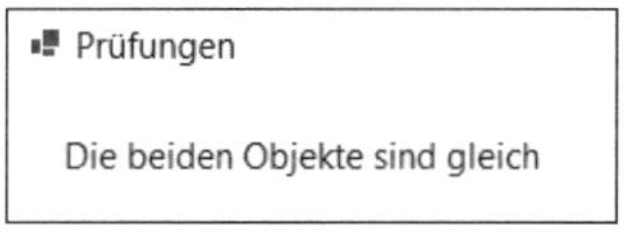

Abbildung 5.7 Objekte vergleichen

5.7.5 Methode »GetType()« und Operator »typeof«

Die Methode `GetType()` der Basisklasse `object` liefert die Bezeichnung des Typs eines Objekts, also seiner Klasse. Diese Bezeichnung kann ausgegeben werden. Das Gleiche liefert der Operator `typeof`, bezogen auf eine Klasse:

```
private void CmdAnzeigen4_Click(...)
{
    Fahrzeug? vespa = new("Roller", 35);

    LblAnzeige.Text = $"Objekt vespa: {vespa.GetType()}\n";
    LblAnzeige.Text += $"Klasse: {typeof(Fahrzeug)}\n\n";

    vespa = null;
    LblAnzeige.Text += vespa is null ? "Verweis zeigt auf null\n" : "";
```

```
        LblAnzeige.Text += $"Objekt vespa: {vespa?.GetType()}\n\n";

        LblAnzeige.Text += $"Objekt Button: {CmdAnzeigen4.GetType()}\n";
        LblAnzeige.Text += $"Klasse: {typeof(Button)}";
}
```

Listing 5.14 Projekt »KlassenPruefung«, Typ eines Objekts ermitteln

Zunächst wird das Objekt `vespa` des Typs `Fahrzeug` erzeugt. Hier muss der zugehörige nullbare Datentyp verwendet werden, da dem Verweis im Verlauf des Programms `null` zugewiesen wird.

Die Methode `GetType()` liefert den Namen der Klasse des Objekts innerhalb des Namensraums des Projekts, hier also `KlassenPruefung.Fahrzeug`. Das Gleiche liefert der Operator `typeof` für die Klasse selbst.

Nach der Zuweisung des Werts `null` sehen Sie, dass `vespa` nicht mehr auf ein Objekt eines bestimmten Typs verweist. Soll eine Methode einen Verweis auf ein Objekt liefern, können Sie mithilfe von `is null` beziehungsweise `is not null` prüfen, ob die Methode erfolgreich war. Soll die Eigenschaft eines Objekts wiederum ein Objekt sein, können Sie auf diese Weise prüfen, ob ein Eigenschaftswert zugewiesen wurde.

Die Methode `GetType()` liefert für den Button die Bezeichnung `System.Windows.Forms.Button`, also den Namen der Klasse `Button` innerhalb des Namensraums `System.Windows.Forms`. Das Gleiche liefert der Operator `typeof` für die Klasse selbst.

Die Ausgabe des Programms sehen Sie in Abbildung 5.8.

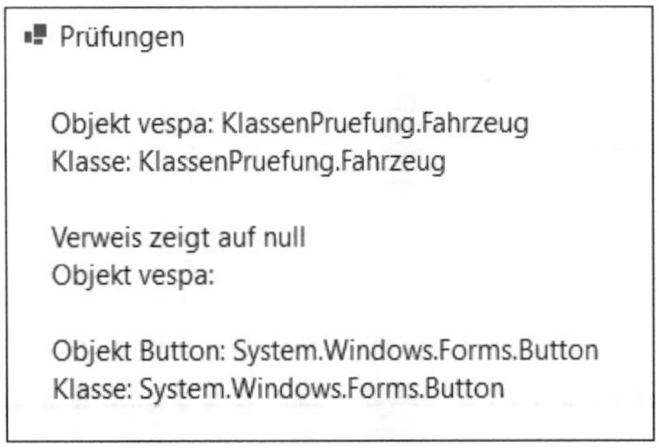

Abbildung 5.8 Typ ermitteln

5.7.6 Operator »is«

Den Operator `is` können Sie auch anwenden, um zu ermitteln, ob es sich bei einem Objekt um ein Objekt eines bestimmten Typs handelt:

```
private void CmdAnzeigen5_Click(...)
{
    Fahrzeug vespa = new("Roller", 35);
    if (vespa is Fahrzeug)
        LblAnzeige.Text = "Objekt vespa: Fahrzeug\n";

    if (CmdAnzeigen5 is Button)
        LblAnzeige.Text += "Objekt CmdAnzeigen5: Button";
}
```

Listing 5.15 Projekt »KlassenPruefung«, Ermittlung durch Vergleich

Es wird das Objekt `vespa` der Klasse `Fahrzeug` erzeugt. Der Operator `is` liefert beim Vergleich mit dieser Klasse den Wert `true`. Entsprechend verhält es sich bei dem Button.

Die Ausgabe des Programms sehen Sie in Abbildung 5.9.

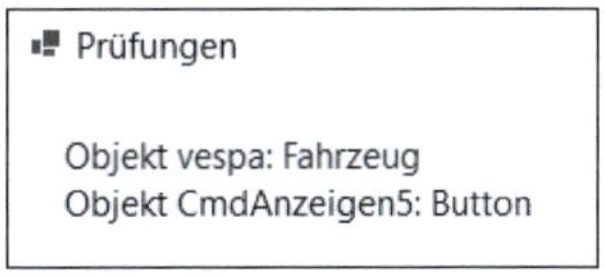

Abbildung 5.9 Typ eines Objekts durch Vergleich ermitteln

Hinweis

Die Editor-Hilfe schlägt eine Verbesserung des Programms durch einen Vergleich mit `null` vor. Allerdings soll hier der Vergleich mit einer Klasse gezeigt werden.

5.7.7 Ausdruck »nameof«

Der `nameof`-Ausdruck liefert den Namen einer Variablen, eines Objekts, einer Eigenschaft oder einer Methode als Zeichenkette:

```
private void CmdAnzeigen6_Click(...)
{
    int x = 42;
    Fahrzeug vespa = new("Roller", 35);
```

```
    LblAnzeige.Text = $"Variable: {nameof(x)}\n"
        + $"Objekt: {nameof(vespa)}\n"
        + $"Methode: {nameof(vespa.Beschleunigen)}\n"
        // + $"Eigenschaft {nameof(vespa.geschwindigkeit)}\n"
        + $"Objekt: {nameof(CmdAnzeigen6)}";
}
```

Listing 5.16 Projekt »KlassenPruefung«, Name ermitteln

Die Ausgabe des Programms sehen Sie in Abbildung 5.10.

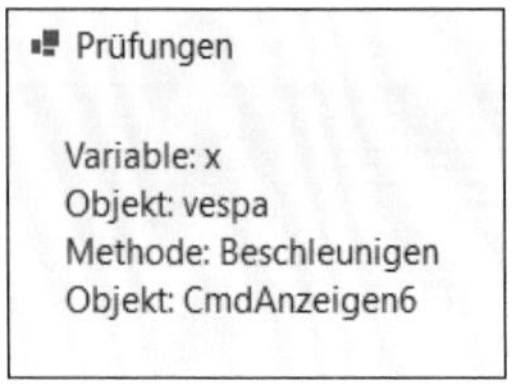

Abbildung 5.10 Name ermitteln

Wird nach dem Namen einer Methode gefragt, müssen die Methodenklammern weggelassen werden. Die Eigenschaft `geschwindigkeit` ist `private` und somit nicht von außerhalb der Klasse erreichbar. Wäre sie `public`, würde auch ihr Name ausgegeben werden.

5.8 Operatormethoden

Sie haben die Möglichkeit, in eigenen Klassen Operatoren von C# zu überladen und damit eigene Operatormethoden zu definieren. Auf diese Weise lassen sich viele Operatoren auf die Objekte eigener Klassen anwenden.

Damit ermöglichen Sie zum Beispiel eine leicht lesbare Anweisung zur Addition der Werte von zwei Objekten einer eigenen Klasse:

```
Objekt3 = Objekt1 + Objekt2
```

Im Projekt *KlassenOperatormethoden* wird die Klasse `Bruch` definiert. Ein Objekt dieser Klasse entspricht einem Bruch mit einem ganzzahligen Zähler und einem ganzzahligen Nenner. In dieser Klasse werden die Operatoren `+`, `-`, `*`, `/` zum Rechnen mit Brüchen und die Operatoren `==` und `!=` zum Vergleichen von Brüchen überladen.

Ein Nebeneffekt dieses Projekts: Die Übergabe von Objekten an Funktionen beziehungsweise Methoden und die Rückgabe eines Objekts als Ergebnis einer Funktion beziehungsweise Methode werden verdeutlicht.

5.8.1 Nutzung der Methoden

Zur Verdeutlichung zeige ich Ihnen zunächst, wie die Operatormethoden im Programm genutzt werden:

```
private void CmdAnzeigen_Click(...)
{
    Bruch b1 = new(3, -2);
    Bruch b2 = new(1, 4);

    Bruch b3 = b1 * b2;
    LblAnzeige.Text = $"{b1} * {b2} = {b3}\n";
    Bruch b4 = b1 / b2;
    LblAnzeige.Text += $"{b1} / {b2} = {b4}\n";
    Bruch b5 = b1 + b2;
    LblAnzeige.Text += $"{b1} + {b2} = {b5}\n";
    Bruch b6 = b1 - b2;
    LblAnzeige.Text += $"{b1} - {b2} = {b6}\n";
    Bruch b7 = b1 + b2 * b3;
    LblAnzeige.Text += $"{b1} + {b2} * {b3} = {b7}\n";
    Bruch b8 = (b1 + b2) * b3;
    LblAnzeige.Text += $"({b1} + {b2}) * {b3} = {b8}\n";

    Bruch b9 = new(-30, 20);
    if (b1 == b9)
        LblAnzeige.Text += "Brüche sind gleich groß\n";
    if (b1 != b9)
        LblAnzeige.Text += "Brüche sind nicht gleich groß\n";

    Bruch[] bFeld = [ new(6, 4), new(12, 5), new(6, -9) ];
    foreach (Bruch b in bFeld)
        LblAnzeige.Text += $"{b} ";
}
```

Listing 5.17 Projekt »KlassenOperatormethoden«, Nutzung der Methoden

Es werden zwei Brüche erzeugt, mit denen nacheinander eine Multiplikation, eine Division, eine Addition sowie eine Subtraktion durchgeführt werden. Ein Beispiel: Der Ausdruck `b1 * b2` ruft die statische Operatormethode der Klasse `Bruch` für das Operatorzeichen * auf. Dabei werden Verweise auf die beiden Brüche als Parameter übermittelt.

Bei der Ausgabe in Abbildung 5.11 wird der Bruchstrich durch einen Divisionsstrich zwischen Zähler und Nenner dargestellt.

Die aus der Mathematik bekannte Priorität der Operatoren – sprich: Punkt- vor Strichrechnung – wirkt sich auch bei Operatormethoden aus. Sollen also die beiden ersten Brüche vor der Durchführung der Multiplikation addiert werden, müssen Sie Klammern setzen.

Anschließend wird geprüft, ob zwei Brüche mathematisch gleich groß sind. Als Letztes wird ein Datenfeld von Brüchen erstellt und ausgegeben.

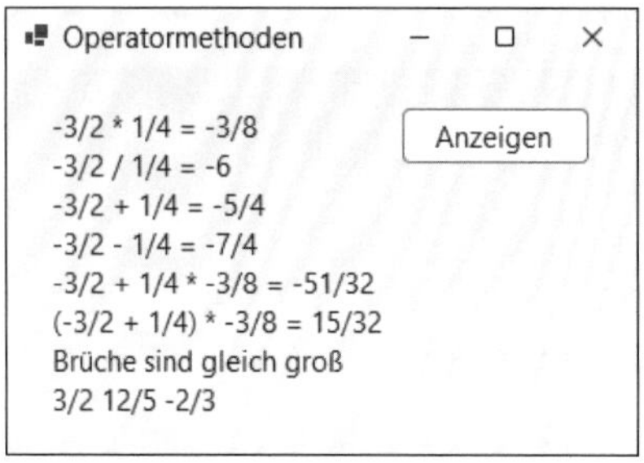

Abbildung 5.11 Operatormethoden

5.8.2 Grundelemente der Klasse

Die Definition der Klasse `Bruch` enthält die folgenden Grundelemente:

```
class Bruch
{
    private int z, n;

    public Bruch(int zaehler, int nenner)
    {
        z = zaehler;
        n = nenner;
        if (n == 0)
            n = 1;
    }

    public Bruch()
    {
        z = 1;
        n = 1;
    }
```

```
    private void Kuerzen()
    {
        int x = z;
        int ggT = n;

        while (x != 0)
        {
            int temp = x;
            x = ggT % x;
            ggT = temp;
        }
        z /= ggT;
        n /= ggT;

        if (n < 0)
        {
            z *= -1;
            n *= -1;
        }
    }

    public override string ToString()
    {
        Kuerzen();
        return n == 1 ? $"{z}" : $"{z}/{n}";
    }
    ...
}
```

Listing 5.18 Projekt »KlassenOperatormethoden«, Grundelemente

Ein Bruch besitzt die beiden `int`-Eigenschaften `z` und `n` für Zähler und Nenner. Der erste Konstruktor ermöglicht die Erzeugung eines Bruchs mit Werten. Sollte der Nenner den Wert 0 haben, wird er auf 1 gesetzt.

Der zweite Konstruktor ermöglicht eine Erzeugung eines Bruchs ohne Werte. Zähler und Nenner werden jeweils auf 1 gesetzt.

Die Methode `Kuerzen()` dient zum Kürzen eines Bruchs:

- Mithilfe des euklidischen Algorithmus wird der größte gemeinsame Teiler (kurz: *ggT*) von Zähler und Nenner bestimmt.

- Zähler und Nenner werden durch den ggT geteilt.
- Sollte der Nenner einen negativen Wert haben, werden Zähler und Nenner mit –1 multipliziert. Der Wert des Bruchs bleibt gleich, aber ein eventuell vorhandenes negatives Vorzeichen steht nur im Zähler. Aus 3/–5 wird –3/5, aus –3/–5 wird 3/5.

Vor der Ausgabe wird ein Bruch gekürzt. Hat der Nenner den Wert 1, wird der Bruch als ganze Zahl ausgegeben, ansonsten mit Bruchstrich.

5.8.3 Operatormethoden zur Berechnung

Es folgen die vier Methoden zur Durchführung der Berechnungen:

```
class Bruch
{
   ...
   public static Bruch operator *(Bruch b1, Bruch b2)
   {
      Bruch neuerBruch = new()
      {
         z = b1.z * b2.z,
         n = b1.n * b2.n
      };
      return neuerBruch;
   }

   public static Bruch operator /(Bruch b1, Bruch b2)
      => new(b1.z * b2.n, b1.n * b2.z);

   public static Bruch operator +(Bruch b1, Bruch b2)
      => new(b1.z * b2.n + b1.n * b2.z, b1.n * b2.n);

   public static Bruch operator -(Bruch b1, Bruch b2)
      => new(b1.z * b2.n - b1.n * b2.z, b1.n * b2.n);
   ...
}
```

Listing 5.19 Projekt »KlassenOperatormethoden«, Rechenmethoden

Operatormethoden müssen öffentlich und statisch sein. Der Name der Methode muss sich aus dem Schlüsselwort `operator` und dem Zeichen eines überladbaren Operators zusammensetzen.

Vor dem Namen der Methode steht wie gewohnt der Typ des Rückgabewerts. Die genannten Berechnungen mit zwei Brüchen ergeben wiederum einen Bruch. Daher liefern die vier Methoden jeweils einen Verweis auf ein Objekt der Klasse `Bruch` zurück. Als Parameter dienen die beiden Verweise auf die Objekte der Klasse `Bruch`, mit denen gerechnet wird.

In der Operatormethode für die Multiplikation wird zunächst ein neues Objekt der Klasse `Bruch` mithilfe einer sogenannten *Objektinitialisierung* erzeugt. Dabei steht innerhalb von geschweiften Klammern eine Liste von Eigenschaften mit Werten, durch Kommata voneinander getrennt. Hier werden Werte für die Eigenschaften `z` und `n` ermittelt und zugewiesen, und zwar mithilfe der Rechenregeln für Brüche: *Zähler mal Zähler* und *Nenner mal Nenner*. Ein Verweis auf den neu erzeugten Bruch wird als Ergebnis der Methode zurückgeliefert.

In den drei anderen Methoden wird der Vorgang verkürzt. Der zurückgelieferte Verweis verweist jeweils auf ein temporäres Objekt, dessen Eigenschaften unmittelbar mithilfe der Berechnungen gesetzt werden.

5.8.4 Operatormethoden zum Vergleich

Als Letztes folgen Methoden zum Vergleichen von Brüchen:

```
class Bruch
{
    ...
    public static bool operator ==(Bruch b1, Bruch b2)
    {
        b1.Kuerzen();
        b2.Kuerzen();
        return b1.z == b2.z && b1.n == b2.n;
    }

    public static bool operator !=(Bruch b1, Bruch b2)
    {
        b1.Kuerzen();
        b2.Kuerzen();
        return b1.z != b2.z || b1.n != b2.n;
    }

    public override bool Equals(object? o)
    {
```

```
        return true;
    }

    public override int GetHashCode()
    {
        return 0;
    }
}
```

Listing 5.20 Projekt »KlassenOperatormethoden«, Vergleichsmethoden

Die Operatormethode == liefert `true`, falls sowohl die Werte der Zähler als auch die Werte der Nenner der beiden Brüche übereinstimmen. Ansonsten wird `false` geliefert. Beide Brüche werden zuvor gekürzt. Auf diese Weise kann erkannt werden, dass zum Beispiel die beiden Brüche 2/3 und 4/6 mathematisch den gleichen Wert besitzen und daher für die Methode gleich sind.

Wird für eine Klasse die Operatormethode == definiert, muss auch die Operatormethode != definiert werden. Sie liefert `true`, falls die Zähler oder die Nenner der beiden Brüche nicht übereinstimmen.

Werden für eine Klasse die beiden Operatormethoden == und != definiert, muss auch die geerbte Methode `Equals()` der allgemeinen Klasse `object` überschrieben werden. Sie wird hier allerdings nicht genutzt und liefert daher immer `true`.

Wird für eine Klasse die Methode `Equals()` der allgemeinen Klasse `object` überschrieben, muss auch deren geerbte Methode `GetHashCode()` überschrieben werden. Diese Methode liefert einen `int`-Wert, der bei der eindeutigen Identifizierung von Objekten helfen soll. Sie wird hier allerdings nicht genutzt und liefert daher immer den Wert 0.

5.9 Statische Elemente

Bisher haben wir meist mit objektbezogenen Eigenschaften und Methoden gearbeitet. Sie sind bestimmten Objekten zugeordnet. Darüber hinaus gibt es aber auch klassenbezogene Eigenschaften und Methoden:

- Klassenbezogene Eigenschaften, sogenannte *statische Eigenschaften*, sind thematisch mit der Klasse verbunden. Ihre Werte stehen allen Objekten der Klasse zur Verfügung.
- Klassenbezogene Methoden, sogenannte *statische Methoden*, sind ebenfalls thematisch mit der Klasse verbunden.

Werden sie als öffentliche Eigenschaften oder Methoden deklariert, stehen sie auch außerhalb der Klasse zur Verfügung.

Einige statische Methoden sind uns bereits begegnet. Sie ermitteln zum Beispiel die Ergebnisse von Berechnungen und liefern sie an die Aufrufstelle zurück. Sie enthalten keine objektbezogenen Elemente. Sie sparen Ressourcen, weil sie nicht für jedes einzelne Objekt der Klasse zur Verfügung gestellt werden, sondern nur für die Klasse als Ganzes.

Im Projekt *KlassenStatisch* kommen einige statische Elemente zum Einsatz.

5.9.1 Definition der Klasse

Es wird die Klasse `Zahl` definiert, mit deren Hilfe einige einfache Zahlenoperationen ausgeführt werden sollen:

```
class Zahl
{
    private double wert;
    private readonly int nummer;
    private static int anzahl = 0;
    public static double pi = 3.1415926;

    public Zahl(double x)
    {
        anzahl++;
        nummer = anzahl;
        wert = x;
    }

    public void MalDrei() => wert *= 3;

    public static double Verdoppeln(double x) => x * 2;

    public override string ToString() =>
        $"Objekt Nr. {nummer}, Wert: {wert}";
}
```

Listing 5.21 Projekt »KlassenStatisch«, Definition der Klasse

Die beiden Variablen `wert` und `nummer` sind objektbezogene Eigenschaften. Jedes Objekt der Klasse `Zahl` hat also seinen eigenen Wert und seine eigene laufende Nummer.

Die Variable `anzahl` ist eine klassenbezogene und gekapselte Eigenschaft. Diese statische Eigenschaft gibt es insgesamt nur einmal, unabhängig von der Anzahl der erzeugten Objekte. Sie steht innerhalb der Klasse allen Objekten gemeinsam zur Verfügung, sie wird also von den Objekten gemeinsam genutzt. Das Schlüsselwort `static` kennzeichnet die Variable als eine statische Eigenschaft. Innerhalb des Konstruktors der Klasse wird `anzahl` bei jeder Erzeugung eines Objekts um 1 erhöht. Diese Eigenschaft repräsentiert also die Anzahl der Objekte. Zudem wird sie genutzt, um jedem Objekt bei seiner Erzeugung eine individuelle laufende Nummer zu geben.

Die Variable `pi` ist eine klassenbezogene und öffentliche Eigenschaft. Sie ist ebenfalls einmalig, steht aber nicht nur innerhalb, sondern auch außerhalb der Klasse zur Verfügung. Sie ist jedoch thematisch mit der Klasse `Zahl` verbunden, daher wird sie in der Klasse deklariert.

Die Methode `MalDrei()` ist eine objektbezogene Methode. Sie kann auf ein Objekt angewendet werden und verändert dieses Objekt gegebenenfalls.

Die Methode `Verdoppeln()` wird mithilfe des Schlüsselworts `static` zu einer klassenbezogenen Methode. Sie wird also nicht auf ein individuelles Objekt angewendet. Sie ist aber thematisch mit der Klasse `Zahl` verbunden und wird daher in der Klasse definiert. Innerhalb der Methode steht keine objektbezogene Eigenschaft (wie `wert` oder `nummer`) zur Verfügung.

5.9.2 Nutzung der Klasse

Im nachfolgenden Programm werden alle genannten statischen Elemente genutzt (siehe Abbildung 5.12).

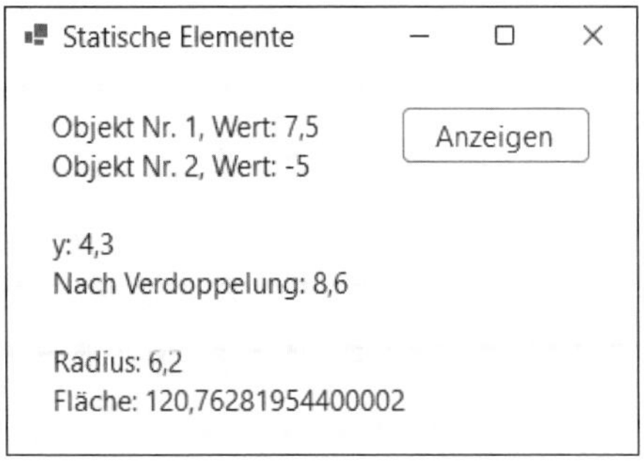

Abbildung 5.12 Statische Elemente

Der Programmcode:

```
private void CmdAnzeigen_Click(...)
{
    Zahl x = new(2.5);
    Zahl p = new(-5);
    x.MalDrei();
    LblAnzeige.Text = $"{x}\n{p}\n\n";

    double y = 4.3;
    LblAnzeige.Text += $"y: {y}\n" +
        $"Nach Verdoppelung: {Zahl.Verdoppeln(y)}\n\n";

    double r = 6.2;
    LblAnzeige.Text += $"Radius: {r}\nFläche: {r * r * Zahl.pi}";
}
```

Listing 5.22 Projekt »KlassenStatisch«, Nutzung der Klasse

Es werden die beiden Objekte x und p der Klasse Zahl erzeugt. Dabei wird jeweils der Konstruktor durchlaufen; die Objekte erhalten ihre Startwerte sowie eine laufende Nummer. Auf das Objekt x wird eine objektbezogene Methode angewendet. Danach werden beide Objekte mit ihren jeweiligen Eigenschaften ausgegeben.

Betätigen Sie den Button ANZEIGEN mehrmals nacheinander, erhöht sich die Anzahl der erzeugten Objekte bei diesem Programmaufruf immer weiter.

Die statische Methode Verdoppeln() wird auf eine double-Variable angewendet. Die statische und öffentliche Eigenschaft pi der Klasse wird genutzt, um aus dem Radius eines Kreises die Fläche zu berechnen.

Hinweis

Die Methode Show() der Klasse MessageBox ist ebenfalls statisch. Für ihren Aufruf wird daher kein Objekt der Klasse MessageBox benötigt.

5.10 Datensatztypen

Ein Datensatztyp dient zur kompakten Definition eines Typs, der hauptsächlich zum Speichern von unveränderlichen Daten gedacht ist. Er wird mit dem Schlüsselwort record statt mit dem Schlüsselwort class definiert und nutzt einen Primärkonstruktor. Objekte eines Datensatztyps werden *Datensätze* genannt.

Ein Datensatztyp besitzt bereits vordefinierte Methoden zum Kopieren, Vergleichen, Ausgeben und Dekonstruieren von Datensätzen. Mithilfe eines `with`-Ausdrucks können geänderte Kopien erstellt werden.

Im Projekt *KlassenDatensatztypen* werden einige typische Anwendungen gezeigt, siehe Abbildung 5.13.

```
public partial class Form1 : Form
{
    ...
    public record Artikel(string Bezeichnung, double Preis);

    private void CmdAnzeigen_Click(...)
    {
        Artikel a1 = new("Tisch", 54.9);
        LblAnzeige.Text = $"Datensatz: {a1}\n";
        // a1.Preis = 58.9;

        Artikel a2 = new("Lampe", 39.9);
        LblAnzeige.Text += "Eigenschaften: " +
            $"{a2.Bezeichnung}, {a2.Preis}\n";

        (string b, double p) = a2;
        LblAnzeige.Text += $"Dekonstruktion: {b}, {p}\n";

        Artikel a3 = new("Tisch", 54.9);
        if (a1 == a3)
            LblAnzeige.Text += "Datensätze sind gleich\n";
        if (a2 != a3)
            LblAnzeige.Text += "Datensätze sind ungleich\n";

        Artikel a4 = a2;
        LblAnzeige.Text += $"Kopie: {a4}\n";

        Artikel a5 = a2 with { Preis = 34.5 };
        LblAnzeige.Text += $"Geänderte Kopie: {a5}\n";

        a5 = a5 with { Bezeichnung = "Stehlampe" };
        LblAnzeige.Text += $"Geänderter Datensatz: {a5}";
    }
}
```

Listing 5.23 Projekt »KlassenDatensatztypen«

Sie können einen Datensatztyp wie eine Klasse in einer eigenen Datei definieren. Häufig wird er aber kompakt und lokal innerhalb der Klasse des Formulars definiert. Nach dem Schlüsselwort `record` folgt der Name des Datensatztyps, anschließend folgen die Eigenschaften im Primärkonstruktor.

Ein neuer Datensatz des definierten Datensatztyps wird mithilfe von `new` und Werten für alle Eigenschaften erstellt.

Die vordefinierte Ausgabemethode nennt den Namen des Datensatztyps, gefolgt von den Eigenschaften mit ihren Werten. Der Zugriff auf die Eigenschaften wird wie bei Klassen mit dem Operator `.` ermöglicht.

Eine direkte Zuweisung von Eigenschaftswerten für einen bestehenden Datensatz ist nicht möglich. Es gibt eine vordefinierte Methode zur Dekonstruktion eines Datensatzes. Bei einem Vergleich von zwei Datensätzen werden die Werte aller Eigenschaften miteinander verglichen.

Ein Datensatz kann mithilfe einer Zuweisung kopiert werden. Es entsteht ein weiterer Datensatz mit denselben Eigenschaften und Werten. Möchten Sie beim Kopieren einzelne Werte verändern, können Sie dies mithilfe eines `with`-Ausdrucks durchführen. Durch eine solche Kopie können Sie auch indirekt die Werte eines bestehenden Datensatzes verändern.

Abbildung 5.13 Datensatztypen

5.11 Delegates

Mithilfe von Delegates können Sie Verweise auf Ereignismethoden erstellen. Sie werden sich vielleicht fragen, wozu das nötig ist, da wir Methoden zu den verschiedenen Ereignissen unserer Steuerelemente auch einfach über das EIGENSCHAFTEN-Fenster erzeugen können. Was ist aber mit Steuerelementen, die erst zur Laufzeit des Programms erzeugt werden? Hier kommen die Delegates ins Spiel.

Im Projekt *KlassenDelegates* können wir im Formular per Klick auf den oberen Button beliebig viele zusätzliche Buttons erzeugen. Zu jedem dieser Buttons gibt es eine Ereignismethode. Im Beispiel dient diese dazu, den Button wieder aus dem Formular zu löschen. In Abbildung 5.14 sehen Sie das Formular nach dem Erzeugen von vier zusätzlichen Buttons und dem Löschen der ersten beiden zusätzlichen Buttons.

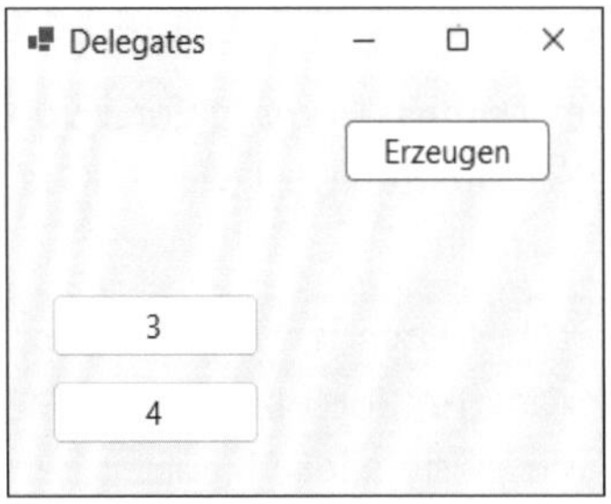

Abbildung 5.14 Buttons, zur Laufzeit erzeugt beziehungsweise gelöscht

Zunächst das Programm:

```
public partial class Form1 : Form
{
    ...
    private int Position = 20;
    private int Nummer = 1;

    private void CmdErzeugen_Click(...)
    {
        Button neuerButton = new()
        {
            Location = new Point(20, Position),
            Size = new Size(100, 30),
            Text = $"{Nummer}"
        };
        neuerButton.Click += new EventHandler(NeuerButton_Click);
        Controls.Add(neuerButton);

        Position += 40;
        Nummer++;
    }

    private void NeuerButton_Click(object? sender, EventArgs e)
    {
```

```
        if (sender is not null)
        {
            Button cmd = (Button)sender;
            string s = cmd.Text;
            Controls.Remove(cmd);
            MessageBox.Show($"Button {s} wurde gelöscht");
        }
    }
}
```


Listing 5.24 Projekt »KlassenDelegates«

Die beiden Eigenschaften `Position` und `Nummer` der Klasse `Form1` sorgen für die y-Position und die laufende Nummer der neuen Buttons. Der erste Button wird bei y = 20 erscheinen und die Nummer 1 tragen.

In der Ereignismethode `CmdErzeugen_Click()` wird mithilfe einer *Objektinitialisierung* ein neues Objekt des Typs `Button` erzeugt. Dem Ereignis `Click` dieses neuen Buttons wird durch den Operator `+=` ein neues Objekt des Typs `EventHandler` zugeordnet, hier die Methode `NeuerButton_Click()`. Das bedeutet: Wenn auf den neuen Button geklickt wird, startet der Code in der Methode `NeuerButton_Click()`.

Die Auflistung `Controls` ist eine Eigenschaft des Formulars und umfasst alle darin vorhandenen Steuerelemente. Die Methode `Add()` fügt den neuen Button dieser Auflistung hinzu. Damit erscheint er im Formular.

Die beiden Eigenschaften `Position` und `Nummer` der Klasse `Form1` erhalten neue Werte für den nächsten Button.

In der Ereignismethode `NeuerButton_Click()` wird für die Bearbeitung des Ereignisses `Click` aller zusätzlichen Buttons gesorgt. Als Parameter dienen Verweise auf Objekte der Klassen `object` beziehungsweise `EventArgs`.

Bei der Klasse `EventHandler` handelt es sich um einen nullbaren Datentyp. An den ersten Parameter wird ein Objekt dieser Klasse übergeben. Daher muss auch hier ein nullbarer Datentyp gewählt werden, also `object?`.

In der Methode wird mithilfe von `is not null` zunächst geprüft, ob der erste Parameter auf ein existierendes Objekt verweist. Ist das der Fall, wird der Verweis in einen Verweis auf einen Button umgewandelt. Ansonsten hätten wir keine Möglichkeit, den Button als Element der Auflistung `Controls` zu behandeln, ihn zu entfernen oder seine Aufschrift über die Eigenschaft `Text` zu ermitteln.

Der betreffende Button wird mithilfe der Methode `Remove()` aus der Auflistung `Controls` gelöscht, er verschwindet also wieder.

5.12 Vererbung

Eine Klasse kann ihre Elemente an eine andere Klasse vererben. Dieser Mechanismus wird häufig angewendet, um bereits vorhandene Definitionen zu übernehmen. Durch Vererbung erzeugen Sie eine Hierarchie von Klassen, die die Darstellung von Objekten mit teils übereinstimmenden, teils unterschiedlichen Merkmalen ermöglichen.

Innerhalb der .NET-Softwareplattform wird eine große Menge an Klassen zur Verfügung gestellt, die in eigenen Programmen geerbt werden können. Dadurch können Sie vordefinierte Objekte mit ihrem spezifischen Verhalten, ihren Eigenschaften und Möglichkeiten in Ihr eigenes Programm einfügen.

In den Beispielen dieses Buchs wurde das bereits vielfach praktiziert. So wird beim Einfügen eines Formulars von der Klasse für Formulare geerbt. Alle Eigenschaften eines Formulars (`Text`, `BackColor`, `Size` ...), alle Methoden eines Formulars (`Close()` ...) und alle Ereignisse eines Formulars (`Click`, `Load`, `Activated` ...) stehen nach dem Einfügen zur Verfügung.

Im nachfolgenden Beispiel im Projekt *KlassenVererbung* wird eine Klasse `PKW` definiert, mit deren Hilfe die Eigenschaften und Methoden von Personenkraftwagen dargestellt werden sollen. Bei der Erzeugung bedienen Sie sich der existierenden Klasse `Fahrzeug`, in der ein Teil der gewünschten Eigenschaften und Methoden bereits vorhanden ist. Bei der Klasse `PKW` kommen noch einige Merkmale hinzu.

In diesem Zusammenhang nennt man die Klasse `PKW` auch eine *spezialisierte Klasse*. Die Klasse `Fahrzeug` nennt man eine *allgemeine Klasse*. Von der Klasse `PKW` aus gesehen ist die Klasse `Fahrzeug` eine Basisklasse. Von der Klasse `Fahrzeug` aus gesehen ist die Klasse `PKW` eine abgeleitete Klasse. Die allgemeine Klasse `object` stellt die Basisklasse für alle Klassen dar.

Bei der Projekterzeugung werden beide Klassen in eigenen Klassendateien jeweils über den Menüpunkt PROJEKT • KLASSE HINZUFÜGEN erstellt.

5.12.1 Definition der Basisklasse

Zunächst die Basisklasse `Fahrzeug`:

```
class Fahrzeug(string bezeichnung, int geschwindigkeit)
{
    public void Beschleunigen(int wert) => geschwindigkeit += wert;

    public override string ToString() =>
```

```
        $"Bezeichnung: {bezeichnung}\n" +
        $"Geschwindigkeit: {geschwindigkeit}\n";
}
```

Listing 5.25 Projekt »KlassenVererbung«, Definition der Basisklasse

Die Basisklasse `Fahrzeug` verfügt über einen Primärkonstruktor, in dem die beiden Eigenschaften definiert werden, und zwei Methoden.

5.12.2 Definition der abgeleiteten Klasse

Es folgt die Klasse `PKW`, die von der Klasse `Fahrzeug` abgeleitet wird:

```
class PKW(string bezeichnung, int geschwindigkeit, int insassen) :
    Fahrzeug(bezeichnung, geschwindigkeit)
{
    public PKW() : this("", 0, 0) { }

    public void Einsteigen(int anzahl) => insassen += anzahl;

    public override string ToString() =>
        $"{base.ToString()}Insassen: {insassen}\n";
}
```

Listing 5.26 Projekt »KlassenVererbung«, abgeleitete Klasse

Nach dem Doppelpunkt im Kopf der Klasse `PKW` folgt der Name der Klasse `Fahrzeug`, also der Klasse, von der geerbt wird. Die Klasse `PKW` verfügt über die beiden geerbten Eigenschaften `bezeichnung` und `geschwindigkeit` und die eigene Eigenschaft `insassen`.

Die Klasse `PKW` verfügt über einen Primärkonstruktor, in dem die drei Eigenschaften definiert werden. Dieser Primärkonstruktor gibt zwei Eigenschaften an den Primärkonstruktor der Klasse `Fahrzeug` weiter.

In der Klasse `PKW` gibt es zudem einen expliziten Konstruktor ohne Parameter, der an den Primärkonstruktor der Klasse `PKW` weiterleitet.

Die Klasse `PKW` besitzt die beiden geerbten Methoden `Beschleunigen()` und `ToString()` sowie die eigenen Methoden `Einsteigen()` und `ToString()`.

In der Methode `ToString()` der Klasse `PKW` wird mithilfe des Bezeichners `base` die gleichnamige Methode der Basisklasse zur Ausgabe der geerbten Eigenschaften aufgerufen.

5.12.3 »private«, »protected« und »public«

Von der Klasse `PKW` aus sind die beiden privaten geerbten Eigenschaften nicht direkt erreichbar. Die Eigenschaft `geschwindigkeit` können Sie allerdings über die öffentliche geerbte Methode `Beschleunigen()` ändern und mithilfe der öffentlichen geerbten Methode `ToString()` ausgeben.

Möchten Sie sie direkt erreichbar machen, haben Sie zwei Möglichkeiten:

- Sie deklarieren die Eigenschaften mit dem Zugriffsmodifizierer `public`. In diesem Fall sind sie öffentlich zugänglich und von überall aus zu erreichen. Das widerspricht aber dem Prinzip der Datenkapselung.
- Sie deklarieren die Eigenschaften mit dem Zugriffsmodifizierer `protected`. Nun sind sie von der Klasse, in der sie deklariert sind, und von allen Klassen, die von dieser Klasse abgeleitet werden, erreichbar. Somit bleibt noch eine gewisse Datenkapselung gewährleistet.

5.12.4 Nutzung der beiden Klassen

Es werden zwei Objekte der abgeleiteten Klasse erstellt (siehe Abbildung 5.15). Außerdem wird der Typ eines Objekts auf verschiedene Arten ermittelt.

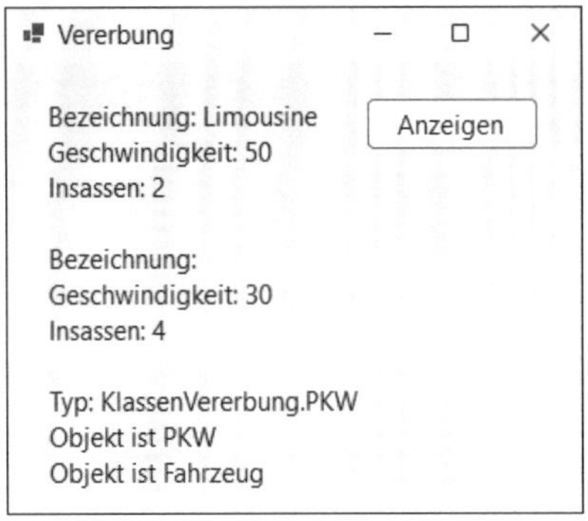

Abbildung 5.15 Objekte der abgeleiteten Klasse

Hier der Programmcode:

```
private void CmdAnzeigen_Click(...)
{
    PKW fiat = new("Limousine", 50, 2);
    PKW peugeot = new();

    peugeot.Einsteigen(4);
```

```
    peugeot.Beschleunigen(30);
    LblAnzeige.Text = $"{fiat}\n{peugeot}\n";

    LblAnzeige.Text += $"Typ: {fiat.GetType()}\n";
    if(fiat is PKW)
        LblAnzeige.Text += "Objekt ist PKW\n";
    if (fiat is Fahrzeug)
        LblAnzeige.Text += "Objekt ist Fahrzeug";
}
```


Listing 5.27 Projekt »KlassenVererbung«, Nutzung der Klassen

Wird eine Methode für ein Objekt einer abgeleiteten Klasse aufgerufen, wird diese Methode zunächst in dieser abgeleiteten Klasse gesucht. Wird sie dort gefunden, wird sie aufgerufen. Anderenfalls wird sie eine Ebene höher, also in der zugehörigen Basisklasse gesucht.

Für das Objekt `fiat` der Klasse `PKW` werden die Methoden `Einsteigen()` und `ToString()` in der Klasse `PKW` gefunden. Die Methode `Beschleunigen()` wird erst in der Basisklasse `Fahrzeug` gefunden.

Für das Objekt `fiat` liefert die Methode `GetType()` den Typ `PKW`. Der Typvergleich mithilfe des Operators `is` liefert die Information, dass es sich sowohl um ein `PKW`-Objekt als auch um ein `Fahrzeug`-Objekt handelt, denn jedes `PKW`-Objekt ist auch ein `Fahrzeug`-Objekt.

Hinweis

Die Editor-Hilfe schlägt eine Verbesserung des Programms durch einen Vergleich mit `null` vor. Allerdings soll hier der Vergleich mit den beiden Klassen gezeigt werden.

5.13 Polymorphie

Polymorphie heißt Vielgestaltigkeit. Innerhalb der objektorientierten Programmierung bedeutet dieser Begriff, dass ein Objektverweis auf Objekte unterschiedlicher Art verweisen kann. Er ist außerdem in der Lage, den Abruf der jeweils zugehörigen Objektelemente zu unterstützen. Das vergrößert die Flexibilität bei der Programmierung mit Objekten verwandter Klassen.

Im nachfolgenden Beispiel im Projekt *KlassenPolymorphie* werden Objekte zweier Klassen erzeugt. Eine der Klassen ist aus der anderen Klasse abgeleitet. Die Objekte werden anschließend über ein Feld von Verweisen auf Objekte der Basisklasse gemeinsam erreichbar gemacht. Innerhalb einer Schleife werden alle Objekte ausgegeben.

5.13.1 Definition der Basisklasse

Zunächst die Basisklasse Fahrzeug:

```
class Fahrzeug(string bezeichnung, int geschwindigkeit)
{
    public override string ToString() =>
        $"Typ: {GetType()}\nBezeichnung: {bezeichnung}\n"
        + $"Geschwindigkeit: {geschwindigkeit}\n";
}
```

Listing 5.28 Projekt »KlassenPolymorphie«, Definition der Basisklasse

Die Basisklasse Fahrzeug verfügt über einen Primärkonstruktor. Zur Verdeutlichung wird in der Ausgabemethode ToString() mithilfe der Methode GetType() jeweils zusätzlich der Typ des Objekts ausgegeben.

5.13.2 Definition der abgeleiteten Klasse

Es folgt die abgeleitete Klasse PKW:

```
class PKW(string bezeichnung, int geschwindigkeit, int insassen) :
    Fahrzeug(bezeichnung, geschwindigkeit)
{
    public override string ToString() =>
        $"{base.ToString()}Insassen: {insassen}\n";
}
```

Listing 5.29 Projekt »KlassenPolymorphie«, abgeleitete Klasse

Die abgeleitete Klasse PKW verfügt ebenfalls über einen Primärkonstruktor. Die eigene Ausgabemethode ToString() ruft unter anderem die gleichnamige Methode in der Basisklasse auf.

5.13.3 Nutzung der beiden Klassen

Es folgt das Programm:

```
private void CmdAnzeigen_Click(...)
{
    Fahrzeug vespa = new("Roller", 35);
    PKW fiat = new("Limousine", 90, 4);
    Fahrzeug[] sammlung = [ vespa, new("Moped", 45),
```

```
        fiat, new PKW("Sportwagen", 130, 1) ];

    LblAnzeige.Text = "";
    foreach (Fahrzeug f in sammlung)
        LblAnzeige.Text += $"{f}\n";
}
```


Listing 5.30 Projekt »KlassenPolymorphie«, Nutzung der Klassen

Es wird jeweils ein Objekt der beiden Klassen erzeugt und über einen Verweis verfügbar gemacht.

Zudem wird ein Feld von Verweisen auf Objekte der Basisklasse mithilfe eines Sammlungsausdrucks deklariert, siehe auch Abschnitt 4.4.2. Der vorliegende Sammlungsausdruck enthält vier Verweise, und zwar zwei Verweise auf die bereits existierenden Objekte und zwei Verweise auf neu erzeugte Objekte, die nur mithilfe des Felds erreichbar sind.

Wird bei der Erzeugung eines der Objekte nur `new(...)` angegeben, handelt es sich um ein Objekt der Klasse `Fahrzeug`, weil es sich um ein Feld von Verweisen auf `Fahrzeug`-Objekte handelt.

In dem Feld dürfen nur Verweise auf Objekte der Klasse `Fahrzeug` stehen oder Verweise auf Objekte von Klassen, die von der Klasse `Fahrzeug` abgeleitet sind.

Bei der Ausgabe aller Feldelemente (siehe Abbildung 5.16) mithilfe einer `foreach`-Schleife wird intern die Methode `ToString()` aufgerufen. Zu den Verweisen wird jeweils die passende Methode des Objekts, auf das verwiesen wird, gefunden.

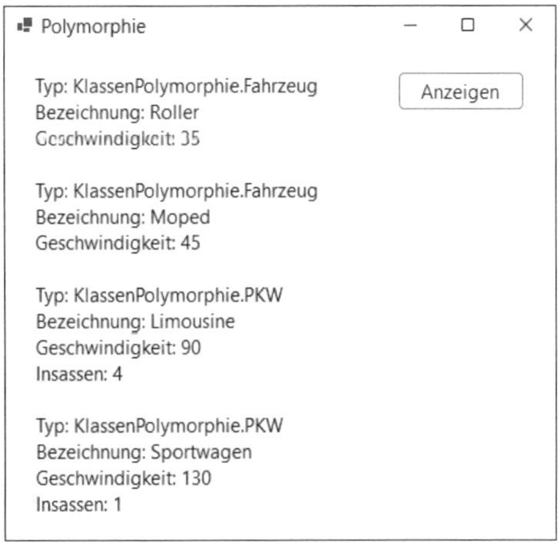

Abbildung 5.16 Ein Feld von Verweisen

5.14 Abstrakte Klassen

Die bisher genutzten Klassen dienen als Vorlage für gleichartige Objekte. Sie werden auch *konkrete Klassen* genannt, weil mit ihrer Hilfe konkrete Objekte erzeugt werden können. Eine konkrete Klasse kann zur Vererbung dienen.

Im Unterschied dazu existieren die abstrakten Klassen. Von einer abstrakten Klasse können keine Objekte erstellt werden. Sie ist ausschließlich für die Vererbung vorgesehen. Sie kann Eigenschaften, Methoden mit Code und abstrakte Methoden, also Methoden ohne Code, enthalten. Diesen Methoden muss in abstrakten Klassen der Modifizierer `abstract` vorangesetzt werden.

Im Projekt *KlassenAbstrakt* wird eine eigene abstrakte Klasse für geometrische Figuren definiert. Sie dient als Muster zur Erstellung der beiden konkreten Klassen `Kreis` und `Rechteck`. Für alle drei Klassen kann im vorliegenden Beispiel jeweils ein Primärkonstruktor verwendet werden.

5.14.1 Definition der abstrakten Klasse

Es folgt die Definition der abstrakten Klasse `Figur`:

```
abstract class Figur(string farbe)
{
    public void Faerben(string f) => farbe = f;
    public abstract void Skalieren(double faktor);
    public abstract double Flaeche();
    public override string ToString() => farbe;
}
```

Listing 5.31 Projekt »KlassenAbstrakt«, abstrakte Klasse

Einer abstrakten Klasse muss der Modifizierer `abstract` vorangestellt werden. Die Klasse `Figur` dient als Vorlage für verschiedene geometrische Figuren, die in abgeleiteten Klassen definiert werden. Sie verfügt über einen Primärkonstruktor, in dem die Eigenschaft `farbe` definiert wird, eine Methode `Faerben()` zum Ändern und eine Methode `ToString()` zum Ausgeben der Eigenschaft `farbe`.

Abstrakte Methoden dürfen keinen eigenen Code besitzen. Sie dienen nur als Vorschrift für den Aufbau der gleichnamigen Methoden in den abgeleiteten Klassen. Für die Methode `Skalieren()` wird vorgeschrieben, dass sie einen `double`-Parameter, aber keinen Rückgabewert besitzt. Für die Methode `Flaeche()` wird vorgeschrieben, dass sie keinen Parameter, aber einen Rückgabewert des Typs `double` besitzt.

Auf diese Weise wird eine größere Ähnlichkeit von Klassen innerhalb einer Hierarchie von Klassen erreicht: Alle geometrischen Figuren müssen skalierbar sein und farblich geändert werden können. Diese Vorgänge müssen zudem in ähnlicher Form ablaufen.

5.14.2 Definition der konkreten Klasse »Kreis«

Es folgt die Definition der konkreten Klasse `Kreis`, die von der abstrakten Klasse `Figur` abgeleitet wird:

```
class Kreis(string farbe, double radius) : Figur(farbe)
{
    private readonly static double PI = 3.1415926;
    public override void Skalieren(double faktor) =>
        radius *= faktor;
    public override double Flaeche() =>
        Math.Round(PI * radius * radius, 3);
    public override string ToString() =>
        $"{base.ToString()}, {radius}";
}
```

Listing 5.32 Projekt »KlassenAbstrakt«, abgeleitete Klasse »Kreis«

Geometrische Figuren der Klasse `Kreis` verfügen neben der geerbten Eigenschaft `farbe` über die eigene Eigenschaft `radius`. Der Primärkonstruktor der Klasse `Kreis` reicht die Eigenschaft `farbe` an den Primärkonstruktor der Klasse `Figur` weiter. Die beiden geerbten Methoden `Skalieren()` und `Flaeche()` müssen überschrieben werden, und zwar passend für Kreise.

5.14.3 Definition der konkreten Klasse »Rechteck«

Es folgt die Definition der konkreten Klasse `Rechteck`, die ebenfalls von der abstrakten Klasse `Figur` abgeleitet wird:

```
class Rechteck(string farbe, double breite,
    double hoehe) : Figur(farbe)
{
    public override void Skalieren(double faktor)
    {
        breite *= faktor;
        hoehe *= faktor;
    }
```

```
    public override double Flaeche() =>
        breite * hoehe;
    public override string ToString() =>
        $"{base.ToString()}, {breite}, {hoehe}";
}
```

Listing 5.33 Projekt »KlassenAbstrakt«, abgeleitete Klasse »Rechteck«

Geometrische Figuren der Klasse Rechteck verfügen neben der geerbten Eigenschaft farbe über die eigenen Eigenschaften breite und hoehe. Der Primärkonstruktor der Klasse Rechteck reicht die Eigenschaft farbe an den Primärkonstruktor der Klasse Figur weiter. Die beiden geerbten Methoden Skalieren() und Flaeche() müssen auch hier überschrieben werden, und zwar passend für Rechtecke.

5.14.4 Nutzung der beiden Klassen

Es folgt das Programm, in dem die beiden Klassen verwendet werden, die von der abstrakten Klasse abgeleitet wurden:

```
private void CmdAnzeigen_Click(...)
{
    Kreis k = new("Rot", 1.6);
    LblAnzeige.Text = $"Kreis: {k}\nFläche: {k.Flaeche()}\n";
    k.Faerben("Gelb");
    k.Skalieren(2.0);
    LblAnzeige.Text += $"Kreis: {k}\nFläche: {k.Flaeche()}\n\n";

    Rechteck r = new("Blau", 3.6, 1.5);
    LblAnzeige.Text += $"Rechteck: {r}\nFläche: {r.Flaeche()}\n";
    r.Faerben("Cyan");
    r.Skalieren(0.5);
    LblAnzeige.Text += $"Rechteck: {r}\nFläche: {r.Flaeche()}";
}
```

Listing 5.34 Projekt »KlassenAbstrakt«, Nutzung der abgeleiteten Klassen

Es werden ein Kreis-Objekt und ein Rechteck-Objekt erzeugt. Ihre Daten und ihre Fläche werden zweimal ausgegeben, einmal vor dem Färben und Skalieren, einmal danach. Die Ausgabe des Programms sehen Sie in Abbildung 5.17.

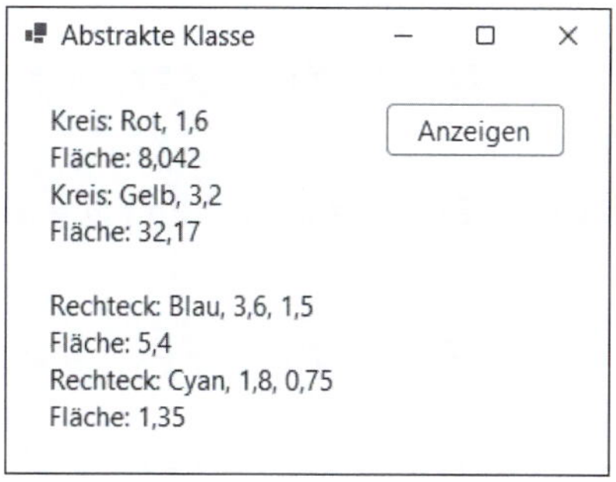

Abbildung 5.17 Nutzung der beiden Klassen

5.15 Schnittstellen

Im Zusammenhang mit der Vererbung gibt es bei C# (und in vielen anderen objektorientierten Programmiersprachen) das Konzept der Schnittstelle (engl. *interface*). Eine Schnittstelle sieht aus wie eine Klasse, enthält aber nur Deklarationen, keinen Programmcode. Von einer Schnittstelle können daher keine Objekte erzeugt werden.

Schnittstellen werden aktiviert, indem sie in einer Klasse implementiert werden, also der Programmcode zu den Deklarationen hinzugefügt wird. Die Klasse muss dabei immer alle Elemente einer Schnittstelle implementieren.

Durch eine Schnittstelle wird eine Verwandtschaft zwischen Klassen ermöglicht. Das ist, wie im vorherigen Abschnitt über Polymorphie zu lesen war, eine Voraussetzung für polymorphes Verhalten. In einer Klasse können mehrere Schnittstellen implementiert werden. Über eine dieser Schnittstellen ergibt sich jeweils eine Verwandtschaft dieser Klasse mit einer oder mehreren anderen Klassen. Es hat sich im Laufe der Entwicklung der objektorientierten Programmierung erwiesen, dass dieses Vorgehen effektiver ist als die sogenannte *Mehrfachvererbung*.

Hinweis

Bei C# gibt es keine Mehrfachvererbung. Bei der Mehrfachvererbung erbt eine Klasse Eigenschaften und Methoden mehrerer Basisklassen.

5.15.1 Vordefinierte Schnittstelle

Visual Studio stellt für C# bereits eine Reihe von Schnittstellen zur Verfügung. Diese können in eigenen Klassen implementiert werden.

Als Beispiel soll das Interface ICloneable genannt werden: Es unterstützt das Klonen von Objekten einer Klasse, also das vollständige Kopieren der Eigenschaften eines Objekts in ein anderes Objekt der gleichen Klasse.

Jede Klasse, die diese Schnittstelle implementiert, muss die Methode Clone() implementieren und darin genau festlegen, wie der Klonvorgang in dieser speziellen Klasse ablaufen soll. Das trifft zum Beispiel für die bereits behandelte Klasse Array zu (siehe hierzu auch Abschnitt 4.4.4).

Im Projekt *KlassenSchnittstellen* wird eine eigene Schnittstelle definiert. Sie wird in einer eigenen Klasse zusammen mit der vordefinierten Schnittstelle ICloneable implementiert.

5.15.2 Eigene Schnittstelle

Zur Definition einer neuen Schnittstelle rufen Sie den Menüpunkt PROJEKT • NEUES ELEMENT HINZUFÜGEN auf und wählen Sie die Vorlage SCHNITTSTELLE. Die Definition einer Schnittstelle wird mit dem Schlüsselwort interface eingeleitet. Der Name einer Schnittstelle sollte gemäß Konvention mit »I« beginnen. Der Zugriffsmodifizierer internal kann auch hier weggelassen werden.

Zunächst das Interface IAenderbar in der Datei *IAenderbar.cs*:

```
interface IAenderbar
{
    void Faerben(string farbeNeu);
    void Vergroessern(double faktor);
}
```

Listing 5.35 Projekt »KlassenSchnittstellen«, Interface

In jeder Klasse, die dieses Interface implementiert, müssen die beiden Methoden Faerben() und Vergroessern() definiert werden.

5.15.3 Definition der Klasse

Es folgt die Klasse Kreis in der Datei *Kreis.cs*, mit deren Hilfe Kreise mit ihren Eigenschaften und Methoden definiert werden können:

```
class Kreis(string farbe, double radius) : IAenderbar, ICloneable
{
    public void Faerben(string farbeNeu) => farbe = farbeNeu;
    public void Vergroessern(double faktor) => radius *= faktor;
```

```
    public object Clone() => new Kreis(farbe, radius);
    public override string ToString() =>
        $"Farbe: {farbe}, Radius: {radius}";
}
```

Listing 5.36 Projekt »KlassenSchnittstellen«, Definition der Klasse

Die Klasse `Kreis` implementiert neben der eigenen Schnittstelle `IAenderbar` auch die vorhandene Schnittstelle `ICloneable` aus dem Standard-Namensraum `System`. Die beiden Eigenschaften `farbe` und `radius` werden mithilfe eines Primärkonstruktors festgelegt. Es folgen die beiden Methoden `Faerben()` und `Vergroessern()`. Sie werden passend zur Klasse `Kreis` implementiert.

Innerhalb der Methode `Clone()` wird ein neues Objekt der Klasse `Kreis` mithilfe der Daten des aufrufenden Objekts erstellt. Der Verweis auf das neu erzeugte Objekt wird zurückgeliefert.

5.15.4 Nutzung der Klasse

Zuletzt das Hauptprogramm des Projekts:

```
private void CmdAnzeigen_Click(...)
{
    Kreis k1 = new("Rot", 20);
    Kreis k2 = (Kreis) k1.Clone();

    k1.Faerben("Gelb");
    k1.Vergroessern(1.5);

    LblAnzeige.Text = $"{k1}\n{k2}";
}
```

Listing 5.37 Projekt »KlassenSchnittstellen«, Nutzung der Klasse

Es wird ein Objekt der Klasse `Kreis` mit Radius und Farbe erzeugt, auf das die Variable `k1` verweist. Anschließend wird der Verweis `k2` auf ein Objekt der Klasse `Kreis` erzeugt. Die Methode `Clone()` liefert einen Verweis auf ein Objekt der allgemeinen Klasse `object` zurück. Dieser Verweis muss zunächst mithilfe des Casts `(Kreis)` in einen Verweis auf ein Objekt der Klasse `Kreis` umgewandelt werden.

Der erste Kreis wird gefärbt und vergrößert. Zum Vergleich werden beide Objekte ausgegeben, siehe Abbildung 5.18.

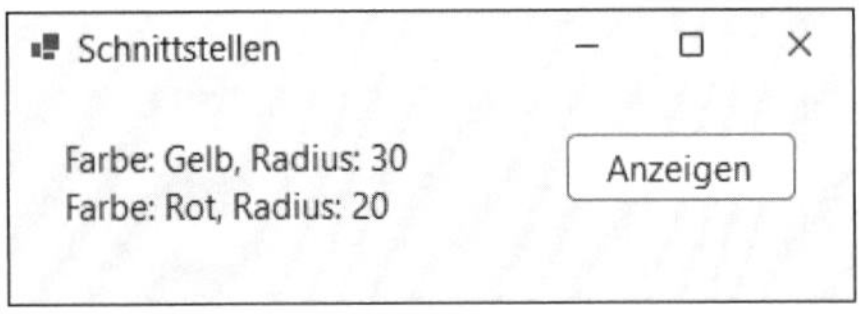

Abbildung 5.18 Nutzung von Schnittstellen

5.16 Strukturen

In vielen Sprachen gibt es den sogenannten *benutzerdefinierten Datentyp*. Darin werden thematisch zusammengehörige Daten unterschiedlichen Datentyps unter einem Namen vereinigt. Das können Sie in C# mit einer Klasse realisieren. In vereinfachter Form lässt sich das aber auch mit einer Struktur umsetzen. Hierzu ein Vergleich zwischen Strukturen und Klassen:

- Auf Strukturen kann schneller zugegriffen werden.
- Strukturen sind vom Werttyp, nicht vom Verweistyp. Bei der Kopie einer Strukturvariablen werden alle Elemente der Struktur kopiert.
- Strukturen können über mehrere Konstruktoren mit unterschiedlichen Signaturen verfügen. Sie unterscheiden sich also bei der Anzahl und den Datentypen der Parameter.
- Strukturen können einen Primärkonstruktor besitzen. Er dient allerdings nur zur Übergabe von Werten an die Eigenschaften. Die Eigenschaften werden unabhängig davon definiert.
- Strukturen können Methoden, aber keine Eigenschaftsmethoden haben.
- Die Eigenschaften und Methoden einer Struktur müssen öffentlich zugänglich (`public`) sein.
- Strukturen können nicht erben, außer von der Klasse `object`.
- Es kann Felder von Strukturvariablen geben. Im Fall von Klassen handelt es sich um Felder von Verweisen auf Objekte.
- Strukturen können verschachtelt sein. Das bedeutet: Ein Element der (äußeren) Struktur ist eine Variable einer anderen (inneren) Struktur. Das ist auch bei Klassen möglich: Eine Eigenschaft einer Klasse ist ein Verweis auf ein Objekt einer anderen Klasse.

Im Projekt *KlassenStrukturen* werden zwei verschachtelte Strukturen definiert. Es werden insgesamt drei Strukturvariablen deklariert. Die erste Variable bekommt ihre Werte per Zuweisung, die zweite per Kopie, die dritte per Konstruktor.

5.16.1 Definition der inneren Struktur

Zur Definition einer neuen Struktur rufen Sie den Menüpunkt PROJEKT • NEUES ELEMENT HINZUFÜGEN auf und wählen Sie die Vorlage KLASSE. Tauschen Sie das Schlüsselwort `class` gegen das Schlüsselwort `struct` aus. Der Zugriffsmodifizierer `internal` kann auch hier weggelassen werden.

Es folgt die Struktur `Telefon` in der Datei *Telefon.cs*:

```
struct Telefon(string v, int n)
{
    public string vorwahl = v;
    public int nummer = n;
    public override readonly string ToString() =>
        $"{vorwahl}-{nummer}";
}
```

Listing 5.38 Projekt »KlassenStrukturen«, innere Struktur

In der Struktur `Telefon` sind zwei Eigenschaften unterschiedlichen Datentyps vereinigt: die Vorwahl als Zeichenkette und die Nummer als Ganzzahl. Die Struktur hat einen Primärkonstruktor zur Übergabe von Werten an die beiden Eigenschaften.

Bei der Methode `ToString()` zur Ausgabe der Eigenschaften einer Strukturvariablen empfiehlt die Editor-Hilfe das zusätzliche Attribut `readonly`.

5.16.2 Definition der äußeren Struktur

Es folgt die Struktur `Kontakt` in der Datei *Kontakt.cs*. Darin wird die Struktur `Telefon` genutzt:

```
struct Kontakt(int p, string o, string s, int h,
    Telefon t, Telefon f)
{
    public int plz = p;
    public string ort = o;
    public string strasse = s;
    public int hausnummer = h;
    public Telefon tel = t, fax = f;
    public override readonly string ToString() => $"{strasse} " +
        $"{hausnummer}\n{plz} {ort}\nTel: {tel}\nFax: {fax}";
}
```

Listing 5.39 Projekt »KlassenStrukturen«, äußere Struktur

Die Struktur Kontakt besitzt einen Primärkonstruktor und sechs Eigenschaften: zwei ganze Zahlen, zwei Zeichenketten und zwei Eigenschaften der Struktur Telefon. Diese haben jeweils zwei Untereigenschaften, in einer Variablen dieser Struktur können also insgesamt acht Informationen gespeichert werden.

Variablen der Struktur Kontakt können entweder ohne Werte oder mithilfe des Primärkonstruktors mit allen sechs Werten erzeugt werden.

Es gibt außerdem eine Methode ToString() zur Ausgabe der Eigenschaften. Innerhalb der Methode wird die Ausgabe der Werte der beiden Eigenschaften der Struktur Telefon mithilfe der dortigen Methode ToString() veranlasst.

5.16.3 Nutzung der verschachtelten Struktur

Es folgt das Programm, das diese verschachtelte Struktur benutzt:

```
private void CmdAnzeigen_Click(...)
{
    Kontakt x = new()
    {
        plz = 43024,
        ort = "Berlin",
        strasse = "Hauptstr.",
        hausnummer = 104
    };
    x.tel.vorwahl = "0466";
    x.tel.nummer = 532626;
    x.fax.vorwahl = "0466";
    x.fax.nummer = 532627;

    Kontakt y = x;
    LblAnzeige.Text = y + "\n\n";

    Kontakt z = new(83035, "Hamburg", "Marktplatz", 12,
        new Telefon("0463", 887743), new Telefon("0463", 887744));
    LblAnzeige.Text += z;
}
```

Listing 5.40 Projekt »KlassenStrukturen«, Nutzung der Strukturen

Es wird zunächst die Strukturvariable x des Strukturtyps Kontakt mithilfe einer Objektinitialisierung erstellt. Die Eigenschaften der Strukturvariablen werden per Zuweisung mit weiteren Werten versorgt. Dabei ist besonders auf die Schreibweise der Untereigenschaften der Struktur `Telefon` zu achten.

Es wird die Strukturvariable `y` erstellt. Sie erhält ihre Werte durch die Zuweisung der Strukturvariablen `x`. Dabei werden die Werte aller Eigenschaften von `x` zu `y` kopiert. Anschließend wird `y` ausgegeben.

Die Strukturvariable `z` wird, ähnlich wie ein Objekt, mithilfe von `new` und dem Primärkonstruktor der Struktur `Kontakt` erzeugt. Innerhalb der Parameterliste werden die beiden Werte für die Eigenschaften `tel` und `fax` mithilfe von `new` und dem Primärkonstruktor der Struktur `Telefon` erzeugt.

Die Ausgabe sehen Sie in Abbildung 5.19.

Abbildung 5.19 Strukturen

5.17 Generische Datentypen

Sie können in C# eigene generische Datentypen definieren. Weitaus häufiger werden Sie aber vermutlich einen der vielseitigen generischen Datentypen nutzen, die in C# bereits vordefiniert sind.

Generische Datentypen weisen bestimmte Verhaltensweisen auf und können auf beliebige Datentypen angewendet werden, die eventuell noch gar nicht existieren. Das hört sich erst einmal recht theoretisch an, erweist sich aber in der Praxis als sehr nützlich.

Ein Beispiel für einen vordefinierten generischen Datentyp ist eine generische Liste. Auf die Elemente einer solchen Liste können Sie in einfacher Weise zugreifen, die zugehörigen Daten lesen oder verändern. Sie können weitere Elemente an beliebiger Stelle hinzufügen oder andere Elemente aus der Liste löschen. Dieses Verhalten ist für eine generische Liste bereits vordefiniert, unabhängig vom Datentyp eines einzelnen Elements der Liste. Sie können nun einen eigenen Datentyp definieren, mehrere Objekte dieses Datentyps erzeugen und diese Objekte mithilfe einer generischen Liste organisieren.

Hinweis

Beispiele für vordefinierte generische Datentypen sind: *Collection* (deutsch: Sammlung), *Dictionary* (Wörterbuch), *List* (Liste, siehe oben), *Queue* (Warteschlange) oder *Stack* (Stapel).

Die praktische Nutzung von generischen Datentypen werde ich im nachfolgenden Projekt *KlassenGenerisch* an drei Beispielen erläutern. Der zugehörige Namensraum `System.Collections.Generic` wird standardmäßig eingebunden.

5.17.1 Eine Liste von Zeichenketten

Es wird eine generische Liste von Zeichenketten erzeugt, mehrmals verändert und ausgegeben. Es kommen die nachfolgenden Methoden und Eigenschaften für generische Listen zum Einsatz:

- `Add()` zum Hinzufügen von Elementen am Ende der Liste
- `Contains()` zum Prüfen der Liste auf bestimmte Inhalte
- `IndexOf()` zum Ermitteln der Indizes für einen bestimmten Inhalt
- `Insert()` zum Einfügen von Elementen an einer bestimmten Stelle
- `RemoveAt()` zum Löschen von Elementen an einer bestimmten Stelle
- `Remove()` zum Löschen von Elementen mit einem bestimmten Inhalt
- `Count` zur Angabe der Anzahl der Elemente

Zunächst das Programm:

```
private void CmdListString_Click(...)
{
    List<string> li = [];
    LblAnzeige.Text = "";

    li.Add("Spanien");
    li.Add("Belgien");
    li.Add("Schweiz");
    AusListString("Zu Beginn", li);

    if (li.Contains("Belgien"))
        LblAnzeige.Text += "Enthält Belgien\n";
```

```
    LblAnzeige.Text += "Schweiz an Position: " +
        $"{li.IndexOf("Schweiz")}\n";
    LblAnzeige.Text += "Estland an Position: " +
        $"{li.IndexOf("Estland")}\n";

    if (li.Count >= 2) li.Insert(2, "Polen");
    AusListString("Nach Einfügen an Position", li);

    if (li.Count >= 2) li.RemoveAt(1);
    AusListString("Nach Löschen an Position", li);

    bool geloescht;
    do
        geloescht = li.Remove("Spanien");
    while (geloescht);
    AusListString("Nach (mehrfachem) Löschen eines Werts", li);
}

private void AusListString(string s, List<string> lx)
{
    string aus = $"{s}: ";
    foreach (string x in lx)
        aus += $"{x} ";
    /* for(int i=0; i<lx.Count; i++)
        aus += $"{lx[i]} "; */
    LblAnzeige.Text += $"{aus}\n";
}
```

Listing 5.41 Projekt »KlassenGenerisch«, Liste von Zeichenketten

Es wird die Variable `li` definiert. Sie kann auf ein Objekt des Datentyps `List<string>` verweisen. Dabei entspricht `List` dem generischen Datentyp. Innerhalb der spitzen Klammern folgt der Datentyp der einzelnen Elemente der generischen Liste, hier also `string`. Mithilfe eines Sammlungsausdrucks wird dann ein neues leeres Objekt des Datentyps `List<string>` vereinfacht erzeugt.

Nach dem Hinzufügen von drei Elementen mittels der Methode `Add()` wird die Methode `AusListString()` zur Ausgabe aller Elemente der generischen Liste aufgerufen. Der Methode werden ein Kommentar und der Verweis auf die generische Liste übergeben. Ihren internen Aufbau erläutere ich weiter unten.

Die Methode `Contains()` liefert die Information, ob es ein Element mit einem bestimmten Inhalt gibt, als Wahrheitswert.

Die Methode `IndexOf()` liefert den Index eines Elements mit einem bestimmten Inhalt als Zahl. Die Nummerierung beginnt bei 0. Gibt es kein Element mit dem gewünschten Inhalt, liefert `IndexOf()` den Wert `-1`.

Die Eigenschaft `Count` liefert die Anzahl der Elemente. Diesen Wert benötigen Sie zum Beispiel, wenn Sie feststellen möchten, ob eine bestimmte Position innerhalb der Liste existiert.

Mithilfe der Methode `Insert()` wird ein Element an einer bestimmten Position innerhalb der Liste eingefügt. Vorher muss jedoch geprüft werden, ob diese Position existiert, ansonsten würde eine Ausnahme auftreten. Soll ein Element an der Position 2 eingefügt werden, muss die Liste mindestens zwei Elemente haben. Nach dem erfolgreichen Einfügen werden alle bereits vorhandenen Elemente ab der Einfügeposition nach hinten verschoben.

Eine ähnliche Prüfung muss erfolgen, wenn ein Element an einer bestimmten Position innerhalb der Liste mittels der Methode `RemoveAt()` gelöscht werden soll. Soll ein Element an der Position 1 gelöscht werden, muss die Liste mindestens zwei Elemente haben. Nach dem erfolgreichen Löschen werden alle Elemente ab der Löschposition nach vorn verschoben.

Die Methode `Remove()` dient zum Löschen des ersten Elements, das einen bestimmten Inhalt hat. Wird ein passendes Element gefunden und gelöscht, liefert `Remove()` den Wahrheitswert `true`, ansonsten `false`. Das kann genutzt werden, um alle Elemente der Liste mit einem bestimmten Inhalt zu löschen. Nach dem erfolgreichen Löschen werden alle Elemente ab der Löschposition nach vorn verschoben.

Innerhalb der Methode `AusListString()` verweist die Variable `lx` auf die generische Liste von Zeichenketten. Innerhalb der `foreach`-Schleife entspricht jedes einzelne Element der Liste der Zeichenkette `x`. Alle Elemente der Liste werden zusammen mit einem Kommentar ausgegeben.

Sie können auf die Elemente einer generischen Liste auch mithilfe eines Index zugreifen – wie bei einem Datenfeld. So können Sie die Liste alternativ mithilfe einer `for`-Schleife durchlaufen.

Die Ausgabe des Programms sehen Sie in Abbildung 5.20.

Abbildung 5.20 Liste von Zeichenketten

5.17.2 Definition der Klasse

In den beiden nachfolgenden Abschnitten wird eine generische Liste beziehungsweise ein generisches Dictionary von Objekten des eigenen Datentyps `Land` erzeugt. Zunächst folgt die Definition dieses Datentyps:

```
class Land(string na, string hs) : IEquatable<Land?>
{
    private readonly string landesname = na;
    private readonly string hauptstadt = hs;

    public bool Equals(Land? x) =>
        landesname == x?.landesname && hauptstadt == x.hauptstadt;

    public override string ToString() =>
        $"{landesname}/{hauptstadt}";

    public override bool Equals(object? o)
    {
        return true;
    }

    public override int GetHashCode()
    {
        return 0;
    }
}
```

Listing 5.42 Projekt »KlassenGenerisch«, Definition der Klasse

Die Klasse Land besitzt die beiden Eigenschaften landesname und hauptstadt, einen Konstruktor mit zwei Parametern, einen Konstruktor ohne Parameter und eine Methode ToString() zur Ausgabe.

Die Methoden Contains(), IndexOf() und Remove() einer generischen Liste führen Vergleiche durch. Es wird verglichen, ob zwei Objekte der Liste miteinander übereinstimmen. Das Ergebnis des Vergleichs wird zum Beispiel dazu genutzt, die Position eines Elements innerhalb der Liste festzustellen.

Zur Durchführung eines Vergleichs muss die Klasse Land die generische Schnittstelle (= Schnittstelle für generische Typen) IEquatable aus dem Standard-Namensraum System implementieren. Dies erfordert eine eigene Implementation der Methode Equals(), die ein Objekt der Klasse Land als Parameter erwartet.

Dieser Methode Equals() wird ein Verweis auf ein Objekt der Klasse Land übergeben. Das aktuelle Objekt wird mit dem übergebenen Objekt verglichen. Stimmen die Werte der beiden miteinander verglichenen Eigenschaften überein, sind die Objekte gleich.

Da es möglich ist, dass der Methode Equals() ein Verweis auf null übergeben wird, muss der Parameter den nullbaren Datentyp Land? haben. Die generische Schnittstelle IEquatable muss daher ebenfalls mit diesem nullbaren Datentyp arbeiten.

Da der Parameter einen nullbaren Datentyp besitzt, muss auf seine Eigenschaft landesname mithilfe des Operators ?. zugegriffen werden. Der zweite Teil der logischen Und-Verknüpfung wird nur erreicht, falls der Parameter ungleich null ist. Daher kann auf die Eigenschaft hauptstadt mithilfe des Operators . für nicht nullbare Datentypen zugegriffen werden.

Wird eine eigene Methode Equals() definiert, muss auch die gleichnamige geerbte Methode der allgemeinen Klasse object überschrieben werden. Sie wird hier allerdings nicht genutzt und liefert daher immer true.

Wird für eine Klasse die Methode Equals() der allgemeinen Klasse object überschrieben, muss auch deren geerbte Methode GetHashCode() überschrieben werden. Diese Methode liefert einen int-Wert, der bei der eindeutigen Identifizierung von Objekten helfen soll. Sie wird hier allerdings nicht genutzt und liefert daher immer den Wert 0.

Hinweis

Die beiden Eigenschaften werden innerhalb der Klasse Land definiert und über die Parameter des Primärkonstruktors mit Werten versorgt.

Sie können nicht unmittelbar im Primärkonstruktor definiert werden, da sie dann nicht als Eigenschaften für den Parameter der Klasse Land in der eigenen Methode Equals() bekannt sind.

5.17.3 Eine Liste von Objekten

Es wird eine generische Liste von Objekten des eigenen Datentyps Land erzeugt, mehrmals verändert und ausgegeben. Zum besseren Verständnis handelt es sich um den gleichen Ablauf wie beim vorherigen Programm. Der wesentliche Unterschied besteht darin, dass die Elemente der generischen Liste diesmal Land-Objekte statt Zeichenketten sind.

Es folgt das Programm:

```
private void CmdListLand_Click(...)
{
    List<Land> li = [];
    LblAnzeige.Text = "";

    li.Add(new Land("Spanien", "Madrid"));
    li.Add(new Land("Schweiz", "Bern"));
    AusListLand("Zu Beginn", li);

    if (li.Contains(new Land("Schweiz", "Bern")))
        LblAnzeige.Text += "Enthält Schweiz/Bern\n";

    LblAnzeige.Text += "Schweiz/Bern an Position: " +
        $"{li.IndexOf(new Land("Schweiz", "Bern"))}\n";
    LblAnzeige.Text += "Estland/Tallinn an Position: " +
        $"{li.IndexOf(new Land("Estland", "Tallinn"))}\n";

    if (li.Count >= 1) li.Insert(1,
        new Land("Polen", "Warschau"));
    AusListLand("Nach Einfügen an Position", li);

    if (li.Count >= 1) li.RemoveAt(0);
    AusListLand("Nach Löschen an Position", li);

    bool geloescht;
    do
        geloescht = li.Remove(new Land("Schweiz", "Bern"));
    while (geloescht);
    AusListLand("Nach (mehrfachem) Löschen eines Werts", li);
}

private void AusListLand(string s, List<Land> lx)
```

```
{
    string aus = s + ": ";
    foreach (Land x in lx)
        aus += x + " ";
    /*for (int i=0; i<lx.Count; i++)
        aus += $"{lx[i]} ";*/
    LblAnzeige.Text += $"{aus}\n";
}
```

Listing 5.43 Projekt »KlassenGenerisch«, Liste von Objekten

Hier zeigt sich die große Nützlichkeit von generischen Datentypen. Dank des einheitlichen Aufbaus kann mit einer generischen Liste von Objekten genauso gearbeitet werden wie mit einer generischen Liste von Zeichenketten. Gleiche Methoden führen zu gleichen Ergebnissen. Auch das neue leere Objekt des Datentyps `List<Land>` kann mithilfe von [ ] vereinfacht erzeugt werden.

Die neuen Objekte, mit denen gearbeitet wird, werden mithilfe der Konstruktoren erstellt. Die Verweise auf diese Objekte werden unmittelbar in die Liste eingefügt. In der Methode `AusListLand()` werden die einzelnen Objekte durch die Methode `ToString()` ausgegeben, wahlweise mithilfe einer `foreach`-Schleife oder mithilfe einer `for`-Schleife.

Die Ausgabe des Programmteils sehen Sie in Abbildung 5.21.

Abbildung 5.21 Liste von Objekten

5.17.4 Ein Dictionary von Objekten

Es wird ein generisches Dictionary von Objekten des bereits bekannten Datentyps `Land` erzeugt, mehrmals verändert und ausgegeben.

Bei einem Dictionary (deutsch: *Wörterbuch*) handelt es sich wie bei einer Liste um eine Datenstruktur zur Aufnahme von mehreren Elementen eines bestimmten Datentyps.

Allerdings sind die Elemente ungeordnet. Die Werte (engl. *values*) der Elemente sind jeweils über einen eindeutigen Schlüssel (engl. *key*) erreichbar. Man spricht in diesem Zusammenhang auch von *Schlüssel-Wert-Paaren*.

Häufig wird eine Zeichenkette als Schlüssel verwendet. Das ist auch im vorliegenden Programm der Fall. Als Schlüssel dient hier das Autokennzeichen. Ein Beispiel: Auf das Objekt des Datentyps `Land` mit dem Wert `"Schweiz"/"Bern"` wird über den Schlüssel `"CH"` zugegriffen.

Es folgt der Programmteil zur Erzeugung, Veränderung und Ausgabe:

```
private void CmdDictionary_Click(...)
{
    Dictionary<string, Land> dc = [];
    LblAnzeige.Text = "";

    dc["E"] = new Land("Spanien", "Madrid");
    dc["CH"] = new Land("Schweiz", "Bern");

    LblAnzeige.Text += $"Anzahl: {dc.Count}\n";
    AusDictKeys("Schlüssel", dc);
    AusDictValues("Werte", dc);
    AusDict("Zu Beginn", dc);

    if (dc.ContainsKey("CH"))
        LblAnzeige.Text += "Enthält Schlüssel CH\n";
    if (dc.ContainsValue(new Land("Schweiz", "Bern")))
        LblAnzeige.Text += "Enthält Wert Schweiz/Bern\n";

    dc["E"] = new Land("Ecuador", "Quito");
    AusDict("Nach Ersetzen über Schlüssel", dc);

    dc.Remove("E");
    AusDict("Nach Löschen über Schlüssel", dc);
}

private void AusDictKeys(string s, Dictionary<string, Land> dx)
{
    string aus = s + ": ";
    foreach (string sx in dx.Keys)
        aus += sx + " ";
    LblAnzeige.Text += $"{aus}\n";
```

```
}

private void AusDictValues(string s, Dictionary<string, Land> dx)
{
    string aus = s + ": ";
    foreach (Land x in dx.Values)
        aus += x + " ";
    LblAnzeige.Text += $"{aus}\n";
}

private void AusDict(string s, Dictionary<string, Land> dx)
{
    string aus = s + ": ";
    foreach (string sx in dx.Keys)
        aus += sx + "#" + dx[sx] + " ";
    LblAnzeige.Text += $"{aus}\n";
}
```

Listing 5.44 Projekt »KlassenGenerisch«, Dictionary von Objekten

Es wird die Variable `dc` definiert. Sie kann auf ein Objekt des Datentyps `Dictionary<string, Land>` verweisen. Dabei stellt `Dictionary` den generischen Datentyp dar. Innerhalb der spitzen Klammern folgen der Datentyp des Schlüssels (hier: `string`) und der Datentyp eines einzelnen Elements des generischen Dictionarys (hier: `Land`). Auch das neue leere Objekt des Datentyps `Dictionary<string, Land>` wird mithilfe eines Sammlungsausdrucks erzeugt.

Einzelne Elemente werden dem Dictionary hinzugefügt, indem einem Schlüssel ein Wert zugewiesen wird. Sollte ein Element mit diesem Schlüssel bereits existieren, so wird es dabei überschrieben. Die Zuweisung ähnelt der Zuweisung eines Elements eines Datenfelds. Es werden rechteckige Klammern genutzt. Statt eines Index wird jedoch ein Schlüssel angegeben.

Die Eigenschaft `Count` enthält die Anzahl der Elemente.

Es werden drei verschiedene Ausgabemethoden definiert. Die Methoden `AusDictKeys()` und `AusDictValues()` geben nur die Schlüssel beziehungsweise nur die Werte des Dictionarys aus. Die Methode `AusDict()` dient zur Ausgabe der vollständigen Schlüssel-Wert-Paare. Den internen Aufbau aller drei Methoden erläutere ich weiter unten.

Die Methoden `ContainsKey()` und `ContainsValue()` eines generischen Dictionarys liefern die Information, ob es einen bestimmten Schlüssel beziehungsweise einen bestimmten Wert innerhalb des Dictionarys gibt, jeweils als Wahrheitswert zurück.

Es folgt die Zuweisung des Objekts "Ecuador"/"Quito". Dabei wird zur Verdeutlichung der bereits genutzte Schlüssel "E" verwendet. Dies führt zum Ersetzen des alten Werts des betreffenden Dictionary-Elements ("Spanien"/"Madrid"). Die Anzahl der Elemente verändert sich also nicht.

Die Methode Remove() dient zum Löschen des Elements mit dem angegebenen Schlüssel. Sie liefert die Information, ob das Element erfolgreich gelöscht wurde, als Wahrheitswert.

Innerhalb der Methode AusDictKeys() wird die Auflistung Keys mittels einer foreach-Schleife durchlaufen. Diese Auflistung umfasst alle Schlüssel des Dictionarys. Da die Schlüssel vom Datentyp string sind, wird die Variable sx für die foreach-Schleife ebenfalls als string deklariert.

Ähnlich sieht es in der Methode AusDictValues() aus. Die Auflistung Values umfasst alle Werte des Dictionarys. Da die Werte vom Datentyp Land sind, wird die Variable x für die foreach-Schleife als Objekt des Datentyps Land deklariert.

Zur Ausgabe der vollständigen Schlüssel-Wert-Paare in der Methode AusDict() wird wiederum die Auflistung Keys mithilfe einer foreach-Schleife durchlaufen. Innerhalb der Schleife wird jeweils über den Schlüssel auf den Wert zugegriffen.

Die Ausgabe des Programmteils sehen Sie in Abbildung 5.22.

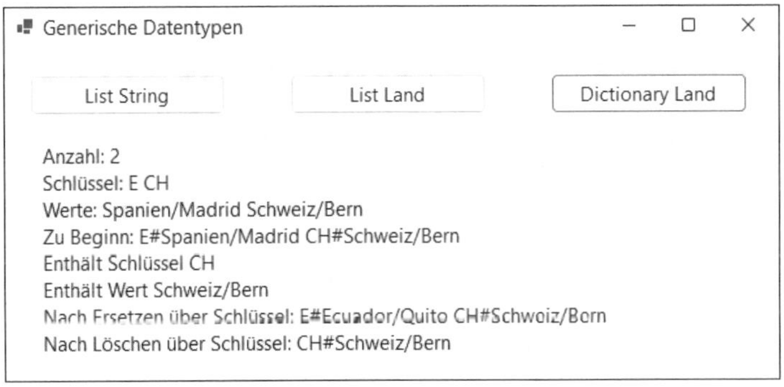

Abbildung 5.22 Dictionary von Objekten

5.18 Dekonstruktion

In Abschnitt 4.8 wurden Tupel eingeführt. Diese können dekonstruiert werden. Das bedeutet, ihre Elemente können einzelnen Variablen zugewiesen werden. Auch innerhalb einer Klasse können Sie eine Methode zur Dekonstruktion einführen. Objekte dieser Klasse können dann ebenfalls dekonstruiert werden.

Nachfolgend eine Version der Klasse Fahrzeug mit einer solchen Methode, zu finden im Projekt *KlassenDekonstruktion*:

```
class Fahrzeug(string bezeichnung, int geschwindigkeit)
{
    public void Deconstruct(out string b, out int g)
    {
        b = bezeichnung;
        g = geschwindigkeit;
    }
}
```

Listing 5.45 Projekt »KlassenDekonstruktion«, Definition der Klasse

Im Primärkonstruktor der Klasse Fahrzeug werden die beiden Eigenschaften bezeichnung und geschwindigkeit definiert.

Die Methode, die zur Dekonstruktion bereitgestellt wird, muss den festgelegten Namen Deconstruct() haben. Sie darf nur out-Parameter besitzen, siehe Abschnitt 4.5.6. Innerhalb der Methode werden den beiden Parametern die Werte der Eigenschaften zugewiesen.

Es folgt das Hauptprogramm, in dem die Methode genutzt wird.

```
private void CmdAnzeigen_Click(...)
{
    Fahrzeug honda = new("Motorrad", 75);
    (string bezeichnung, int geschwindigkeit) = honda;
    LblAnzeige.Text = $"{bezeichnung}, {geschwindigkeit}";
}
```

Listing 5.46 Projekt »KlassenDekonstruktion«, Nutzung der Klasse

Das Objekt honda der Klasse Fahrzeug kann dank der Methode Deconstruct() in die beiden Variablen dekonstruiert werden.

5.19 Erweiterungsmethoden

Sie können sowohl vorhandene Klassen als auch eigene Klassen mit einzelnen zusätzlichen Methoden erweitern. Eine solche Erweiterung eines Datentyps ist weniger aufwendig als der komplette Aufbau einer abgeleiteten Klasse.

Im nachfolgenden Beispiel wird der Datentyp double um drei Methoden und der Datentyp int um eine Methode erweitert. Die Methoden dienen zur Berechnung des Kehrwerts und zur Durchführung einer Division. Dafür würden keine neuen Methoden benötigt, aber es wird damit die grundsätzliche Vorgehensweise zur Erstellung und Nutzung von (überladenen) Erweiterungsmethoden mit und ohne Parameter gezeigt.

5.19.1 Definition der Erweiterungsmethoden

Zunächst die Definition der neuen Methoden:

```
static class AlleErweiterungen
{
    public static double Kehrwert(this double wert) =>
        1 / wert;

    public static double Durch(this double dividend,
        double divisor) => dividend / divisor;

    public static double Durch(this double dividend,
        int divisor) => dividend / divisor;

    public static double Durch(this int dividend,
        int divisor) => 1.0 * dividend / divisor;
}
```

Listing 5.47 Projekt »KlassenErweiterung«, Definition der Methoden

Erweiterungsmethoden müssen innerhalb einer statischen Klasse definiert werden. Klassen werden mithilfe des Schlüsselworts static zu statischen Klassen. Sie können in dieser Klasse die Methoden für alle Datentypen definieren. Die Methoden selbst müssen ebenfalls statisch sein. Es muss sich nicht um eine öffentliche Klasse handeln, daher wird der Zugriffsmodifizierer public nicht benötigt.

Der erste Parameter jeder Methode weist auf den Datentyp hin, der mit der betreffenden Methode erweitert wird. Zudem verweist er mithilfe von this auf das aktuelle Objekt, für das die Methode aufgerufen wird. Der Datentyp des Rückgabewerts ist unabhängig vom erweiterten Datentyp.

Die Methode Kehrwert() erweitert den Datentyp double. Der Parameter wert enthält das double-Objekt, für das die Methode aufgerufen wird.

Die beiden ersten Methoden mit dem Namen Durch() erweitern ebenfalls den Datentyp double. Die dritte Methode mit dem Namen Durch() erweitert den Datentyp int. Der Parameter dividend enthält jeweils das aktuelle Objekt, für das die Methode aufgerufen wird. Der Parameter divisor enthält jeweils den Wert, durch den geteilt wird.

5.19.2 Nutzung der Erweiterungsmethoden

Es folgt ein Programm, in dem die Erweiterungsmethoden genutzt werden:

```
private void CmdAnzeigen_Click(...)
{
    double x = 0.4;
    double y = 2.5;
    int a = 10;
    int b = 4;

    LblAnzeige.Text = $"{x.Kehrwert()}\n{0.8.Kehrwert()}\n"
        + $"{x.Durch(y)}\n{12.15.Durch(8.1)}\n"
        + $"{x.Durch(a)}\n{a.Durch(b)}";
}
```

Listing 5.48 Projekt »KlassenErweiterung«, Nutzung der Methoden

Die Erweiterungsmethode Kehrwert() wird für eine double-Variable und einen double-Wert aufgerufen. Sie benötigt beim Aufruf keinen Parameter und liefert den Kehrwert vom Datentyp double zurück.

Die Erweiterungsmethode Durch() wird für Variablen beziehungsweise Werte unterschiedlicher Datentypen aufgerufen. Sie benötigt beim Aufruf einen Parameter und liefert das Divisionsergebnis als double-Wert zurück. Die Ausgabe des Programms sehen Sie in Abbildung 5.23.

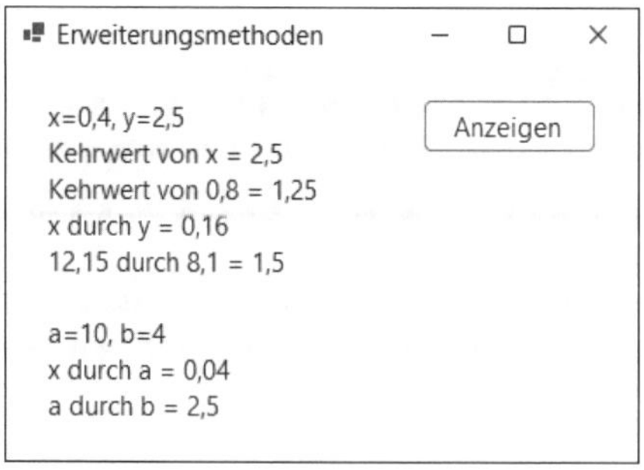

Abbildung 5.23 Erweiterungsmethoden

5.20 Eigene Klassenbibliotheken

Nach einiger Zeit werden Sie feststellen, dass Sie bestimmte Klassen innerhalb von mehreren Projekten nutzen. Dabei kann es sich um eine einzelne Klasse oder auch um eine Hierarchie von miteinander verwandten Klassen handeln. Diese Klassen können Sie innerhalb einer eigenen Klassenbibliothek organisieren, die Sie bei Bedarf in Ihr Projekt einbinden.

Zu diesem Zweck erstellen Sie eine *DLL* (*Dynamic Link Library*). Das ist eine Bibliothek, deren Elemente dynamisch mit Ihrem Projekt verbunden werden. In diesem Abschnitt werde ich mithilfe des Projekts *KlassenBibliothekErstellen* erläutern, wie Sie eine DLL erstellen. Im nachfolgenden Projekt *KlassenBibliothekNutzen* sehen Sie, wie Sie diese DLL verwenden können.

5.20.1 DLL erstellen

Zur Erzeugung eines Projekts für eine Klassenbibliothek gehen Sie zunächst wie gewohnt vor, also entweder über den Startbildschirm und die große Schaltfläche NEUES PROJEKT ERSTELLEN oder über den Menüpunkt DATEI • NEU • PROJEKT. Im Dialogfeld NEUES PROJEKT ERSTELLEN wählen Sie nun allerdings die Vorlage KLASSENBIBLIOTHEK aus (siehe Abbildung 5.24). Als Projektname dient hier *KlassenBibliothekErstellen*.

Abbildung 5.24 Neue Klassenbibliothek

Legen Sie eine neue Komponentenklasse in der Datei *Fahrzeug.cs* an. Rufen Sie dazu den Menüpunkt PROJEKT • NEUES ELEMENT HINZUFÜGEN auf, und wählen Sie die Vorlage KOMPONENTENKLASSE.

Komponentenklassen sind besonders gut wiederverwertbar. Sie erben von der Klasse `Component` aus dem Namensraum `System.ComponentModel`, die wiederum eine Implementation der Schnittstelle `IComponent` darstellt.

Wechseln Sie zur Codeansicht der Komponentenklasse `Fahrzeug`, und ergänzen Sie deren Code wie folgt:

```
using System.ComponentModel;
namespace KlassenBibliothekErstellen
{
```

```
    public partial class Fahrzeug : Component
    {
        public Fahrzeug()
        {
            InitializeComponent();
        }

        public Fahrzeug(IContainer container)
        {
            container.Add(this);
            InitializeComponent();
        }

        private int geschwindigkeit;
        public void Beschleunigen(int wert) =>
            geschwindigkeit += wert;
        public override string ToString() =>
            $"Geschwindigkeit: {geschwindigkeit}";
    }
}
```

Listing 5.49 Projekt »KlassenBibliothekErstellen«, Komponentenklasse

Die automatisch erstellte Datei *Class1.cs* wird nicht benötigt und kann aus dem Projekt gelöscht werden.

Führen Sie nach der Erstellung des Codes den Menüpunkt ERSTELLEN • PROJEKTMAPPE NEU ERSTELLEN aus. Anschließend finden Sie im Unterverzeichnis *bin/Debug/net10.0-windows* Ihres Projektverzeichnisses die neu erstellte DLL-Datei. Sie heißt genauso wie das Projekt, in diesem Falle also *KlassenBibliothekErstellen.dll*, siehe auch Abbildung 5.25.

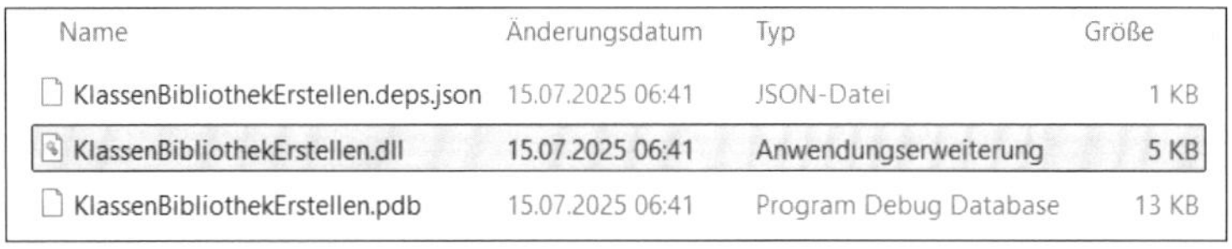

Abbildung 5.25 Erstellte DLL-Datei

Sie können dieses Projekt nur übersetzen, aber nicht ausführen, da es sich nur um eine Klassenbibliothek und nicht um eine Anwendung handelt.

Zur dauerhaften Nutzung der DLL in mehreren Projekten können Sie sie an einen zentralen, unveränderlichen Ort kopieren, zum Beispiel in das Systemverzeichnis *Windows/System32*.

5.20.2 DLL nutzen

Zur Nutzung der DLL erzeugen beziehungsweise öffnen Sie ein Standardprojekt, in dem Sie die Klassenbibliothek nutzen möchten, hier also das Projekt *KlassenBibliothekNutzen*.

Rufen Sie danach den Menüpunkt PROJEKT • PROJEKTVERWEIS HINZUFÜGEN auf. Wählen Sie anschließend im Dialogfeld VERWEIS-MANAGER die Kategorie DURCHSUCHEN • AKTUELL. Nach Betätigen des Buttons DURCHSUCHEN wählen Sie die neu erstellte DLL-Datei aus, und fügen Sie sie dem Projekt hinzu. Das Projekt wird um den Verweis ergänzt, siehe auch Abbildung 5.26.

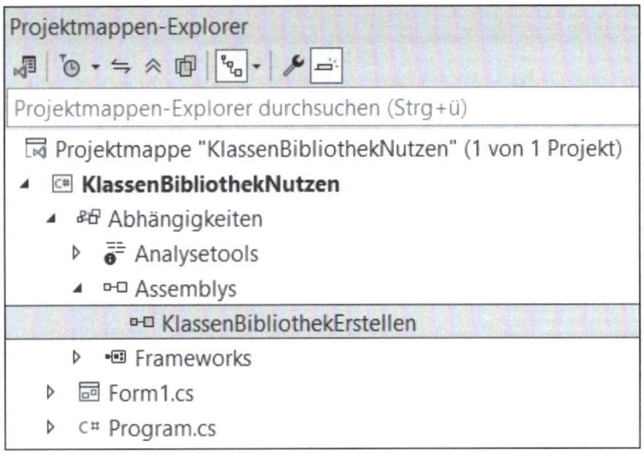

Abbildung 5.26 Verweis auf DLL

Der Namensraum `KlassenBibliothekErstellen`, der die Klasse `Fahrzeug` enthält, wird mithilfe von `using` eingebunden.

Der Programmcode zur Nutzung der DLL:

```
using KlassenBibliothekErstellen;
...
private void CmdAnzeigen_Click(...)
{
    Fahrzeug vespa = new();
    LblAnzeige.Text = $"{vespa}\n";
    vespa.Beschleunigen(20);
    LblAnzeige.Text += vespa;
}
```

Listing 5.50 Projekt »KlassenBibliothekNutzen«, Nutzung der DLL

Hinweis

Tritt ein Fehler auf, sollten Sie im PROJEKTMAPPEN-EXPLORER prüfen, ob eventuell bereits ein (veralteter) Verweis auf die DLL-Datei vorhanden ist. Ist das der Fall, löschen Sie ihn und erstellen Sie einen neuen Verweis.

5.21 Mehrere Formulare

Anwendungen bestehen häufig aus mehreren Formularen. Dabei gibt es ein Hauptformular, mit dem die Anwendung startet, und Unterformulare, die von diesem Hauptformular aus gestartet werden. Nach Beendigung eines Unterformulars erscheint wieder das Hauptformular. Das Verhalten der verschiedenen Formulare sollte jeweils in eigenen Klassen definiert werden.

Ein Problem in diesem Zusammenhang ist der Datentransport zwischen den verschiedenen Formularen. Betrachten wir dazu die Anwendung MS Word (= Hauptformular) und das Unterformular SCHRIFTEIGENSCHAFTEN:

- Ruft die Benutzerin das Unterformular auf, sollen die aktuellen Schrifteigenschaften dort angezeigt werden (Daten vom Hauptformular zum Unterformular).
- Verlässt die Benutzerin das Unterformular, sollen die neu eingestellten Schrifteigenschaften im Hauptformular angewandt werden (Daten vom Unterformular zum Hauptformular).

Es folgt ein Beispiel, in dem der Datentransport beschrieben wird.

5.21.1 Neues Formular erzeugen

Erstellen Sie das neue Projekt *KlassenFormulare*. Zum Hinzufügen eines weiteren Formulars rufen Sie den Menüpunkt PROJEKT • FORMULAR HINZUFÜGEN (WINDOWS FORMS) auf. Im darauf erscheinenden Dialogfeld NEUES ELEMENT HINZUFÜGEN ist bereits der Typ FORMULAR (WINDOWS FORMS) markiert. Den vorgeschlagenen Namen *Form2.cs* können Sie beibehalten.

Nachdem Sie den Button HINZUFÜGEN betätigt haben, erscheint das neue Formular im PROJEKTMAPPEN-EXPLORER (siehe Abbildung 5.27).

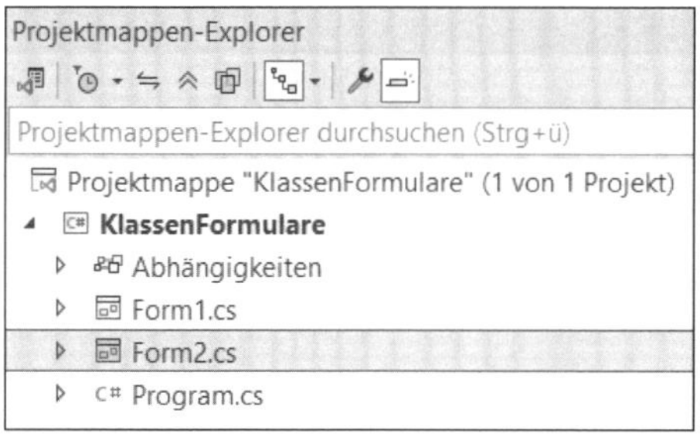

Abbildung 5.27 Mehrere Formulare

5.21.2 Gestaltung und Benutzung der Anwendung

Gestalten Sie die beiden Formulare wie in Abbildung 5.28 und Abbildung 5.29 gezeigt.

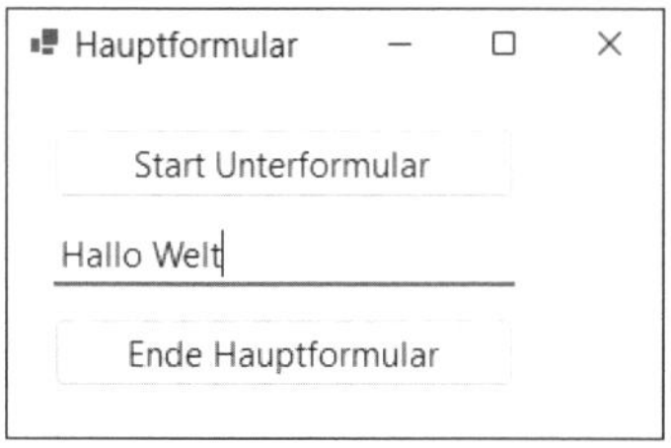

Abbildung 5.28 Hauptformular

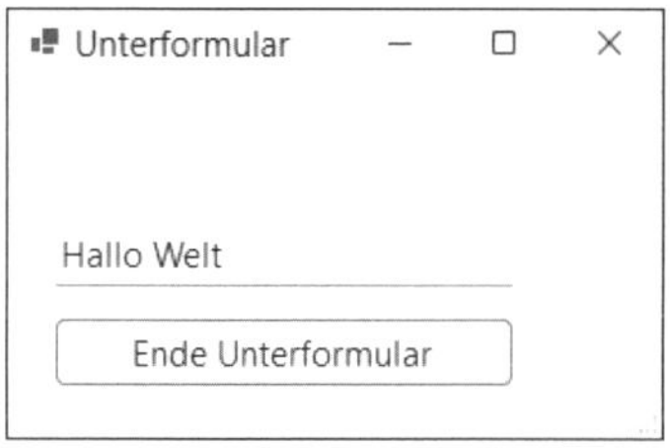

Abbildung 5.29 Unterformular

Die Anwendung erscheint nach dem Start mit dem Hauptformular. In der TextBox erscheint der Wert einer öffentlichen Eigenschaft des Typs `String`. Der Inhalt der TextBox kann geändert werden. Der Button START UNTERFORMULAR führt zur Anzeige des Unterformulars.

In der TextBox des Unterformulars erscheint der aktuelle Inhalt der TextBox des Hauptformulars. Auch der Inhalt dieser TextBox kann geändert werden. Der Button ENDE UNTERFORMULAR beendet das Unterformular.

In der TextBox des Hauptformulars erscheint nun der aktuelle Inhalt der TextBox des Hauptformulars. Damit wird der Datentransport zwischen den beiden Formularen in beiden Richtungen verdeutlicht.

Der Button ENDE HAUPTFORMULAR beendet das Hauptformular und damit gleichzeitig die Anwendung.

5.21.3 Klasse des Hauptformulars

Zunächst der Code:

```
public partial class Form1 : Form
{
    public string tx = "";

    public Form1()
    {
        InitializeComponent();
    }

    private void Form1_Activated(...)
    {
        TxtHaupt.Text = tx;
    }

    private void CmdStartUnter_Click(...)
    {
        tx = TxtHaupt.Text;
        Form2 formUnter = new(this);
        formUnter.ShowDialog();
    }

    private void CmdEndeUnter_Click(...)
    {
        Close();
    }
}
```

Listing 5.51 Projekt »KlassenFormulare«, Hauptformular

Die öffentliche Eigenschaft `tx` der Klasse `Form1` wird deklariert und erhält einen Wert. Beim Aktivieren des Formulars wird ihr Wert der Eigenschaft `Text` der TextBox zugewiesen.

In der Ereignismethode CmdStartUnter_Click() wird zunächst der aktuelle Inhalt der TextBox der öffentlichen Eigenschaft tx der Klasse Form1 zugewiesen. Es wird ein Objekt der Klasse Form2 des Unterformulars erzeugt. Diese Klasse hat einen Konstruktor, der einen Verweis auf ein Objekt der Klasse des Hauptformulars erwartet. Dieser Verweis wird mit this geliefert.

Das Unterformular wird über die Methode ShowDialog() *modal* angezeigt. Modal bedeutet: Das Hauptformular kann so lange nicht mehr bedient werden, bis das Unterformular wieder geschlossen wird.

Die Methode Close() schließt das Hauptformular und damit die gesamte Anwendung.

5.21.4 Klasse des Unterformulars

Es folgt der Code des Unterformulars:

```
public partial class Form2 : Form
{
    private readonly Form1 formHaupt;

    public Form2(Form1 aufrufer)
    {
        formHaupt = aufrufer;
        InitializeComponent();
    }

    private void Form2_Load(object sender, EventArgs e)
    {
        // formHaupt.Hide();
        TxtUnter.Text = formHaupt.tx;
    }

    private void CmdEndeUnter_Click_1(object sender, EventArgs e)
    {
        formHaupt.tx = TxtUnter.Text;
        // formHaupt.Show();
        Close();
    }
}
```

Listing 5.52 Projekt »KlassenFormulare«, Unterformular

Initialisierung des Unterformulars:

- Als Eigenschaft der Klasse `Form2` des Unterformulars gibt es einen Verweis auf ein Objekt der Klasse `Form1` des Hauptformulars. Dieser Verweis hat den Namen `formHaupt`.
- Der Konstruktor der Klasse des Unterformulars wird geändert. Er erwartet jetzt als Parameter einen Verweis auf ein Objekt der Klasse des Hauptformulars. Dieser Parameter hat den Namen `aufrufer`.
- Die Anweisung `formHaupt = aufrufer` bewirkt, dass nun im gesamten Unterformular auf das Hauptformular zugegriffen werden kann.
- Es folgt der bereits automatisch erzeugte Aufruf der Methode `InitializeComponent()` zur Initialisierung der Komponenten des Unterformulars.

Ladevorgang des Unterformulars:

- Der Eigenschaft `Text` der TextBox wird der Wert der öffentlichen Eigenschaft `tx` des Hauptformulars zugewiesen.
- Rufen Sie in der Lademethode zusätzlich die Methode `Hide()` für das Hauptformular auf, wird dieses versteckt, also nicht mehr angezeigt. Auf seine Elemente und öffentlichen Variablen kann nach wie vor zugegriffen werden. Vor dem Schließen des Unterformulars müssen Sie es erst wieder sichtbar machen, und zwar mithilfe der Methode `Show()`.

Schließvorgang des Unterformulars:

- Zunächst erhält die öffentliche Eigenschaft `tx` des Hauptformulars den aktuellen Wert der TextBox des Unterformulars. Anschließend wird das Hauptformular gegebenenfalls wieder sichtbar gemacht.
- Das Unterformular wird mithilfe der Methode `Close()` geschlossen. Im Hauptformular wird der übernommene Wert in der TextBox angezeigt.

Hinweis

Mit den hier vorgestellten Techniken können Sie zum Beispiel auch eine Anwendung erstellen, die einem Assistenten gleicht, der in mehreren Schritten durchlaufen wird. Mehrere Formulare, in denen bestimmte Einstellungen vorgenommen werden, werden nacheinander aufgerufen. Es ist jeweils nur ein Formular sichtbar. Beim Schließen des letzten Formulars sollten dann auch alle vorhergehenden Formulare automatisch geschlossen werden.

Kapitel 6

Wichtige Klassen in .NET

In diesem Kapitel stelle ich einige Klassen vor, die Sie zur Lösung von alltäglichen Problemen bei der Programmierung mit C# innerhalb von Visual Studio benötigen.

Folgende Klassen werden in vielen Projekten eingesetzt:

- die Klasse `String` zur Bearbeitung von Zeichenketten
- die Strukturen `DateTime` und `TimeSpan` zum Umgang mit Datum und Uhrzeit
- die Klassen `FileStream`, `StreamWriter`, `StreamReader`, `File` und `Directory` zum Arbeiten mit Dateien und Verzeichnissen
- die Klasse `Math` zur Durchführung von mathematischen Berechnungen

Die Methoden vieler Klassen und Strukturen in C# sind überladen, d. h., Sie haben mehrere Möglichkeiten zum Aufruf dieser Methoden. In diesem Buch erläutere ich nicht alle Überladungen, ich zeige nur das grundsätzliche Verhalten der Methoden anhand von Beispielen.

Dank des Editors können Sie sich rasch über die weiteren Möglichkeiten informieren, wenn Sie einmal erkannt haben, welche Methode für den gedachten Einsatzzweck benötigt wird.

6.1 Zeichenketten

Zeichenketten werden in Strings gespeichert. Die Bezeichnung des Datentyps `string` ist ein Synonym für die Klasse `String`. Objekte der Klasse `String`, also Zeichenketten, verfügen über Eigenschaften und Methoden, ähnlich wie Sie es bereits bei Datenfeldern (Klasse `Array`) kennengelernt haben.

Beim Kopieren verhält sich ein Objekt der Klasse `String` allerdings wie eine einfache Variable und nicht wie ein Objekt: Wenn eine Zeichenkette einer anderen Zeichenkette zugewiesen wird, sind diese beiden Zeichenketten voneinander unabhängig. Eine Veränderung des Originals hat keine Veränderung der Kopie zur Folge.

6.1.1 Eigenschaften der Klasse »String«

Im Projekt *StringGrundlagen* werde ich in diesem und den nachfolgenden Abschnitten einige Eigenschaften und Methoden der Klasse `String` erläutern. Sie kennen bereits die Eigenschaft `Length`. Sie gibt die Anzahl der Zeichen an, also die Länge der Zeichenkette.

Die einzelnen Zeichen einer Zeichenkette erreichen Sie wie die Elemente eines Felds mithilfe eines Index. Das erste Zeichen hat den Index 0, das zweite Zeichen den Index 1 usw. Das letzte Zeichen hat den Index ^1, das vorletzte Zeichen den Index ^2 usw. Im nachfolgenden Programm werden die Zeichen der Zeichenkette mit Index ausgegeben (siehe Abbildung 6.1).

Sie können, ebenso wie bei Feldern, mit Bereichen arbeiten. Sie dürfen nur mit Indizes arbeiten, die innerhalb der Zeichenkette liegen. Ansonsten tritt eine Ausnahme des Typs *ArgumentOutOfRangeException* auf.

Abbildung 6.1 Einzelne Zeichen, Index, Bereich

Hier der Programmcode:

```
private void CmdZeichen_Click(...)
{
    string eingabe = TxtEingabe.Text;
    LblAnzeige.Text = "Zeichen:\n";

    for (int i = 0; i < eingabe.Length; i++)
    {
        char zeichen = eingabe[i];
        LblAnzeige.Text += $"{i}:{zeichen} ";
    }
    LblAnzeige.Text += "\n";
```

```
    for (int i = 1; i <= eingabe.Length; i++)
    {
        char zeichen = eingabe[^i];
        LblAnzeige.Text += $"^{i}:{zeichen} ";
    }
    LblAnzeige.Text += "\n";

    if(eingabe.Length >= 5)
        LblAnzeige.Text += $"Bereich: {eingabe[1..5]}";
}
```


Listing 6.1 Projekt »StringGrundlagen«, Eigenschaften

Die Zeichenkette wird mithilfe von zwei `for`-Schleifen vom ersten bis zum letzten Element beziehungsweise vom letzten bis zum ersten Element durchlaufen. Zur Steuerung der Schleifen dient die Eigenschaft `Length`.

Innerhalb der Schleifen wird auf die einzelnen Zeichen mithilfe des jeweiligen Index zugegriffen. Dieser steht, wie bei Datenfeldern, in rechteckigen Klammern. In einer Variablen des Datentyps `char` kann genau ein Zeichen gespeichert werden. Die einzelnen Zeichen werden zusammen mit dem zugehörigen Index ausgegeben.

Nach einer Prüfung der Länge der Zeichenkette wird ein Bereich von Zeichen aus der Zeichenkette ausgegeben.

6.1.2 Trimmen

Es kommt vor, dass die Benutzer eines Programms bei der Eingabe von größeren Datenmengen unnötige Zeichen einfügen, wie zum Beispiel Leerzeichen. Stehen diese Zeichen am Anfang oder am Ende, lassen sie sich mithilfe der Methode `Trim()` entfernen. Die Methoden `TrimStart()` und `TrimEnd()` bewirken das Gleiche wie `Trim()`, nur eben beschränkt auf den Anfang oder das Ende.

Für unnötige Leerzeichen mitten im Text benötigen Sie die Methode `Replace()`, die ich in Abschnitt 6.1.8 genauer erläutern werde.

Es folgt ein Beispiel, siehe auch Abbildung 6.2:

```
private void CmdTrimmen_Click(...)
{
    string eingabe = TxtEingabe.Text;
    string getrimmt = eingabe.Trim(' ', ';', '#');
```

```
    LblAnzeige.Text = $"Original: |{eingabe}|\n" +
        $"Getrimmt: |{getrimmt}|";
}
```

Listing 6.2 Projekt »StringGrundlagen«, Trimmen

Abbildung 6.2 Unnötige Zeichen an Anfang und Ende entfernt

Die Methode `Trim()` erwartet eine beliebig lange Liste von Werten oder Variablen des Datentyps `char`. Im vorliegenden Fall sind es das Leerzeichen, das Semikolon und die Raute. Diese Zeichen werden am Anfang und am Ende der Zeichenkette gelöscht. In der Ausgabe wird zur Verdeutlichung das Pipe-Zeichen als optischer Begrenzer am Anfang und am Ende angefügt.

Wird kein Zeichen übergeben, wird also `Trim()` ohne Parameter aufgerufen, werden nur Leerzeichen entfernt.

6.1.3 Splitten

Zum Zerlegen einer Zeichenkette anhand eines Trennzeichens kann die Methode `Split()` genutzt werden. Bei der Zeichenkette kann es sich zum Beispiel um eine Zeile aus einer Datei handeln, die aus mehreren Einzelinformationen besteht. Es kann auch ein Satz sein, der in seine Wörter zerlegt werden soll.

Das Semikolon wird häufig als Trennzeichen bei der Erstellung sogenannter *CSV-Dateien* benutzt. Diese CSV-Dateien können beim Export von Datensätzen aus fast allen Datenbanksystemen heraus erstellt werden und stellen somit ein universelles Austauschformat dar.

Die Methode `Split()` liefert einen Verweis auf ein Feld von Strings zurück. Die einzelnen Elemente des Felds sind die Teile der Gesamtzeichenkette vor und nach dem Trennzeichen. Das Trennzeichen selbst wird nicht gespeichert.

Es folgt ein Beispiel, siehe auch Abbildung 6.3.

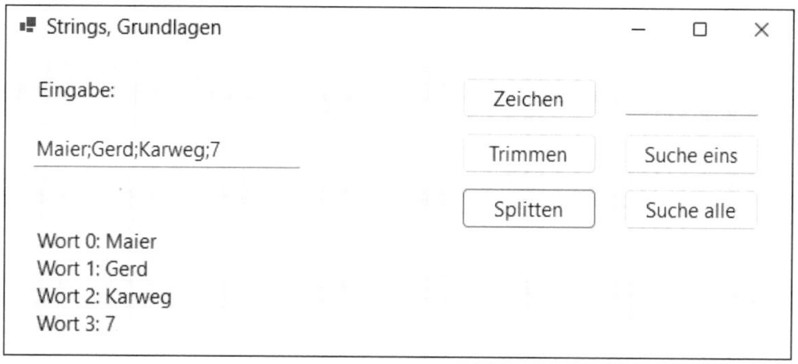

Abbildung 6.3 Zerlegte Zeichenkette

Der Programmcode lautet:

```
private void CmdSplitten_Click(...)
{
    string eingabe = TxtEingabe.Text;
    string[] teil = eingabe.Split(";");
    LblAnzeige.Text = "";
    for (int i = 0; i < teil.Length; i++)
        LblAnzeige.Text += $"Wort {i}: {teil[i]}\n";
}
```

Listing 6.3 Projekt »StringGrundlagen«, Splitten

Die Methode `Split()` erwartet eine beliebig lange Reihe von Zeichen oder Zeichenketten als Trennzeichen. Im vorliegenden Fall handelt es sich nur um das Semikolon. Der zurückgelieferte Verweis wird in der Variablen `teil` des Feldtyps `string[]` gespeichert.

Das Feld wird mithilfe einer `for`-Schleife durchlaufen. Innerhalb der Schleife wird jeder Teil der Zeichenkette zusammen mit seinem Index ausgegeben.

Wird kein Zeichen übergeben, also `Split()` ohne Parameter aufgerufen, wird das Leerzeichen als Trennzeichen genommen.

6.1.4 Suchen

Soll untersucht werden, ob (und an welcher Stelle) eine bestimmte Zeichenkette in einer anderen Zeichenkette vorkommt, können Sie die Methoden `IndexOf()` oder `LastIndexOf()` nutzen. Verläuft die Suche erfolglos, wird der Wert `-1` zurückgegeben.

Bei IndexOf() wird normalerweise die erste Position gefunden, an der die Suchzeichenkette beginnt. Sie können IndexOf() aber auch veranlassen, die Suche erst ab einer bestimmten Stelle innerhalb der Zeichenkette zu beginnen.

Es folgt ein Beispiel, siehe auch Abbildung 6.4.

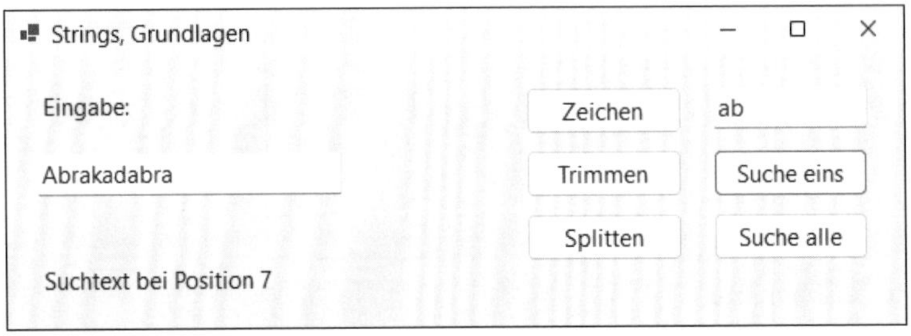

Abbildung 6.4 Suche nach dem Suchtext »ab«

Der Programmcode:

```
private void CmdSucheEins_Click(...)
{
    string eingabe = TxtEingabe.Text;
    string such = TxtSuche.Text;
    if (eingabe == "" || such == "")
        LblAnzeige.Text = "Fehlende Eingaben";
    else
    {
        int position = eingabe.IndexOf(such);
        LblAnzeige.Text = $"Suchtext " + (position == -1
            ? "nicht gefunden" : $"bei Position {position}");
    }
}
```

Listing 6.4 Projekt »StringGrundlagen«, einmalige Suche

Der Text, der durchsucht werden soll, und der gesuchte Text werden in Variablen gespeichert. Wird einer der beiden Texte nicht eingegeben, erscheint eine Fehlermeldung.

Durch den Aufruf eingabe.IndexOf(such) wird nach der ersten Position gesucht, an der such innerhalb von eingabe steht. Wird der gesuchte Text nicht gefunden, wird -1 geliefert. Ansonsten wird die gefundene Position des ersten Zeichens des gesuchten Textes zurückgegeben.

Im nächsten Beispiel werden alle Vorkommen eines Textes innerhalb einer anderen Zeichenkette gesucht, siehe auch Abbildung 6.5:

```
private void CmdSucheAlle_Click(...)
{
    string eingabe = TxtEingabe.Text;
    string such = TxtSuche.Text;
    if (eingabe == "" || such == "")
        LblAnzeige.Text = "Fehlende Eingaben";
    else
    {
        LblAnzeige.Text = "Suchtext ";
        int suchstart = 0, anzahl = 0, position;

        do
        {
            position = eingabe.IndexOf(such, suchstart);
            suchstart = position + 1;
            if (position != -1)
            {
                LblAnzeige.Text += $"\nbei Position {position}";
                anzahl++;
            }
        }
        while (position != -1);

        LblAnzeige.Text += anzahl > 0
            ? $"\nAnzahl: {anzahl}" : "nicht gefunden";
    }
}
```

Listing 6.5 Projekt »StringGrundlagen«, mehrmalige Suche

Wie in der vorherigen Methode erscheint eine Fehlermeldung, falls einer der beiden Texte nicht eingegeben wird.

Mithilfe einer do-while-Schleife wird die Suche mindestens einmal durchgeführt. Die Startposition für die Suche wird immer wieder neu eingestellt. Sie steht zunächst bei 0, folglich beginnt die Suche am Anfang der untersuchten Zeichenkette. Beim nächsten Durchlauf beginnt die Suche ein Zeichen hinter dem letzten gefundenen Vorkommen.

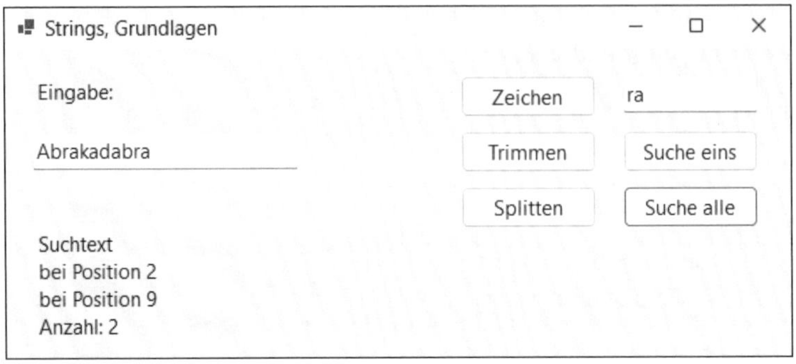

Abbildung 6.5 Suchtext »ra« mehrfach gefunden

Die Schleife wird verlassen, sobald der gesuchte Text nicht mehr gefunden wird. Anderenfalls wird die gefundene Position des ersten Zeichens des gesuchten Textes ausgegeben, und der Zähler für die Anzahl der Vorkommen wird erhöht. Am Ende wird entweder dieser Zähler ausgegeben oder die Information, dass die Suchzeichenkette nicht gefunden wurde.

6.1.5 Einfügen

Die Methode `Insert()` ermöglicht das Einfügen einer Zeichenkette in eine andere Zeichenkette an einer bestimmten Position. Diese muss innerhalb der Zeichenkette liegen, da ansonsten auch hier eine Ausnahme des Typs *ArgumentOutOfRangeException* auftreten würde.

Entweder müssen Sie diese Ausnahme behandeln oder dafür sorgen, dass die Einfügestelle richtig gewählt wird. Im Projekt *StringEinfuegen* wird mithilfe einer Ereignissteuerung die letztere Variante gewählt (siehe Abbildung 6.6).

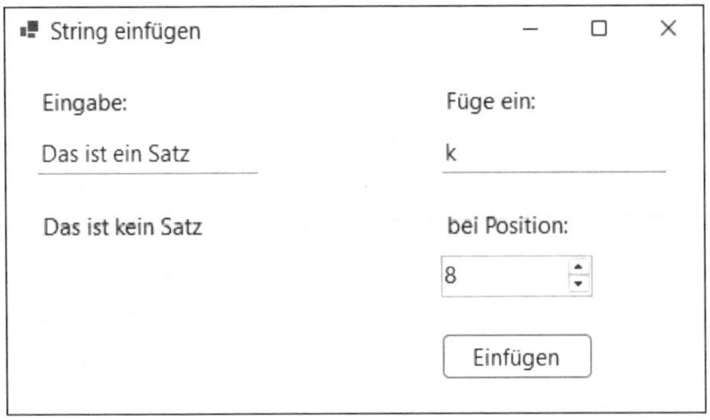

Abbildung 6.6 Einfügen von Zeichen in eine Zeichenkette

Der Programmcode lautet:

```
private void CmdEinfuegen_Click(...)
{
    LblAnzeige.Text = TxtEingabe.Text.Insert(
        (int)NumPosition.Value, TxtEinfuegen.Text);
}

private void TxtEingabe_TextChanged(...)
{
    NumPosition.Maximum = TxtEingabe.Text.Length;
}
```


Listing 6.6 Projekt »StringEinfuegen«

Der Benutzer gibt den Text und den einzufügenden Text ein, wählt in dem Zahlenauswahlfeld eine Einfügeposition aus und betätigt den Button. Die Methode `Insert()` erstellt eine neue Zeichenkette und fügt den Text an der gewünschten Position ein. Die Zeichen hinter der Einfügestelle werden entsprechend nach hinten verschoben. Die Methode liefert die geänderte Zeichenkette zurück.

Das Zahlenauswahlfeld liefert eine Variable des Typs `decimal`, die zunächst mit dem Cast `(int)` in eine `int`-Variable umgewandelt werden muss.

Zur Entwicklungszeit wird das Zahlenauswahlfeld auf die Werte `Minimum = 0`, `Value = 0` und `Maximum = 0` eingestellt. Es kann also zunächst nur die Position 0 ausgewählt werden.

Beim Ereignis `TxtEingabe_TextChanged`, also bei jeder Änderung des Textes, wird die zugehörige Ereignismethode aufgerufen. Darin wird die Länge des Textes ermittelt. Dieser Wert wird als neues Maximum für das Zahlenauswahlfeld genommen. Damit ist gewährleistet, dass der Benutzer keine Einfügeposition wählen kann, die außerhalb der Originalzeichenkette liegt.

Wenn der Benutzer im Zahlenauswahlfeld zum Beispiel die Position des letzten Zeichens als Einfügeposition gewählt hat und anschließend die Originalzeichenkette verkürzt, verändert sich auch sofort der eingestellte Wert des Zahlenauswahlfelds.

6.1.6 Löschen

Die Methode `Remove()` dient dem Löschen einer bestimmten Anzahl von Zeichen aus einer Zeichenkette ab einer gewünschten Position. Weder diese Position noch eines der zu löschenden Zeichen darf außerhalb der Zeichenkette liegen.

Im Projekt *StringLoeschen* wird das ähnlich wie bereits im vorherigen Programm umgangen (siehe Abbildung 6.7).

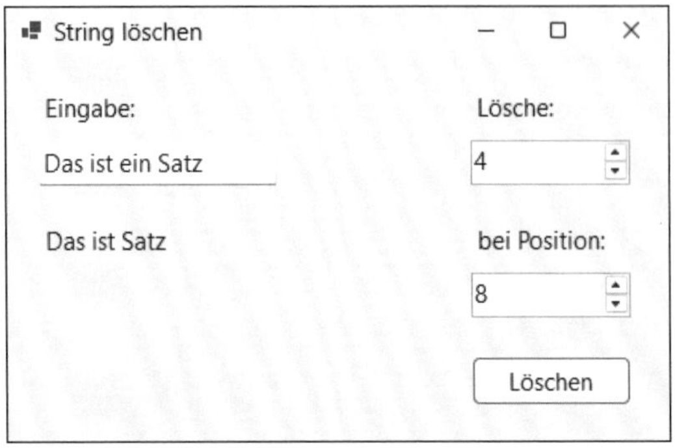

Abbildung 6.7 Löschen von Zeichen aus einer Zeichenkette

Der Programmcode:

```
private void CmdLoeschen_Click(...)
{
    LblAnzeige.Text = TxtEingabe.Text.Remove(
        (int)NumPosition.Value, (int)NumAnzahl.Value);
}

private void TxtEingabe_TextChanged(...)
{
    int laenge = TxtEingabe.Text.Length;
    NumAnzahl.Maximum = laenge - NumPosition.Value;
    NumPosition.Maximum = laenge - 1;
}

private void NumPosition_ValueChanged(...)
{
    NumAnzahl.Maximum =
        TxtEingabe.Text.Length - NumPosition.Value;
}
```

Listing 6.7 Projekt »StringLoeschen«

Die Benutzerin gibt den Text ein, wählt die Anzahl der zu löschenden Zeichen und die Löschposition und betätigt den Button. Die Methode `Remove()` erstellt eine neue Zeichenkette und löscht die gewünschten Zeichen. Die Zeichen hinter der Löschstelle werden entsprechend nach vorn verschoben. Die Methode liefert die geänderte Zeichenkette zurück.

Beide Zahlenauswahlfelder werden zur Entwicklungszeit auf die Werte `Minimum = 0`, `Value = 0` und `Maximum = 0` eingestellt. Es können also anfangs nur die Länge 0 und die Position 0 ausgewählt werden.

Bei jeder Änderung werden die beiden Zahlenauswahlfelder neu eingestellt. Damit ist gewährleistet, dass auf keinen ungültigen Index zugegriffen wird.

6.1.7 Teilzeichenkette ermitteln

Zur Ermittlung eines Teils einer Zeichenkette können Sie mit einem Bereich arbeiten, siehe Abschnitt 4.4.2. Alternativ können Sie die Methode `Substring()` nutzen. Dafür müssen Sie Startposition und Länge der gewünschten Teilzeichenkette angeben. Weder die Position noch eines der zu ermittelnden Zeichen darf außerhalb der Zeichenkette liegen.

Analog zu den vorherigen Programmen wird diese Vorgabe im Projekt *StringTeilzeichenkette* gelöst, wie in Abbildung 6.8 zu sehen.

Abbildung 6.8 Teil-String ermitteln

Der Programmcode:

```
private void CmdAnzeigen_Click(...)
{
    LblAnzeige.Text = TxtEingabe.Text.Substring(
        (int)NumPosition.Value, (int)NumLaenge.Value);
}

private void TxtEingabe_TextChanged(...)
```

```
{
    int laenge = TxtEingabe.Text.Length;
    NumPosition.Maximum = laenge - 1;
    NumLaenge.Maximum = laenge - NumPosition.Value;
}

private void NumPosition_ValueChanged(...)
{
    NumLaenge.Maximum =
        TxtEingabe.Text.Length - NumPosition.Value;
}
```

Listing 6.8 Projekt »StringTeilzeichenkette«

Der Benutzer gibt den Text ein, wählt die Position aus, ab der extrahiert werden soll, sowie die Anzahl der Zeichen und betätigt den Button. Die Methode `Substring()` erstellt eine neue Zeichenkette, füllt sie mit den gewünschten Zeichen und liefert sie zurück.

Beide Zahlenauswahlfelder werden zur Entwicklungszeit auf die Werte `Minimum = 0`, `Value = 0` und `Maximum = 0` eingestellt. Es können also anfangs nur die Position 0 und die Länge 0 ausgewählt werden.

Bei jeder Änderung werden die beiden Zahlenauswahlfelder neu eingestellt. Damit ist gewährleistet, dass auf keinen ungültigen Index zugegriffen wird.

6.1.8 Zeichen ersetzen

Mithilfe der Methode `Replace()` kann wie beim Suchen und Ersetzen in einem Textverarbeitungssystem jedes Vorkommen einer gesuchten Zeichenkette durch eine andere Zeichenkette ersetzt werden. Das Projekt *StringErsetzen* liefert hierfür ein Beispiel, siehe auch Abbildung 6.9:

```
private void CmdErsetzen_Click(...)
{
    if (TxtSuchen.Text != "")
        LblAnzeige.Text = TxtEingabe.Text.Replace(
            TxtSuchen.Text, TxtErsetzen.Text);
}
```

Listing 6.9 Projekt »StringErsetzen«

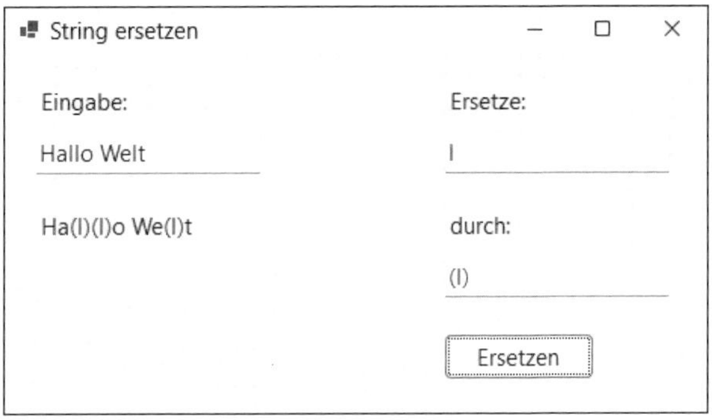

Abbildung 6.9 Ersetzen einer Zeichenkette

Jedes Vorkommen der gesuchten Zeichenfolge aus der TextBox unter ERSETZE: wird ersetzt durch die Zeichenfolge aus der TextBox unter DURCH:. Die gesuchte Zeichenfolge darf nicht leer sein, ansonsten kommt es zu einer *ArgumentException*.

6.1.9 Ausgabe formatieren

Die Methode `Format()` der Klasse `String` können Sie zur einheitlichen Formatierung verwenden. Das ist vor allem bei der einheitlichen Ausgabe von Tabellen, zum Beispiel innerhalb einer ListBox oder eines Labels, wichtig.

Voraussetzung hierfür ist die Verwendung einer nicht proportionalen Schriftart. Das ist eine Schriftart, bei der jedes Zeichen genau die gleiche Breite beansprucht. Einsatz findet eine solche Formatierung auch bei der Ausgabe einer Konsolenanwendung, siehe Abschnitt 4.7.5. In Abbildung 6.10 sehen Sie einige Beispiele im Projekt *StringFormatieren*.

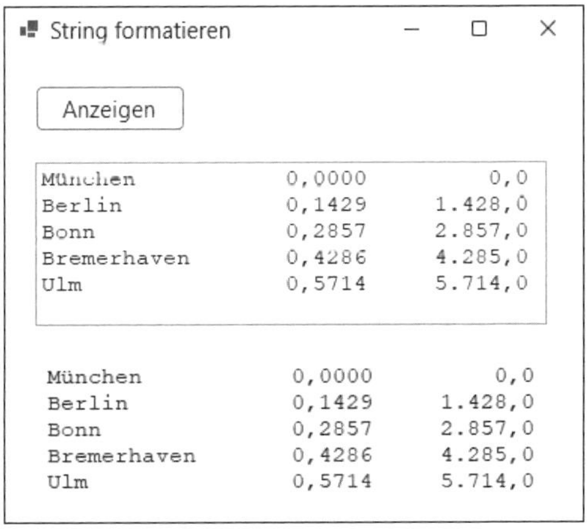

Abbildung 6.10 Formatieren in ListBox und Label

Der Programmcode:

```
private void CmdAnzeigen_Click(...)
{
    string[] stadt = ["München", "Berlin",
        "Bonn", "Bremerhaven", "Ulm"];

    LstAnzeige.Items.Clear();
    LblAnzeige.Text = "";
    string format = "{0,-15}{1,9:0.0000}{2,12:#,##0.0}";

    for (int i = 0; i < stadt.Length; i++)
    {
        string ausgabe = string.Format(format,
            stadt[i], i / 7.0, i * 10000 / 7);
        LstAnzeige.Items.Add(ausgabe);
        LblAnzeige.Text += ausgabe + "\n";
    }
}
```

Listing 6.10 Projekt »StringFormatieren«

Zur Entwicklungszeit wird die Schriftart der ListBox und des Labels über die Eigenschaft `Font` auf `Courier New` gestellt als Beispiel für eine nicht proportionale Schriftart.

Das gewünschte Format kann in einer Zeichenkette gespeichert werden, damit es mehrfach einsetzbar ist. Innerhalb der Schleife wird es als erster Parameter der Methode `Format()` genutzt. In der Formatierungszeichenkette stehen für jede Variable die Nummer der Variablen (beginnend mit der Nummer 0), ein Komma und die zugehörige Formatierung:

- `{0,-15}`: Als Erstes wird eine Zeichenkette in der Mindestgesamtbreite 15 ausgegeben. Sie erscheint linksbündig wegen des Minuszeichens vor der 15.
- `{1,9:0.0000}`: Es folgt eine Zahl in der Mindestgesamtbreite 9, gerundet auf vier Nachkommastellen. Sie erscheint rechtsbündig, das ist der Standard.
- `{2,12:#,##0.0}`: Als Letztes folgt wiederum eine Zahl in der Mindestgesamtbreite 12, gerundet auf eine Nachkommastelle, abermals rechtsbündig. Hat die Zahl mehr als drei Stellen vor dem Komma, wird ein Tausenderpunkt angezeigt.

Das Formatierungszeichen `0` steht für eine Ziffer, die auf jeden Fall angezeigt wird. Das Formatierungszeichen `#` steht für eine Ziffer, die nur angezeigt wird, falls es diese Ziffer gibt.

6.2 Datum und Uhrzeit

Visual Studio bietet für C# die Struktur `DateTime` zur Speicherung von Datum und Uhrzeit an. Den Variablen dieser Struktur stehen zahlreiche Eigenschaften und Methoden zur Verfügung.

6.2.1 Eigenschaften der Struktur »DateTime«

Die Struktur `DateTime` besitzt unter anderem die beiden statischen Eigenschaften `Now` für das heutige Datum und die jetzige Uhrzeit und `Today` für das heutige Datum. Eine Variable der Struktur `DateTime` kann bei der Erzeugung auf verschiedene Arten einen Startwert erhalten:

- ohne Parameter
- mit Jahr, Monat und Tag als Parameter
- mit Jahr, Monat, Tag, Stunde, Minute und Sekunde als Parameter

Variablen der Struktur `DateTime` bieten eine Reihe von Eigenschaften, die die in Tabelle 6.1 aufgeführten Informationen bereithalten.

Eigenschaft	Erläuterung
`Date`	Datum
`Day`	Tag des Monats
`DayOfWeek`	Tag der Woche (Wochentag) Sonntag = 0, Montag = 1 usw.
`DayOfYear`	Tag des Jahres
`Hour`	Stunde
`Millisecond`	Millisekunde
`Minute`	Minute
`Month`	Monat
`Second`	Sekunde
`TimeOfDay`	Uhrzeit
`Year`	Jahr

Tabelle 6.1 Struktur »DateTime«, Eigenschaften

Die Eigenschaften `Year`, `Month`, `Day` usw. liefern die jeweiligen Bestandteile des Datums als ganze Zahlen. Daraus können Sie bei Bedarf unterschiedliche Formatierungen zusammensetzen.

Im Projekt *DatumUhrzeit* werden verschiedene Variablen erzeugt und mit einigen Eigenschaften ausgegeben, siehe Abbildung 6.11.

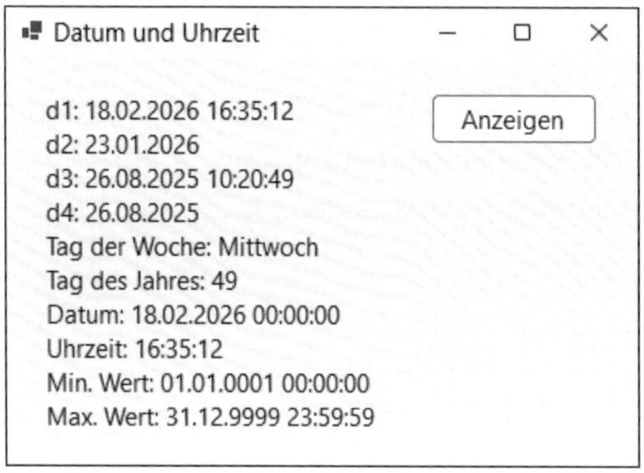

Abbildung 6.11 Variablen der Struktur »DateTime«

Der Programmcode:

```
private void CmdAnzeigen_Click(...)
{
    DateTime d1 = new(2026, 2, 18, 16, 35, 12);
    DateTime d2 = new(2026, 1, 23);
    DateTime d3 = DateTime.Now;
    DateTime d4 = DateTime.Today;

    string[] WTag = ["Sonntag", "Montag", "Dienstag",
        "Mittwoch", "Donnerstag", "Freitag", "Samstag"];

    LblAnzeige.Text = $"d1: {d1}\n"
        + $"d2: {d2.ToShortDateString()}\n"
        + $"d3: {d3}\n"
        + $"d4: {d4.ToShortDateString()}\n"
        + $"Tag der Woche: {WTag[(int)d1.DayOfWeek]}\n"
        + $"Tag des Jahres: {d1.DayOfYear}\n"
        + $"Datum: {d1.Date}\n"
        + $"Uhrzeit: {d1.TimeOfDay}\n"
```

```
        + $"Min. Wert: {DateTime.MinValue}\n"
        + $"Max. Wert: {DateTime.MaxValue}";
}
```

Listing 6.11 Projekt »DatumUhrzeit«

Die Variable `d1` wird mit Datum und Uhrzeit erzeugt. Die Variable `d2` wird nur mit Datum erzeugt, die Uhrzeit ist 00:00 Uhr. Die Variablen `d3` und `d4` erhalten ihre Werte mithilfe von zwei statischen Eigenschaften.

Die Variablen `d1` und `d3` werden standardmäßig ausgegeben, die Variablen `d2` und `d4` mithilfe der Methode `ToShortDateString()`. Diese liefert nur das Datum und nicht die Uhrzeit.

Die Eigenschaft `DayOfWeek` enthält den Wochentag, und zwar als Element der Enumeration `DayOfWeek`. Das Element `Sunday` entspricht dem Wert 0, das Element `Monday` dem Wert 1 usw. Nach der Umwandlung des Elements in einen `int`-Wert wird dieser als Index eines Datenfelds genutzt.

Die Eigenschaft `DayOfYear` enthält den Tag des Jahres, von 1 bis 365 beziehungsweise 366.

Die Eigenschaft `Date` enthält nur das Datum, und zwar als `DateTime`-Variable. Die Uhrzeit wird auf 00:00 Uhr gesetzt.

Die Eigenschaft `TimeOfDay` enthält nur die Uhrzeit, und zwar als Variable der Struktur `TimeSpan` (siehe nächsten Abschnitt).

Die beiden statischen Eigenschaften `MinValue` und `MaxValue` enthalten den kleinsten beziehungsweise den größten Wert, der in einer `DateTime`-Variablen gespeichert werden kann.

6.2.2 Rechnen mit Datum und Uhrzeit

Einige Methoden der Struktur `DateTime` dienen zum Rechnen mit Datum und Uhrzeit. Sie beginnen alle mit der Vorsilbe `Add`: `AddHours()`, `AddMonths()`, `AddSeconds()`, `AddYears()` usw. Sie erhalten `double`-Werte als Parameter zur Addition oder Subtraktion zur jeweiligen Strukturkomponente und liefern eine geänderte `DateTime`-Variable zurück.

Die Parameterwerte können:

- ganzzahlig sein oder über Nachkommastellen verfügen
- positiv oder negativ sein
- größer als die Maximalwerte der jeweiligen Komponente sein (30 Stunden, 130 Minuten usw.)

Eine Besonderheit stellen die Methoden `Add()` und `Subtract()` dar: Sie erhalten als Parameter eine Variable der Struktur `TimeSpan`. Solche Variablen dienen zum Speichern von Zeitintervallen. Sie können ihre Startwerte bei der Erzeugung unter anderem wie folgt erhalten:

- mit Stunde, Minute und Sekunde
- mit Tag, Stunde, Minute und Sekunde

Im Projekt *DatumUhrzeitRechnen* wird eine `DateTime`-Variable erstellt und mit den genannten Methoden geändert, siehe Abbildung 6.12.

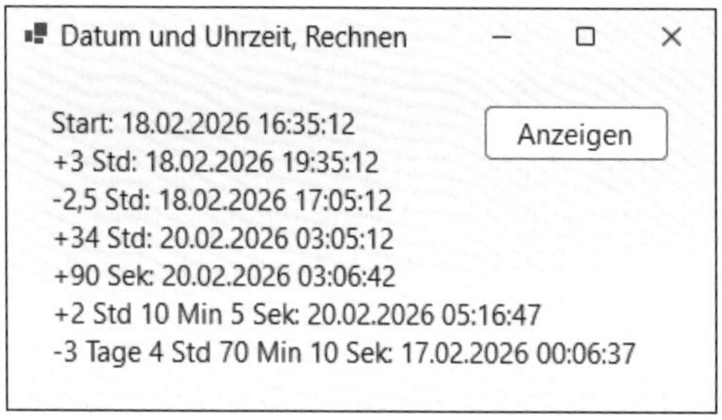

Abbildung 6.12 Rechnen mit Datum und Uhrzeit

Der Programmcode:

```
private void CmdAnzeigen_Click(...)
{
    DateTime d = new(2026, 2, 18, 16, 35, 12);
    LblAnzeige.Text = $"Start: {d}\n";
    d = d.AddHours(3);
    LblAnzeige.Text += $"+3 Std: {d}\n";
    d = d.AddHours(-2.5);
    LblAnzeige.Text += $"-2,5 Std: {d}\n";
    d = d.AddHours(34);
    LblAnzeige.Text += $"+34 Std: {d}\n";
    d = d.AddSeconds(90);
    LblAnzeige.Text += $"+90 Sek: {d}\n";

    TimeSpan ts1 = new(2, 10, 5);
    d = d.Add(ts1);
    LblAnzeige.Text += $"+2 Std 10 Min 5 Sek: {d}\n";
    TimeSpan ts2 = new(3, 4, 70, 10);
```

```
    d = d.Subtract(ts2);
    LblAnzeige.Text += $"-3 Tage 4 Std 70 Min 10 Sek: {d}";
}
```

Listing 6.12 Projekt »DatumUhrzeitRechnen«

Zunächst wird eine DateTime-Variable erzeugt mit dem Datum 18.02.2026 und der Uhrzeit 16:35:12 Uhr.

Mit AddHours(3) werden drei Stunden addiert. Der Rückgabewert der Methode wird wieder in derselben Variablen gespeichert. Aus 16:35:12 Uhr wird 19:35:12 Uhr.

Mit AddHours(-2,5) werden 2,5 Stunden abgezogen. Es kann mit negativen Werten und Nachkommastellen gearbeitet werden. Die Nachkommastellen bei den Stunden werden in die entsprechenden Minuten umgerechnet. Aus 19:35:12 Uhr wird also 17:05:12 Uhr.

Mit AddHours(34) wird mehr als ein Tag addiert. Dabei wird auch über Tagesgrenzen hinaus richtig gerechnet. Aus dem 18.02.2026, 17:05:12 Uhr wird somit der 20.02.2026, 03:05:12 Uhr.

Mit AddSeconds(90) wird mehr als eine Minute addiert. Dabei wird auch über Minuten- oder Stundengrenzen hinaus richtig gerechnet. Aus 03:05:12 Uhr wird 03:06:42 Uhr.

Es wird eine Variable der Struktur TimeSpan erzeugt. Dabei müssen ganze Zahlen genutzt werden. Sie dürfen die jeweiligen Zahlenbereiche der Komponenten überschreiten. Die TimeSpan-Variable enthält ein positives Zeitintervall von 2 Stunden, 10 Minuten und 5 Sekunden. Es wird mithilfe der Methode Add() zu der DateTime-Variablen addiert. Aus 03:06:42 Uhr wird so 05:16:47 Uhr.

Eine weitere Variable der Struktur TimeSpan wird erzeugt. Sie enthält ein positives Zeitintervall von 3 Tagen, 4 Stunden, 70 Minuten (!) und 10 Sekunden. Es wird mithilfe der Methode Subtract() von der DateTime-Variablen abgezogen. Aus dem 20.02.2026, 05:16:47 Uhr wird dementsprechend der 17.02.2026, 00:06:37 Uhr.

6.2.3 Steuerelement »DateTimePicker«

Das Steuerelement *DateTimePicker* dient zur komfortablen Eingabe oder Auswahl von Datum und Uhrzeit. Über die Eigenschaft Format kann das Aussehen eingestellt werden. Neben dem Standardwert Long gibt es dafür zusätzlich die Werte Custom, Short und Time. Diese können auch zur Laufzeit mithilfe der Enumeration DateTimePickerFormat eingestellt werden.

Im Projekt *DatumPicker* werden vier DateTimePicker in vier verschiedenen Formaten gezeigt, siehe Abbildung 6.13.

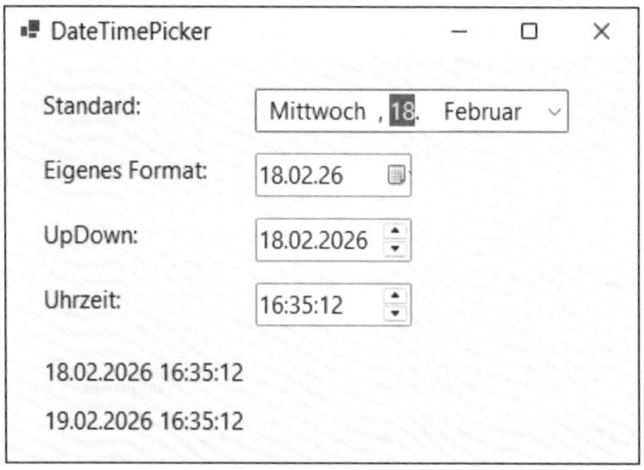

Abbildung 6.13 Vier DateTimePicker

In Abbildung 6.14 wird der erste DateTimePicker durch Betätigen des Pfeils rechts am Steuerelement aufgeklappt. Der auszuwählende Datumsbereich wurde eingeschränkt, hier mit dem Mindestdatum 15.01.2026.

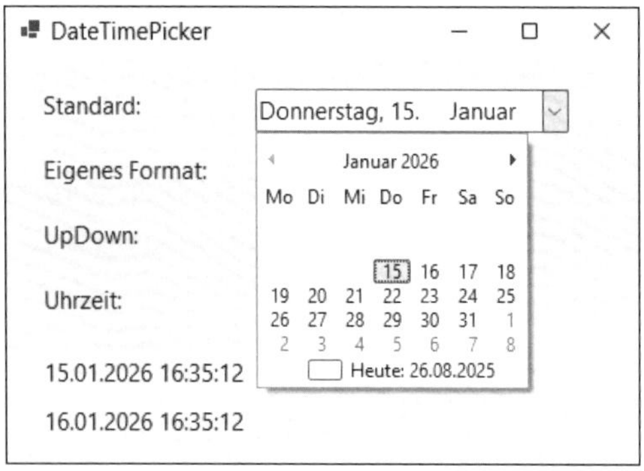

Abbildung 6.14 Erster DateTimePicker, aufgeklappt

Es folgt der Code der `Form_Load`-Methode:

```
private void Form1_Load(...)
{
    DatPicker1.MinDate = new DateTime(2026, 1, 15);
    DatPicker1.MaxDate = new DateTime(2026, 3, 15);
    DatPicker1.Value = new DateTime(2026, 2, 18, 16, 35, 12);

    DatPicker2.CustomFormat = "dd.MM.yy";
    DatPicker2.Format = DateTimePickerFormat.Custom;
    DatPicker2.Value = new DateTime(2026, 2, 18, 16, 35, 12);
```

```
    DatPicker3.ShowUpDown = true;
    DatPicker3.Format = DateTimePickerFormat.Short;
    DatPicker3.Value = new DateTime(2026, 2, 18, 16, 35, 12);

    DatPicker4.ShowUpDown = true;
    DatPicker4.Format = DateTimePickerFormat.Time;
    DatPicker4.Value = new DateTime(2026, 2, 18, 16, 35, 12);
}
```


Listing 6.13 Projekt »DatumPicker«, Eigenschaften

Der erste DateTimePicker erscheint im Standardformat `Long`. Nach dem Aufklappen kann mit einem Klick ein bestimmtes Datum ausgewählt werden.

Nach einem Klick auf einen der Pfeile nach links oder rechts kann der vorherige oder nachfolgende Monat ausgewählt werden. Mit einem Klick auf den Monatsnamen wechselt man auf die Jahresansicht. Dort gelangt man mit einem Klick auf das Jahr zur Mehrjahresansicht. Nach Auswahl eines bestimmten Jahres wechselt man von dort wieder zurück zur Jahresansicht. Von dort kehrt man nach Auswahl eines bestimmten Monats wiederum zur Monatsansicht zurück.

Die Eigenschaften `MinDate` und `MaxDate` erwarten einen Wert der Struktur `DateTime` und dienen der Einstellung des Bereichs, aus dem das Datum ausgewählt werden kann. Über die Eigenschaft `Value` wird das Datum eingestellt, das zu Beginn ausgewählt sein soll.

Das Format des zweiten DateTimePickers ist individuell eingestellt. Es können jeweils zwei Ziffern für Tag, Monat und Jahr eingegeben werden. Damit das auch übernommen wird, muss die Eigenschaft `Format` auf den Wert `Custom` gestellt werden.

Bei den letzten beiden DateTimePickern wird ein UpDown-Button zur Einstellung der einzelnen Bestandteile der Zeitangabe hinzugefügt. Das Format `Short` zeigt nur das Datum ohne den Namen des Wochentags oder des Monats. Das Format `Time` zeigt hingegen nur die Uhrzeit.

Es folgt nun eine Methode, mit der der ausgewählte Wert des jeweiligen DateTimePickers angezeigt werden kann. Außerdem werden für eine zweite Ausgabe 24 Stunden zu diesem Wert hinzugerechnet.

```
private void DatPicker_ValueChanged(object sender, EventArgs e)
{
    DateTimePicker dp = (DateTimePicker)sender;
    LblDatum.Text = $"{dp.Value}";

    DateTime plusTag = dp.Value;
```

```
    plusTag = plusTag.AddDays(1);
    LblPlusTag.Text = $"{plusTag}";
}
```

Listing 6.14 Projekt »DatumPicker«, Ereignis

Das Ereignis `ValueChanged` tritt ein, sobald sich der Wert des DateTimePickers ändert. Im EIGENSCHAFTEN-Fenster wird die Ereignismethode `DatPicker_ValueChanged()` diesem Ereignis für alle vier DateTimePicker zugeordnet.

Der Verweis auf das auslösende Objekt wird in einen Verweis auf einen DateTimePicker umgewandelt. Dessen aktuell ausgewählter Wert wird im ersten Label ausgegeben. Danach wird eine neue `DateTime`-Variable erzeugt. Diese erhält zunächst den aktuell ausgewählten Wert. Zu diesem Wert wird ein Tag hinzugerechnet, anschließend erfolgt die Ausgabe im zweiten Label.

6.3 Textdateien

Zur dauerhaften Speicherung der Daten eines Programms stehen Dateien und Datenbanken (siehe) zur Verfügung. Sie ermöglichen es, die Benutzung eines Programms zu beenden und zu einem späteren Zeitpunkt mit dem gleichen Status fortzusetzen.

Es werden Objekte der Klassen `FileStream`, `StreamWriter` und `StreamReader` aus dem Standard-Namensraum `System.IO` benötigt.

6.3.1 Schreiben in eine Textdatei

Im Projekt *DateiText* wird eine einfache Form der Speicherung behandelt: das Schreiben in Textdateien und das Lesen aus Textdateien.

Der Inhalt der mehrzeiligen TextBox (Eigenschaft `Multiline = true`) aus Abbildung 6.15 wird in eine Textdatei (siehe Abbildung 6.16) geschrieben beziehungsweise an das Ende einer Textdatei angehängt:

```
private void CmdSchreiben_Click(...)
{
    LblAnzeige.Text = "Schreiben";
    Schreiben(FileMode.Create);
}

private void CmdAnhaengen_Click(...)
{
```

```
    LblAnzeige.Text = "Anhängen";
    Schreiben(FileMode.Append);
}

private void Schreiben(FileMode fm)
{
    try
    {
        FileStream fs = new("datei.txt", fm);
        StreamWriter sw = new(fs);
        sw.WriteLine(TxtEingabe.Text);
        sw.Close();
        TxtEingabe.Text = "";
    }
    catch (Exception ex)
    {
        MessageBox.Show(ex.Message);
    }
}
```

Listing 6.15 Projekt »DateiText«, Schreiben

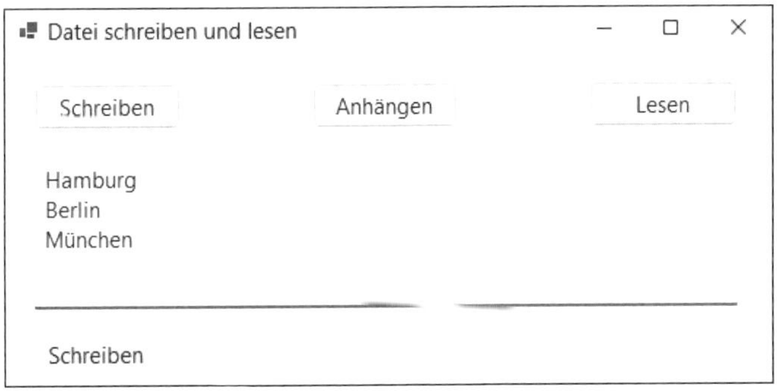

Abbildung 6.15 Schreiben in eine Textdatei

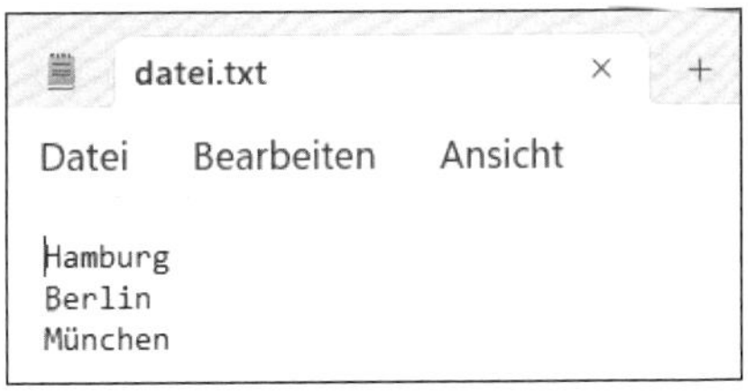

Abbildung 6.16 Textdatei im Editor

Die beiden Vorgänge zum Schreiben beziehungsweise zum Anhängen sind sich sehr ähnlich, daher werden sie hier zusammen behandelt.

Nach dem Betätigen des Buttons SCHREIBEN wird die gemeinsame Methode `Schreiben()` mit dem Parameter `FileMode.Create` aufgerufen, nach dem Betätigen des Buttons ANHÄNGEN mit dem Parameter `FileMode.Append`. Bei dem Parameter handelt es sich um ein Element aus der Enumeration `FileMode`, mit deren Hilfe der Modus beim Öffnen der Datei festgelegt wird.

Sowohl das Element `Create` als auch das Element `Append` bewirken das Öffnen der Datei zum Schreiben. Ist die Datei noch nicht vorhanden, wird sie neu angelegt. Der Unterschied: Ist die Datei bereits vorhanden, wird bei `Create` der alte Inhalt mit dem Inhalt der TextBox überschrieben und bei `Append` der Inhalt der TextBox an den alten Inhalt angehängt.

Beim eigentlichen Schreibvorgang in der Methode `Schreiben()` wird mit einer Ausnahmebehandlung gearbeitet. Ansonsten käme es zu einem Abbruch des Programms, falls die Datei zum Schreiben nicht geöffnet werden kann. Das ist zum Beispiel bei einem schreibgeschützten Medium oder bei fehlenden Schreibrechten der Fall. Kann hier die Datei nicht geöffnet werden, erscheint eine Fehlermeldung.

Es wird ein Objekt der Klasse `FileStream` erstellt, mit dessen Hilfe ein Datenstrom zwischen Programm und Datei ermöglicht wird. Bei der Erstellung werden der Name der Datei und der Zugriffsmodus angegeben. Hier wird vereinfacht davon ausgegangen, dass sich die Datei im selben Verzeichnis wie das ausgeführte Programm befindet, also im Unterverzeichnis *bin/Debug/net10.0-windows* des Projekts.

Befindet sich die Datei in einem anderen Verzeichnis, muss an dieser Stelle eine Pfadangabe erfolgen, entweder:

- absolut, wie zum Beispiel *C:/Temp/datei.txt* oder
- relativ, wie zum Beispiel *../datei.txt* für dasjenige Verzeichnis, das dem Verzeichnis des ausgeführten Programms übergeordnet ist

Als Nächstes wird ein Objekt der Klasse `StreamWriter` erstellt, mit dessen Hilfe Text in einen Datenstrom gespeist werden kann. Die Methode `WriteLine()` schreibt den angegebenen Text in die Datei, gefolgt von einem Zeilenumbruch am Ende des gesamten Textes. Die Methode `Write()` macht dasselbe, allerdings ohne einen Zeilenumbruch am Ende des gesamten Textes. Sind in der Multiline-TextBox bereits Zeilenumbrüche vorhanden, werden sie in jedem Fall gespeichert.

Die Methode `Close()` der Klasse `StreamWriter` schließt den Datenstrom und die zugehörigen Ressourcen – in diesem Fall auch die Datei, in die geschrieben wird. Das Schließen der Datei ist wichtig und darf nicht vergessen werden, da die Datei ansonsten für weitere Zugriffe gesperrt sein könnte.

Im vorliegenden Beispiel wird der Inhalt der TextBox gelöscht, damit er nicht versehentlich zweimal gespeichert wird.

6.3.2 Lesen aus einer Textdatei

Mit dem nachfolgenden Programm wird der Inhalt einer Textdatei gelesen und in einem Label ausgegeben, siehe Abbildung 6.17. Vor den einzelnen Zeilen erscheint zusätzlich eine Zeilennummer:

```
private void CmdLesen_Click(...)
{
    try
    {
        FileStream fs = new("datei.txt", FileMode.Open);
        StreamReader sr = new(fs);
        LblAnzeige.Text = "";
        int anzahl = 0;
        while (sr.Peek() != -1)
        {
            anzahl++;
            string? zeile = sr.ReadLine();
            LblAnzeige.Text += $"{anzahl}: {zeile}\n";
        }
        sr.Close();
    }
    catch (Exception ex)
    {
        MessageBox.Show(ex.Message);
    }
}
```

Listing 6.16 Projekt »DateiText«, Lesen

Nachfolgend werden besonders die Unterschiede zum Schreibvorgang aus Abschnitt 6.3.1 hervorgehoben. Die Datei wird mithilfe des Elements `Open` aus der Enumeration `FileMode` zum Lesen geöffnet. Es wird ein Objekt der Klasse `StreamReader` erzeugt, mit dessen Hilfe Text aus einem Datenstrom entnommen werden kann.

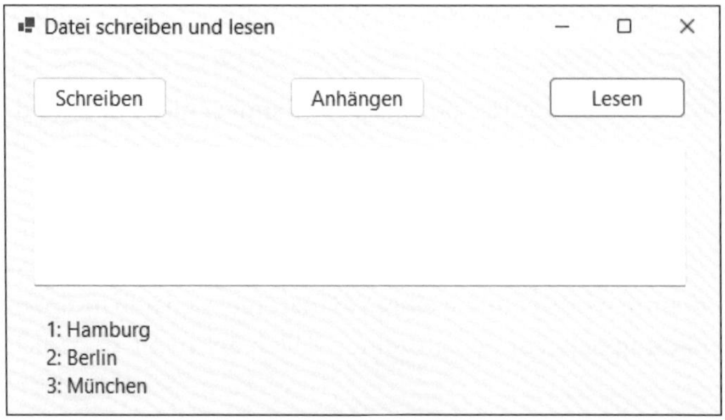

Abbildung 6.17 Lesen aus einer Textdatei

Der Lesevorgang wird mithilfe einer `while`-Schleife durchgeführt, da die Anzahl der zu lesenden Zeilen vorher nicht bekannt ist. Die Methode `Peek()` der Klasse `StreamReader` prüft das nächste lesbare Zeichen einer Datei, ohne es einzulesen. Liefert die Methode den Wert `-1` zurück, ist das Ende der Datei erreicht und die `while`-Schleife wird beendet.

Die Methode `ReadLine()` der Klasse `StreamReader` liest eine Zeile bis zum nächsten Zeilenumbruch und liefert den Inhalt der Zeile (ohne den Zeilenumbruch) als Zeichenkette zurück. Da es möglich ist, dass `null` zurückgeliefert wird, muss der Rückgabewert in einer Variablen des nullbaren Datentyps `string?` gespeichert werden.

6.3.3 Schreiben in eine CSV-Datei

Im Projekt *DateiCsv* werden Datensätze im CSV-Format in einer Datei gespeichert. Anschließend werden Datensätze aus der CSV-Datei gelesen, siehe Abbildung 6.18.

Beim CSV-Format (*CSV = Comma-Separated Values*) handelt es sich um ein weitverbreitetes Format für den Austausch von Daten. Die einzelnen Informationen werden innerhalb eines Datensatzes durch ein festgelegtes Zeichen voneinander getrennt, meist ein Semikolon.

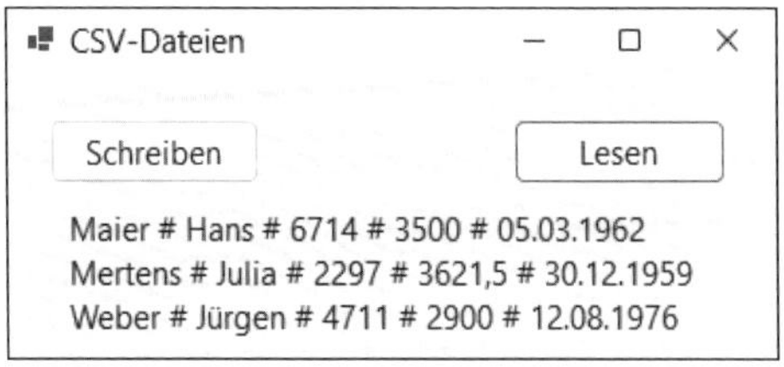

Abbildung 6.18 CSV-Daten

CSV-Dateien lassen sich zum Beispiel mit MS Excel lesen und schreiben. Allerdings nutzt das vorliegende C#-Programm die Dateikodierung UTF-8, MS Excel aber die Dateikodierung ANSI. Dazu mehr in Abschnitt 6.3.5.

Es folgt das Programm zum Schreiben der Daten:


```
private void CmdSchreiben_Click(...)
{
    string nachname = "Mertens";
    string vorname = "Julia";
    int pnummer = 2297;
    double gehalt = 3621.5;
    DateTime geb = new(1959, 12, 30);

    try
    {
        FileStream fs = new("datei.csv", FileMode.Create);
        StreamWriter sw = new(fs);
        sw.WriteLine("Maier;Hans;6714;3500;05.03.1962");
        sw.WriteLine($"{nachname};{vorname};{pnummer};" +
            $"{gehalt};{geb.ToShortDateString()}");
        sw.WriteLine("Weber;Jürgen;4711;2900;12.08.1976");
        sw.Close();
    }
    catch (Exception ex)
    {
        MessageBox.Show(ex.Message);
    }
    LblAnzeige.Text = "Schreiben";
}
```

Listing 6.17 Projekt »DateiCsv«, Schreiben

Nach dem Betätigen des Buttons SCHREIBEN wird die Datei *datei.csv* zum Schreiben geöffnet. Mithilfe der Methode `WriteLine()` werden mehrere Datensätze in die Datei geschrieben. Die einzelnen Daten werden jeweils durch ein Semikolon voneinander getrennt. Die Daten des zweiten Datensatzes stammen aus Variablen der passenden Typen, also `string`, `int`, `double` und `DateTime`.

6.3.4 Lesen aus einer CSV-Datei

Es folgt das Programm zum Lesen der Daten:

```
private void CmdLesen_Click(...)
{
    try
    {
        FileStream fs = new("datei.csv", FileMode.Open);
        StreamReader sr = new(fs);
        LblAnzeige.Text = "";
        int anzahl = 0;
        while (sr.Peek() != -1)
        {
            anzahl++;
            string? zeile = sr.ReadLine();
            if (zeile is not null)
            {
                string[] teil = zeile.Split(";");
                string nachname = teil[0];
                string vorname = teil[1];
                int pnummer = Convert.ToInt32(teil[2]);
                double gehalt = Convert.ToDouble(teil[3]);
                DateTime geb = Convert.ToDateTime(teil[4]);
                LblAnzeige.Text += $"{nachname} # {vorname}" +
                    $" # {pnummer} # {gehalt}" +
                    $" # {geb.ToShortDateString()}\n";
            }
        }
        sr.Close();
    }
    catch (Exception ex)
    {
        MessageBox.Show(ex.Message);
    }
}
```

Listing 6.18 Projekt »DateiCsv«, Lesen

Nach dem Betätigen des Buttons LESEN wird die Datei *datei.csv* zum Lesen geöffnet. Mithilfe der Methode `ReadLine()` werden mehrere Zeilen aus der Datei gelesen. Da es möglich ist, dass `null` zurückgeliefert wird, muss der Rückgabewert geprüft werden.

Nach bestanderer Prüfung wird die Methode `Split()` zum Zerlegen der Zeile anhand des Trennzeichens genutzt. Die einzelnen Daten werden Variablen der passenden Datentypen zugewiesen, gegebenenfalls nach einer Umwandlung. Anschließend werden sie zusammen mit einem optischen Trenner ausgegeben, siehe Abbildung 6.18.

6.3.5 Ändern der Kodierung

Sie können die Datei *datei.csv*, die in Abschnitt 6.3.3 mit dem C#-Programm geschrieben wurde, mit MS Excel lesen. Dazu muss zunächst ihre Kodierung von *UTF-8* in *ANSI* geändert werden.

Dazu öffnen Sie sie mit dem Standard-Editor von Windows. Rufen Sie im Editor den Menüpunkt DATEI • SPEICHERN UNTER auf. Wechseln Sie in der Liste CODIERUNG von UTF-8 auf ANSI, siehe Abbildung 6.19, und speichern Sie die Datei.

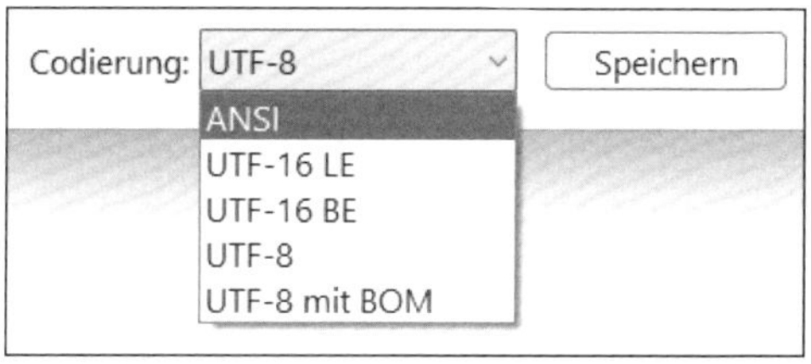

Abbildung 6.19 Kodierung der Datei »datei.csv« ändern in ANSI

Anschließend können Sie im Windows-Explorer einen Doppelklick auf der Datei *datei.csv* ausführen. Aufgrund ihrer Dateiendung *csv* wird sie standardmäßig mit MS Excel geöffnet, siehe Abbildung 6.20.

	A	B	C	D	E
1	Maier	Hans	6714	3500	05.03.1962
2	Mertens	Julia	2297	3621,5	30.12.1950
3	Weber	Jürgen	4711	2900	12.08.1976

Abbildung 6.20 Datei »datei.csv« in MS Excel

Sie können die Datei in MS Excel bearbeiten, als CSV-Datei abspeichern und schließen. Falls sie anschließend mit dem C#-Programm aus Abschnitt 6.3.4 gelesen werden soll, muss zuvor ihre Kodierung mit der beschriebenen Vorgehensweise wieder von *ANSI* in *UTF-8* geändert werden.

6.4 XML-Dateien

XML ist ein weitverbreitetes, plattformunabhängiges Datenformat, das sich zum universellen Datenaustausch eignet. XML-Dateien sind mit einem einfachen Texteditor editierbar. Im Projekt *DateiXml* lernen Sie mehrere Möglichkeiten kennen, um auf XML-Dateien zuzugreifen:

- Schreiben und Lesen von Elementen einer XML-Datei
- Schreiben und Lesen von Objekten einer XML-Datei

6.4.1 Aufbau von XML-Dateien

Einige Regeln für den Aufbau einer XML-Datei erläutere ich Ihnen kurz anhand des nachfolgenden Beispiels:

```
<?xml version="1.0" encoding="utf-16"?>
<firma>
   <person name="Maier" vorname="Hans" pnummer="6714"
           gehalt="3500" gtag="05.03.1962" />
   <person name="Schmitz" vorname="Peter" pnummer="81343"
           gehalt="3750" gtag="12.04.1958" />
   <person name="Mertens" vorname="Julia" pnummer="2297"
           gehalt="3621,5" gtag="30.12.1959" />
</firma>
```

Listing 6.19 Projekt »DateiXml«, Aufbau der XML-Datei

In der XML-Datei *firma.xml* sind die Daten mehrerer Elemente gespeichert. Hier handelt es sich um die Daten von Personen innerhalb einer Firma: Name, Vorname, Personalnummer, Gehalt und Geburtstag. Zu Beginn steht eine Kopfzeile mit der XML-Version und der Zeichensatzkodierung.

Innerhalb einer XML-Datei existiert eine Hierarchie von Knoten. Es gibt Elementknoten und Attributknoten. Diese werden auch kurz als *Elemente* und *Attribute* bezeichnet.

Auf der obersten Ebene der Hierarchie darf es nur ein einzelnes Element geben; in diesem Beispiel ist es das Element `firma`. XML-Elemente werden ähnlich wie HTML-Markierungen notiert, also mit einer Anfangsmarkierung (hier `<firma>`) und einer Endmarkierung (hier `</firma>`). Sie können die Markierungen frei wählen.

XML-Elemente können geschachtelt werden, hier zum Beispiel `<person>` ... `</person>` innerhalb von `<firma>` und `</firma>`. Sie können Attribute enthalten, die die einzelnen

Elemente kennzeichnen. Hier sind das zum Beispiel die Attribute `name` und `vorname`. Sie können die Datei *firma.xml* auch in einem Browser aufrufen. Darin wird die hierarchische Knotenstruktur der XML-Elemente wiedergegeben (siehe Abbildung 6.21).

```
-<firma>
   <person name="Maier" vorname="Hans" pnummer="6714" gehalt="3500,0" gtag="15.03.1962"/>
   <person name="Schmitz" vorname="Peter" pnummer="81343" gehalt="3750,0" gtag="12.04.1958"/>
   <person name="Mertens" vorname="Julia" pnummer="2297" gehalt="3621,5" gtag="30.12.1959"/>
 </firma>
```


Abbildung 6.21 Inhalt der XML-Datei im Browser

6.4.2 Schreiben in eine XML-Datei

Als Erstes sollen XML-Elemente in die XML-Datei *firma.xml* geschrieben werden. Es folgt das Programm:

```
using System.Text;
using System.Xml;
...
private void CmdSchreiben_Click(...)
{
    XmlTextWriter xw = new("C:/Temp/firma.xml", new UnicodeEncoding());
    xw.WriteStartDocument();
    xw.WriteStartElement("firma");

    xw.WriteStartElement("person");
    xw.WriteAttributeString("name", "Maier");
    xw.WriteAttributeString("vorname", "Hans");
    xw.WriteAttributeString("pnummer", "6714");
    xw.WriteAttributeString("gehalt", "3500,0");
    xw.WriteAttributeString("gtag", "15.03.1962");
    xw.WriteEndElement();

    xw.WriteStartElement("person");
    xw.WriteAttributeString("name", "Schmitz");
    xw.WriteAttributeString("vorname", "Peter");
    xw.WriteAttributeString("pnummer", "81343");
    xw.WriteAttributeString("gehalt", "3750,0");
    xw.WriteAttributeString("gtag", "12.04.1958");
    xw.WriteEndElement();
```

```
    xw.WriteStartElement("person");
    xw.WriteAttributeString("name", "Mertens");
    xw.WriteAttributeString("vorname", "Julia");
    xw.WriteAttributeString("pnummer", "2297");
    xw.WriteAttributeString("gehalt", "3621,5");
    xw.WriteAttributeString("gtag", "30.12.1959");
    xw.WriteEndElement();

    xw.WriteEndElement();
    xw.Close();
    LblAnzeige.Text = "Elemente in XML-Datei geschrieben";
}
```

Listing 6.20 Projekt »DateiXml«, Schreiben von XML-Elementen

Zunächst werden einige zusätzliche Namensräume mithilfe von `using` zur Verfügung gestellt. Der Namensraum `System.Xml` bietet Ihnen verschiedene Möglichkeiten, um auf XML-Dateien zuzugreifen. Die Zeichensatzkodierung wird mithilfe eines Objekts der Klasse `UnicodeEncoding` aus dem Namensraum `System.Text` eingestellt.

Ein Objekt der Klasse `XmlTextWriter` dient als »Schreibwerkzeug« zur Erzeugung einer XML-Datei. Der Konstruktor erwartet zwei Parameter: Name und Pfad der zu erzeugenden XML-Datei und eine Angabe zur Zeichensatzkodierung. Existiert die Datei bereits, wird sie überschrieben. Es wird ein Verweis auf die geöffnete XML-Datei zurückgegeben.

Die Methode `WriteStartDocument()` schreibt die Kopfzeile der XML-Datei. Die Methoden `WriteStartElement()` und `WriteEndElement()` begrenzen die Ausgabe eines XML-Elements. Hierbei ist die Schachtelung der Elemente zu beachten. Die Methode `WriteAttributeString()` dient der Ausgabe eines Attributs und des zugehörigen Werts innerhalb eines XML-Elements. Die Methode `Close()` beendet das Schreiben der XML-Elemente und schließt die Datei.

6.4.3 Lesen aus einer XML-Datei

Als Nächstes sollen die gespeicherten Daten aus der XML-Datei gelesen werden. Es folgt das dazugehörige Programm:

```
private void CmdLesen_Click(...)
{
    if (!File.Exists("C:/Temp/firma.xml"))
    {
```

```
        LblAnzeige.Text = "Datei firma.xml existiert nicht";
        return;
    }

    XmlTextReader xr = new("C:/Temp/firma.xml");
    LblAnzeige.Text = "";
    while (xr.Read())
    {
        if (xr.NodeType == XmlNodeType.Element)
        {
            if (xr.AttributeCount > 0)
            {
                while (xr.MoveToNextAttribute())
                    LblAnzeige.Text += $"{xr.Name} -> {xr.Value}\n";
                LblAnzeige.Text += "\n";
            }
        }
    }
    xr.Close();
}
```

Listing 6.21 Projekt »DateiXml«, Lesen von XML-Elementen

Mithilfe der statischen Methode `Exists()` der Klasse `File` aus dem Namensraum `System.IO` kann geprüft werden, ob eine Datei am genannten Ort existiert. Ist das nicht der Fall, wird die Methode beendet.

Ein Objekt der Klasse `XmlTextReader` dient als »Lesegerät« zum Lesen von Daten aus einer XML-Datei. Der Konstruktor erwartet als Parameter Name und Pfad der Datei. Es wird ein Verweis auf die geöffnete XML-Datei zurückgegeben.

Die Methode `Read()` liest einen Knoten, stellt die Daten dieses Knotens zur Verfügung und wechselt zum nächsten Knoten. Wird kein Knoten mehr gefunden, wird `false` zurückgeliefert. Das wird hier zur Steuerung der Schleife genutzt.

Die Eigenschaft `NodeType` enthält den Typ des Knotens, zum Beispiel *Element* oder *Attribut*. Dieser Wert kann mit einem Element aus der Enumeration `XmlNodeType` verglichen werden. Diese Abfrage dient im vorliegenden Fall nur dazu, den Inhalt der Kopfzeile zu ignorieren. Handelt es sich um ein Element und ist die Anzahl der Attribute (Eigenschaft `AttributeCount`) größer als 0, werden die einzelnen Attribute mithilfe der Methode `MoveToNextAttribute()` ermittelt.

Diese Methode arbeitet ähnlich wie die Methode `Read()` und stellt die Namen (Eigenschaft `Name`) und Werte (Eigenschaft `Value`) der einzelnen Attribute als Zeichenkette zur Verfügung. Wird kein Attribut mehr gefunden, wird `false` zurückgeliefert. Die Methode `Close()` beendet das Lesen der XML-Elemente und schließt die Datei.

Zur Kontrolle werden anschließend die Elemente mit ihren Attributen und deren Werten ausgegeben (siehe Abbildung 6.22).

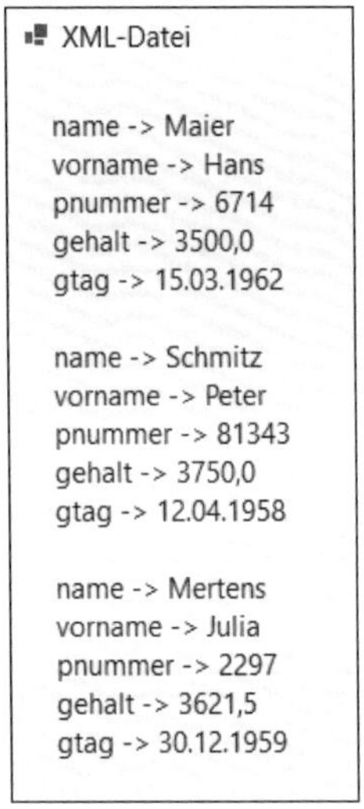

Abbildung 6.22 Ausgabe des Inhalts der XML-Datei

6.4.4 Schreiben von Objekten

Es sollen mehrere Objekte der Klasse `Person` in einer XML-Datei gespeichert werden. Zunächst der Aufbau der Klasse `Person`:

```
using System.Xml;
...
class Person(string name, string vorname, int pnummer,
    double gehalt, DateTime geburtstag)
{
    public void AlsXmlElementSchreiben(XmlTextWriter xw)
    {
        xw.WriteStartElement("person");
        xw.WriteAttributeString("name", name);
        xw.WriteAttributeString("vorname", vorname);
        xw.WriteAttributeString("pnummer", pnummer.ToString());
        xw.WriteAttributeString("gehalt", gehalt.ToString());
```

```
        xw.WriteAttributeString("gtag",
            geburtstag.ToShortDateString());
        xw.WriteEndElement();
    }

    public override string ToString() => $"{name}, {vorname}, " +
        $"{pnummer}, {gehalt}, {geburtstag.ToShortDateString()}";
}
```


Listing 6.22 Projekt »DateiXml«, Definition der Klasse

Die Klasse verfügt über einen Primärkonstruktor. Der Methode AlsXmlElementSchreiben() wird ein Objekt der Klasse XmlWriter übergeben. Damit werden alle Eigenschaften eines Objekts der Klasse Person als Element in eine XML-Datei geschrieben.

Es folgt die Ereignismethode zum Speichern mehrerer Objekte:

```
private void CmdObjekteSchreiben_Click(...)
{
    Person[] personFeld = [
        new("Maier", "Hans", 6714, 3500.0, new DateTime(1962, 3, 5)),
        new("Schmitz", "Peter", 81343, 3750.0, new DateTime(1958, 4, 12)),
        new("Mertens", "Julia", 2297, 3621.5, new DateTime(1959, 12, 30)) ];

    XmlTextWriter xw = new("C:/Temp/firma.xml", new UnicodeEncoding());
    xw.WriteStartDocument();
    xw.WriteStartElement("firma");

    foreach (Person p in personFeld)
        p.AlsXmlElementSchreiben(xw);

    xw.WriteEndElement();
    xw.Close();
    LblAnzeige.Text = "Objekte in XML-Datei geschrieben";
}
```

Listing 6.23 Projekt »DateiXml«, Schreiben von Objekten

Mithilfe eines Sammlungsausdrucks wird ein Datenfeld von Objekten der Klasse Person erzeugt.

Die XML-Datei und das einzelne Element der obersten Ebene der Knotenstruktur werden auf die bereits bekannte Art und Weise erzeugt.

Die einzelnen Objekte werden anschließend innerhalb einer foreach-Schleife mithilfe der Methode AlsXmlElementSchreiben() aus der Klasse Person in die Datei geschrieben.

6.4.5 Lesen von Objekten

Mehrere Objekte der Klasse Person werden aus einer XML-Datei gelesen:

```
private void CmdObjekteLesen_Click(...)
{
    if (!File.Exists("C:/Temp/firma.xml"))
    {
        LblAnzeige.Text = "Datei firma.xml existiert nicht";
        return;
    }

    string na = "";
    string vo = "";
    int pe = 0;
    double gh = 0.0;
    DateTime gb = new();

    LblAnzeige.Text = "";
    XmlTextReader xr = new("C:/Temp/firma.xml");
    while (xr.Read())
        if (xr.NodeType == XmlNodeType.Element)
            if (xr.AttributeCount > 0)
            {
                while (xr.MoveToNextAttribute())
                    switch (xr.Name)
                    {
                        case "name":
                            na = xr.Value;
                            break;
                        case "vorname":
                            vo = xr.Value;
                            break;
                        case "pnummer":
                            pe = Convert.ToInt32(xr.Value);
                            break;
                        case "gehalt":
                            gh = Convert.ToSingle(xr.Value);
```

```
                        break;
                    case "gtag":
                        gb = Convert.ToDateTime(xr.Value);
                    break;
                }
            Person p = new(na, vo, pe, gh, gb);
            LblAnzeige.Text += $"{p}\n";
        }
    xr.Close();
}
```


Listing 6.24 Projekt »DateiXml«, Lesen von Objekten

Das Öffnen der XML-Datei und das Lesen der Elemente geschehen auf die bereits bekannte Art und Weise.

Die Attribute müssen einzeln betrachtet werden. Die Zeichenketten mit den Werten aus der XML-Datei müssen passend umgewandelt werden, damit anschließend jeweils ein Objekt der Klasse `Person` erzeugt und ausgegeben werden kann, siehe Abbildung 6.23.

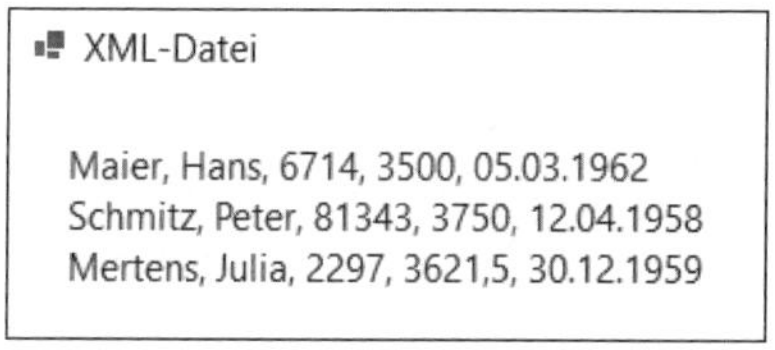

Abbildung 6.23 Ausgabe der Objekte

6.5 Verzeichnisse

Die beiden Klassen `File` und `Directory`, ebenfalls aus dem Namensraum `System.IO`, dienen zur Arbeit mit Informationen über Dateien und Verzeichnisse. Im Projekt *DateiVerzeichnisListe* in diesem Abschnitt werden folgende statische Methoden dieser beiden Klassen eingesetzt:

- `Directory.Exists()`: prüft die Existenz eines Verzeichnisses.
- `Directory.SetCurrentDirectory()`: legt das Verzeichnis, in dem die Anwendung arbeitet, neu fest.
- `Directory.GetCurrentDirectory()`: ermittelt das Verzeichnis, in dem die Anwendung arbeitet.
- `Directory.GetFiles()`: erstellt eine Liste der Dateien in einem Verzeichnis.

- Directory.FileSystemEntries(): erstellt eine Liste der Dateien und Unterverzeichnisse in einem Verzeichnis.
- File.GetCreationTime(): ermittelt Datum und Uhrzeit der Erzeugung einer Datei oder eines Verzeichnisses.
- File.GetLastAccessTime(): stellt das Datum des letzten Zugriffs auf eine Datei oder ein Verzeichnis fest.
- File.GetLastWriteTime(): ermittelt Datum und Uhrzeit des letzten schreibenden Zugriffs auf eine Datei oder auf ein Verzeichnis.

6.5.1 Das aktuelle Verzeichnis

Zu Beginn des Programms wird das Startverzeichnis (*C:/Temp*) eingestellt und angezeigt (siehe Abbildung 6.24).

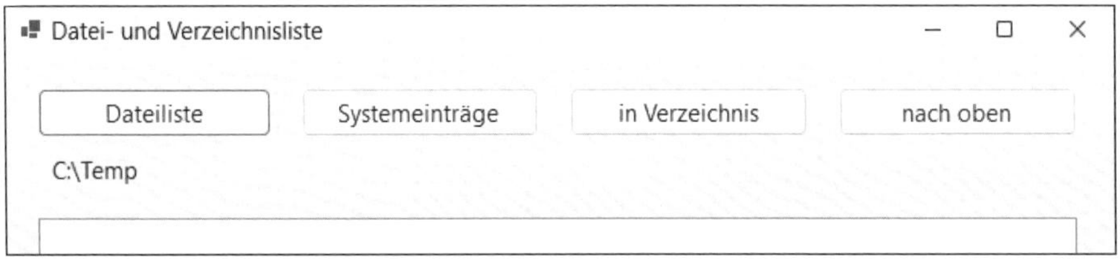

Abbildung 6.24 Startverzeichnis

Der zugehörige Code lautet:

```
private void Form1_Load(...)
{
    string verz = "C:/Temp";
    if (Directory.Exists(verz))
        Directory.SetCurrentDirectory(verz);
    else
        MessageBox.Show($"Verzeichnis {verz} existiert nicht");
    LblAktuell.Text = Directory.GetCurrentDirectory();
}
```

Listing 6.25 Projekt »DateiVerzeichnisListe«, Start

Die Methode Directory.SetCurrentDirectory() setzt das aktuell benutzte Verzeichnis fest. Vorab wird mit der Methode Directory.Exists() geprüft, ob das betreffende Verzeichnis existiert. Beide Methoden erwarten als Parameter eine Zeichenkette.

Die Methode `Directory.GetCurrentDirectory()` liefert den Namen des aktuellen Verzeichnisses.

6.5.2 Eine Liste der Dateien

Abbildung 6.25 zeigt die Ausgabe nach Betätigung des Buttons DATEILISTE.

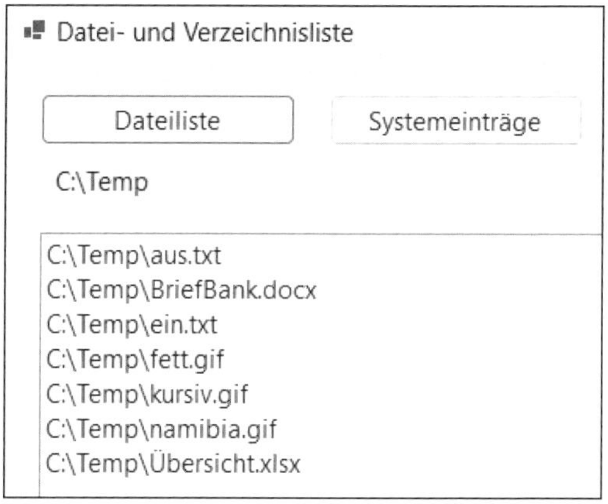

Abbildung 6.25 Dateiliste eines Verzeichnisses

Der zugehörige Code:

```
private void CmdDateiliste_Click(...)
{
    string verz = Directory.GetCurrentDirectory();
    string[] dateiliste = Directory.GetFiles(verz);
    LstAnzeige.Items.Clear();
    foreach (string s in dateiliste)
        LstAnzeige.Items.Add(s);
}
```

Listing 6.26 Projekt »DateiVerzeichnisListe«, Dateiliste

Mithilfe der Methode `Directory.GetCurrentDirectory()` wird die Variable `verz` auf das aktuelle Arbeitsverzeichnis gesetzt. Zu Beginn ist das *C:/Temp*. Die Methode `Directory.GetFiles()` liefert ein Feld von Strings. Die Variable `dateiliste` wird als ein Verweis auf ein solches Feld deklariert und erhält den Rückgabewert der Methode zugewiesen. Mithilfe einer `foreach`-Schleife werden die Dateinamen in der ListBox ausgegeben.

6.5.3 Liste der Dateien und Verzeichnisse

In Abbildung 6.26 erscheinen zusätzlich die Unterverzeichnisse.

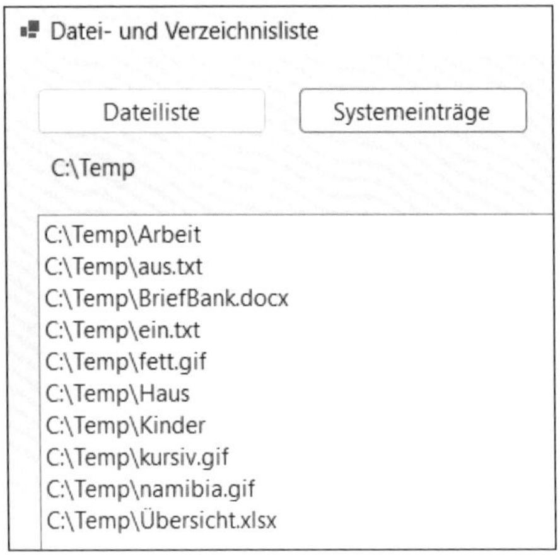

Abbildung 6.26 Liste der Dateien und Unterverzeichnisse

Der nächste Teil des Programms lautet wie folgt:

```
private void CmdSystemeintraege_Click(...)
{
    Systemeintraege();
}

private void Systemeintraege()
{
    string verz = Directory.GetCurrentDirectory();
    string[] dateiliste = Directory.GetFileSystemEntries(verz);
    LstAnzeige.Items.Clear();
    foreach (string s in dateiliste)
        LstAnzeige.Items.Add(s);
}
```

Listing 6.27 Projekt »DateiVerzeichnisListe«, Systemeinträge

Die Ausgabe erfolgt in der allgemeinen Methode `Systemeintraege()`. Diese wird noch von anderen Programmteilen genutzt.

Die Methode `Directory.GetFileSystemEntries()` ist der Methode `Directory.GetFiles()` sehr ähnlich. Allerdings liefert sie nicht nur die Namen der Dateien, sondern auch die Namen der Verzeichnisse.

6.5.4 Informationen über Dateien und Verzeichnisse

Im Folgenden werden wir einzelne Dateien und Verzeichnisse genauer betrachten (siehe Abbildung 6.27).

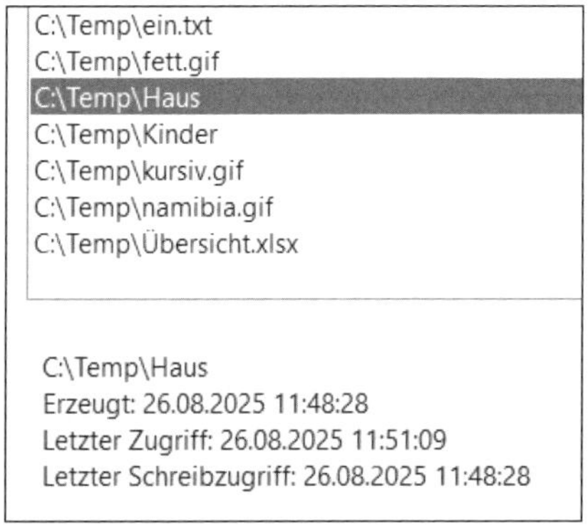

Abbildung 6.27 Informationen über das ausgewählte Verzeichnis

Der Programmcode:

```
private void LstAnzeige_SelectedIndexChanged(...)
{
    if (LstAnzeige.SelectedIndex != -1)
    {
        string name = LstAnzeige.Text;
        LblAnzeige.Text = $"{name}\n"
           + $"Erzeugt: {File.GetCreationTime(name)}\n"
           + $"Letzter Zugriff: {File.GetLastAccessTime(name)}\n"
           + $"Letzter Schreibzugriff: {File.GetLastWriteTime(name)}";
    }
    else
        MessageBox.Show("Kein Eintrag ausgewählt");
}
```

Listing 6.28 Projekt »DateiVerzeichnisListe«, Informationen

Hat die Benutzerin einen Eintrag in der Liste ausgewählt, werden Informationen zu den letzten Zugriffen angezeigt.

Die Methoden `File.GetCreationTime()`, `File.GetLastAccessTime()` und `File.GetLastWriteTime()` ermitteln die Daten der Erzeugung der Datei sowie des letzten Zugriffs und des letzten Schreibzugriffs auf die Datei.

6.5.5 Bewegen in der Verzeichnishierarchie

Zunächst wählen Sie wie in Abschnitt 6.5.4 ein Unterverzeichnis. Anschließend wechseln Sie mit dem Button IN VERZEICHNIS in das betreffende Unterverzeichnis. Danach werden die Dateien und Verzeichnisse dieses Unterverzeichnisses angezeigt, siehe Abbildung 6.28.

Aus einem Unterverzeichnis können Sie mit dem Button NACH OBEN in das übergeordnete Verzeichnis wechseln.

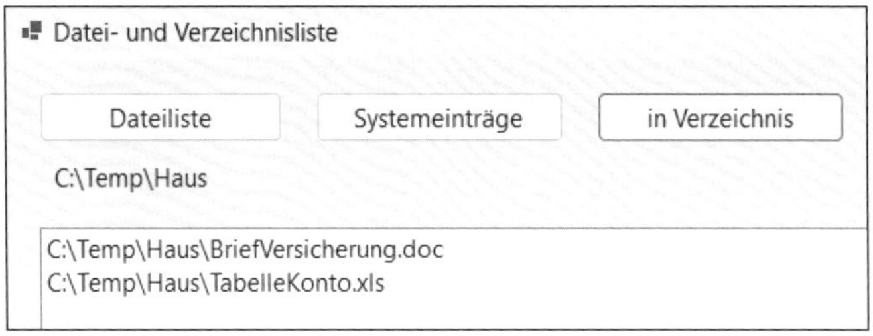

Abbildung 6.28 Unterverzeichnis: Liste der Dateien und Verzeichnisse

Der letzte Teil des Programms lautet:

```
private void CmdInVerzeichnis_Click(...)
{
    if (LstAnzeige.SelectedIndex != -1)
    {
        try
        {
            Directory.SetCurrentDirectory(LstAnzeige.Text);
        }
        catch
        {
            MessageBox.Show($"{LstAnzeige.Text} ist kein Verzeichnis");
        }
    }
    else
        MessageBox.Show("Kein Eintrag ausgewählt");

    LblAktuell.Text = Directory.GetCurrentDirectory();
    Systemeintraege();
}
```

```
private void CmdNachOben_Click(...)
{
    Directory.SetCurrentDirectory("..");
    LblAktuell.Text = Directory.GetCurrentDirectory();
    Systemeintraege();
}
```

Listing 6.29 Projekt »DateiVerzeichnisListe«, Verzeichniswechsel

Das Verzeichnis wird mit `Directory.SetCurrentDirectory()` gewechselt, nachdem der Benutzer ein Verzeichnis ausgewählt und den Button IN VERZEICHNIS betätigt hat. Danach wird das neue Verzeichnis mit der aktuellen Liste der Dateien und Verzeichnisse angezeigt.

Wählt der Benutzer stattdessen eine Datei aus, erscheint eine Fehlermeldung.

Auf diese Weise können Sie sich in der gesamten Verzeichnishierarchie bewegen und sich die Inhalte der Verzeichnisse anzeigen lassen.

6.6 Mathematische Funktionen

Die Klasse `Math` stellt eine Reihe mathematischer Funktionen über statische Methoden bereit. Hinzu kommen über statische Eigenschaften die beiden mathematischen Konstanten `PI` und `E`.

Im Projekt *Mathematik* wird ein *Mini-Taschenrechner* programmiert, in dem die Elemente aus der Klasse `Math` aus Tabelle 6.2 vorkommen.

Element	Erläuterung
`Acos()`	Winkel im Bogenmaß, dessen Kosinus angegeben wird
`Asin()`	Winkel im Bogenmaß, dessen Sinus angegeben wird
`Atan()`	Winkel im Bogenmaß, dessen Tangens angegeben wird
`Ceiling()`	nächsthöhere ganze Zahl (aus 2,7 wird 3, aus –2,7 wird –2)
`Cos()`	Kosinus eines Winkels, der im Bogenmaß angegeben wird
`E`	mathematische Konstante `E` (eulersche Zahl)
`Exp()`	mathematische Konstante `E` hoch angegebene Zahl

Tabelle 6.2 Klasse »Math«

Element	Erläuterung
`Floor()`	nächstniedrigere ganze Zahl (aus 2,7 wird 2, aus –2,7 wird –3)
`Log()`	natürlicher Logarithmus einer Zahl zur Basis `E` (math. Konstante)
`Log10()`	Logarithmus einer Zahl zur Basis 10
`PI`	Kreiszahl Pi
`Pow()`	Zahl x hoch Zahl y
`Round()`	nächste ganze Zahl (gerundet, aus 2,7 wird 3, aus –2,7 wird –3, zusätzlich ist die Stellenzahl einstellbar, siehe unten)
`Sin()`	Sinus eines Winkels, der im Bogenmaß angegeben wird
`Sqrt()`	Wurzel einer Zahl
`Tan()`	Tangens eines Winkels, der im Bogenmaß angegeben wird
`Truncate()`	Abschneiden der Nachkommastellen (aus 2,7 wird 2, aus –2,7 wird –2)

Tabelle 6.2 Klasse »Math« (Forts.)

Ein Beispiel zur Bedienung des Programms: Nach der Eingabe von »45« und dem Betätigen des Buttons SIN wird der Sinus von 45 Grad berechnet (siehe Abbildung 6.29).

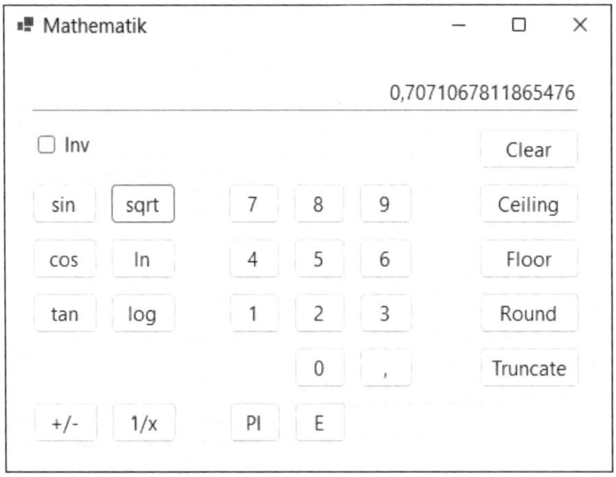

Abbildung 6.29 Mini-Taschenrechner

Das Programm:

```
public partial class Form1 : Form
{
    ...
    private double x;
    private void TxtZ_TextChanged(...)
    {
        try
        {
            x = Convert.ToDouble(TxtZ.Text);
        }
        catch
        {
            TxtZ.Text = "";
            x = 0;
        }
    }

    private void CmdClear_Click(...)
        => TxtZ.Text = "";

    private void CmdSinus_Click(...)
    {
        TxtZ.Text = ChkInv.Checked
            ? $"{Math.Asin(x) * 180 / Math.PI}"
            : $"{Math.Sin(x / 180.0 * Math.PI)}";
        ChkInv.Checked = false;
    }

    private void CmdKosinus_Click(...)
    {
        TxtZ.Text = ChkInv.Checked
            ? $"{Math.Acos(x) * 180 / Math.PI}"
            : $"{Math.Cos(x / 180.0 * Math.PI)}";
        ChkInv.Checked = false;
    }

    private void CmdTangens_Click(...)
    {
        TxtZ.Text = ChkInv.Checked
```

```
            ? $"{Math.Atan(x) * 180 / Math.PI}"
            : $"{Math.Tan(x / 180.0 * Math.PI)}";
        ChkInv.Checked = false;
    }

    private void CmdWurzel_Click(...)
    {
        TxtZ.Text = ChkInv.Checked
            ? $"{Math.Pow(x, 2.0)}"
            : $"{Math.Sqrt(x)}";
        ChkInv.Checked = false;
    }

    private void CmdLn_Click(...)
    {
        TxtZ.Text = ChkInv.Checked
            ? $"{Math.Exp(x)}"
            : $"{Math.Log(x)}";
        ChkInv.Checked = false;
    }

    private void CmdLog_Click(...)
    {
        TxtZ.Text = ChkInv.Checked
            ? $"{Math.Pow(10.0, x)}"
            : $"{Math.Log10(x)}";
        ChkInv.Checked = false;
    }

    private void CmdCeiling_Click(...)
        => TxtZ.Text = $"{Math.Ceiling(x)}";

    private void CmdFloor_Click(...)
        => TxtZ.Text = $"{Math.Floor(x)}";

    private void CmdRound_Click(...)
        => TxtZ.Text = $"{Math.Round(x)}";

    private void CmdTruncate_Click(...)
        => TxtZ.Text = $"{Math.Truncate(x)}";
```

```
    private void CmdPlusMinus_Click(...)
        => TxtZ.Text = $"{x * -1.0}";

    private void CmdKehrwert_Click(...)
        => TxtZ.Text = $"{1.0 / x}";

    private void CmdPi_Click(...)
        => TxtZ.Text = $"{Math.PI}";

    private void CmdE_Click(...)
        => TxtZ.Text = $"{Math.E}";

    private void CmdZiffer_Click(...)
    {
        Button b = (Button)sender;
        TxtZ.Text += b.Text;
    }

    private void CmdKomma_Click(...)
    {
        if (!TxtZ.Text.Contains(','))
            TxtZ.Text += ",";
    }
}
```


Listing 6.30 Projekt »Mathematik«

Die Eigenschaft TextAlign der TextBox sollte auf dem Wert Right stehen.

Jede Änderung in der TextBox TxtZ führt dazu, dass eine Umwandlung des Inhalts der TextBox in eine double-Zahl stattfindet. Diese wird der double-Eigenschaft x des Formulars zugewiesen. Diese Eigenschaft repräsentiert also immer den aktuellen Zahlenwert in der TextBox. Gelingt die Umwandlung aufgrund einer möglicherweise ungültigen mathematischen Operation nicht, wird die TextBox geleert und x auf 0 gesetzt.

Benutzer können die Ziffern durch Eingabe in der TextBox oder durch Betätigen der Buttons 0 bis 9 eingeben. Alle Button-Clicks führen zur selben Ereignismethode. Der auslösende Button wird über den Parameter sender erkannt. sender ist ein Objekt vom allgemeinen Typ object und muss daher erst in den Typ Button umgewandelt werden. Die Eigenschaft Text des Buttons liefert den zugehörigen Wert.

Ein Komma wird nur eingefügt, falls noch keines vorhanden ist. Das wird mit der Zeichenkettenmethode `Contains()` geprüft. Als Parameter wird ein einzelnes Zeichen übergeben, also ein Wert des Typs `Char`.

Über den Button CLEAR wird der Inhalt der TextBox gelöscht.

Die beiden Buttons PI und E sorgen für das Einfügen der mathematischen Konstanten *pi* (Kreiszahl) beziehungsweise *e* (eulersche Zahl).

Die Methoden `Sin()`, `Cos()` und `Tan()` berechnen ihr Ergebnis aus einem Winkel, der im Bogenmaß angegeben werden muss. Die Eingabe kann hier aber wie gewohnt in Grad erfolgen. Innerhalb der Ereignismethoden wird der Wert durch 180 geteilt und mit `PI` multipliziert, dadurch ergibt sich der Wert im Bogenmaß.

Die Methoden `Asin()`, `Acos()` und `Atan()` werden ausgeführt, wenn Sie vor Betätigung des entsprechenden Buttons die CheckBox INV einschalten. Das Ergebnis ist ein Winkel, der im Bogenmaß angegeben wird. Für die Ausgabe in Grad wird das Ergebnis mit 180 multipliziert und durch `PI` geteilt. Nach jeder dieser Berechnungen wird die CheckBox INV ausgeschaltet.

Auch die Methoden `Log()` zur Berechnung des natürlichen Logarithmus, `Log10()` zur Berechnung des 10er-Logarithmus und `Sqrt()` zur Berechnung der Wurzel können mithilfe der CheckBox invertiert werden. Danach wird E hoch Zahl (mithilfe von `Exp()`), 10 hoch Zahl und Zahl zum Quadrat gerechnet. Auch nach jeder dieser Berechnungen wird die CheckBox INV wieder ausgeschaltet.

Die Methoden `Ceiling()`, `Floor()`, `Round()` und `Truncate()` erzeugen auf jeweils unterschiedliche Art ganze Zahlen aus Zahlen mit Nachkommastellen (siehe Tabelle 6.2).

Die Buttons (+/–) (Vorzeichenwechsel) und (1/x) (Kehrwert) runden den Mini-Taschenrechner ab.

Hinweis

Bei der Nutzung der Methode `Round()` könnte als zweiter Parameter die gewünschte Stellenzahl für den Rundungsvorgang angegeben werden, und zwar von 0 bis 15. Die Stellenzahl 0 entspricht dem Runden auf eine ganze Zahl. Bei der Stellenzahl 3 wird auf drei Stellen nach dem Komma gerundet. Ein Beispiel: `Math.Round(4.896823, 3)` liefert als Ergebnis die Zahl `4.897`.

Kapitel 7
Weitere Elemente eines Windows-Programms

In diesem Kapitel erläutere ich, wie Sie weitere typische Elemente von Windows-Programmen erstellen.

Die nächsten Elemente sind ganz selbstverständliche Bestandteile eines Windows-Programms: Hauptmenü, Kontextmenü, Symbolleiste, Statusleiste, Eingabedialogfeld, Ausgabedialogfeld sowie einige Standarddialogfelder.

Die Klasse `Font` zur Einstellung der Schrifteigenschaften von Steuerelementen werde ich gemeinsam mit dem Thema *Hauptmenü* erläutern.

7.1 Hauptmenü

Ein Hauptmenü enthält einzelne Menüpunkte mit Untermenüs. Diese können einzelne Befehle, Aufrufe von Dialogfeldern und weitere Untermenüs enthalten. Ich beschreibe zunächst die Erstellung allgemein.

7.1.1 Erstellung des Hauptmenüs

Zur Erstellung eines Hauptmenüs ziehen Sie das Steuerelement `MenuStrip` aus der Kategorie MENÜS & SYMBOLLEISTEN (engl. MENUS & TOOLBARS) aus der TOOLBOX auf das Formular. Es erscheint anschließend an zwei Stellen (siehe auch Abbildung 7.1):

- im Formular selbst zur Eingabe der einzelnen Menüpunkte, die wiederum Steuerelemente mit einstellbaren Eigenschaften darstellen
- unterhalb des Formulars (ähnlich wie das Zeitgeber-Steuerelement) zur Einstellung der Eigenschaften des Hauptmenüs

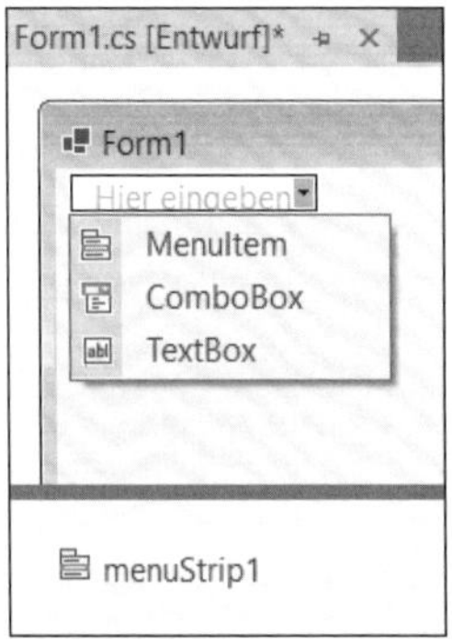

Abbildung 7.1 Hauptmenü

Markieren Sie das Steuerelement unterhalb des Formulars. Sobald sich der Cursor über dem Hauptmenü im Formular befindet, erscheint darin ein Pfeil zum Aufklappen einer ComboBox. Dort können Sie den Text des ersten Hauptmenüpunkts eintragen (hier: »Datei«) oder seinen Typ auswählen, siehe ebenfalls Abbildung 7.1.

Anschließend erscheinen zwei weitere ComboBoxen. Mit der ComboBox rechts können Sie weitere Hauptmenüpunkte erstellen, mit der ComboBox unterhalb einzelne Menüpunkte des bereits vorhandenen Hauptmenüs, siehe Abbildung 7.2. Diesen Vorgang setzen Sie so lange fort, bis Sie alle Menüpunkte erstellt haben.

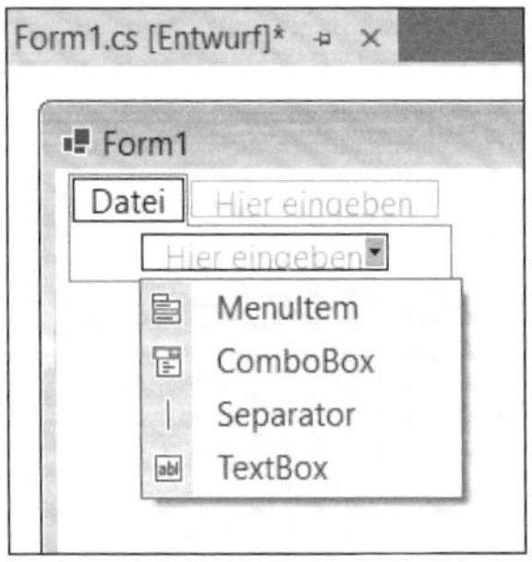

Abbildung 7.2 Menüpunkt

Ein Menüpunkt kann auch eine ComboBox, eine TextBox oder ein *Separator* sein, siehe ebenfalls Abbildung 7.2. Letztgenannter dient zur optischen Trennung von Menüpunkten. Möchten Sie die Reihenfolge der Menüpunkte ändern, ist das problemlos per Drag and Drop möglich. Menüpunkte können wie eine CheckBox mit einem Häkchen versehen werden. Damit können Sie einen aktuell gültigen Zustand (an/aus) oder einen Einstellwert kennzeichnen.

Jeder Menüpunkt stellt ein Steuerelement mit einstellbaren Eigenschaften dar. Menüpunkte können auch per Tastatur ausgewählt werden, so wie es zum Beispiel bereits bei Buttons gemacht wurde. Vor dem Buchstaben, der unterstrichen werden soll, geben Sie das Zeichen & ein (siehe Abbildung 7.3). Das Ergebnis für dieses Beispiel sehen Sie in Abbildung 7.4.

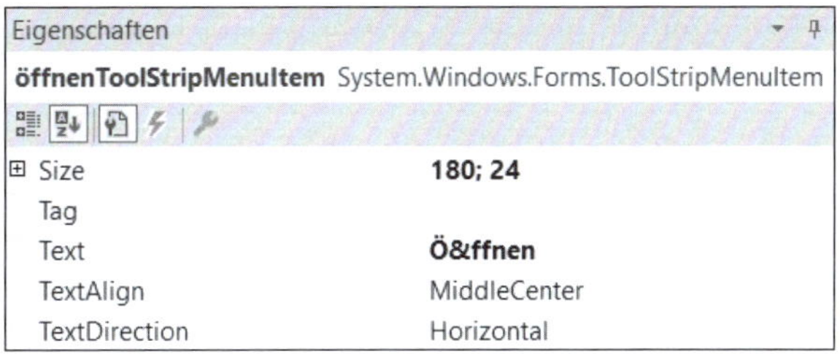

Abbildung 7.3 Unterstrichener Buchstabe

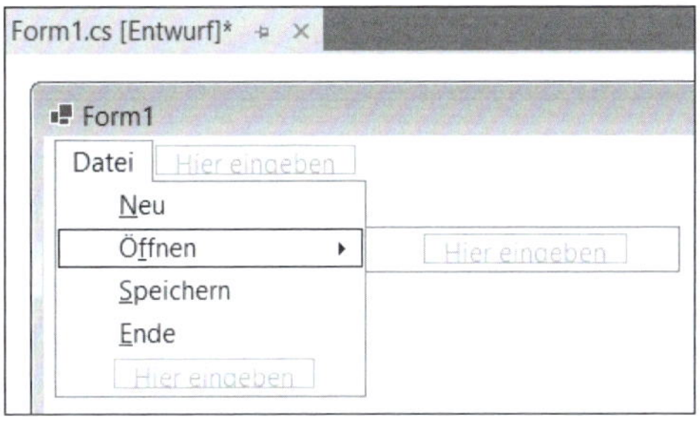

Abbildung 7.4 Bedienung per Tastatur möglich

Sie sollten die vorgeschlagenen Namen für die Menüelemente verkürzen, damit sie besser im Code zu handhaben sind. Ein Beispiel: Die Bezeichnung `öffnenToolStripMenuItem` sollte kurz `MnuOeffnen` lauten.

7.1.2 Aufbau eines Hauptmenüs

In diesem und den nachfolgenden Abschnitten werde ich die Erstellung eines Hauptmenüs im Projekt *MenueHaupt* beschreiben.

Das wichtigste Ereignis eines Standard-Menüpunkts ist der `Click`. Dieser wird mit einer Ereignismethode verbunden. Im Hauptmenü BEARBEITEN soll es folgende Menüpunkte geben:

- KOPIEREN: Der Inhalt einer TextBox wird in ein Label kopiert.
- ENDE: Das Programm wird beendet.

Das Hauptmenü ANSICHT ist wie folgt aufgebaut:

- Menüpunkt HINTERGRUND (beziehungsweise SCHRIFTART): Es erscheint eine weitere Menüebene. Darin kann die Hintergrundfarbe (beziehungsweise die Schriftart) des Labels aus drei Möglichkeiten ausgewählt werden. Die jeweils aktuelle Einstellung ist markiert.
- Menüpunkt SCHRIFTGRÖSSE: Die Benutzer können die Schriftgröße aus einer ComboBox auswählen oder darin eingeben.
- Menüpunkte FETT beziehungsweise KURSIV: Die Benutzer haben die Möglichkeit, den Schriftstil FETT und/oder KURSIV auszuwählen. Der gewählte Schriftstil ist anschließend markiert.

7.1.3 Code der Menüpunkte

Es folgt der Code für die Menüpunkte des Hauptmenüs BEARBEITEN:

```
private void MnuKopieren_Click(...)
{
    LblAnzeige.Text = TxtEingabe.Text == ""
        ? "(leer)" : TxtEingabe.Text;
}

private void MnuEnde_Click(...)
{
    Close();
}
```

Listing 7.1 Projekt »MenueHaupt«, Hauptmenü »Bearbeiten«

Zur Entwicklungszeit wird eine leere Ereignismethode nach einem Doppelklick auf einen der Menüpunkte erzeugt.

Zur Laufzeit führt der Menüpunkt KOPIEREN zum Einblenden des Textes (LEER) in das Label, falls die TextBox leer ist.

7.1.4 Änderung der Hintergrundfarbe

Es folgt die gemeinsame Ereignismethode `MnuFarbe_Click()` zur Einstellung der Hintergrundfarbe des Labels im Hauptmenü ANSICHT (siehe Abbildung 7.5). Sie wird mit den drei Menüpunkten GELB, BLAU und ROT des Untermenüs HINTERGRUND verbunden.

```
private void MnuFarbe_Click(...)
{
    ToolStripMenuItem tm = (ToolStripMenuItem)sender;
    LblAnzeige.BackColor = tm == MnuGelb ? Color.Yellow
        : tm == MnuBlau ? Color.LightBlue : Color.Red;
    MnuGelb.Checked = tm == MnuGelb;
    MnuBlau.Checked = tm == MnuBlau;
    MnuRot.Checked = tm == MnuRot;
}
```


Listing 7.2 Projekt »MenueHaupt«, Farbe einstellen

In der Methode wird der Verweis auf das Objekt des allgemeinen Typs `object` in einen Verweis auf den speziellen Typ `ToolStripMenuItem` umgewandelt.

Die Hintergrundfarbe des Labels wird mithilfe eines bedingten Ausdrucks und von Werten der Struktur `Color` auf den gewünschten Wert eingestellt.

Die Eigenschaft `Checked` der drei Untermenüpunkte wird mithilfe eines Vergleichs festgestellt. Die Startwerte der `Checked`-Eigenschaften sollten mit dem Startwert der Hintergrundfarbe übereinstimmen.

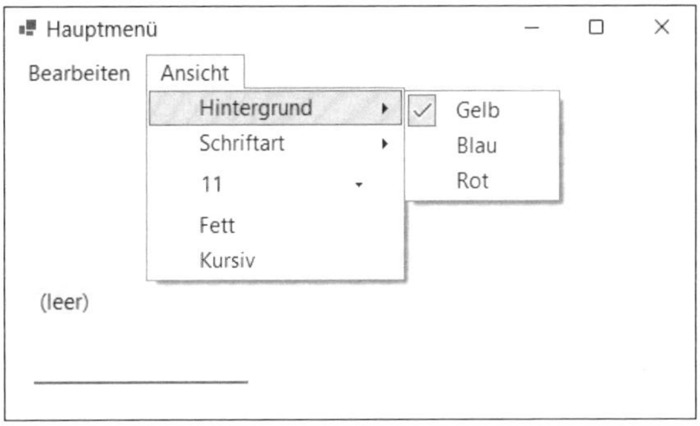

Abbildung 7.5 Änderung der Hintergrundfarbe

7.1.5 Klasse »Font«

Weitere Ereignismethoden bewirken Änderungen zum Beispiel bei Schriftart, Schriftgröße und Schriftstil. Dazu schauen wir uns die Klasse `Font` an.

Viele Steuerelemente haben die Eigenschaft `Font`. Darin werden die Eigenschaften der Schrift des Steuerelements festgelegt. Zur Entwicklungszeit geschieht das im EIGENSCHAFTEN-Fenster. Sie können zur Laufzeit des Programms ermittelt beziehungsweise geändert werden.

Zur Änderung wird ein neues Objekt der Klasse `Font` benötigt. Um ein solches Objekt zu erzeugen, stehen zahlreiche Konstruktoren zur Verfügung. Da in diesem Programm Schriftart, Schriftgröße und Schriftstil verändert werden können, wird immer der Konstruktor benutzt, der alle drei Eigenschaften verlangt. Das mag zunächst verwundern. Es ist aber nicht möglich, nur die Schriftart allein zu ändern, denn die betreffende Untereigenschaft ist nicht änderbar, und es gibt auch keinen Konstruktor der Klasse `Font`, der nur die Schriftart verlangt. Ebenso verhält es sich mit Schriftgröße und Schriftstil.

7.1.6 Änderung der Schriftart

Es folgt die gemeinsame Ereignismethode `MnuArt_Click()` zur Einstellung der Schriftart des Labels (siehe Abbildung 7.6). Sie wird mit den drei Menüpunkten COURIER NEW, SYMBOL und ARIAL des Untermenüs SCHRIFTART verbunden.

```
private void MnuArt_Click(...)
{
    ToolStripMenuItem tm = (ToolStripMenuItem)sender;
    string art = tm == MnuCourierNew ? "Courier New"
        : tm == MnuSymbol ? "Symbol" : "Segoe UI";
    LblAnzeige.Font = new Font(art,
        LblAnzeige.Font.Size, LblAnzeige.Font.Style);
    MnuCourierNew.Checked = tm == MnuCourierNew;
    MnuSymbol.Checked = tm == MnuSymbol;
    MnuSegoeUI.Checked = tm == MnuSegoeUI;
}
```

Listing 7.3 Projekt »MenueHaupt«, Schriftart einstellen

Die Zeichenkette mit dem Namen der Schriftart des Labels wird mithilfe eines bedingten Ausdrucks eingestellt.

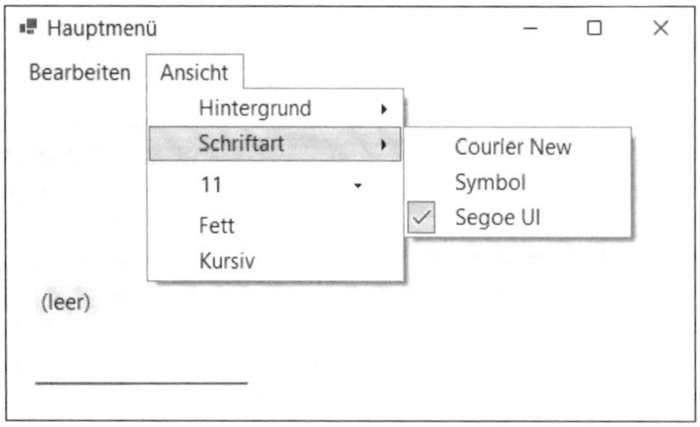

Abbildung 7.6 Änderung der Schriftart

Der Eigenschaft Font des Labels wird ein neu erzeugtes Objekt der Klasse Font zugewiesen. Dem Konstruktor werden der Name der Schriftart und die aktuellen Einstellungen von Schriftgröße und Schriftstil übergeben. Diese Werte stehen in den Untereigenschaften Size und Style der Eigenschaft Font zur Verfügung.

Die Startwerte der Checked-Eigenschaften sollten mit dem Startwert der Schriftart übereinstimmen.

7.1.7 Änderung der Schriftgröße

Die Schriftgröße wird über die ComboBox geändert, siehe Abbildung 7.7:

```
private void Form1_Load(...)
{
    CboSchriftgroesse.Items.Add("9");
    CboSchriftgroesse.Items.Add("11");
    CboSchriftgroesse.Items.Add("13");
    CboSchriftgroesse.SelectedIndex = 1;
}

private void CboSchriftgroesse_TextChanged(...)
{
    double groesse;

    try
    {
        groesse = Convert.ToDouble(CboSchriftgroesse.Text);
    }
    catch
    {
        groesse = 11;
    }

    LblAnzeige.Font = new Font(LblAnzeige.Font.FontFamily,
        (float)groesse, LblAnzeige.Font.Style);
}
```

Listing 7.4 Projekt »MenueHaupt«, Schriftgröße einstellen

Zu Beginn des Programms wird die ComboBox mit einigen Werten gefüllt. Einer der Werte ist der Startwert für die Schriftgröße, dieser sollte auch der markierte Wert in der Liste sein. Die Eigenschaft SelectedIndex muss also voreingestellt werden.

Das Ereignis CboSchriftgroesse_TextChanged tritt ein, wenn der Benutzer einen Eintrag aus der Liste auswählt oder in die TextBox einträgt. Bei einem ungültigen Eintrag wird die Standardschriftgröße gewählt.

Wiederum wird ein neu erzeugtes Objekt der Klasse Font der Eigenschaft Font des Labels zugewiesen. Dabei muss der ermittelte double-Wert mithilfe eines Casts in einen float-Wert umgewandelt werden.

Der Konstruktor erhält die neue Schriftgröße und die aktuellen Einstellungen von Schriftart und Schriftstil. Diese Werte stehen in den Untereigenschaften FontFamily und Style der Eigenschaft Font zur Verfügung.

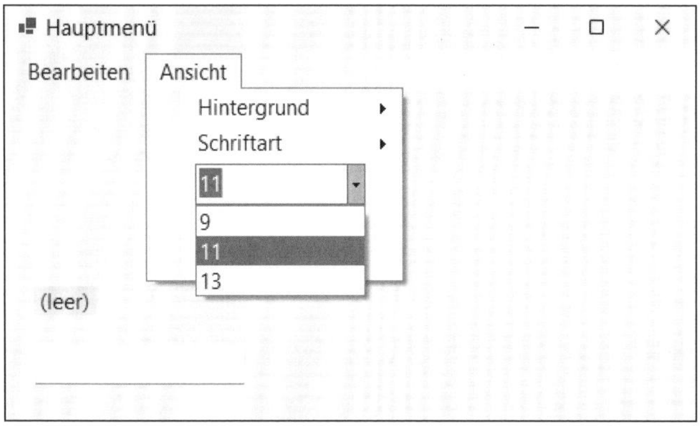

Abbildung 7.7 Änderung der Schriftgröße

7.1.8 Schriftstil

Als Letztes wird der Schriftstil geändert, siehe Abbildung 7.8:

```
private void MnuFett_Click(...)
{
    LblAnzeige.Font = new Font(
        LblAnzeige.Font.FontFamily, LblAnzeige.Font.Size,
        LblAnzeige.Font.Style ^ FontStyle.Bold);
    MnuFett.Checked = !MnuFett.Checked;
}

private void MnuKursiv_Click(...)
{
    LblAnzeige.Font = new Font(
        LblAnzeige.Font.FontFamily, LblAnzeige.Font.Size,
```

```
        LblAnzeige.Font.Style ^ FontStyle.Italic);
    MnuKursiv.Checked = !MnuKursiv.Checked;
}
```

Listing 7.5 Projekt »MenueHaupt«, Schriftstil einstellen

Das neu erzeugte Objekt der Klasse `Font` bekommt den neuen Schriftstil und die aktuellen Einstellungen von Schriftart und Schriftgröße zugewiesen.

In der Untereigenschaft `Font.Style` stehen mehrere Möglichkeiten zur Verfügung, die einzeln oder gemeinsam auftreten können: *fett, kursiv, unterstrichen, durchgestrichen, normal.*

Die verschiedenen Möglichkeiten werden mithilfe des bitweisen Oder-Operators | in einer Bitfolge gespeichert. So würden beispielsweise zur Einstellung von *fett* und *kursiv* die Werte `FontStyle.Bold` und `FontStyle.Italic` mit dem Bit-Operator zusammengefügt. Zur Übernahme der bisherigen Werte und der zusätzlichen Einstellung *kursiv* werden die Werte `LblAnzeige.Font.Style` und `FontStyle.Italic` mit dem logischen Exklusiv-Oder-Operator ^ zusammengefügt.

Bei jedem Klick auf den Menüpunkt ändert sich der logische Zustand zwischen *an* und *aus*. Entsprechend wird der Wert der Eigenschaft `Checked` mithilfe des logischen Nicht-Operators ! invertiert.

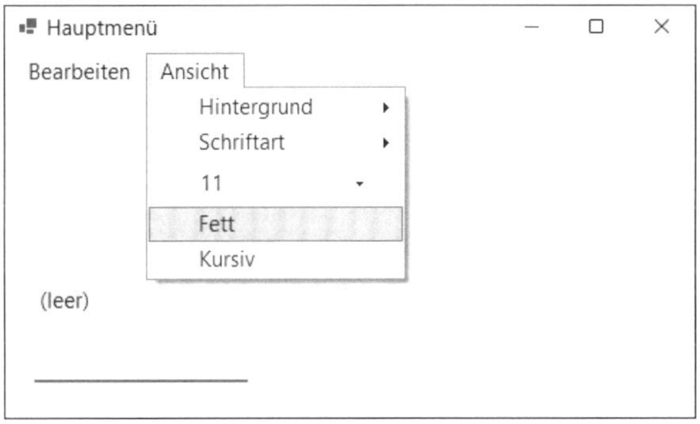

Abbildung 7.8 Änderung des Schriftstils

7.2 Kontextmenü

Kontextmenüs werden eingesetzt, um den Benutzern bei der Bedienung eines Programms einen wichtigen Schritt abzunehmen: Sie müssen nicht mehr überlegen, was sie mit den verschiedenen Steuerelementen machen können. Sie betätigen auf dem Element die rechte Maustaste und sehen die vorhandenen Möglichkeiten.

In ihrem Aufbau ähneln die Kontextmenüs sehr stark einem Hauptmenü – mit einem wesentlichen Unterschied: Es muss eine Zuordnung zu einem (oder mehreren) Steuerelementen bestehen.

7.2.1 Erstellung des Kontextmenüs

Zur Erstellung eines Kontextmenüs ziehen Sie das Steuerelement `ContextMenuStrip` aus der Kategorie MENUS & TOOLBARS aus der TOOLBOX auf das Formular. Es erscheint nun ebenfalls sowohl im Formular als auch unterhalb des Formulars (siehe Abbildung 7.9).

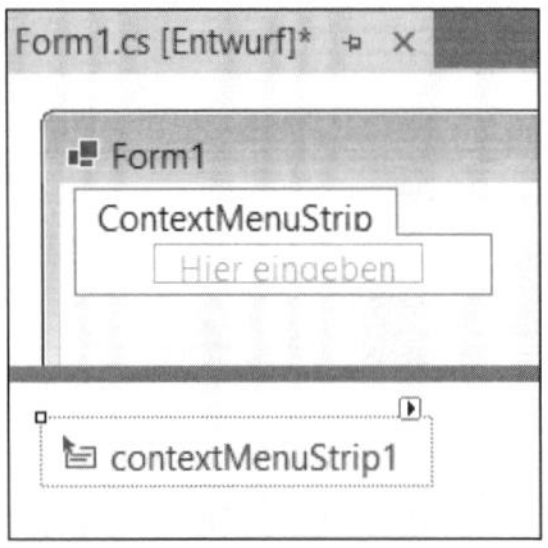

Abbildung 7.9 Kontextmenü

Sie sollten nun noch den Namen ändern: Das Kontextmenü der TextBox `TxtEingabe` könnte beispielsweise `ConTxtEingabe` heißen. Zur Zuordnung wählen Sie im EIGENSCHAFTEN-Fenster der TextBox `TxtEingabe` in der Eigenschaft `ContextMenuStrip` das soeben erzeugte Kontextmenü aus.

Menüpunkte eines Kontextmenüs können unabhängig von den Menüpunkten eines Hauptmenüs agieren, sie können aber auch genau parallel agieren. Im letzteren Fall sollten Sie die betreffenden Ereignisse zur gleichen Ereignismethode leiten und dafür sorgen, dass die Anzeigen in den jeweiligen Menüs parallel verändert werden.

7.2.2 Code des Kontextmenüs

Das nachfolgende Projekt *MenueKontext* ist eine Erweiterung des Projekts *MenueHaupt*. Dem Benutzer stehen jetzt zwei verschiedene Kontextmenüs zur Verfügung:

- zum Ändern des Schriftstils des Labels und
- zum Ändern der Eigenschaften `ReadOnly` und `Multiline` der TextBox.

Es folgen die geänderten Teile des Programms:

```
private void MnuFett_Click(...)
{
    LblAnzeige.Font = new Font(
        LblAnzeige.Font.FontFamily, LblAnzeige.Font.Size,
        LblAnzeige.Font.Style ^ FontStyle.Bold);
    MnuFett.Checked = !MnuFett.Checked;
    ConLblFett.Checked = !ConLblFett.Checked;
}

private void ConTxtReadOnly_Click(...)
{
    TxtEingabe.ReadOnly = !TxtEingabe.ReadOnly;
    ConTxtReadOnly.Checked = !ConTxtReadOnly.Checked;
}

private void ConTxtMultiline_Click(...)
{
    TxtEingabe.Multiline = !TxtEingabe.Multiline;
    TxtEingabe.ScrollBars = TxtEingabe.Multiline
        ? ScrollBars.Vertical: ScrollBars.None;
    ConTxtMultiline.Checked = !ConTxtMultiline.Checked;
}
```

Listing 7.6 Projekt »MenueKontext«

Dem `Click`-Ereignis des Eintrags FETT im Kontextmenü des Labels wird die bereits vorhandene Ereignismethode `MnuFett_Click()` zugeordnet, siehe auch Abschnitt 7.1.8. Es führt also zum gleichen Ergebnis, unabhängig davon, ob die Benutzer den Hauptmenüpunkt oder den Kontextmenüpunkt auswählen. Das Häkchen zur Anzeige der Fettschrift muss in beiden Menüs gesetzt werden, siehe auch Abbildung 7.10.

Abbildung 7.10 Kontextmenü des Labels

Die Eigenschaft `ReadOnly` einer TextBox bestimmt, ob die TextBox beschreibbar ist oder nicht. Im Normalfall steht diese Eigenschaft auf `false`. Der Wert dieser Eigenschaft kann zur Laufzeit (abhängig von bestimmten Bedingungen) auch geändert werden. Im vorliegenden Programm geschieht das per Klick im Kontextmenü der TextBox (siehe Abbildung 7.11).

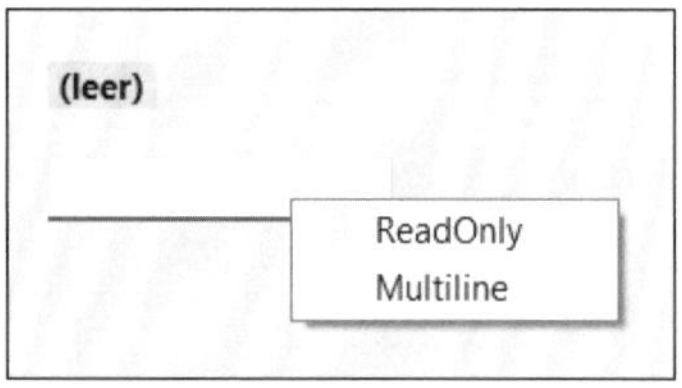

Abbildung 7.11 Kontextmenü der TextBox

Die Eigenschaft `Multiline` einer TextBox ist eher bei größeren TextBoxen nützlich. Daher wird die Eigenschaft `ScrollBars` in den Wert `Vertical` geändert, wenn `Multiline` auf `true` gestellt wird. Damit wird der Rest der TextBox erreichbar.

Wird `Multiline` wieder auf `false` gestellt, wird der Wert von `ScrollBars` auf `None` zurückgesetzt, denn jetzt würden die ScrollBars nur stören.

7.3 Symbolleiste

Die Symbolleisten eines Programms enthalten die am häufigsten benötigten Menübefehle. Wenn Sie also benutzerfreundlich programmieren, haben die Elemente der Symbolleisten immer eine Entsprechung im Hauptmenü. In ihrem Aufbau ähnelt eine Symbolleiste dem Hauptmenü beziehungsweise einem Kontextmenü.

7.3.1 Erstellung der Symbolleiste

Zur Erstellung einer Symbolleiste ziehen Sie das Steuerelement `ToolStrip` aus der Kategorie MENUS & TOOLBARS aus der TOOLBOX auf das Formular. Es erscheint nun ebenfalls sowohl im Formular als auch unterhalb des Formulars (siehe Abbildung 7.12). Die Symbolleiste können Sie durch Auswahl von Symbolen verschiedener Typen füllen.

Über die Eigenschaft `Image` können Sie das Aussehen eines Symbols des Typs *Button* bestimmen. Bei dieser Eigenschaft kann ein Dialogfeld aufgerufen werden. In dem Dialogfeld RESSOURCE AUSWÄHLEN können Sie über den Button IMPORTIEREN eine Bilddatei auswählen, zum Beispiel in der Größe 16 × 16 Pixel. Das Bild aus der Bilddatei erscheint anschließend als Wert der Eigenschaft `Image`, siehe Abbildung 7.13. In der Anwendung wird es auf dem Symbol-Button abgebildet, so wie in Abbildung 7.14 zu sehen.

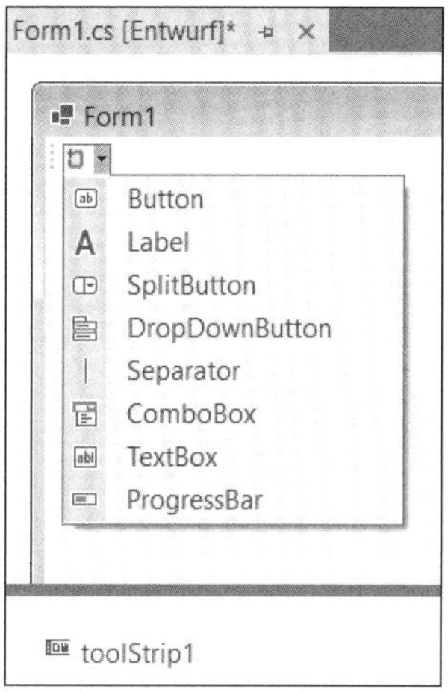

Abbildung 7.12 Symbolleiste, verschiedene Typen

In den Materialien zum Buch finden Sie das Verzeichnis *TempVerzeichnis*, in dem sich einige einfache Bilddateien befinden.

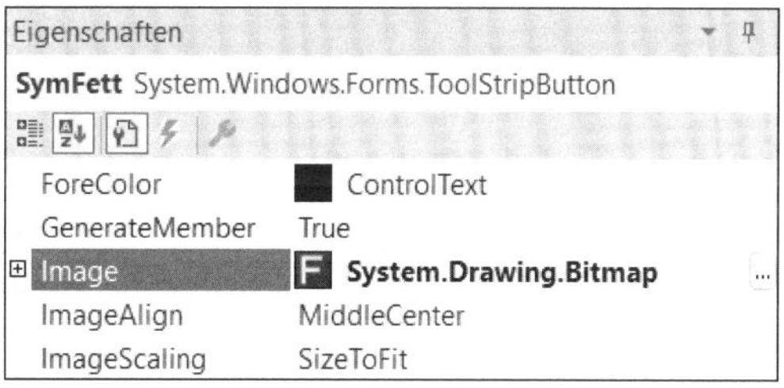

Abbildung 7.13 Ausgewähltes Bild für die Eigenschaft »Image«

Abbildung 7.14 Ausgewähltes Bild auf Symbol-Button

7.3.2 Code der Symbolleiste

Das nachfolgende Projekt *MenueSymbol* ist wiederum eine Erweiterung des Projekts *MenueKontext*. Die Benutzer können nun den Schriftstil des Labels über zwei Symbole in *fett* beziehungsweise *kursiv* ändern. Zudem können sie die Schriftgröße nicht nur über eine ComboBox im Hauptmenü, sondern auch über eine ComboBox in der Symbolleiste ändern.

Es folgen die geänderten Teile des Programms:

```
private void Form1_Load(...)
{
    ...
    SymCboSchriftgroesse.Items.Add("9");
    SymCboSchriftgroesse.Items.Add("11");
    SymCboSchriftgroesse.Items.Add("13");
    SymCboSchriftgroesse.SelectedIndex = 1;
}

private void MnuFett_Click(...)
{
    ...
    SymFett.Checked = !SymFett.Checked;
}

private void MnuKursiv_Click(...)
{
    ...
    SymKursiv.Checked = !SymKursiv.Checked;
}

private void CboSchriftgroesse_TextChanged(...)
{
    ToolStripComboBox cb = (ToolStripComboBox)sender;
    double groesse;

    try
    {
        groesse = Convert.ToDouble(cb.Text);
    }
    catch
    {
        groesse = 9;
    }

    CboSchriftgroesse.Text = $"{groesse}";
```

```
    SymCboSchriftgroesse.Text = $"{groesse}";

    LblAnzeige.Font = new Font(LblAnzeige.Font.FontFamily,
        (float)groesse, LblAnzeige.Font.Style);
}
```

Listing 7.7 Projekt »MenueSymbol«

Zu Beginn des Programms, also beim Laden des Formulars, werden beide ComboBoxen mit denselben Werten gefüllt.

Auf die Methode `MnuFett_Click()` werden drei Ereignisse geleitet: `Click` auf den Hauptmenüpunkt FETT, `Click` auf den Label-Kontextmenüpunkt FETT und `Click` auf das Symbol FETT. In allen drei Fällen wird der Schriftstil eingestellt. Der geänderte Zustand ist in den ersten beiden Fällen am Häkchen erkennbar, im Falle des Symbols durch eine visuelle Hervorhebung. Bei der Methode `MnuKursiv_Click()` sieht es ähnlich aus.

Die Änderung der Schriftgröße über eine der beiden ComboBoxen führt jeweils zur Ereignismethode `CboSchriftgroesse_TextChanged()`. Darin wird der Verweis auf das sendende Objekt mithilfe eines Casts in einen Verweis auf ein Objekt der Klasse `ToolStripComboBox` umgewandelt. Der geänderte Wert wird ermittelt und in einen `double`-Wert umgewandelt. Dieser `double`-Wert wird wiederum der Eigenschaft `Text` der beiden ComboBoxen zugewiesen, damit sie denselben Wert anzeigen. Zuletzt wird die Eigenschaft *Schriftgröße* des Labels geändert. In Abbildung 7.15 sehen Sie die aufgeklappte ComboBox in der Symbolleiste.

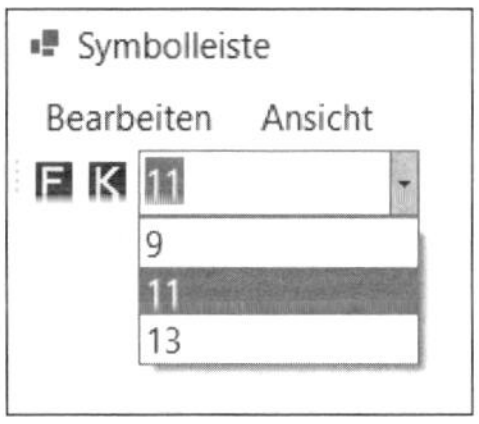

Abbildung 7.15 Aufgeklappte ComboBox in der Symbolleiste

7.4 Statusleiste

Die Statusleiste eines Programms dient der Darstellung von Informationen, die während der Laufzeit des Programms permanent sichtbar sein sollen.

7.4.1 Erstellung der Statusleiste

Zur Erstellung einer Statusleiste ziehen Sie das Steuerelement `StatusStrip` aus der Kategorie MENUS & TOOLBARS aus der TOOLBOX auf das Formular. Es erscheint am unteren Rand des Formulars und unterhalb des Formulars (siehe Abbildung 7.16). Die Statusleiste können Sie ebenfalls durch Auswahl von Symbolen verschiedener Typen füllen.

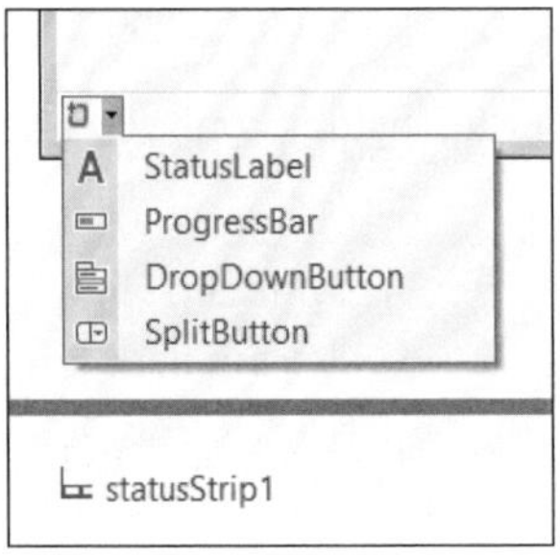

Abbildung 7.16 Statusleiste

7.4.2 Code der Statusleiste

Das nachfolgende Projekt *MenueStatus* ist eine Erweiterung des Projekts *MenueSymbol*. Die Benutzer sehen nun ein Label in der Statusleiste, in dem das aktuelle Datum angezeigt wird (siehe Abbildung 7.17). Zudem erscheint eine *ProgressBar* (deutsch: Fortschrittsbalken), die sich in fünf Sekunden füllt, nachdem die Benutzer den Hauptmenüpunkt ENDE gewählt haben. Anschließend beendet sich das Programm.

Abbildung 7.17 Statusleiste mit Label und Fortschrittsbalken

Es folgen die geänderten Teile des Programms:

```
public partial class Form1 : Form
{
    ...
    private double endeZeit;

    private void Form1_Load(...)
    {
        ...
        StaLblZeit.Text = DateTime.Today.ToShortDateString();
    }
```

```
    private void MnuEnde_Click(...)
    {
        endeZeit = 0;
        TimEndeZeit.Enabled = true;
    }

    private void TimEndeZeit_Tick(...)
    {
        endeZeit += 0.1;
        if (endeZeit >= 5)
            Close();
        else
            StaPgrEndeZeit.Value = (int)endeZeit;
    }
}
```


Listing 7.8 Projekt »MenueStatus«

Die Eigenschaft `endeZeit` wird deklariert. Sie wird von einem Timer benötigt.

Zu Beginn des Programms wird das aktuelle Datum ermittelt und in das Label in der Statusleiste geschrieben.

Wählt der Benutzer den Hauptmenüpunkt Ende, wird der Timer gestartet, und der Wert der Eigenschaft `endeZeit` wird auf 0 gesetzt. Dieser Wert erhöht sich bei jedem Aufruf der Timer-Tick-Methode alle 0,1 Sekunden um den Wert 0,1. Dazu wird der Startwert der Eigenschaft `Interval` auf 100 (Millisekunden) gesetzt. Sobald `endeZeit` den Wert 5 erreicht hat, also nach fünf Sekunden, wird das Programm beendet.

Ist der Wert 5 noch nicht erreicht, wird der Wert des Fortschrittsbalkens (Eigenschaft `Value`) aktualisiert. Die `double`-Variable `endeZeit` wird dabei für die Eigenschaft `Value` in eine `int`-Variable umgewandelt. Der Fortschrittsbalken kann dank der Eigenschaften `Minimum` und `Maximum` Werte von 0 bis 5 repräsentieren. Er zeigt also anschaulich, wann das Programm endet, siehe ebenfalls Abbildung 7.17.

7.5 Dialogfeld »InputBox«

Eine TextBox in einem Formular bietet die Möglichkeit, eine Benutzereingabe entgegenzunehmen. Allerdings könnten auch andere Steuerelemente vom Benutzer bedient werden. Wenn Sie ihn unbedingt zu einer Eingabe veranlassen möchten, können Sie mit einem Dialogfeld des Typs InputBox arbeiten. Es wird durch die Methode `InputBox()` aus der Klasse `Interaction` im Namensraum `Microsoft.VisualBasic` bereitgestellt.

Der Rückgabewert ist eine Zeichenkette. Sie können die InputBox mit einem Standardwert vorbelegen. Dies kann zur Hilfestellung oder zur schnelleren Verarbeitung dienen. Damit der Benutzer weiß, was und warum er etwas eingeben soll, können zudem ein Titel und eine Eingabeaufforderung angezeigt werden.

7.5.1 Einfache Eingabe

Ein Beispiel sehen Sie im Projekt *DialogEingabeAusgabe* (siehe Abbildung 7.18).

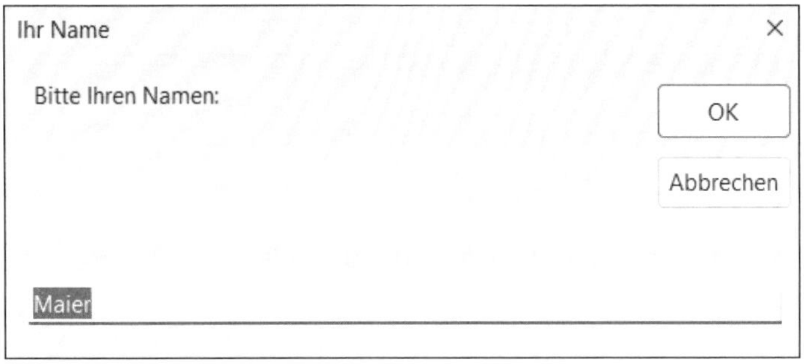

Abbildung 7.18 Eingabeaufforderung mit der Methode »InputBox()«

Der zugehörige Code:

```
private void CmdInput_Click(...)
{
    string eingabe = Interaction.InputBox(
        "Bitte Ihren Namen:", "Ihr Name", "Maier");
    LblAnzeige.Text = eingabe;
}
```

Listing 7.9 Projekt »DialogEingabeAusgabe«, Eingabedialogfeld

Das Eingabedialogfeld kann infolge beliebiger Ereignisse oder Abläufe erscheinen. Hier wird ein Button zum Aufruf gewählt.

Der erste Parameter der Methode `InputBox()` muss angegeben werden. Er enthält die Eingabeaufforderung. Die beiden anderen Parameter sind optional. Es können der Titel des Dialogfelds und ein Vorgabewert für die TextBox angegeben werden. Der Rückgabewert wird im vorliegenden Programm gespeichert und ausgegeben.

7.5.2 Eingabe der Lottozahlen

Ein weiteres Beispiel (ebenfalls im Projekt *DialogEingabeAusgabe*) soll die bessere Benutzerführung durch ein Eingabedialogfeld verdeutlichen. Die Benutzerin soll ihre Wahl der Lottozahlen eingeben, also sechs verschiedene ganze Zahlen von 1 bis 49, siehe Abbildung 7.19.

Abbildung 7.19 Eingabe von Lottozahlen

Der zugehörige Code:

```
private void CmdLotto_Click(...)
{
    int[] lotto = new int[6];

    LblAnzeige.Text = "";
    for (int i = 0; i < lotto.Length; i++)
    {
        int zahl;

        do
        {
            zahl = 0;
            try
            {
                zahl = Convert.ToInt32(Interaction.InputBox(
                    $"Zahl {i + 1}: ", $"Zahl {i + 1}"));
            }
            catch
            {
```

```
                continue;
            }
        }
        while (lotto.Contains(zahl) || zahl < 1 || zahl > 49);

        lotto[i] = zahl;
        LblAnzeige.Text += $"{zahl} ";
    }
}
```

Listing 7.10 Projekt »DialogEingabeAusgabe«, Lottozahlen

Für jedes Element des Felds `lotto` wird eine `for`-Schleife durchlaufen. Sie enthält eine `do-while`-Schleife. Diese wird wiederholt:

- mithilfe der Ausnahmebehandlung nach einer falschen Eingabe
- nach Eingabe einer Zahl, die bereits eingegeben wurde
- nach Eingabe einer Zahl außerhalb des gültigen Bereichs

Nach dem Ende der `do-while`-Schleife wird die ermittelte Zahl im Feld gespeichert und im Label ausgegeben.

7.6 Dialogfeld »MessageBox«

Zur Darstellung einfacher Anzeigen, Warnungen oder Abfragen muss kein aufwendiges Dialogfeld programmiert werden. Die Methode `Show()` der Klasse `MessageBox`, die wir in ihrer einfachen Version bereits kennengelernt haben, bietet eine Reihe von vorgefertigten Dialogfeldern, mit denen Sie bereits viele alltägliche Aufgaben erledigen können.

7.6.1 Bestätigen einer Information

Ein erstes Beispiel sehen Sie ebenfalls im Projekt *DialogEingabeAusgabe* (siehe Abbildung 7.20). Hier der Programmcode:

```
private void CmdInfo_Click(...)
{
    MessageBox.Show("Info gelesen? Dann bitte bestätigen",
        "Info", MessageBoxButtons.OK, MessageBoxIcon.Information);
}
```

Listing 7.11 Projekt »DialogEingabeAusgabe«, Information bestätigen

Den ersten Parameter kennen wir bereits, es handelt sich dabei um die Nachricht des Ausgabedialogfelds. Beim zweiten Parameter können Sie den Text der Titelzeile des Ausgabedialogfelds angeben.

Beim dritten Parameter können Sie auswählen, welcher Button beziehungsweise welche Kombination aus Buttons im Ausgabedialogfeld erscheinen soll. Dabei handelt es sich um eine Konstante aus der Enumeration `MessageBoxButtons`.

Der vierte Parameter kann zur Auswahl eines Icons dienen, das im Ausgabedialogfeld dargestellt wird und die Textnachricht visuell unterstützt. Diese Konstante stammt aus der Enumeration `MessageBoxIcon`. Bei eingeschaltetem Lautsprecher ertönt der entsprechende Systemton.

Abbildung 7.20 Bestätigen einer Information

7.6.2 »Ja« oder »Nein«

Wird mehr als ein Button eingeblendet, sollte der Rückgabewert der Methode `Show()` untersucht werden. Dabei handelt es sich um eine Konstante aus der Enumeration `DialogResult`.

Ein Beispiel mit Buttons für JA und NEIN sehen Sie in Abbildung 7.21. Der zugehörige Code lautet:

```
private void CmdYesNo_Click(...)
{
    DialogResult dr = MessageBox.Show(
        "Soll die Datei gesichert werden?", "Sicherung",
        MessageBoxButtons.YesNo, MessageBoxIcon.Question);
    LblAnzeige.Text = dr == DialogResult.Yes
        ? "Sichern" : "Nicht sichern";
}
```

Listing 7.12 Projekt »DialogEingabeAusgabe«, Ja/Nein

Die beiden Buttons Ja und Nein werden mit dem Fragezeichen und dem entsprechenden Systemton verknüpft. Die Antwort des Benutzers wird mithilfe eines bedingten Ausdrucks ausgewertet.

Hier werden nur zwei unterschiedliche Meldungen im Label ausgegeben. In der Realität würden zwei unterschiedliche Abläufe beginnen.

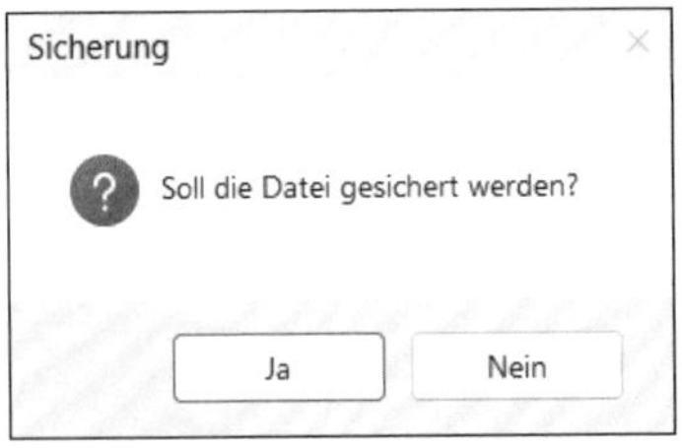

Abbildung 7.21 Zwei Buttons zur Auswahl

7.6.3 »Ja«, »Nein« oder »Abbrechen«

Das nächste Beispiel zeigt die Buttons für Ja, Nein und Abbrechen (siehe Abbildung 7.22). Der zugehörige Code:

```
private void CmdYesNoCancel_Click(...)
{
    DialogResult dr = MessageBox.Show(
        "Soll die Datei gesichert werden?", "Sicherung",
        MessageBoxButtons.YesNoCancel, MessageBoxIcon.Question);
    LblAnzeige.Text = dr == DialogResult.Yes ? "Sichern"
        : dr == DialogResult.No ? "Nicht sichern" : "Abbrechen";
}
```

Listing 7.13 Projekt »DialogEingabeAusgabe«, Ja/Nein/Abbrechen

Die Benutzer haben drei Möglichkeiten. Die gewählte Antwort wird mithilfe eines geschachtelten bedingten Ausdrucks ermittelt.

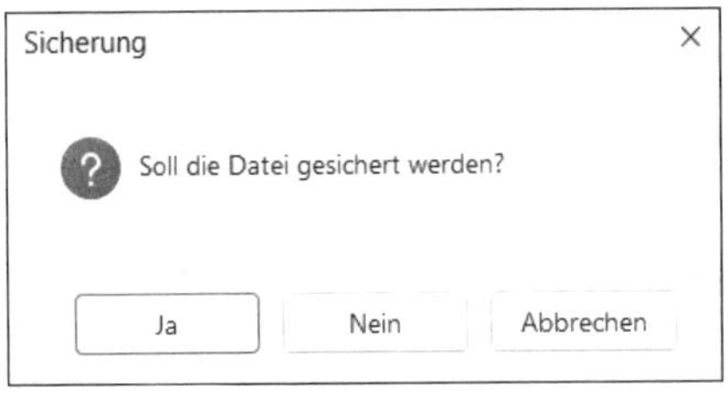

Abbildung 7.22 Drei Buttons zur Auswahl

7.6.4 »Wiederholen« oder »Abbrechen«

Ein Beispiel mit Buttons für WIEDERHOLEN und ABBRECHEN sowie dem Zeichen für eine KRITISCHE WARNUNG sehen Sie in Abbildung 7.23. Der zugehörige Code lautet:

```
private void CmdRetryCancel_Click(...)
{
    DialogResult dr = MessageBox.Show(
        "Beim Sichern der Datei trat ein Fehler auf.\n" +
        "Wollen Sie es noch einmal probieren?\n" + "Wollen Sie " +
        "den Vorgang abbrechen?", "Fehler bei Sicherung",
        MessageBoxButtons.RetryCancel, MessageBoxIcon.Error);
    LblAnzeige.Text = dr == DialogResult.Retry
        ? "Noch einmal" : "Abbrechen";
}
```


Listing 7.14 Projekt »DialogEingabeAusgabe«, Wiederholen/Abbrechen

Die beiden Buttons WIEDERHOLEN und ABBRECHEN werden mit dem Zeichen und dem Systemton für FEHLER verknüpft.

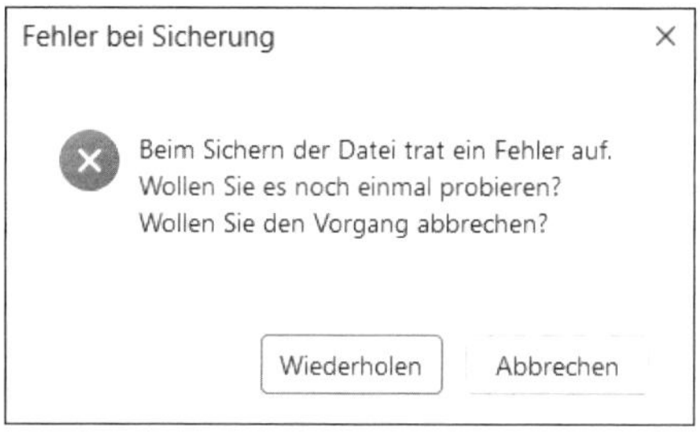

Abbildung 7.23 Kritische Warnung plus zwei Möglichkeiten

7.6.5 »Abbrechen«, »Wiederholen« oder »Ignorieren«

Ein Beispiel mit drei Buttons für ABBRECHEN, WIEDERHOLEN und IGNORIEREN sowie dem Zeichen für ACHTUNG sehen Sie in Abbildung 7.24. Der zugehörige Code lautet:

```
private void CmdAbortRetryIgnore_Click(...)
{
    DialogResult dr = MessageBox.Show(
        "Beim Sichern der Datei trat ein Fehler auf.\n" +
        "Wollen Sie den Vorgang abbrechen?\n" + "Wollen Sie es " +
        "noch einmal probieren?\n" + "Wollen Sie diese " +
        "Nachricht ignorieren?", "Fehler bei Sicherung",
```

```
        MessageBoxButtons.AbortRetryIgnore, MessageBoxIcon.Warning);
    LblAnzeige.Text = dr == DialogResult.Abort ? "Abbrechen"
        : dr == DialogResult.Retry ? "Noch einmal" : "Ignorieren";
}
```

Listing 7.15 Projekt »DialogEingabeAusgabe«, drei Möglichkeiten

Die drei Buttons ABBRECHEN, WIEDERHOLEN und IGNORIEREN werden mit dem Zeichen WARNUNG verknüpft. Bei eingeschaltetem Lautsprecher ertönt der zugehörige Systemton.

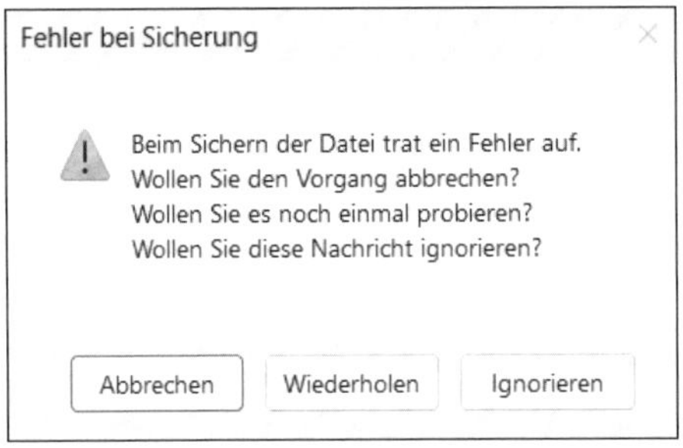

Abbildung 7.24 »Achtung« mit drei Möglichkeiten

7.7 Standarddialogfelder

Es gibt fünf Klassen für Standarddialogfelder, mit deren Hilfe alltägliche Aufgaben schnell gelöst werden können: `OpenFileDialog`, `SaveFileDialog`, `FolderBrowserDialog`, `ColorDialog` und `FontDialog`.

Sie haben einige Gemeinsamkeiten, zum Beispiel die Methode `ShowDialog()` zur Anzeige des Dialogs und den Rückgabewert, ein Element der Enumeration `DialogResult`. Es existieren aber auch Unterschiede, bedingt durch die Art des Dialogs beziehungsweise des ermittelten Dialogergebnisses.

Sie werden im Projekt *DialogStandard* erläutert.

7.7.1 Datei öffnen

Ein Objekt der Klasse `OpenFileDialog` dient zur Auswahl von einer Datei oder mehreren Dateien, die (zum Beispiel) geöffnet werden sollen. Vor dem Öffnen des Dialogfelds können Sie einige Einstellungen wählen.

Ein Beispiel sehen Sie in Abbildung 7.25. Der zugehörige Code lautet:

```
private void CmdOeffnen_Click(...)
{
    OpenFileDialog ofd = new()
    {
        Multiselect = true,
        InitialDirectory = "C:\\Temp",
        Filter = "Tabellen (*.xlsx)|*.xlsx|"
            + " Texte (*.txt; *docx)|*.txt;*.docx|"
            + " Alle Dateien (*.*)|*.*",
        Title = "Datei zum Öffnen auswählen"
    };

    if (ofd.ShowDialog() == DialogResult.OK)
        foreach (string s in ofd.FileNames)
            MessageBox.Show($"Öffnen: {s}");
    else
        MessageBox.Show("Abbruch");
}
```

Listing 7.16 Projekt »DialogStandard«, Datei öffnen

Beim Erzeugen des Objekts `ofd` der Klasse `OpenFileDialog` werden die Werte einiger Eigenschaften mithilfe einer Objektinitialisierung eingestellt:

- Die Eigenschaft `MultiSelect` wird auf den Wert `true` gesetzt, damit der Benutzer mehrere Dateien auswählen kann.
- Die Eigenschaft `InitialDirectory` wird auf einen Startwert für ein Verzeichnis eingestellt. Dabei muss zwischen den einzelnen Verzeichnisebenen die Trennzeichenfolge `\\` angegeben werden.
- Die Eigenschaft `Filter` enthält eine Zeichenkette mit verschiedenen Gruppen von Dateiendungen und deren Erklärung. Sie werden durch das Pipe-Zeichen (`|`) voneinander getrennt. Eine Gruppe besteht aus `Erklärung (*.Endung) | *.Endung`. Besteht sie aus mehreren Dateiendungen, werden sie durch Semikola voneinander getrennt.
- Der Eigenschaft `Title` wird ebenfalls eine Zeichenkette zugewiesen.

Die Methode `ShowDialog()` zeigt den Dialog an. Es ist dabei wichtig, zu ermitteln, welchen Button der Benutzer gedrückt hat. Deshalb wird der Rückgabewert der Methode ausgewertet. Entspricht er dem Wert von `DialogResult.Ok`, hat der Benutzer den Button ÖFFNEN betätigt.

In der Eigenschaft `FileNames` stehen im Erfolgsfall die ausgewählten Dateinamen. Die Elemente dieser Auflistung werden mithilfe einer `foreach`-Schleife ausgegeben. Wird im Feld DATEINAME des Dialogfelds der Name einer Datei eingegeben, die es nicht gibt, erscheint ein Dialogfeld mit einer Fehlermeldung. Wird der Button ABBRECHEN betätigt, erscheint die Meldung ABBRUCH.

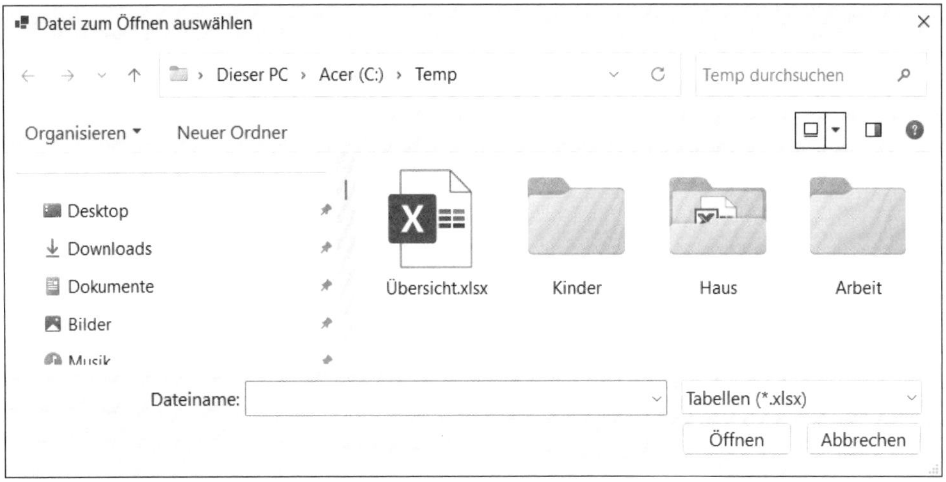

Abbildung 7.25 Dialogfeld zum Öffnen

7.7.2 Datei speichern unter

Ein Objekt der Klasse `SaveFileDialog` dient zur Eingabe oder Auswahl einer Datei, die zum Speichern verwendet werden soll. Wählbare Einstellungen und Dialogergebnis entsprechen denen der Klasse `OpenFileDialog`.

Ein Beispiel sehen Sie in Abbildung 7.26. Der Programmcode:

```
private void CmdSpeichern_Click(...)
{
    SaveFileDialog sfd = new()
    {
        InitialDirectory = "C:\\Temp",
        Filter = "Tabellen (*.xlsx)|*.xlsx|"
            + " Texte (*.txt; *docx)|*.txt;*.docx|"
            + " Alle Dateien (*.*)|*.*",
        Title = "Datei zum Speichern auswählen"
    };
```

```
    MessageBox.Show(sfd.ShowDialog() == DialogResult.OK
        ? $"Speichern: {sfd.FileName}" : "Abbruch");
}
```

Listing 7.17 Projekt »DialogStandard«, Datei speichern unter

Das Objekt `sfd` der Klasse `SaveFileDialog` wird erzeugt und initialisiert. Wählt der Benutzer eine Datei zum Speichern aus, die es bereits gibt, wird er mithilfe eines Dialogfelds gefragt, ob er sie überschreiben möchte. In der Eigenschaft `FileName` steht im Erfolgsfall der ausgewählte Dateiname.

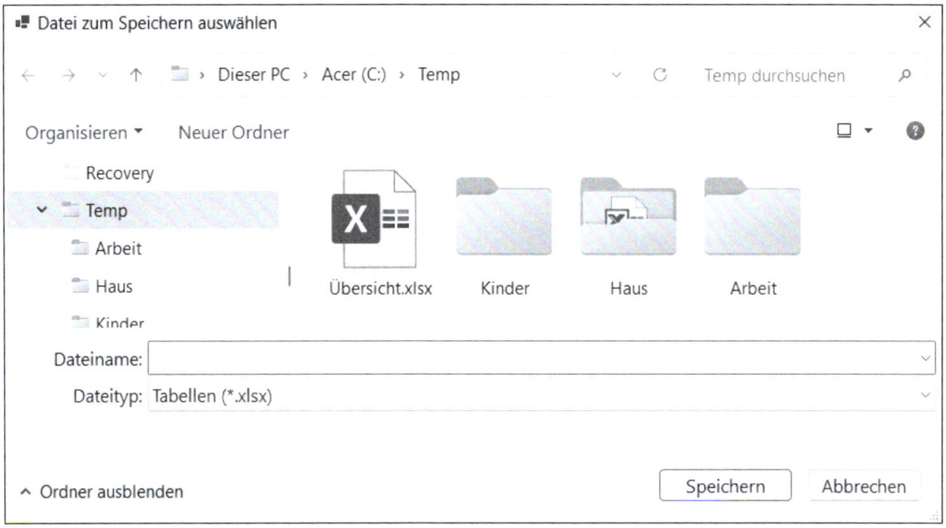

Abbildung 7.26 Dialog zum Speichern

7.7.3 Verzeichnis auswählen

Ein Objekt der Klasse `FolderBrowserDialog` dient zur Auswahl eines Verzeichnisses. Über das Kontextmenü kann auch ein neues Verzeichnis erzeugt werden.

Ein Beispiel ist in Abbildung 7.27 dargestellt. Der zugehörige Code lautet:

```
private void CmdVerzeichnis_Click(...)
{
    FolderBrowserDialog fbd = new()
    {
        InitialDirectory = "C:\\Temp"
    };
```

```
    MessageBox.Show(fbd.ShowDialog() == DialogResult.OK
        ? $"Verzeichnis: {fbd.SelectedPath}" : "Abbruch");
}
```

Listing 7.18 Projekt »DialogStandard«, Verzeichnis wählen

Es wird ein Objekt `fbd` der Klasse `FolderBrowserDialog` erzeugt. Das Ergebnis des Dialogs ist ein Verzeichnisname, der in der Eigenschaft `SelectedPath` zur Verfügung gestellt wird.

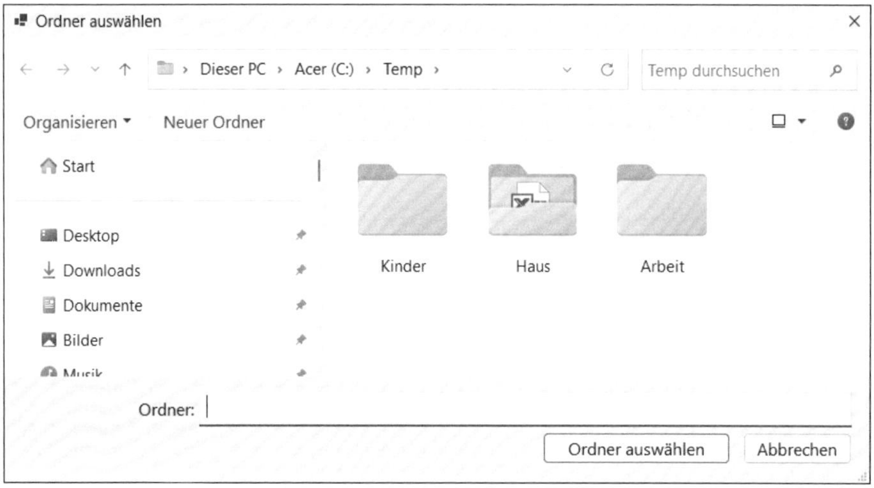

Abbildung 7.27 Verzeichnis auswählen

7.7.4 Farbe auswählen

Ein Objekt der Klasse `ColorDialog` dient zur Auswahl einer Farbe, die zum Beispiel einem Steuerelement zugewiesen werden soll.

Ein Beispiel dafür sehen Sie in Abbildung 7.28. Der zugehörige Code:

```
private void CmdFarbe_Click(...)
{
    ColorDialog cd = new();
    if (cd.ShowDialog() == DialogResult.OK)
        LblAnzeige.ForeColor = cd.Color;
    else
        MessageBox.Show("Abbruch");
}
```

Listing 7.19 Projekt »DialogStandard«, Farbe wählen

Das Objekt `cd` der Klasse `ColorDialog` wird erzeugt. Das Dialogergebnis ist ein Objekt der Struktur `Color`, das in der Eigenschaft `Color` zur Verfügung gestellt wird. Sie dient hier als Schriftfarbe für das Label.

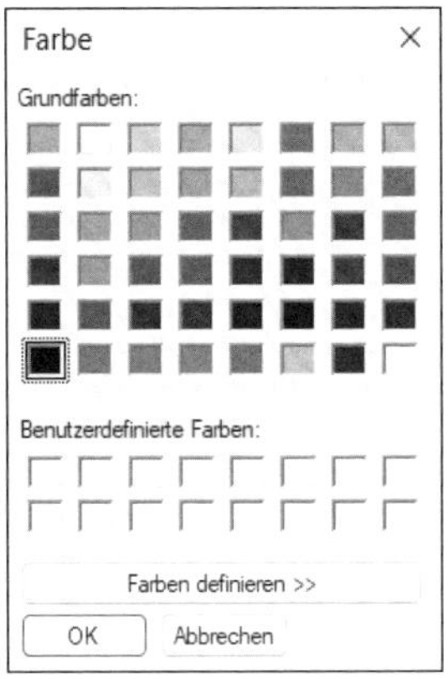

Abbildung 7.28 Auswahl einer Farbe

7.7.5 Schrifteigenschaften auswählen

Zur Auswahl von Schrifteigenschaften dient ein Objekt der Klasse `FontDialog`. Vor dem Öffnen des Dialogfelds können Sie mithilfe der Eigenschaft `ShowColor` festlegen, ob auch die Farbe der Schrift beziehungsweise der Unterstreichung einstellbar sein soll. Mithilfe der Eigenschaften `MaxSize` und `MinSize` können Sie die größte und die kleinste wählbare Schriftgröße einstellen.

Ein Beispiel sehen Sie in Abbildung 7.29. Der Programmcode:

```
private void CmdSchrift_Click(...)
{
    FontDialog fd = new()
    {
        ShowColor = true,
        MinSize = 8,
        MaxSize = 20
    };

    if (fd.ShowDialog() == DialogResult.OK)
    {
        LblAnzeige.Font = fd.Font;
        LblAnzeige.ForeColor = fd.Color;
```

```
        }
        else
            MessageBox.Show("Abbruch");
    }
```

Listing 7.20 Projekt »DialogStandard«, Schrifteigenschaften wählen

Das Objekt `fd` der Klasse `FontDialog` wird erzeugt und initialisiert. Die Eigenschaft `ShowColor` wird auf `true` gestellt; es kann also auch die Farbe der Schrift beziehungsweise der Unterstreichung eingestellt werden. Die wählbare Schriftgröße wird auf den Bereich von 8 bis 20 begrenzt. Weitere Schriftgrößen können von der Benutzerin eingegeben werden.

Das Dialogergebnis enthält ein Objekt der Klasse `Font`, das in der Eigenschaft `Font` zur Verfügung gestellt wird, und ein Objekt der Struktur `Color`, das in der Eigenschaft `Color` zur Verfügung gestellt wird. Beide werden hier für das Label übernommen.

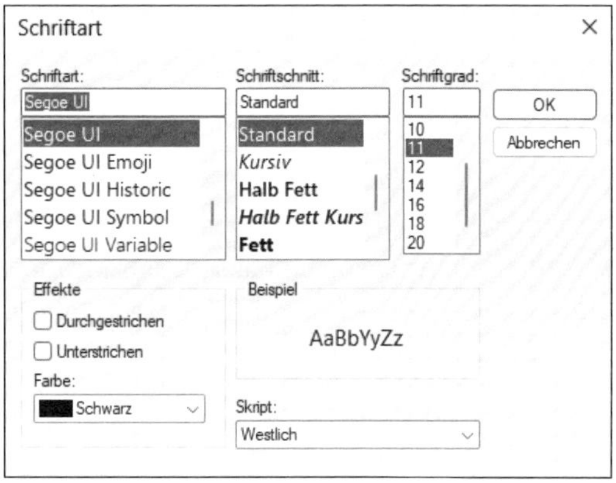

Abbildung 7.29 Auswahl von Schrifteigenschaften

7.8 Lokalisierung

Eine Lokalisierung wird für mehrsprachige Anwendungen vorgenommen, also Anwendungen, die mit derselben Bedienoberfläche in unterschiedlichen Sprachen laufen sollen. Die Texte innerhalb der Anwendung sollen in der Sprache des jeweils vorgefundenen Betriebssystems, zum Beispiel in Deutsch oder Englisch, erscheinen. Zur Lokalisierung werden sogenannte *Ressourcen* verwendet. Es gibt zwei Arten von Ressourcen:

- Formularbasierte Ressourcen enthalten zum Beispiel die Texte auf der Formularoberfläche.
- Projektressourcen enthalten die Texte aus dem Programmcode, die beispielsweise in Meldungsfenstern erscheinen.

Im Projekt *DialogLokal* wird mit beiden Arten von Ressourcen gearbeitet. Nach Betätigung von zwei Buttons erscheint jeweils eine Meldung. Die Aufschrift der Buttons und der Text der Meldungen sind entweder in Deutsch, in Englisch oder in Französisch.

Im Projekt wird als Erstes die Eigenschaft `Localizable` des Formulars auf `True` gesetzt. Die beiden Buttons `CmdEins` und `CmdZwei` werden erstellt, und ihre Position und ihre Größe (150; 30) werden eingestellt. Sie erhalten die englischen Aufschriften Hello beziehungsweise Goodbye.

Anschließend wird die Eigenschaft `Language` des Formulars auf `Deutsch` gesetzt (siehe Abbildung 7.30). Der Standardwert dieser Eigenschaft ist `(Default)`. Nun werden die beiden Buttons erneut beschriftet, diesmal mit den deutschen Texten Guten Tag beziehungsweise Auf Wiedersehen.

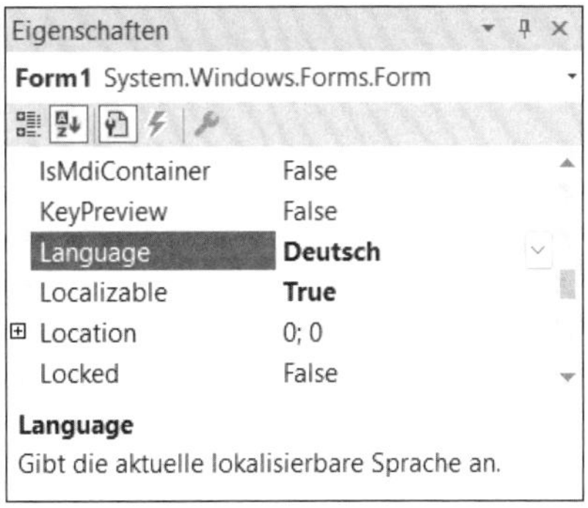

Abbildung 7.30 Sprache in »Deutsch« geändert

Anschließend wird die Eigenschaft `Language` des Formulars auf `Französisch` gesetzt. Die beiden Buttons werden diesmal mit den französischen Texten Bonjour beziehungsweise Au revoir beschriftet.

Daraufhin wird das Projekt gespeichert. In der Datei *Form1.resx* (siehe Abbildung 7.31) steht der Text für die Standardsprache, also Englisch. In der Datei *Form1.de.resx* befindet sich der Text für die deutsche Beschriftung, in der Datei *Form1.fr.resx* wiederum der für die französische Beschriftung.

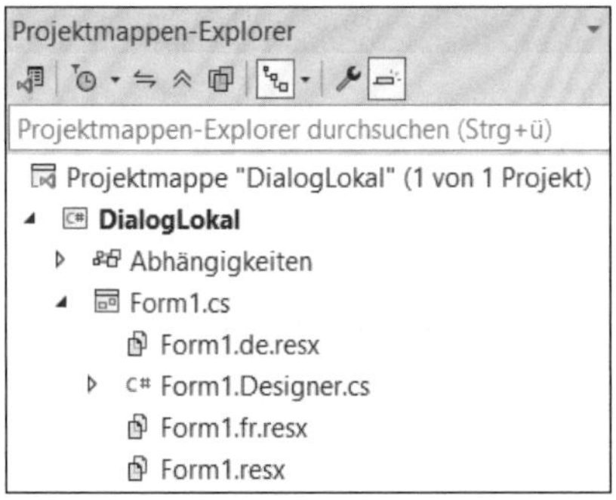

Abbildung 7.31 Formularbasierte Ressourcen

Starten Sie nun das Projekt. Da bei Ihnen die Umgebung vermutlich in Deutsch ist, werden die Buttons mit deutschen Texten in der passenden Größe angezeigt (siehe Abbildung 7.32).

Abbildung 7.32 Deutsche Oberfläche

Normalerweise wechselt die Beschriftung automatisch, wenn das Programm innerhalb eines anderssprachigen Betriebssystems läuft. Zum Testen können Sie die Sprache aber auch mithilfe des nachfolgenden Codes umstellen:

```
using System.Globalization;
public Form1()
{
    /* Thread.CurrentThread.CurrentUICulture =
        new CultureInfo("de"); */
    /* Thread.CurrentThread.CurrentUICulture =
        new CultureInfo("en"); */
    Thread.CurrentThread.CurrentUICulture =
        new CultureInfo("fr");
    InitializeComponent();
}
```

Listing 7.21 Projekt »DialogLokal«, Umstellung der Sprache

Im Konstruktor der Klasse `Form1` sehen Sie vor dem Aufruf von `InitializeComponent()` dreimal die Zuweisung für die Eigenschaft `CurrentUICulture`. Dabei handelt es sich um ein Objekt der gleichnamigen Klasse aus dem Namensraum `System.Globalization`.

Nur eine der drei Zeilen sollte jeweils außerhalb des Kommentars stehen. Hier ist das zum Beispiel die Zeile für Französisch. Nach dem erneuten Start des Projekts erscheinen die Buttons mit der sprachspezifischen Aufschrift und in der passenden Größe.

Zum Erstellen von Texten für Meldungsfenster müssen Sie weitere Ressourcendateien hinzufügen. Dazu wählen Sie im Menü PROJEKT • NEUES ELEMENT HINZUFÜGEN • VISUAL C#-ELEMENTE • ALLGEMEIN den Eintrag RESSOURCENDATEI aus und tragen als Dateinamen zum Beispiel ein: *MeineTexte.resx*.

Wird diese Datei nicht bereits automatisch geöffnet, führen Sie einen Doppelklick darauf aus. Betätigen Sie dann das Plus-Zeichen oben links. Es öffnet sich das Dialogfeld NEUE RESSOURCE ZU ... HINZUFÜGEN. Tragen Sie die Ressource `meldungEins` mit dem Wert »Hello« wie in Abbildung 7.33 ein und betätigen Sie den Button HINZUFÜGEN. Fügen Sie anschließend auf die gleiche Weise die Ressource `meldungZwei` mit dem Wert »Goodbye« hinzu. Die Ressourcen dienen als Variablen und haben je nach Sprache einen anderen Inhalt.

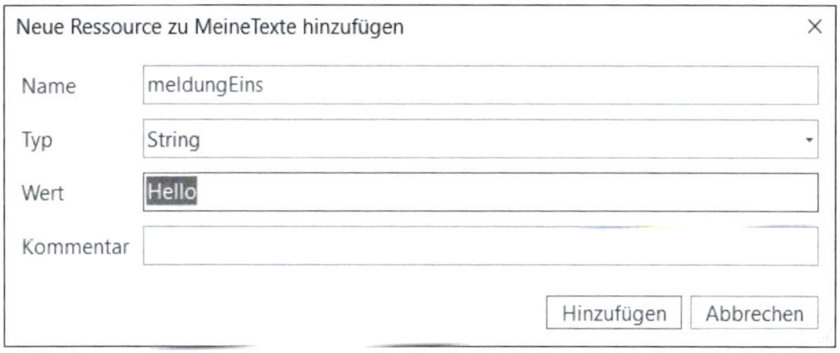

Abbildung 7.33 Hinzufügen einer Text-Ressource

Erstellen Sie die Ressourcendatei *MeineTexte.de.resx*. Nach einem Doppelklick auf diese Datei können Sie die deutschen Werte in die Tabelle eintragen, siehe Abbildung 7.34. Erstellen Sie nun die Ressourcendatei *MeineTexte.fr.resx* und tragen Sie die französischen Werte in die Tabelle ein, siehe Abbildung 7.35.

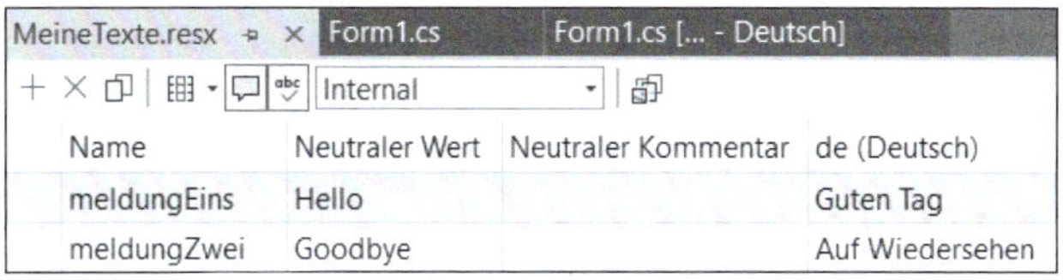

Abbildung 7.34 Zwei Ressourcen, für deutsche Oberfläche

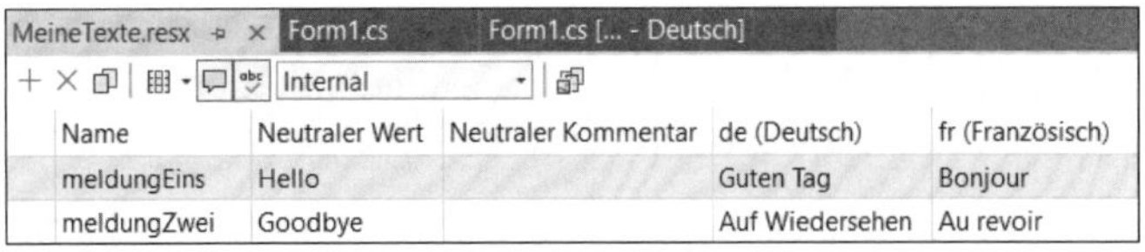

Abbildung 7.35 Zwei Ressourcen, für französische Oberfläche

Der Code wird folgendermaßen ergänzt:

```
using System.Resources;
...
public partial class Form1 : Form
{
    private readonly ResourceManager rm =
        new("DialogLokal.MeineTexte", typeof(Form1).Assembly);
    ...
    private void CmdEins_Click(...)
    {
        MessageBox.Show(rm.GetString("meldungEins"));
    }

    private void CmdZwei_Click(...)
    {
        MessageBox.Show(rm.GetString("meldungZwei"));
    }
}
```

Listing 7.22 Projekt »DialogLokal«, Nutzung der Ressourcen

Es kommt ein Objekt der Klasse `ResourceManager` aus dem Namensraum `System.Resources` als Manager für die lokalen Ressourcen hinzu. Mit seiner Hilfe wird in den Ereignismethoden die jeweilige Ressource als Text abgerufen, abhängig von der aktuell gewählten Sprache (siehe Abbildung 7.36).

Abbildung 7.36 Meldungstext, aus Ressourcendatei

7.9 Steuerelement »RichTextBox«

Das Steuerelement *RichTextBox* bietet gegenüber einer *TextBox* oder einem *Label* umfangreichere Möglichkeiten zur Formatierung von Zeichen und Absätzen, ob nun zur Eingabe oder zur Ausgabe.

Im Projekt *SteuerelementRichTextBox* wird es zur Darstellung einer mathematischen Gleichung genutzt (siehe Abbildung 7.37).

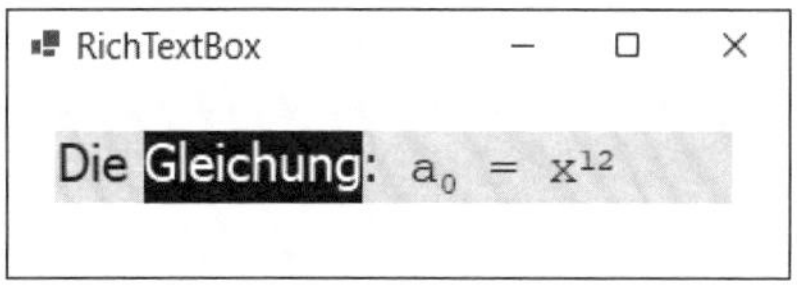

Abbildung 7.37 Steuerelement »RichTextBox«

Der Text wird in unterschiedlichen Farben und Schriftarten ausgegeben. Zudem gibt es hochgestellte und tiefgestellte Zeichenfolgen.

Die Eigenschaften und der Inhalt der RichTextBox werden zu Beginn des Programms mithilfe des nachfolgenden Codes eingestellt:

```
private void Form1_Load(...)
{
    rtbSchrift.Text = "Die Gleichung: a0 = x12";
    rtbSchrift.Font = new Font("Tahoma", 16);
    rtbSchrift.BackColor = Color.LightGray;
    rtbSchrift.BorderStyle = BorderStyle.None;
    rtbSchrift.ReadOnly = true;
    rtbSchrift.ScrollBars = RichTextBoxScrollBars.None;

    int posDoppelpunkt = rtbSchrift.Find(":");
    rtbSchrift.SelectionStart = posDoppelpunkt + 1;
    rtbSchrift.SelectionLength =
        rtbSchrift.TextLength - (posDoppelpunkt + 1);
    rtbSchrift.SelectionFont = new Font("Courier New", 16);

    string farbig = "Gleichung";
    int posFarbig = rtbSchrift.Find(farbig);
    rtbSchrift.Select(posFarbig, farbig.Length);
    rtbSchrift.SelectionBackColor = Color.Black;
    rtbSchrift.SelectionColor = Color.White;
```

```
    string tief = "0";
    int posTief = rtbSchrift.Find(tief);
    rtbSchrift.Select(posTief, tief.Length);
    rtbSchrift.SelectionFont =
        new Font(rtbSchrift.SelectionFont.FontFamily, 10);
    rtbSchrift.SelectionCharOffset = -5;

    string hoch = "12";
    int posHoch = rtbSchrift.Find(hoch);
    rtbSchrift.Select(posHoch, hoch.Length);
    rtbSchrift.SelectionFont =
        new Font(rtbSchrift.SelectionFont.FontFamily, 10);
    rtbSchrift.SelectionCharOffset = 5;

    rtbSchrift.Select(0, 0);
}
```

Listing 7.23 Projekt »SteuerelementRichTextBox«

Im ersten Teil des Programms werden allgemeine, teilweise bereits bekannte Eigenschaften für die gesamte RichTextBox eingestellt:

- der dargestellte Text mithilfe der Eigenschaft `Text`
- die Schriftart mithilfe eines neuen Objekts der Klasse `Font`
- die Hintergrundfarbe
- der Randstil mithilfe eines Elements der Enumeration `BorderStyle`
- die Eigenschaft `ReadOnly`, damit die RichTextBox nur zur Ausgabe dient
- die Eigenschaft `ScrollBars` mithilfe eines Elements der Enumeration `RichTextBoxScrollBars`, damit keine Scrollbalken erscheinen

Anschließend werden nacheinander einzelne Teile des Textes ausgewählt und formatiert. Zur Auswahl werden jeweils die Position und die Länge des betreffenden Teiltextes benötigt. Zur Vereinfachung können Sie die Positionen mithilfe der Methode `Find()` und die Länge mithilfe der Eigenschaft `Length` beziehungsweise `TextLength` bestimmen.

Nach dem Doppelpunkt soll die Schriftart wechseln. Die Position des ersten Zeichens nach dem Doppelpunkt wird in der Eigenschaft `SelectionStart` gespeichert. Die restliche Länge des Textes wird ermittelt und in der Eigenschaft `SelectionLength` gespeichert. Damit ist der ausgewählte Teiltext bestimmt. Alle Eigenschaften, deren Name mit `Selection...` beginnt, beziehen sich nun auf diesen Teiltext, hier zum Beispiel die Eigenschaft `SelectionFont` zum Ändern der Schriftart des ausgewählten Teiltextes.

Das Wort »Gleichung« soll in weißer Schrift vor einem schwarzen Hintergrund erscheinen. Diesmal wird der ausgewählte Teiltext mithilfe der Methode `Select()` bestimmt, die als Parameter die Position und die Länge benötigt. Die Werte der Eigenschaften `SelectionBackColor` und `SelectionColor` werden geändert.

Das Zeichen »0« nach dem Zeichen »a« soll als tiefgestellter Index dargestellt werden. Zunächst wird die Schriftgröße von 16 auf 10 gesetzt, die genutzte Schriftart wird beibehalten. Mithilfe des Werts –5 für die Eigenschaft `SelectionCharOffset` wird die Tiefstellung gegenüber der Basislinie des Textes erreicht.

Die Zeichenfolge »12« nach dem Zeichen »x« soll als hochgestellter Exponent dargestellt werden. Dazu wird der Wert 5 für die Eigenschaft `SelectionCharOffset` eingestellt.

Zuletzt wird mit dem Aufruf der Methode `Select()` und dem Wert 0 für Position und Länge dafür gesorgt, dass kein Teiltext ausgewählt ist.

7.10 Steuerelement »ListView«

Das Steuerelement *ListView* ermöglicht eine komfortable Form der Listenansicht. Zu jedem Eintrag der ListView kann ein Bild angezeigt werden. Eine ListView ähnelt der Darstellung der Dateien im Windows-Explorer.

Insgesamt gibt es fünf Ansichten, die als Werte der Enumeration `View` der Eigenschaft `View` des `ListView`-Objekts zugewiesen werden können:

- `Details`: eine Tabelle mit Bild und mehreren Informationen pro Eintrag. Die einzelnen Tabellenspalten können eine Überschrift haben und in der Breite verändert werden.
- `LargeIcon`: ein großes Bild mit Bezeichnung zu jedem Eintrag
- `List`: eine einzelne Spalte mit einem kleinen Bild und Bezeichnung zu jedem Eintrag. Weitere Informationen zu den Einträgen können in zusätzlichen Spalten angeordnet werden.
- `SmallIcon`: ein kleines Bild mit Bezeichnung zu jedem Eintrag
- `Tile`: ein großes Bild mit Bezeichnung und weiteren Informationen rechts daneben pro Eintrag

Im Projekt *SteuerelementListView* sehen Sie eine Liste in der Ansicht DETAILS, siehe auch Abbildung 7.38. Mithilfe von RadioButtons können Sie zwischen den fünf möglichen Ansichten wechseln.

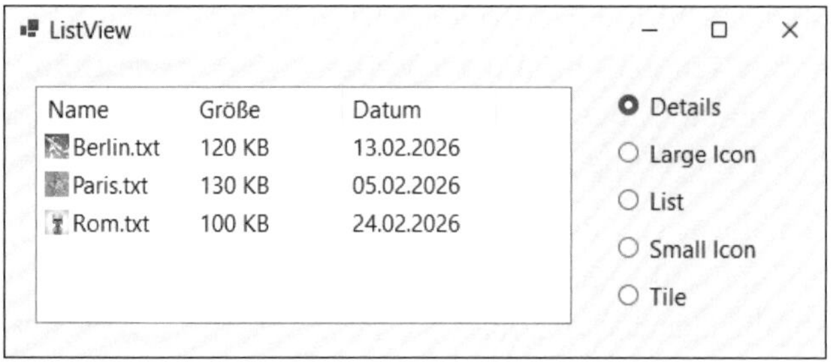

Abbildung 7.38 Steuerelement »ListView«, Ansicht »Details«

Zunächst der Code:

```
private void Form1_Load(...)
{
    LView.View = View.Details;
    LView.FullRowSelect = true;

    ListViewItem eintrag1 = new("Berlin.txt", 0);
    eintrag1.SubItems.Add("120 KB");
    eintrag1.SubItems.Add("13.02.2026");
    LView.Items.Add(eintrag1);

    ListViewItem eintrag2 = new("Paris.txt", 1);
    eintrag2.SubItems.Add("130 KB");
    eintrag2.SubItems.Add("05.02.2026");
    LView.Items.Add(eintrag2);

    ListViewItem eintrag3 = new("Rom.txt", 2);
    eintrag3.SubItems.Add("100 KB");
    eintrag3.SubItems.Add("24.02.2026");
    LView.Items.Add(eintrag3);

    LView.Columns.Add("Name", 100);
    LView.Columns.Add("Größe", 100);
    LView.Columns.Add("Datum", 100);

    ImageList bildList = new();
    bildList.Images.Add(Image.FromFile("bild0.png"));
    bildList.Images.Add(Image.FromFile("bild1.png"));
    bildList.Images.Add(Image.FromFile("bild2.png"));
```

```
    LView.SmallImageList = bildList;
    LView.LargeImageList = bildList;
}

private void OptView_CheckedChanged(...)
{
    if (OptDetails.Checked)
        LView.View = View.Details;
    else if (OptLargeIcon.Checked)
        LView.View = View.LargeIcon;
    else if (OptList.Checked)
        LView.View = View.List;
    else if (OptSmallIcon.Checked)
        LView.View = View.SmallIcon;
    else if (OptTile.Checked)
        LView.View = View.Tile;
}
```

Listing 7.24 Projekt »SteuerelementListView«

In der `Form_Load`-Methode wird das `ListView`-Objekt gefüllt, und es werden die Starteinstellungen vorgenommen. Die Eigenschaft `View` wird auf den Wert `Details` gesetzt, auch wenn das nicht notwendig wäre, da das der Standardwert ist.

Die boolesche Eigenschaft `FullRowSelect` bestimmt darüber, ob ein Klick innerhalb der Zeile eines Eintrags die gesamte Zeile markiert oder nicht. Der Standardwert ist `false`. In diesem Fall kann nur der Haupteintrag durch einen Klick ausgewählt werden, nicht die gesamte Zeile.

Ein Objekt der Klasse `ListViewItem` steht für einen Eintrag innerhalb der Liste. Der hier genutzte Konstruktor benötigt zwei Parameter: den Text des Eintrags und die Nummer der zugehörigen Bilddatei innerhalb der beiden Bildlisten `SmallImageList` und `LargeImageList`. Den Aufbau der beiden Bildlisten sehen Sie einige Zeilen weiter unten.

Zu einem Eintrag können weitere Untereinträge gehören. Diese werden dem Eintrag über die Methode `Add()` der Auflistung `SubItems` hinzugefügt. Anschließend wird der Eintrag mithilfe der Methode `Add()` der Auflistung `Items` des `ListView`-Objekts hinzugefügt.

Die Auflistung `Columns` enthält die Überschriften der Spalten, in denen der Haupteintrag und seine Untereinträge dargestellt werden. Als Parameter der Methode `Add()` zum Hinzufügen einer Überschrift dienen hier der Text und die Startbreite der Spalte.

Die Eigenschaften `SmallImageList` und `LargeImageList` sind Bildlisten. Jedes Bild wird über seine Nummer einem Eintrag des `ListView`-Objekts zugeordnet. Die beiden Eigenschaften haben jeweils den Typ `ImageList`. Ein solches Objekt enthält in seiner Auflistung `Images` einzelne Objekte des Typs `Image`. Ein `Image`-Objekt kann zum Beispiel mittels der Methode `FromFile()` der Klasse `Image` aus einer Bilddatei erzeugt werden.

Im vorliegenden Projekt sind die Bilddateien im selben Verzeichnis wie die Anwendung gespeichert, also im Unterverzeichnis *bin/Debug/net10.0-windows* des Projekts.

Die Methode `OptView_CheckedChanged` ist für jeden RadioButton registriert. Innerhalb der Methode wird der Eigenschaft `View` ein Wert aus der gleichnamigen Enumeration zugewiesen.

7.11 Steuerelement »DataGridView«

Zur Darstellung einer einfachen Liste oder der Inhalte eines eindimensionalen Datenfelds sind ListBoxen und ComboBoxen geeignet. Die Inhalte einer Tabelle mit Zeilen und Spalten oder eines zweidimensionalen Datenfelds werden hingegen besser in einem Steuerelement des Typs *DataGridView* dargestellt. Dieses Steuerelement ist auch besonders gut zur Darstellung von Datenbankinhalten geeignet, siehe . Sie finden es in der TOOLBOX in der Kategorie DATEN.

Im nachfolgend beschriebenen Projekt *SteuerelementDataGridView* werden Eigenschaften per Code zur Laufzeit eingestellt. Allerdings könnten Sie viele Eigenschaften auch bereits zur Entwicklungszeit festlegen. Über das kleine Dreieck oben rechts am Steuerelement können Sie nach dem Einfügen ins Formular und dem Markieren ein Menü öffnen, das zahlreiche Möglichkeiten bietet (siehe Abbildung 7.39).

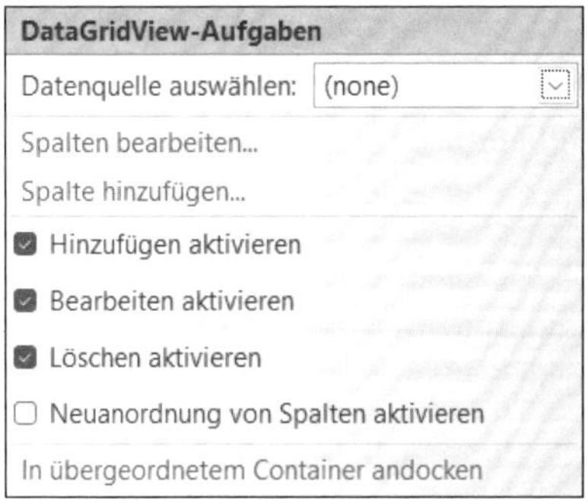

Abbildung 7.39 Steuerelement »DataGridView«, Einstellmenü

Abbildung 7.40 zeigt den Startinhalt des Grids.

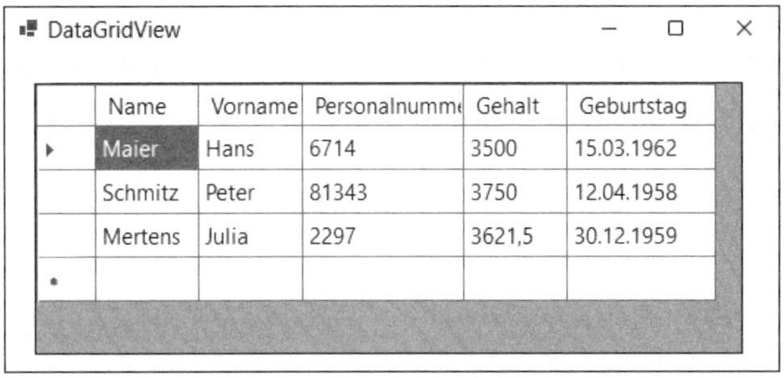

Abbildung 7.40 Steuerelement »DataGridView«, gefüllt

In der `Form1_Load`-Methode wird der Startinhalt des Grids eingestellt:

```
private void Form1_Load(...)
{
    DgvP.Columns.Add("SpName", "Name");
    DgvP.Columns.Add("SpVorname", "Vorname");
    DgvP.Columns.Add("SpPersonalnummer", "Personalnummer");
    DgvP.Columns.Add("SpGehalt", "Gehalt");
    DgvP.Columns.Add("SpGeburtstag", "Geburtstag");

    DgvP.Rows.Add("Maier", "Hans", 6714, 3500.0, "15.03.1962");
    DgvP.Rows.Add("Schmitz", "Peter", 81343, 3750.0, "12.04.1958");
    DgvP.Rows.Add("Mertens", "Julia", 2297, 3621.5, "30.12.1959");

    for (int i = 0; i < DgvP.Columns.Count; i++)
        DgvP.Columns[i].Width = i == 2 ? 110 : 70;
}
```

Listing 7.25 Projekt »SteuerelementDataGridView«, Einstellungen

Das Grid trägt in diesem Projekt den Namen `DgvP`. Die Eigenschaft `Columns` ist eine Auflistung des Typs `DataGridViewColumnCollection` und ermöglicht den Zugriff auf die Spalten des Grids.

Über die Methode `Add()` können Sie der Auflistung Spalten hinzufügen. Die Methode erwartet zwei Zeichenkettenparameter: den Namen der Spalte und den sichtbaren Text der Kopfzeile.

Der Zugriff auf die Zeilen des Grids wird durch die Eigenschaft `Rows` ermöglicht. Sie ist eine Auflistung des Typs `DataGridViewRowCollection`.

Mittels der Methode `Add()` fügen Sie der Auflistung Zeilen hinzu. Sie erwartet eine beliebig große Liste von Objekten. In diesem Fall werden jeweils fünf Informationen zu einer Person hinzugefügt.

Beachten Sie, dass Sie die Zahlen für die Spalte `Gehalt` im Code mit Dezimalpunkt und Nachkommastelle angeben müssen. Ansonsten werden sie nicht alle als `double`-Werte erkannt, und es kommt später beim Sortieren dieser Spalte zu einem Fehler.

Die Breite der einzelnen Spalten wird innerhalb einer `for`-Schleife eingestellt.

Hinweis

Beim Hinzufügen einer Spalte wird jeweils eine leere Zelle zum Hinzufügen neuer Inhalte erzeugt. Diese leere Zelle ist ebenfalls Bestandteil der `Rows`-Auflistung.

Über den ersten Button werden Informationen über die Spalten geliefert:

```
private void CmdAnzeigen1_Click(...)
{
    LblAnzeige.Text = "";
    for (int i = 0; i < DgvP.Columns.Count; i++)
        LblAnzeige.Text += $"Name: {DgvP.Columns[i].Name}, "
            + $"Header: {DgvP.Columns[i].HeaderText}\n";
}
```

Listing 7.26 Projekt »SteuerelementDataGridView«, Informationen

Die Eigenschaften `Name` und `Headertext` liefern den Namen der Spalte und den sichtbaren Text der Kopfzeile (siehe Abbildung 7.41).

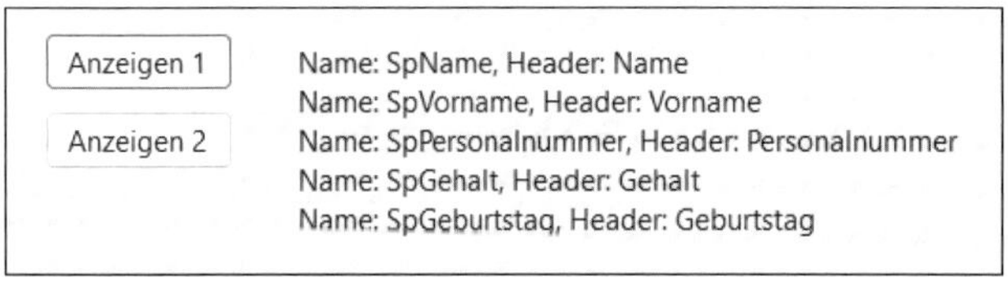

Abbildung 7.41 Steuerelement »DataGridView«, Informationen

Mithilfe des zweiten Buttons wird der Mittelwert der Gehälter berechnet und ausgegeben (siehe Abbildung 7.42):

```
private void CmdAnzeigen2_Click(...)
{
    double summe = 0;
    foreach (DataGridViewRow r in DgvP.Rows)
        summe += Convert.ToDouble(r.Cells[3].Value);
    double mw = summe / (DgvP.Rows.Count - 1);
    LblAnzeige.Text = $"Gehalt, Mittelwert: {mw}";
}
```


Listing 7.27 Projekt »SteuerelementDataGridView«, Mittelwert

Es soll der Mittelwert der Zahlen in der Spalte GEHALT berechnet werden. Dazu wird die Rows-Auflistung mithilfe einer foreach-Schleife durchlaufen. Die einzelnen Zeilen sind Elemente des Typs DataGridViewRow. Die letzte Zeile (zum Hinzufügen eines neuen Inhalts) wird nicht mit eingerechnet.

Die Zellen innerhalb einer Zeile stehen in der Auflistung Cells. Darin lässt sich eine einzelne Zelle über einen Index ansprechen, der bei 0 beginnt. Der Wert einer Zelle wird über die string-Eigenschaft Value geliefert.

Abbildung 7.42 Steuerelement »DataGridView«, Mittelwert

Mithilfe der folgenden Methode können Sie feststellen, auf welche Zelle der Benutzer geklickt hat (siehe Abbildung 7.43):

```
private void DgvP_CellClick(object sender,
    DataGridViewCellEventArgs e)
{
    LblAnzeige.Text = $"Zeile: {e.RowIndex}\n"
        + $"Spalte: {e.ColumnIndex}\n";
    if (e.RowIndex >= 0 && e.ColumnIndex >= 0)
        LblAnzeige.Text += "Inhalt: " +
            DgvP.Rows[e.RowIndex].Cells[e.ColumnIndex].Value;
}
```

Listing 7.28 Projekt »SteuerelementDataGridView«, Klick auf Zelle

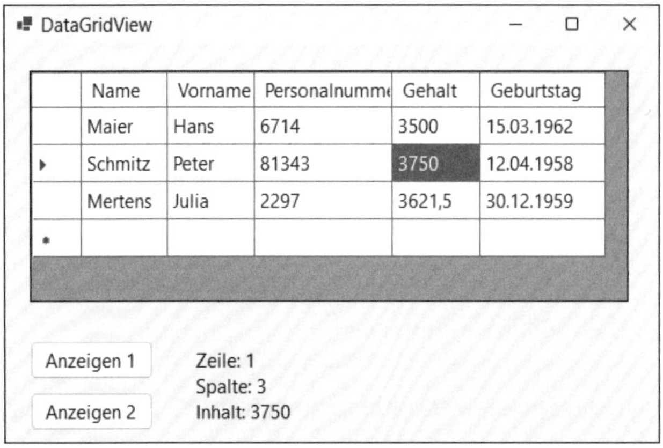

Abbildung 7.43 Steuerelement »DataGridView«, nach Klick auf Zelle

Im Parameter `e` der Ereignismethode des Typs `DataGridViewCellEventArgs` werden Informationen über die angeklickte Zelle übermittelt. Die Eigenschaften `RowIndex` und `ColumnIndex` liefern den Index von Zeile beziehungsweise Spalte zur weiteren Auswertung.

Kapitel 8
Datenbankanwendungen

Wer große Datenmengen dauerhaft und geordnet speichern will, kommt an Datenbanken nicht vorbei.

Sind Sie noch nicht mit relationalen Datenbanken vertraut, liefert Ihnen der erste Abschnitt dieses Kapitels das nötige Hintergrundwissen. Anderenfalls können Sie gleich zu Abschnitt 8.2 übergehen.

8.1 Was sind relationale Datenbanken?

In einer relationalen Datenbank werden die Daten in mehreren Tabellen angeordnet, die miteinander über *Relationen* in Beziehung stehen. Zusätzlich werden Hilfsdatenstrukturen benötigt, sogenannte *Indizes*. Sie erleichtern die Abfrage, Suche und Sortierung in relationalen Datenbanken.

8.1.1 Beispiel »Lager«

Als anschauliches Beispiel für den Entwurf einer Datenbank soll die Erfassung des Lagers eines Händlers dienen. Die Artikel des Lagers sollen durch die Daten aus Tabelle 8.1 gekennzeichnet werden.

Beschreibung	Abkürzung
eigene Artikelnummer	`artnr`
Bestellnummer für diesen Artikel beim Lieferanten	`bestnr`
vorhandene Anzahl	`anz`
Lieferantennummer	`lnr`
Adresse des Lieferanten	`adr`
Telefonnummer des Lieferanten	`telnr`

Tabelle 8.1 Artikeldaten

Beschreibung	Abkürzung
Regionalvertreter des Lieferanten	`vertr`
Einkaufspreis	ek
Verkaufspreis	vk

Tabelle 8.1 Artikeldaten (Forts.)

Erster Entwurf

Im ersten Entwurf für eine solche Datenbank werden die Daten der Artikel in einer Tabelle mit dem Namen `artikel` gespeichert, siehe Tabelle 8.2.

artnr	bestnr	anz	lnr	adr	telnr	vertr	ek	vk
12	877	5	1	Köln	162376	Mertens	23	35
22	231	22	3	Koblenz	875434	Mayer	55	82
24	623	10	4	Bonn	121265	Marck	12	18
30	338	30	12	Aachen	135543	Schmidt	77	116
33	768	5	1	Köln	162376	Mertens	90	135
56	338	2	1	Köln	162376	Mertens	125	190
58	338	16	3	Koblenz	875434	Mayer	50	74
76	912	15	12	Aachen	135543	Schmidt	45	70

Tabelle 8.2 Erster Entwurf

In jeder Zeile stehen die Daten eines bestimmten Artikels. In der Tabelle einer Datenbank wird eine solche Zeile *Datensatz* genannt. Die Spalten der Tabelle einer Datenbank nennt man *Felder*. Sie werden durch ihre Überschrift, den *Feldnamen*, gekennzeichnet.

Alle Artikel sind innerhalb einer Tabelle abgelegt. Das wirkt auf den ersten Blick sehr übersichtlich, Sie erkennen allerdings schnell, dass viele Daten mehrfach vorhanden sind. Bei jedem Artikel desselben Lieferanten sind Adresse, Telefonnummer und Vertreter in jedem Datensatz erfasst.

Es ergibt sich eine *Redundanz* der Daten, d. h., viele Daten sind schlichtweg überflüssig. Außerdem kann sich so schnell eine *Inkonsistenz* ergeben, d. h., die Daten werden uneinheitlich, falls sich beispielsweise die Telefonnummer eines Lieferanten ändert und diese Änderung nur in einem der Datensätze eingetragen wird, in denen dieser Lieferant vorkommt.

Zweiter Entwurf

Daher geht man sinnvollerweise dazu über, die Daten des Lagers in zwei Tabellen abzulegen, die miteinander verbunden sind. Die reinen Artikeldaten werden in der ersten Tabelle mit dem Namen `artikel` gespeichert. Die Felder sehen Sie in Tabelle 8.3.

artnr	bestnr	anz	lnr	ek	vk
12	877	5	1	23	35
22	231	22	3	55	82
24	623	10	4	12	18
30	338	30	12	77	116
33	768	5	1	90	135
56	338	2	1	125	190
58	338	16	3	50	74
76	912	15	12	45	70

Tabelle 8.3 Zweiter Entwurf, Tabelle der Artikel

Die zweite Tabelle `lieferanten` enthält nur die Daten zu den einzelnen Lieferanten. Die Felder sehen Sie in Tabelle 8.4.

lnr	adr	telnr	Vertr
1	Köln	162376	Mertens
3	Koblenz	875434	Mayer
4	Bonn	121265	Marck
12	Aachen	135543	Schmidt

Tabelle 8.4 Zweiter Entwurf, Tabelle der Lieferanten

Neben den beiden Tabellen wird noch eine sogenannte *1:n-Relation* aufgebaut. Diese Relation (= Beziehung, Verknüpfung) wird zwischen den beiden Feldern mit dem Namen `lnr` in den beiden Tabellen verknüpft.

In Abbildung 8.1 sind die beiden Tabellen mit ihren Feldnamen und der Verknüpfung dargestellt.

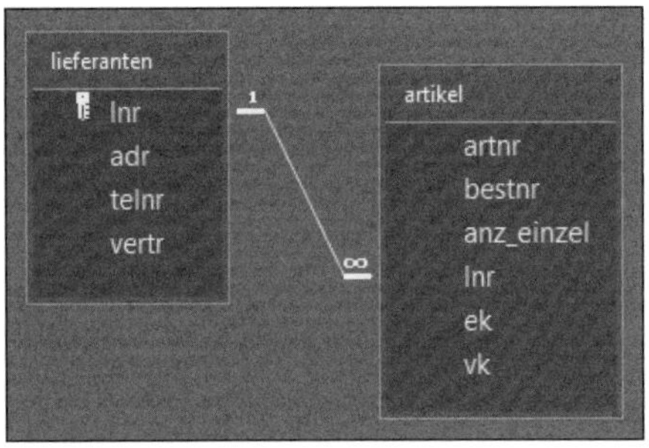

Abbildung 8.1 Relation zwischen Lieferanten und Artikeln

Um also die vollständige Information über einen Artikel zu erhalten, müssen Sie zuerst den Datensatz innerhalb der Tabelle `artikel` aufsuchen und anschließend über das Feld `lnr` den zugehörigen Datensatz in der Tabelle `lieferanten` beachten. Auf diese Weise werden Redundanzen und Inkonsistenzen vermieden, und es kann ein erheblicher Teil an Speicherplatz eingespart werden.

Diese beiden verknüpften Tabellen werden zusammen mit einem geeigneten Abfragesystem zum schnellen Auffinden und Auswerten der Daten als relationales Datenbanksystem bezeichnet. Zu einem solchen System gehören Indizes und Relationen.

8.1.2 Indizes

Ein Index ist eine sortierte Hilfstabelle, in der sich die indizierten Felder in der entsprechenden sortierten Reihenfolge befinden. Außerdem steht hier ein Verweis auf den Ort des zugehörigen Datensatzes. Wenn das Datenbanksystem beim Suchen oder Sortieren einen Index benutzen kann, können effizientere Verfahren angewendet werden, weil die Tabelle nicht Satz für Satz abgearbeitet werden muss. Das bringt besonders bei großen Tabellen deutliche Geschwindigkeitsvorteile.

Da für jeden Index Speicherplatz benötigt wird, wächst die Größe der Datenbank entsprechend an. Außerdem müssen die Index-Hilfstabellen beim Eingeben und Ändern der Daten aktualisiert werden, was die Geschwindigkeit beim Bearbeiten der Daten verlangsamt. In diesem Zusammenhang sind die Begriffe *Primärindex* und *Sekundärindex* von Bedeutung.

Primärindex

Jede Tabelle kann ein Feld aufweisen, das als Primärindex (Primärschlüssel) dient. In einem Primärindexfeld ist jeder Wert einzigartig; zwei Datensätze haben darin also niemals den gleichen Wert. Diese Eigenschaft wird vom Datenbanksystem überwacht, wenn Sie ein Feld oder eine Gruppe von Feldern als Primärindex definieren. Über das Primärindexfeld kann jeder Datensatz eindeutig identifiziert werden.

Ein Beispiel aus dem vorherigen Abschnitt: Innerhalb der Tabelle `artikel` versehen Sie sinnvollerweise das Feld `artnr` mit einem Primärindex. Jede Artikelnummer sollte in dieser Tabelle nur einmal vorkommen. Innerhalb der Tabelle `lieferanten` versehen Sie das Feld `lnr` mit einem Primärindex.

Sekundärindex

Wird für ein Feld oder eine Gruppe von Feldern die Eigenschaft Sekundärindex vereinbart, kann mehrfach derselbe Feldinhalt vorkommen. Eine eindeutige Identifizierung eines Datensatzes ist über einen Sekundärindex also nicht möglich. Trotzdem empfiehlt es sich, Sekundärindizes anzulegen, wenn eine schnellere Sortierung oder ein schnelleres Suchen nach diesen Feldern ermöglicht werden soll.

Hierzu noch einmal ein Beispiel aus dem vorherigen Abschnitt: Innerhalb der Tabelle `lieferanten` versehen Sie beispielsweise das Feld `adr` mit einem Sekundärindex. Dadurch ermöglichen Sie das schnelle Sortieren der Tabelle nach Adressen beziehungsweise das schnelle Suchen nach einer bestimmten Adresse.

8.1.3 Relationen

Wenn Sie mehrere Tabellen haben, werden diese meist in einer Relation (= Beziehung, Verknüpfung) zueinander stehen. Das Datenbanksystem ermöglicht das Festlegen der Relationen zwischen je zwei Tabellen, um diese miteinander zu verknüpfen.

1:1-Relation

Ist einem Datensatz einer Tabelle genau ein Datensatz einer zweiten Tabelle zugeordnet (und umgekehrt), liegt eine 1:1-Relation vor. Die Verknüpfungsfelder müssen dazu in beiden Tabellen eindeutig sein. Sie könnten zwei Tabellen, die zueinander in einer 1:1-Relation stehen, zu einer einzigen Tabelle zusammenfassen. Das Führen von zwei Tabellen kann aber notwendig sein, falls zum Beispiel der Zugriff auf eine der beiden Tabellen aus Datenschutzgründen eingeschränkt werden muss.

1:n-Relation

Bei einer 1:n-Relation können zu einem Datensatz der ersten Tabelle mehrere Datensätze der zweiten Tabelle vorliegen, die sich darauf beziehen. In einem Datenbanksystem wird die Tabelle der 1-Seite als *Mastertabelle* für diese Relation bezeichnet, die Tabelle der n-Seite als *Detailtabelle*.

Im Beispiel aus dem vorherigen Abschnitt sind die Daten über eine solche 1:n-Relation miteinander verbunden. Die Mastertabelle für diese Relation ist die Tabelle der Lieferanten, die Detailtabelle ist die Tabelle der Artikel.

m:n-Relation

Bei einer m:n-Relation entsprechen einem Datensatz der ersten Tabelle mehrere Datensätze der zweiten Tabelle, aber auch umgekehrt entsprechen einem Datensatz der zweiten Tabelle mehrere Datensätze der ersten Tabelle. Eine m:n-Relation lässt sich nicht unmittelbar, sondern nur mithilfe einer dritten Tabelle definieren.

Um eine Datenbank mit einer m:n-Relation darzustellen, müssen wir das einfache Beispiel aus dem vorherigen Abschnitt erweitern. Bisher kann ein Artikel nur von einem Lieferanten bezogen werden. Im neuen Beispiel soll es nun auch die Möglichkeit geben, einen Artikel unter unterschiedlichen Bestellnummern bei verschiedenen Lieferanten zu beziehen. Die Tabelle `artikel` würde so erweitert werden, wie in Tabelle 8.5 zu sehen ist.

artnr	bestnr	anz	lnr	ek	vk
12	877	3	1	23	35
12	655	2	4	26	35
22	231	22	3	55	82
24	623	10	4	12	18
30	338	30	12	77	116
33	768	5	1	90	135
56	338	2	1	125	190
58	338	3	3	50	74
58	442	5	1	47	74
58	587	6	4	42	74
58	110	2	12	55	74
76	912	15	12	45	70

Tabelle 8.5 Tabelle »artikel«, unterschiedliche Lieferanten

Sowohl Artikel 12 als auch Artikel 58 sind unter unterschiedlichen Bestellnummern und Einkaufspreisen bei verschiedenen Lieferanten zu beziehen. Die Tabelle `artikel` hat nun keinen Primärindex mehr im Feld `artnr`, da eine Artikelnummer mehrfach vorkommen kann. Diese Daten legen Sie zur besseren Strukturierung in den folgenden drei Tabellen an:

- Tabelle `lieferanten` mit den Lieferantendaten (siehe Tabelle 8.6)
- Tabelle `art_einzel` mit den unterschiedlichen Daten pro Artikel und Lieferant (siehe Tabelle 8.7)
- Tabelle `art_gesamt` mit den gemeinsamen Daten der Artikel (siehe Tabelle 8.8)

lnr	adr	telnr	vertr
1	Köln	162376	Mertens
3	Koblenz	875434	Mayer
4	Bonn	121265	Marck
12	Aachen	135543	Schmidt

Tabelle 8.6 Tabelle »lieferanten«

artnr	bestnr	anz_einzel	lnr	ek
12	877	3	1	23
12	655	2	4	26
22	231	22	3	55
24	623	10	4	12
30	338	30	12	77
33	768	5	1	90
56	338	2	1	125
58	338	3	3	50
58	442	5	1	47
58	587	6	4	42
58	110	2	12	55
76	912	15	12	45

Tabelle 8.7 Tabelle »art_einzel«

artnr	vk
12	35
22	82
24	18
30	116
33	135
56	190
58	74
76	70

Tabelle 8.8 Tabelle »art_gesamt«

Die Tabelle `lieferanten` ist über das Feld `lnr` mit der Tabelle `art_einzel` über eine 1:n-Relation verbunden. Die Tabelle `art_gesamt` ist über das Feld `artnr` ebenfalls über eine 1:n-Relation mit der Tabelle `art_einzel` verbunden.

Zwischen den beiden Tabellen `lieferanten` und `art_gesamt` gibt es eine *m:n-Relation*, da es zu jedem Lieferanten mehrere Artikelnummern und zu jeder Artikelnummer mehrere Lieferanten geben kann. Primärindizes gibt es in der Tabelle `lieferanten` auf `lnr` und in der Tabelle `art_gesamt` auf `artnr` (siehe Abbildung 8.2).

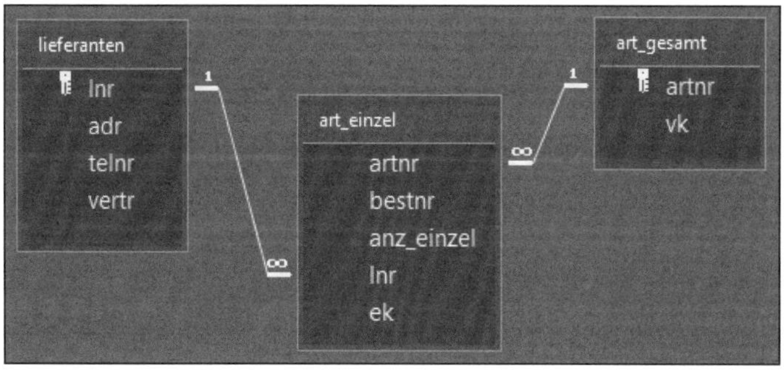

Abbildung 8.2 Zwei 1:n-Relationen ergeben eine m:n-Relation.

8.1.4 Übungen

Bei den nachfolgenden Übungen sollen Sie eigene relationale Datenbanken übersichtlich *auf Papier* modellieren. Vermeiden Sie dabei Redundanzen und Inkonsistenzen. Kennzeichnen Sie Primärindizes und gegebenenfalls Sekundärindizes. Zeichnen Sie 1:n-Relationen und (falls vorhanden) m:n-Relationen ein.

Übung »Projektverwaltung«

Modellieren Sie eine eigene relationale Datenbank `projektverwaltung` zur Verwaltung von Personal, Kunden und Projekten innerhalb einer Firma. Folgende Informationen stehen Ihnen zur Verfügung und sollen in der Datenbank verfügbar sein:

8

- Ein Mitarbeiter hat einen Namen, einen Vornamen und eine Personalnummer.
- Ein Kunde hat einen Namen und kommt aus einem Ort.
- Ein Projekt hat eine Bezeichnung und eine Projektnummer und ist einem Kunden zugeordnet.
- Ein Mitarbeiter kann an mehreren Projekten innerhalb der Firma beteiligt sein.
- Ein Projekt kann von einem oder mehreren Mitarbeitern bearbeitet werden.
- Jeder Mitarbeiter notiert jeden Tag, wie viele Stunden er für welches Projekt gearbeitet hat.

Übung »Mietwagen«

Modellieren Sie eine eigene relationale Datenbank `mietwagen` zur Verwaltung einer Mietwagenfirma. Folgende Informationen stehen Ihnen zur Verfügung und sollen in der Datenbank verfügbar sein:

- Ein Fahrzeug hat eine Fahrgestellnummer, ein Kfz-Kennzeichen, gehört zu einer Preisklasse, hat einen Kilometerstand und einen Standort.
- Die Mietwagenfirma hat mehrere Standorte. Gemietete Fahrzeuge können nur an der gleichen Station zurückgegeben werden.
- Ein Kunde hat einen Namen, einen Vornamen, eine Adresse und eine Kundennummer. Er kann beliebig oft Fahrzeuge mieten.
- Bei einem Mietvorgang sind Zeitpunkt (Beginn und Ende), gewünschte Preisklasse, tatsächlich gemietetes Fahrzeug, Mietstation und gefahrene Kilometer wichtig.
- Eine Preisklasse enthält die Kosten pro Tag (bei 300 Freikilometern) und die Kosten für jeden zusätzlichen Kilometer.

8.2 Anlegen einer Datenbank in MS Access

Bei MS Access handelt es sich um ein relationales Datenbanksystem als Bestandteil von MS Office. Haben Sie bisher noch nicht mit MS Access gearbeitet, lernen Sie in diesem Abschnitt, wie Sie damit Datenbanken erstellen, zum Beispiel die in den weiteren Abschnitten benutzte Datenbank `firma`. Anderenfalls können Sie gleich zu Abschnitt 8.3 übergehen.

Es gibt noch weitere Möglichkeiten, Datenbanken zu erstellen, zum Beispiel mithilfe des MySQL-Datenbankservers oder des dateibasierten Datenbanksystems SQLite.

Daten können aus anderen Anwendungen leicht nach MS Access importiert beziehungsweise aus MS Access exportiert werden.

8.2.1 Aufbau von MS Access

Im Datenbanksystem MS Access wird mit Objekten gearbeitet. Neben den Datenbeständen, die in Tabellen organisiert sind, können in einer MS Access-Datenbank weitere Objekte gespeichert werden, die den Zugriff auf die Daten und die Darstellung der Daten regeln. Dazu können etwa Abfragen, Berichte und Formulare gehören.

Jedes dieser Elemente ist für MS Access ein Objekt, das einen eigenen Namen erhält und bestimmte Eigenschaften hat, die Sie einstellen können. Komplexe Objekte wie Formulare enthalten ihrerseits benannte Objekte mit einstellbaren Eigenschaften, zum Beispiel Eingabefelder. Auf jedes dieser Objekte kann durch seinen Namen Bezug genommen werden.

Tabellen

Die Grundlage einer MS-Access-Datenbank sind die Tabellen, in denen der Datenbestand gespeichert wird. Wie viele Tabellen eine Datenbank umfasst und in welcher Weise die Tabellen verknüpft werden, hängt von der speziellen Aufgabenstellung der Datenbank ab. Tabellen sind in Zeilen und Spalten organisiert. Jede Zeile stellt einen Datensatz dar, jede Spalte ein Feld.

Abfragen

Während die Gesamtheit der Tabellen in den Daten gespeichert ist, können Sie mit Abfragen die jeweils gewünschten Teilinformationen abrufen. Das Ergebnis einer Abfrage wird als übersichtliche Tabelle dargestellt. Sie können beliebig viele Abfragen zusammen mit der Datenbank speichern. Wenn Sie eine Abfrage verwenden, wird das zugehörige Ergebnis gemäß der gespeicherten Abfragevorschrift jedes Mal neu erzeugt.

Formulare

Für die Bildschirmdarstellung der Daten können Formulare erstellt werden, die den früher verwendeten Papierformularen entsprechen. Zum Eingeben und Ändern der Daten bieten Formulare eine gute Benutzerführung, aber auch wenn es um die übersichtliche Darstellung von Abfrageergebnissen geht, sollten Sie Formulare verwenden.

Der Formularassistent führt den Anwender bei der Erstellung eines Formulars und hält Standardmaskenformate bereit. Sie können Anordnung, Gestaltung und Auswertung aber auch selbst bestimmen.

Berichte

Mit Berichten können Sie nicht nur die Druckausgabe gestalten, sondern auch gruppenweise Daten zusammenfassen und statistische sowie grafische Auswertungen durchführen. Als Basis können Sie eine Tabelle oder Abfrage verwenden.

Auch bei der Berichtserstellung kann Sie ein Assistent unterstützen, Sie können jedoch ebenso einen eigenen Berichtsentwurf anlegen oder das vom Berichtsassistenten erzeugte Berichtsformat individuell umgestalten.

8.2.2 Datenbankentwurf in MS Access

Jeder Einzelinformation, die zum selben Tabellenthema gehört, entspricht ein eigenes Feld. Dagegen sollten Sie für Informationen, die sich ableiten oder berechnen lassen, keine Tabellenfelder vorsehen. Diese Informationen werden mit Abfragen erzeugt und stets mit den aktuellen Daten aus der Tabelle berechnet, wenn Sie die Abfrage aufrufen.

Erstellung von Tabellen, Indizes und Relationen

Die beschriebenen Bestandteile einer Datenbank werden nun anhand von eigenen Datenbanken bearbeitet. Geben Sie dazu das Beispiel mit den drei Tabellen aus dem vorherigen Abschnitt ein. Die Datenbank erhält den Namen `lager`. Im Folgenden sind die Entwürfe der drei Tabellen und diejenigen Indizes aufgeführt, die in jedem Fall benötigt werden.

Rufen Sie zur Erstellung zunächst MS Access auf. Wählen Sie das Symbol LEERE DATENBANK aus. Nun wählen Sie den gewünschten Dateinamen und das Verzeichnis aus, beziehungsweise geben Sie beides ein. In diesem Fall ist das *C:/Temp/lager.accdb*, die Endung *.accdb* wird von MS Access ergänzt (siehe Abbildung 8.3).

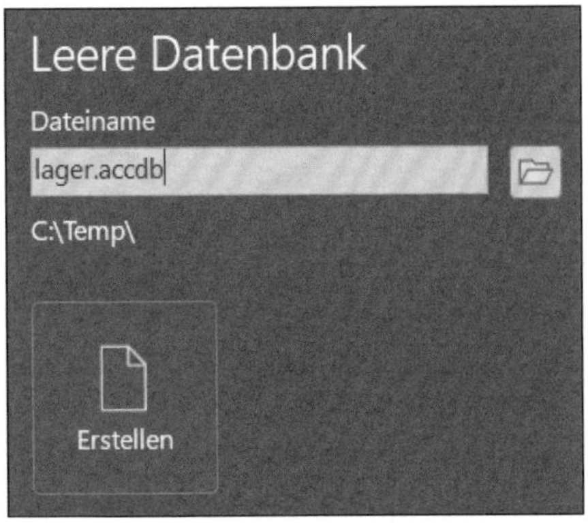

Abbildung 8.3 Erstellung der Datenbank

Nach Betätigung des Buttons ERSTELLEN erscheint die leere Datenbank mit einem Fenster für `Tabelle1`. Hier könnten Sie direkt die Daten von `Tabelle1` eingeben. Allerdings sollten Sie zunächst eine Tabellenstruktur erzeugen. Daher schließen Sie das Fenster von `Tabelle1`, ohne zu speichern.

Über den Menüpunkt ERSTELLEN • TABELLENENTWURF gelangen Sie zur Entwurfsansicht für die erste neue Tabelle. Geben Sie hier nun die Daten aus Abbildung 8.4 ein.

Nun schließen Sie das Tabellenfenster. Da Sie noch nicht gespeichert haben, werden Sie gefragt, ob Sie speichern möchten. Nach Betätigung des Buttons JA können Sie den Namen der Tabelle (`art_einzel`) eingeben.

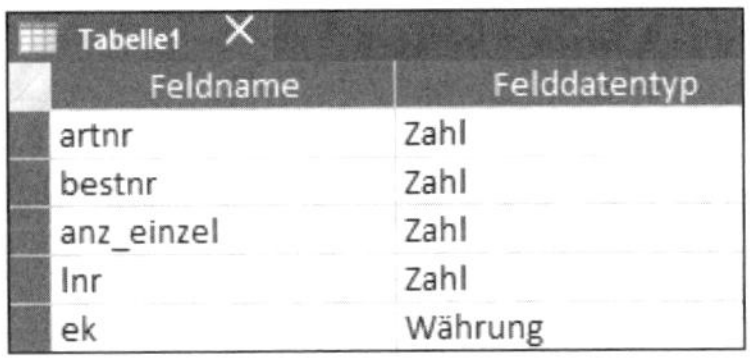

Abbildung 8.4 Entwurf der ersten Tabelle »art_einzel«

Sie werden darauf aufmerksam gemacht, dass die Tabelle über keinen Primärschlüssel verfügt, und werden gefragt, ob Sie einen solchen erstellen möchten. Nach Betätigung des Buttons NEIN erscheint die neue Tabelle im Datenbankfenster (siehe Abbildung 8.5).

Abbildung 8.5 Neue Tabelle »art_einzel«

Im Kontextmenü der neuen Tabelle könnten Sie über den Menüpunkt ENTWURFSANSICHT wiederum in die entsprechende Ansicht gelangen, um die Struktur zu verändern.

Wählen Sie im Kontextmenü den Menüpunkt ÖFFNEN oder führen einen Doppelklick auf der Tabelle aus, gelangen Sie zur Datenblattansicht und können Daten in die Tabelle eingeben.

Wiederum über den Menüpunkt ERSTELLEN • TABELLENENTWURF gelangen Sie zur Entwurfsansicht für die nächste Tabelle. Hier geben Sie die Daten aus Abbildung 8.6 ein.

Zum Setzen eines Primärschlüssels wählen Sie die betreffende Zeile aus (`artnr`) und klicken auf das Symbol PRIMÄRSCHLÜSSEL. Anschließend ist der Primärschlüssel zu sehen (siehe ebenso Abbildung 8.6).

Tabelle1

Feldname	Felddatentyp
artnr	Zahl
vk	Währung

Abbildung 8.6 Neue Tabelle mit Primärschlüssel

Diese Tabelle speichern Sie unter dem Namen `art_gesamt`. Die dritte Tabelle (`lieferanten`) geben Sie ebenso ein und speichern sie anschließend; dabei setzen Sie den Primärschlüssel auf das Feld `lnr` (siehe Abbildung 8.7).

lieferanten

Feldname	Felddatentyp
lnr	Zahl
adr	Kurzer Text
telnr	Zahl
vertr	Kurzer Text

Abbildung 8.7 Dritte Tabelle, mit Primärschlüssel

Hinweis

Für den Felddatentyp `Zahl` ist standardmäßig die Feldgröße `Long Integer` eingestellt. Es können also nur ganze Zahlen gespeichert werden, was für das vorliegende Beispiel genügt.

Benötigen Sie aber ein Feld, in dem auch Zahlen mit Nachkommastellen gespeichert werden können, gehen Sie wie folgt vor: Markieren Sie das Feld nach der Erzeugung, und wählen Sie weiter unten auf der Seite auf der Registerkarte ALLGEMEIN der FELDEIGENSCHAFTEN die FELDGRÖSSE `Single` (für einfache Genauigkeit, ähnlich wie `float` in C#) oder `Double` (für doppelte Genauigkeit, ähnlich wie `double` in C#).

Herstellen der Relationen zwischen den Tabellen

Sie benötigen die folgenden beiden Relationen:

- Tabelle `art_gesamt`, Feld `artnr` (1-Seite) zu Tabelle `art_einzel`, Feld `artnr` (n-Seite), mit referentieller Integrität, ohne Aktualisierungsweitergabe, ohne Löschweitergabe
- Tabelle `lieferanten`, Feld `lnr` (1-Seite) zu Tabelle `art_einzel`, Feld `lnr` (n-Seite), mit referentieller Integrität, ohne Aktualisierungsweitergabe, ohne Löschweitergabe

Zum Erstellen der Relationen wählen Sie (bei geschlossenen Tabellen und Tabellenentwürfen) den Menüpunkt Datenbanktools • Beziehungen. In dem daraufhin erscheinenden Dialogfenster markieren Sie alle drei Tabellen mithilfe der [⇧]-Taste.

Anschließend betätigen Sie den Button Ausgewählte Tabellen hinzufügen. Nun sind alle drei Tabellen im Beziehungsfenster zu sehen. Die Tabellen können Sie leicht mit der Maus verschieben.

Für jede Relation verbinden Sie die beiden Felder, zwischen denen die Relation erstellt werden soll, mithilfe der Maus wie folgt miteinander: Sie betätigen auf dem Feld in der Mastertabelle die linke Maustaste, halten sie gedrückt, gehen zum zugehörigen Feld in der Detailtabelle und lassen die Maustaste dort wieder los. Führen Sie das für die beiden Felder `lnr` durch, erscheint das Dialogfeld aus Abbildung 8.8.

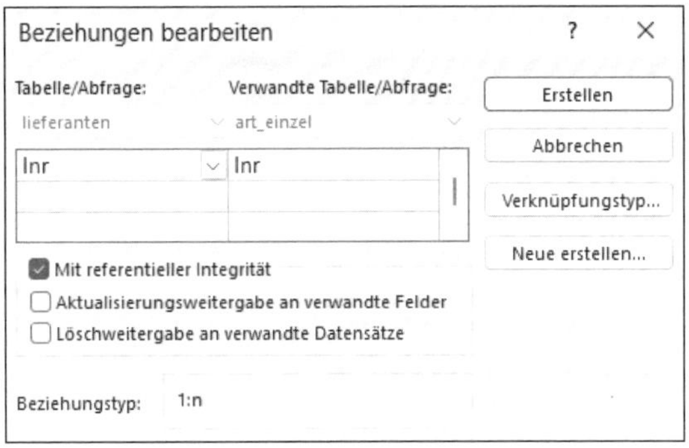

Abbildung 8.8 Erstellung einer Beziehung

Hier sollten Sie Mit referentieller Integrität auswählen (eine Erklärung folgt noch) und anschließend den Button Erstellen betätigen.

Zwischen den ausgewählten Feldern erscheint eine Linie, die die 1:n-Relation darstellt (sofern die Felder auf beiden Seiten der Relation den gleichen Datentyp haben und auf einem der beiden Felder ein Primärindex liegt).

Die zweite Relation können Sie auf die gleiche Art erstellen, sodass das Ergebnis schließlich Abbildung 8.2 zu Beginn dieses Kapitels gleicht.

Referentielle Integrität

Bei der Herstellung von Relationen können Sie auswählen, ob die Regeln der referentiellen Integrität eingehalten werden sollen. Wenn Sie beim Aktualisieren oder Löschen von Daten in einer der beiden Tabellen gegen diese Regeln verstoßen, zeigt MS Access eine Meldung an und lässt diese Änderung nicht zu. Regelverstöße wären zum Beispiel:

- das Hinzufügen von Datensätzen in einer Detailtabelle, für die kein Primärdatensatz vorhanden ist
- Änderungen von Werten in einer Mastertabelle, die verwaiste Datensätze in einer Detailtabelle zur Folge hätten
- das Löschen von Datensätzen in einer Mastertabelle, wenn übereinstimmende verknüpfte Datensätze vorhanden sind

Die Option Mit referentieller Integrität dient also der Datensicherheit und der Vermeidung von Inkonsistenzen bei der Eingabe von Daten und der Aktualisierung von Datenbanken. Sie können diese Option aber nur unter folgenden Voraussetzungen auswählen:

- Das Feld der Mastertabelle hat einen Primärindex oder zumindest einen eindeutigen Index.
- Das Feld in der Detailtabelle weist den gleichen Datentyp auf.
- Beide Tabellen sind in derselben MS-Access-Datenbank gespeichert.

8.2.3 Übungen

Erzeugen Sie aus den beiden Modellen *Projektverwaltung* und *Mietwagen* aus Abschnitt 8.1.4 jeweils eine eigene relationale Datenbank in MS Access. Erstellen Sie Tabellen, Indizes und Relationen.

Tragen Sie einige geeignete Beispieldaten ein. Beachten Sie dabei, dass Sie zuerst Daten auf der Masterseite einer Beziehung eintragen müssen, bevor Sie Daten auf der Detailseite einer Beziehung eingeben können.

8.3 Datenbankzugriff mit C# in Visual Studio

Seit dem vorherigen Abschnitt wissen Sie, wie Sie eine Datenbank in MS Access mit Tabellen und Beziehungen erstellen. In diesem Abschnitt zeige ich Ihnen im Projekt *DBZugriffAccess*, wie Sie mithilfe von C# innerhalb von Visual Studio auf eine MS-Access-Datenbank zugreifen.

Nach der Installation eines MS-Office-Pakets mit MS Access stehen normalerweise alle notwendigen Elemente für den Datenbankzugriff per Programm zur Verfügung.

Es kann Konstellationen geben, bei denen das nicht der Fall ist. Als Folge können Fehlermeldungen im C#-Programm erscheinen. In diesem Fall sollten Sie bei Microsoft unter der Adresse *https://www.microsoft.com/en-us/download/details.aspx?id=54920* die *Microsoft Access Database Engine 2016 Redistributable* herunterladen und installieren.

8.3.1 Beispieldatenbank

In den nun folgenden Abschnitten wird mit der MS-Access-Datenbank *firma.accdb* gearbeitet. Alle Beispieldatenbanken finden Sie auf der Webseite zum Buch in den MATERIALIEN. In *firma.accdb* enthalten ist die Tabelle `personen` zur Aufnahme von Personendaten. Sie besitzt die Struktur aus Abbildung 8.9.

Auf dem Feld `personalnummer` ist der Primärschlüssel definiert. Es kann also keine zwei Datensätze mit der gleichen Personalnummer geben. Das Feld `gehalt` besitzt die Feldgröße `Single`, damit auch Zahlen mit Nachkommastellen gespeichert werden können, siehe Abschnitt 8.2.2.

personen

Feldname	Felddatentyp
name	Kurzer Text
vorname	Kurzer Text
personalnummer	Zahl
gehalt	Zahl
geburtstag	Datum/Uhrzeit

Abbildung 8.9 Entwurf der Tabelle »personen«

Es gibt bereits drei Datensätze mit den Inhalten aus Abbildung 8.10.

personen

name	vorname	personalnummer	gehalt	geburtstag
Mertens	Julia	2297	3621,5	30.12.1959
Maier	Hans	6714	3500	15.03.1962
Schmitz	Peter	81343	3750	12.04.1958

Abbildung 8.10 Inhalt der Tabelle »personen«

8.3.2 Ablauf eines Zugriffs

Der Zugriff auf eine Datenbank mit C# setzt sich innerhalb von Visual Studio aus den folgenden Schritten zusammen:

- Aufnahme der Verbindung zur Datenbank
- Absetzen eines SQL-Befehls an die Datenbank
- Auswerten des SQL-Befehls
- Schließen der Verbindung zur Datenbank

Diese Schritte werden nachfolgend zunächst erläutert und anschließend zusammenhängend in einem C#-Programm durchgeführt.

8.3.3 Verbindung

Die Verbindung zu einer MS-Access-Datenbank wird mithilfe der Programmierschnittstelle *OleDb* aufgenommen. Es wird ein Objekt der Klasse `OleDbConnection` aus dem Namensraum `System.Data.OleDb` benötigt. Ähnliche Klassen gibt es für die Verbindung zu anderen Datenbanktypen.

Die wichtigste Eigenschaft der Klasse `OleDbConnection` ist `ConnectionString`. Darin werden mehrere Eigenschaften für die Art der Verbindung vereinigt. Für MS Access sind das:

- der Datenbankprovider: `Microsoft.ACE.OLEDB.12.0`
- die Datenquelle (`Data Source`), hier *C:/Temp/firma.accdb*

Die Methoden `Open()` und `Close()` der Klasse `OleDbConnection` dienen zum Öffnen und Schließen der Verbindung. Eine offene Verbindung sollte wieder geschlossen werden, sobald sie nicht mehr benötigt wird.

8.3.4 SQL-Befehl

Die Abkürzung SQL steht für *Structured Query Language*. Bei SQL handelt es sich um eine Sprache, mit deren Hilfe Datenbankabfragen ausgeführt werden können. Es gibt grundsätzlich zwei Typen von Abfragen:

- Auswahlabfragen zur Sichtung von Daten mit dem SQL-Befehl `SELECT`
- Aktionsabfragen zur Veränderung von Daten mit den SQL-Befehlen `UPDATE`, `DELETE`, `INSERT`

Im weiteren Verlauf werde ich Ihnen erste Grundlagen der Sprache SQL vermitteln, sodass Sie einige typische Arbeiten mit Datenbanken durchführen können. Innerhalb dieses Buchs werden die Befehle und Schlüsselwörter der Sprache SQL einheitlich großgeschrieben, um sie deutlich vom Rest der jeweiligen SQL-Anweisung zu unterscheiden.

8.3.5 Paket installieren

Bevor Sie den Namensraum `System.Data.OleDb` in einem Projekt einbinden können, in dem Sie auf eine MS-Access-Datenbank zugreifen, müssen Sie zuvor das gleichnamige Paket installieren. Rufen Sie dazu den Menüpunkt PROJEKT • NUGET-PAKETE VERWALTEN auf.

Geben Sie im Suchfenster der Registerkarte DURCHSUCHEN den Namen des Pakets ein. Es erscheint eine Liste von Suchergebnissen, inklusive des gesuchten Pakets, siehe Abbildung 8.11. Wählen Sie das Paket SYSTEM.DATA.OLEDB aus.

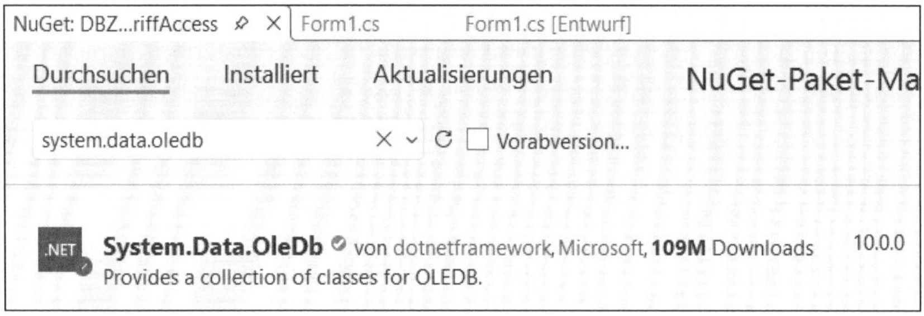

Abbildung 8.11 Paket »System.Data.OleDb« suchen

Betätigen Sie anschließend auf der rechten Seite den Button INSTALLIEREN, siehe Abbildung 8.12. Danach erscheint das Paket auf der Registerkarte INSTALLIERT.

Abbildung 8.12 Paket »System.Data.OleDb« installieren

SQL-Befehle werden mittels eines Objekts der Klasse `OleDbCommand` aus dem Namensraum `System.Data.OleDb` zu einer MS-Access-Datenbank gesendet. Die beiden wichtigsten Eigenschaften dieser Klasse sind:

- `Connection`: die Verbindung, über die der SQL-Befehl gesendet wird
- `CommandText`: der Text des SQL-Befehls

Für die beiden verschiedenen Abfragetypen bietet die Klasse `OleDbCommand` die beiden folgenden Methoden:

- ExecuteReader() dient zum Senden einer Auswahlabfrage und zum Empfangen des Abfrageergebnisses.
- ExecuteNonQuery() dient dem Senden einer Aktionsabfrage und zum Empfangen einer Zahl. Dabei handelt es sich um die Anzahl der Datensätze, die von der Aktion betroffen waren.

Das Ergebnis einer Auswahlabfrage wird in einem Objekt der Klasse OleDbDataReader aus dem Namensraum System.Data.OleDb gespeichert. In diesem Reader stehen alle Datensätze des Ergebnisses mit den Werten der angeforderten Felder zur Verfügung.

8.3.6 Auswahlabfrage

Als Beispiel für eine Auswahlabfrage nehmen wir den einfachsten Fall: Sie möchten alle Datensätze einer Tabelle mit allen Feldern sehen (siehe Abbildung 8.13).

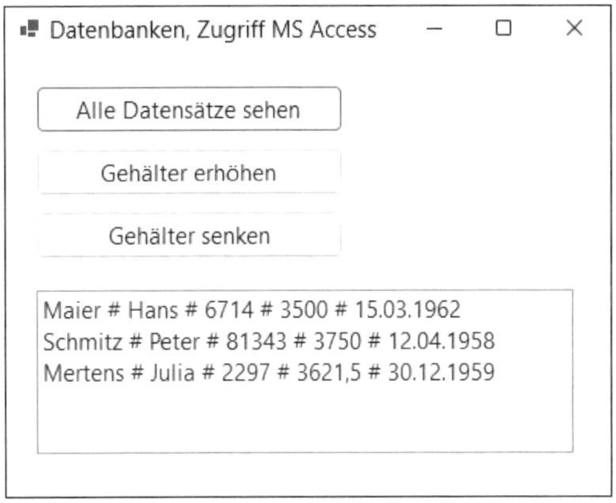

Abbildung 8.13 Alle Datensätze sehen

Das Programm:

```
using System.Data.OleDb;
private void CmdSehen_Click(...)
{
    OleDbConnection con = new()
    {
        ConnectionString = "Provider=Microsoft.ACE.OLEDB.12.0;" +
            "Data Source=C:/Temp/firma.accdb"
    };
```

```
    OleDbCommand cmd = new()
    {
        Connection = con,
        CommandText = "SELECT * FROM personen"
    };

    try
    {
        con.Open();
        OleDbDataReader reader = cmd.ExecuteReader();
        LstAnzeige.Items.Clear();
        while (reader.Read())
        {
            DateTime geb = (DateTime)reader["geburtstag"];
            LstAnzeige.Items.Add($"{reader["name"]} # "
                + $"{reader["vorname"]} # "
                + $"{reader["personalnummer"]} # "
                + $"{reader["gehalt"]} # "
                + $"{geb.ToShortDateString()}");
        }
        reader.Close();
    }
    catch (Exception ex)
    {
        MessageBox.Show(ex.Message);
    }
    con.Close();
}
```

Listing 8.1 Projekt »DBZugriffAccess«, Auswahlabfrage

Zunächst wird mithilfe einer Objektinitialisierung ein Objekt der Klasse `OleDbConnection` erzeugt. Die Eigenschaft `ConnectionString` wird mit den Informationen für den Provider und die Datenquelle gefüllt.

Als Nächstes wird, ebenfalls mithilfe einer Objektinitialisierung, ein Objekt der Klasse `OleDbCommand` erzeugt. In der Eigenschaft `Connection` wird die zuvor erstellte Verbindung für den SQL-Befehl festgelegt. Die Eigenschaft `CommandText` enthält den SQL-Befehl `SELECT * FROM personen`. Er besteht aus den folgenden Elementen:

- SELECT ... FROM ...: wähle Felder ... aus Tabelle ...
- *: Liste der gewünschten Felder im Abfrageergebnis, * bedeutet alle Felder
- personen: Name der Tabelle, aus der ausgewählt wird

Da es beim Zugriff auf eine Datenbank erfahrungsgemäß zahlreiche Fehlerquellen gibt, sollte der Zugriff in einer Ausnahmebehandlung ablaufen. Ähnlich wie beim Öffnen einer Datei kann es vorkommen, dass die Datenbank gar nicht am genannten Ort existiert. Auch Fehler bei der SQL-Syntax werden an C# weitergemeldet. Die verschiedenen möglichen Fehlermeldungen helfen bei der Fehlerfindung.

Durch den Aufruf der Methode Open() wird die Verbindung geöffnet.

Der SQL-Befehl wird mit der Methode ExecuteReader() gesendet. Sie liefert einen Verweis auf ein Objekt des Typs OleDbDataReader zurück, das das Ergebnis der Abfrage enthält. Intern verweist ein Zeiger auf den ersten Datensatz in diesem Ergebnis.

Die einzelnen Datensätze werden mithilfe einer while-Schleife gelesen. Die Methode Read() des OleDbDataReader-Objekts liest einen Datensatz und setzt anschließend den Zeiger auf den nächsten Datensatz. Auf diese Weise werden nacheinander alle Datensätze erreicht. Wird festgestellt, dass auf einen Datensatz verwiesen wird, liefert die Methode true. Am Ende des Ergebnisses wird nicht mehr auf einen Datensatz verwiesen und daher false geliefert. Das steuert die while-Schleife.

Innerhalb eines Datensatzes können Sie die Werte der einzelnen Felder entweder über die Feldnummer oder den Feldnamen ansprechen. Hier wird die zweite, anschaulichere Möglichkeit verwendet. Es werden die Werte aller Felder ausgegeben, zur Verdeutlichung getrennt mit dem Zeichen #.

Der Inhalt des Felds geburtstag kann nach der entsprechenden Umwandlung in einer DateTime-Variablen gespeichert werden. Sie erscheint formatiert in der Ausgabe.

Zu guter Letzt müssen noch der Reader und die Verbindung wieder geschlossen werden, jeweils mit Close(). Die Verbindung muss auch nach dem Auftreten eines Fehlers geschlossen werden.

Hinweis

Greifen Sie auf eine ältere MS-Access-Datenbank mit der Endung *.mdb* zu, sieht der *ConnectionString* zum Beispiel wie folgt aus:

```
con.ConnectionString =
    "Provider=Microsoft.Jet.OLEDB.4.0;
    "Data Source=C:/Temp/firma.mdb;"
```

8.3.7 Aktionsabfrage

Im folgenden Beispiel für eine Aktionsabfrage sollen alle Gehälter um 5 % erhöht werden beziehungsweise wieder auf den alten Wert gesenkt werden, sodass die Liste anschließend wie die in Abbildung 8.14 aussieht.

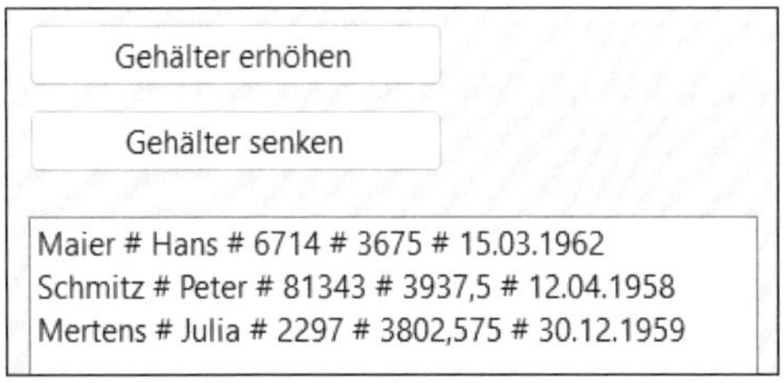

Abbildung 8.14 Nach Erhöhung um 5 %

Das Programm (ebenfalls im Projekt *DBZugriffAccess*):

```
private void CmdAendern_Click(...)
{
    OleDbConnection con = new("Provider=Microsoft.ACE.OLEDB.12.0;" +
        "Data Source=C:/Temp/firma.accdb");
    string op = sender == CmdErhoehen ? "*" : "/";
    OleDbCommand cmd = new($"UPDATE personen " +
        $"SET gehalt = gehalt {op} 1.05", con);

    try
    {
        con.Open();
        int anzahl = cmd.ExecuteNonQuery();
        MessageBox.Show($"Datensätze geändert: {anzahl}");
    }
    catch (Exception ex)
    {
        MessageBox.Show(ex.Message);
    }
    con.Close();
}
```

Listing 8.2 Projekt »DBZugriffAccess«, Aktionsabfrage

In dieser Methode habe ich eine verkürzte Schreibweise gewählt. Ein Objekt der Klasse `OleDbConnection` kann mit einem Parameter für die Eigenschaft `ConnectionString` erzeugt werden. Ein Objekt der Klasse `OleDbCommand` kann mit zwei Parametern für die Eigenschaften `CommandText` und `Connection` erzeugt werden.

Das Ereignis `Click` der beiden unteren Buttons ist mit der Methode `CmdAendern_Click()` verbunden. Die Gehälter werden erhöht beziehungsweise gesenkt. Mithilfe eines Vergleichs wird festgestellt, welcher der beiden Buttons betätigt wurde.

Der Ablauf ist ähnlich wie bei einer Auswahlabfrage. Es wird allerdings kein Reader benötigt, da es bei Aktionsabfragen kein Abfrageergebnis gibt, das ausgelesen werden könnte.

Der SQL-Befehl für den Button GEHÄLTER ERHÖHEN lautet `UPDATE personen SET gehalt = gehalt * 1.05`. Er setzt sich zusammen aus:

- `UPDATE ... SET ...` (aktualisiere Tabelle ... setze Werte ...)
- `personen` (Name der Tabelle, in der aktualisiert wird)
- `gehalt = gehalt * 1.05` (eine oder mehrere Zuweisungen mit neuen Werten für ein oder mehrere Felder)

Das Kommando wird mit der Methode `ExecuteNonQuery()` gesendet. Rückgabewert ist die Anzahl der Datensätze, die von der Aktionsabfrage betroffen waren. Diese Zahl wird angezeigt (siehe Abbildung 8.15).

Abbildung 8.15 Anzahl der geänderten Datensätze

8.4 SQL-Befehle

In diesem Abschnitt werde ich im Projekt *DBSqlBefehle* (siehe Abbildung 8.16) die wichtigsten SQL-Befehle anhand einer Reihe von typischen Beispielen mit ihren Auswirkungen erläutern.

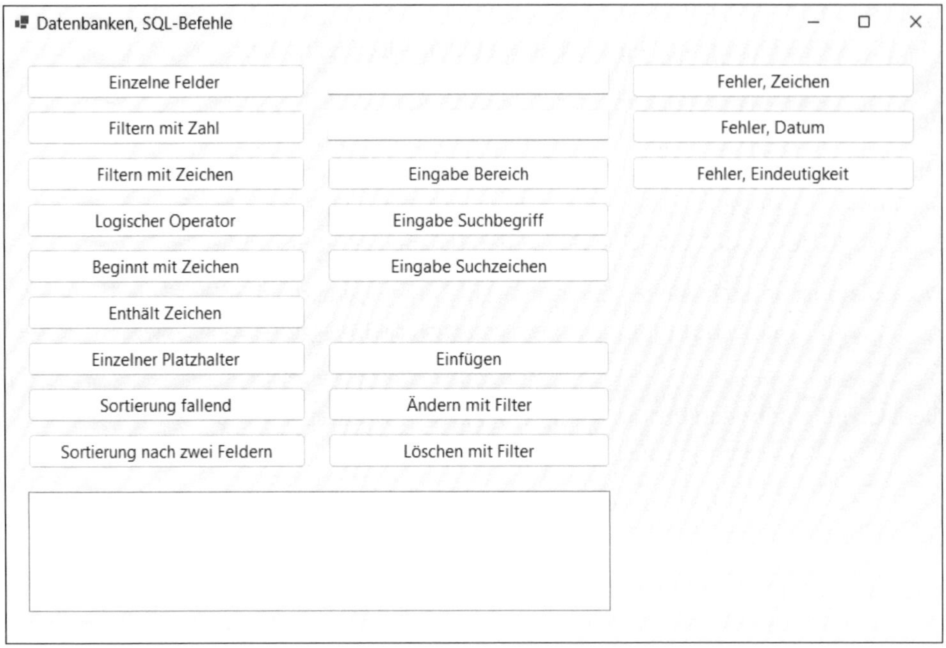

Abbildung 8.16 Aufrufe wichtiger SQL-Befehle

8.4.1 Rahmenprogramm

Die sich wiederholenden Arbeiten im Projekt *DBSqlBefehle*, die zum Durchführen der SQL-Befehle aus den einzelnen Ereignismethoden dienen, werden in das nachfolgende Rahmenprogramm ausgelagert:

```
public partial class Form1 : Form
{
    private readonly OleDbConnection con = new();
    private readonly OleDbCommand cmd = new();

    public Form1()
    {
        InitializeComponent();
        con.ConnectionString = "Provider=Microsoft.ACE.OLEDB.12.0;" +
            "Data Source=C:/Temp/firma.accdb";
        cmd.Connection = con;
    }
    ...
```

```
private void AlleFelder()
{
    try
    {
        con.Open();
        OleDbDataReader reader = cmd.ExecuteReader();
        LstAnzeige.Items.Clear();
        while (reader.Read())
        {
            DateTime geb = (DateTime)reader["geburtstag"];
            LstAnzeige.Items.Add($"{reader["name"]} # "
                + $"{reader["vorname"]} # "
                + $"{reader["personalnummer"]} # "
                + $"{reader["gehalt"]} # "
                + $"{geb.ToShortDateString()}");
        }
        reader.Close();
    }
    catch (Exception ex)
    {
        MessageBox.Show(ex.Message);
    }
    con.Close();
}
...
private void AktionAusfuehren()
{
    try
    {
        con.Open();
        int anzahl = cmd.ExecuteNonQuery();
        MessageBox.Show($"Datensätze geändert: {anzahl}");
    }
    catch (Exception ex)
    {
        MessageBox.Show(ex.Message);
    }
    con.Close();

    cmd.CommandText = "SELECT * FROM personen";
```

```
        AlleFelder();
    }
}
```

Listing 8.3 Projekt »DBSqlBefehle«, Rahmenprogramm

Das `OleDbConnection`-Objekt und das `OleDbCommand`-Objekt sind Eigenschaften der Klasse des Formulars. Die Verbindung zur Datenbank wird im Konstruktor des Formulars erstellt. Die Methode `AlleFelder()` führt die jeweilige Auswahlabfrage nach dem Zusammenstellen des `SELECT`-Befehls durch und gibt das Ergebnis aus. Die Methode `AktionAusfuehren()` führt die jeweilige Aktionsabfrage durch, gibt die Anzahl der betroffenen Datensätze aus und zeigt anschließend die geänderte Tabelle an.

8.4.2 Einzelne Felder

Mit dem nachfolgenden SQL-Befehl werden nur die Werte der Felder `name` und `vorname` für alle Datensätze angefordert, siehe Abbildung 8.17. Das Abfrageergebnis ist kleiner, weil die Werte der anderen Felder darin nicht enthalten sind. Diese Auswahlabfrage ruft ausnahmsweise nicht die Methode `AlleFelder()` auf, da nur auf bestimmte Felder im Ergebnis zugegriffen werden kann.

```
SELECT name, vorname FROM personen
```

Abbildung 8.17 Nur die Felder »name« und »vorname«

8.4.3 Filtern mit Zahl

Innerhalb einer `WHERE`-Klausel können Sie Bedingungen angeben, ähnlich wie bei einer `if`-Verzweigung. Das Ergebnis enthält nur die Datensätze, die der Bedingung genügen – in diesem Fall die Datensätze, bei denen der Wert im Feld `gehalt` größer als 3.600 ist (siehe Abbildung 8.18). Das Beispiel sieht wie folgt aus:

```
SELECT * FROM personen WHERE gehalt > 3600
```

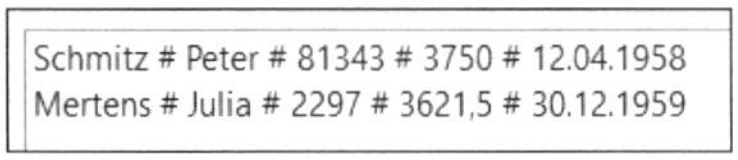

Abbildung 8.18 Nur falls »gehalt« größer als 3.600 ist

8.4.4 Filtern mit Zeichen

Vergleichen Sie mit dem Wert einer Zeichenkette oder eines Datums, müssen Sie diesen Wert in einfache Hochkommata setzen. Das Ergebnis sehen Sie in Abbildung 8.19. Ein Beispiel:

```
SELECT * FROM personen WHERE name = 'Schmitz'
```

```
Schmitz # Peter # 81343 # 3750 # 12.04.1958
```

Abbildung 8.19 Nur falls »name« gleich »Schmitz« ist

8.4.5 Operatoren

Bei einer Bedingung können Sie Vergleichsoperatoren verwenden, siehe Tabelle 8.9.

Operator	Erläuterung
=	gleich
<>	ungleich
>	größer als
>=	größer als oder gleich
<	kleiner als
<=	kleiner als oder gleich

Tabelle 8.9 SQL, Vergleichsoperatoren

Über logische Operatoren können Sie mehrere Bedingungen miteinander verbinden, siehe Tabelle 8.10.

Operator	Erläuterung
NOT	Der Wahrheitswert einer Bedingung wird umgekehrt.
AND	Beide Bedingungen müssen zutreffen.
OR	Nur eine der Bedingungen muss zutreffen.

Tabelle 8.10 SQL, logische Operatoren

Mit diesen Operatoren können Sie zum Beispiel die folgende Abfrage formulieren:

```
SELECT * FROM personen WHERE gehalt >= 3600 AND gehalt <= 3650
```

Das Ergebnis enthält jetzt nur die Datensätze, bei denen der Wert im Feld `gehalt` zwischen 3.600 und 3.650 liegt, einschließlich der Ober- und Untergrenze (Abbildung 8.20).

```
Mertens # Julia # 2297 # 3621,5 # 30.12.1959
```

Abbildung 8.20 Nur falls »gehalt« zwischen 3.600 und 3.650 liegt

8.4.6 Operator »LIKE«

Der Operator `LIKE` wird speziell für die Suche nach Zeichenketten mithilfe von Platzhaltern verwendet. In MS Access steht der Platzhalter `%` (Prozentzeichen) für eine beliebige Anzahl von unbekannten Zeichen, der Platzhalter `_` (Unterstrich) für genau ein unbekanntes Zeichen.

Das Ergebnis der nachfolgenden Abfrage enthält nur die Datensätze, bei denen der Wert im Feld `name` mit »M« beginnt (siehe Abbildung 8.21). Danach dürfen beliebig viele unbekannte Zeichen folgen.

```
SELECT * FROM personen WHERE name LIKE 'M%'
```

```
Maier # Hans # 6714 # 3500 # 15.03.1962
Mertens # Julia # 2297 # 3621,5 # 30.12.1959
```

Abbildung 8.21 Beginnt mit Zeichen »M«

Das Ergebnis der nachfolgenden Abfrage enthält nur die Datensätze, die im Wert des Felds `name` den Buchstaben »i« enthalten (siehe Abbildung 8.22). Davor und danach dürfen sich beliebig viele unbekannte Zeichen befinden.

```
SELECT * FROM personen WHERE name LIKE '%i%'
```

```
Maier # Hans # 6714 # 3500 # 15.03.1962
Schmitz # Peter # 81343 # 3750 # 12.04.1958
```

Abbildung 8.22 Enthält Zeichen »i«

Bei der nachfolgenden Variante enthält das Ergebnis nur die Datensätze, deren erster Buchstabe ein »M« ist und bei denen der vierte Buchstabe ein »e« und der fünfte ein »r« ist. Es werden also alle Personen gefunden, die zum Beispiel Maier, Meier, Mayer oder Meyer heißen (siehe Abbildung 8.23).

```
SELECT * FROM personen WHERE name LIKE 'M__er'
```

```
Maier # Hans # 6714 # 3500 # 15.03.1962
```

Abbildung 8.23 Einzelner Platzhalter

8.4.7 Sortierung

Die Reihenfolge der Datensätze im Abfrageergebnis können Sie mit ORDER BY beeinflussen. Sie geben dazu einen oder mehrere Sortierschlüssel an. Die Sortierung ist normalerweise aufsteigend. Wünschen Sie eine absteigende Sortierung, verwenden Sie den Zusatz DESC.

Mit der nachfolgenden Abfrage werden die Datensätze fallend nach Gehalt sortiert, siehe Abbildung 8.24.

```
SELECT * FROM personen ORDER BY gehalt DESC
```

```
Schmitz # Peter # 81343 # 3750 # 12.04.1958
Mertens # Julia # 2297 # 3621,5 # 30.12.1959
Maier # Hans # 6714 # 3500 # 15.03.1962
```

Abbildung 8.24 Sortiert nach »gehalt«, fallend

Mit der nachfolgenden Abfrage werden die Datensätze nach dem Feld name aufsteigend sortiert, siehe Abbildung 8.25. Bei gleichem Inhalt in diesem Feld werden sie nach dem Feld vorname aufsteigend sortiert, also würde zum Beispiel »Schmitz, Joachim« vor »Schmitz, Peter« einsortiert werden.

```
SELECT * FROM personen ORDER BY name, vorname
```

```
Maier # Hans # 6714 # 3500 # 15.03.1962
Mertens # Julia # 2297 # 3621,5 # 30.12.1959
Schmitz # Peter # 81343 # 3750 # 12.04.1958
```

Abbildung 8.25 Sortiert nach »name« und »vorname«

8.4.8 Parameter für Zahlen

Der Benutzer kann eigene Werte zum Filtern eingeben, zum Beispiel in einer TextBox. Dabei könnte ein böswilliger Benutzer eine sogenannte *SQL-Injection* vornehmen, d. h., er könnte SQL-Code eingeben, der die Inhalte der Datenbank ändert oder löscht. Daher sollten Sie mit Parametern arbeiten, wie ich es in diesem und den beiden nachfolgenden Abschnitten zeigen werde.

Der Benutzer hat die Möglichkeit, zwei Zahlen in zwei TextBoxen einzugeben. Nach Betätigung des Buttons EINGABE BEREICH werden ihm nur noch die Datensätze angezeigt, bei denen der Wert im Feld `gehalt` größer als oder gleich dem Wert in der ersten TextBox und kleiner als oder gleich dem Wert in der zweiten TextBox ist, siehe Abbildung 8.26. Das zugehörige Ergebnis sehen Sie in Abbildung 8.27.

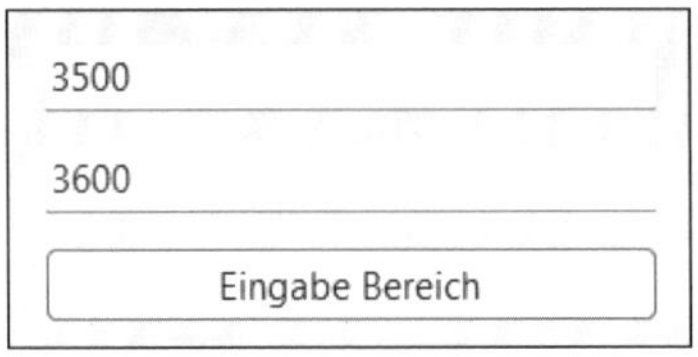

Abbildung 8.26 Eingabe eines Bereichs

Abbildung 8.27 Ergebnis für diesen Zahlenbereich

Es folgt der Code im Projekt *DBSqlBefehle*:

```
private void CmdEingabeBereich_Click(...)
{
    cmd.CommandText = "SELECT * FROM personen " +
        "WHERE gehalt >= ? AND gehalt <= ?";

    try
    {
        OleDbParameter p1 - new();
        p1.OleDbType = OleDbType.Double;
        p1.Value = Convert.ToDouble(TxtEingabeEins.Text);
        cmd.Parameters.Add(p1);

        cmd.Parameters.Add("", OleDbType.Double).Value =
            Convert.ToDouble(TxtEingabeZwei.Text);
```

```
            AlleFelder();
        }
        catch (Exception ex)
        {
            MessageBox.Show(ex.Message);
        }
        cmd.Parameters.Clear();
    }
```

Listing 8.4 Projekt »DBSqlBefehle«, Parameter für Zahlen

Der SQL-Befehl wird wie bisher der Eigenschaft `CommandText` des `OleDbCommand`-Objekts zugewiesen. Er enthält zwei Fragezeichen für die beiden Parameter.

Die nachfolgende Umwandlung der beiden Eingaben kann zu einem Fehler führen. Daher wird sie in eine Ausnahmebehandlung eingebettet.

Ein Parameter erhält seinen Wert mithilfe eines Objekts des Typs `OleDbParameter`. Nach seiner Erstellung wird seiner Eigenschaft `OleDbType` ein Wert aus der gleichnamigen Enumeration zugewiesen. Auf diese Weise wird dafür gesorgt, dass beim Vergleich der richtige Typ verwendet wird. Das Datenbankfeld `gehalt` ist vom Typ `double` und sollte daher mit einem `double`-Wert verglichen werden. Der Eigenschaft `Value` des Objekts wird der umgewandelte Wert der TextBox zugewiesen.

Zuletzt wird der neu erzeugte Parameter mithilfe der Methode `Add()` der Auflistung `Parameters` des `OleDbCommand`-Objekts hinzugefügt. Da es sich um den ersten Parameter der Auflistung handelt, wird er anstelle des ersten Fragezeichens im SQL-Befehl eingesetzt.

Der zweite Parameter wird in verkürzter Form erstellt und der Auflistung hinzugefügt. Diejenige Überladung der Methode `Add()`, die einen Wert für die Eigenschaft `OleDbType` entgegennimmt, erwartet als Erstes einen Namen für den Parameter. Dieser wird allerdings im Weiteren nicht benötigt und kann daher auch einer leeren Zeichenkette entsprechen. Da es sich um den zweiten Parameter der Auflistung handelt, wird er anstelle des zweiten Fragezeichens im SQL-Befehl eingesetzt.

Nach der Ausgabe der Ergebnisse der Abfrage wird mithilfe der Methode `Clear()` sicher gestellt, dass die Auflistung `Parameters` des `OleDbCommand`-Objekts beim nächsten SQL-Befehl keine »alten« Parameter mehr enthält.

8.4.9 Parameter für Suchbegriff

Benutzer haben die Möglichkeit, einen Suchbegriff in der ersten TextBox aus Abbildung 8.26 einzugeben. Anschließend werden nur noch die Datensätze angezeigt, bei denen der Suchbegriff dem Inhalt des Felds name entspricht. Da eine Zeichenkette eingegeben wird, entfällt die Ausnahmebehandlung mit der Umwandlung. Der Code sieht wie folgt aus:

```
private void CmdEingabeSuchbegriff_Click(...)
{
    cmd.CommandText = "SELECT * FROM personen WHERE name LIKE ?";
    cmd.Parameters.Add("", OleDbType.VarChar).Value =
        TxtEingabeEins.Text;
   AlleFelder();
    cmd.Parameters.Clear();
}
```

Listing 8.5 Projekt »DBSqlBefehle«, Parameter für Suchbegriff

Bei Zeichenketten als Parameter erhält die Eigenschaft OleDbType den Wert VarChar aus der gleichnamigen Enumeration. Hat die Benutzerin den Suchbegriff »Schmitz« eingegeben, sieht das Ergebnis aus wie in Abbildung 8.28.

Abbildung 8.28 Suchbegriff »Schmitz«

8.4.10 Parameter für Suchzeichen

Im nächsten Programm haben Benutzer die Möglichkeit, einzelne Suchzeichen in der ersten TextBox aus Abbildung 8.26 einzugeben. Anschließend werden nur noch die Datensätze angezeigt, bei denen das Suchzeichen an einer beliebigen Stelle im Feld name vorkommt. Der Code sieht wie folgt aus:

```
private void CmdEingabeSuchzeichen_Click(...)
{
    cmd.CommandText = "SELECT * FROM personen WHERE name LIKE ?";
    cmd.Parameters.Add("", OleDbType.VarChar).Value =
        $"%{TxtEingabeEins.Text}%";
   AlleFelder();
    cmd.Parameters.Clear();
}
```

Listing 8.6 Projekt »DBSqlBefehle«, Parameter für Suchzeichen

Beachten Sie das Einbetten des Inhalts der TextBox zwischen den beiden Platzhaltern für beliebige Zeichen. Hat der Benutzer das Suchzeichen »i« eingegeben, sieht das Ergebnis aus wie in Abbildung 8.29. Statt eines einzelnen Suchzeichens könnte auch eine Suchzeichenkette eingegeben werden.

```
Maier # Hans # 6714 # 3500 # 15.03.1962
Schmitz # Peter # 81343 # 3750 # 12.04.1958
```

Abbildung 8.29 Suchzeichen »i«

8.4.11 Einfügen mit »INSERT«

Die Anweisung `INSERT` wird zum Einfügen neuer Datensätze genutzt. Sie wird mithilfe von `ExecuteNonQuery()` ausgeführt.

```
INSERT INTO personen
   (name, vorname, personalnummer, gehalt, geburtstag)
   VALUES('Weber', 'Jürgen', 4711, 2900, '12.08.1976')
```

Damit wird ein neuer Datensatz eingefügt. Die Feldnamen in Klammern geben die Anzahl und die Reihenfolge der Werte vor, die nach `VALUES` in Klammern stehen. Beachten Sie die einfachen Hochkommata bei Zeichenketten und Datumswerten.

Anschließend sieht die Tabelle aus wie in Abbildung 8.30.

```
Maier # Hans # 6714 # 3500 # 15.03.1962
Schmitz # Peter # 81343 # 3750 # 12.04.1958
Mertens # Julia # 2297 # 3621,5 # 30.12.1959
Weber # Jürgen # 4711 # 2900 # 12.08.1976
```

Abbildung 8.30 Nach dem Einfügen

8.4.12 Ändern mit »UPDATE«

Die Anweisung `UPDATE` dient der Änderung von einem oder mehreren Feldinhalten in einem oder mehreren Datensätzen. Sie wird ebenfalls mithilfe von `ExecuteNonQuery()` ausgeführt und ähnelt in ihrem Aufbau der Anweisung `SELECT`.

Die Auswahlkriterien sollten Sie sorgfältig wählen, da ansonsten eventuell mehr als nur die gewünschten Datensätze verändert werden. Mithilfe der nachfolgenden Anweisung wird in einem ausgewählten Datensatz der Wert des Felds `gehalt` geändert.

```
UPDATE personen SET gehalt = 3100 WHERE personalnummer = 4711
```

In vielen Fällen empfiehlt es sich, die Auswahl über das Feld mit dem eindeutigen Index vorzunehmen, hier über das Feld `personalnummer`.

Die Tabelle sieht anschließend aus wie in Abbildung 8.31.

```
Maier # Hans # 6714 # 3500 # 15.03.1962
Schmitz # Peter # 81343 # 3750 # 12.04.1958
Mertens # Julia # 2297 # 3621,5 # 30.12.1959
Weber # Jürgen # 4711 # 3100 # 12.08.1976
```

Abbildung 8.31 Nach dem Ändern

Lassen Sie in obigem Befehl die `WHERE`-Klausel weg, wird bei allen Datensätzen der Wert im Feld `gehalt` geändert!

8.4.13 Löschen mit »DELETE«

Die Anweisung `DELETE` dient dem Löschen von einem oder mehreren Datensätzen. Auch sie wird mithilfe von `ExecuteNonQuery()` ausgeführt. Die Auswahlkriterien sollten noch sorgfältiger gewählt werden, da ansonsten eventuell mehr als die gewünschten Datensätze gelöscht werden. Mithilfe der nachfolgenden Anweisung wird ein ausgewählter Datensatz gelöscht.

```
DELETE FROM personen WHERE personalnummer = 4711
```

Die Tabelle sieht anschließend aus wie in Abbildung 8.32.

```
Maier # Hans # 6714 # 3500 # 15.03.1962
Schmitz # Peter # 81343 # 3750 # 12.04.1958
Mertens # Julia # 2297 # 3621,5 # 30.12.1959
```

Abbildung 8.32 Nach dem Löschen

Lassen Sie hier die `WHERE`-Klausel weg, werden alle Datensätze gelöscht!

8.4.14 Typische Fehler in SQL

Vor allem beim Einfügen und beim Ändern treten häufig Fehler auf. Die Fehler werden zu C# durchgeleitet und aufgrund der Ausnahmebehandlung ausgegeben. Typische Fehler sind:

- Eintragen eines bereits vorkommenden Werts in ein Feld, auf dem ein eindeutiger Index steht
- Eintragen eines Werts, der für den betreffenden Datentyp ungültig ist
- falsche SQL-Syntax

Hier einige Beispiele für häufige Fehler:

```
UPDATE personen SET name = Klar WHERE personalnummer = 6714
```

Der Wert für das Feld `name` steht nicht in einfachen Anführungsstrichen (siehe Abbildung 8.33).

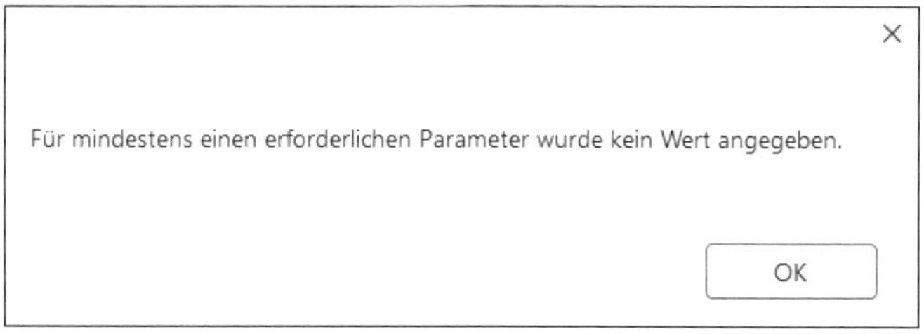

Abbildung 8.33 Fehlende Anführungsstriche

```
UPDATE personen SET geburtstag = '18.07.' WHERE personalnummer = 6714
```

Der Wert für das Feld `geburtstag` ist kein gültiges Datum (Abbildung 8.34).

Abbildung 8.34 Ungültiges Datum

```
INSERT INTO personen
   (name, vorname, personalnummer, gehalt, geburtstag)
   VALUES('Berg', 'Monika', 81343, 3900, '09.12.1972')
```

Der Wert für das eindeutige Feld `personalnummer` kommt bereits vor (Abbildung 8.35).

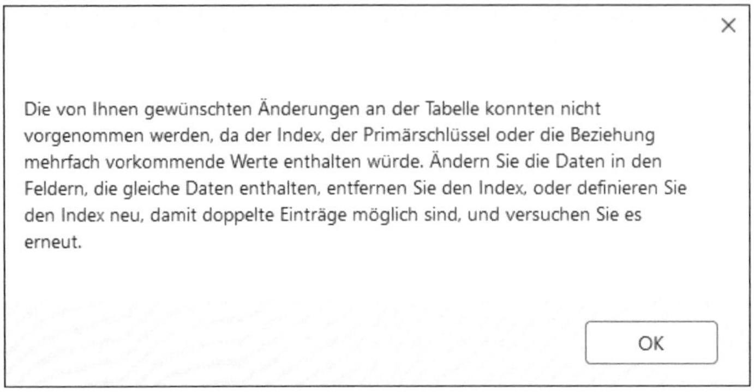

Abbildung 8.35 Doppelter Wert

8.5 Ein Verwaltungsprogramm

In diesem Abschnitt stelle ich ein Programm (Projekt *DBVerwaltung*) zur Verwaltung einer Tabelle vor. Das Programm ermöglicht grundlegende Aktionen wie das Anzeigen, Suchen, Einfügen, Ändern und Löschen von Datensätzen (siehe Abbildung 8.36).

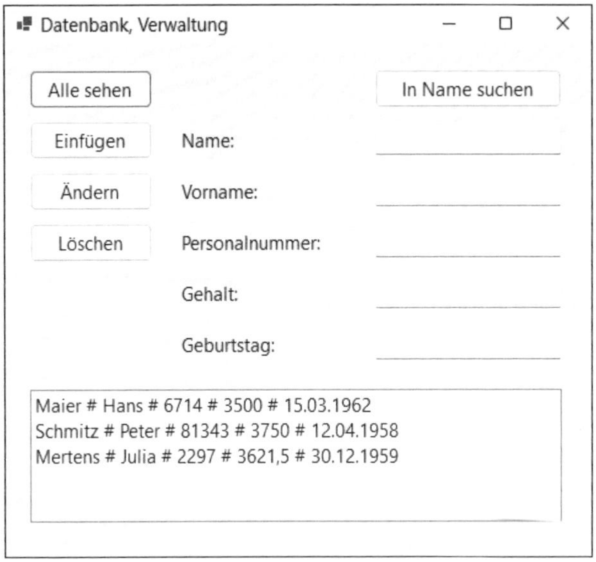

Abbildung 8.36 Benutzeroberfläche des Verwaltungsprogramms

8.5.1 Rahmenprogramm

Es gibt ein ähnliches Rahmenprogramm wie im vorherigen Projekt:

```
using System.Data.OleDb;
public partial class Form1 : Form
{
    private readonly OleDbConnection con = new();
    private readonly OleDbCommand cmd = new();
    private readonly List<int> pnummer = [];

    public Form1()
    {
        InitializeComponent();
        con.ConnectionString = "Provider=Microsoft.ACE.OLEDB.12.0;" +
            "Data Source=C:/Temp/firma.accdb";
        cmd.Connection = con;
    }
    ...
}
```

Listing 8.7 Projekt »DBVerwaltung«, Rahmenprogramm

Neben dem `OleDbConnection`-Objekt und dem `OleDbCommand`-Objekt wird mithilfe eines Sammlungsausdrucks eine leere generische Liste von `int`-Werten erstellt (siehe Abschnitt 5.17).

8.5.2 Alle Datensätze sehen

Betätigt der Benutzer den Button Alle Sehen, werden alle Datensätze wie in Abbildung 8.36 angezeigt. Anschließend könnte er zum Beispiel einen der angezeigten Datensätze markieren, um ihn zu verändern oder zu löschen.

Die Ereignismethode ruft nur die allgemeine Methode `AlleSehen()` auf, diese wiederum die allgemeine Methode `Ausgabe()`. Beide allgemeinen Methoden werden an verschiedenen Stellen des Programms benötigt.

```
private void CmdAlleSehen_Click(...)
{
    AlleSehen();
}
```

```
private void AlleSehen()
{
    cmd.CommandText = "SELECT * FROM personen";
    Ausgabe();
    TextBoxenLoeschen();
}

private void TextBoxenLoeschen()
{
    TxtName.Text = "";
    TxtVorname.Text = "";
    TxtPersonalnummer.Text = "";
    TxtGehalt.Text = "";
    TxtGeburtstag.Text = "";
}

private void Ausgabe()
{
    try
    {
        con.Open();
        OleDbDataReader reader = cmd.ExecuteReader();
        LstAnzeige.Items.Clear();
        pnummer.Clear();

        while (reader.Read())
        {
            DateTime geb = (DateTime)reader["geburtstag"];
            LstAnzeige.Items.Add($"{reader["name"]} # "
                + $"{reader["vorname"]} # "
                + $"{reader["personalnummer"]} # "
                + $"{reader["gehalt"]} # "
                + $"{geb.ToShortDateString()}");
            pnummer.Add((int)reader["personalnummer"]);
        }
        reader.Close();
    }
    catch (Exception ex)
    {
        MessageBox.Show(ex.Message);
```

```
    }
    con.Close();
}
```

Listing 8.8 Projekt »DBVerwaltung«, alle Datensätze sehen

In der Methode `AlleSehen()` wird der SQL-Befehl formuliert und die Methode `Ausgabe()` aufgerufen. Anschließend werden die Inhalte der fünf TextBoxen mithilfe der Methode `TextBoxenLoeschen()` gelöscht. Das erzeugt einen eindeutigen Startzustand für alle weiteren Aktionen und trägt zu einer besseren Benutzerführung bei.

In der Methode `Ausgabe()` wird der SQL-Befehl ausgeführt. Die ListBox und die generische Liste werden jeweils mithilfe der Methode `Clear()` geleert.

Die ListBox und die generische Liste werden jeweils mithilfe der Methode `Add()` gefüllt, und zwar die ListBox mit den Datensätzen und die generische Liste mit den zugehörigen Personalnummern. Das erleichtert die spätere Auswahl und Anzeige eines einzelnen Datensatzes in den fünf TextBoxen.

Zur Übernahme der Personalnummer muss das Objekt aus dem Reader in eine `int`-Variable umgewandelt werden.

8.5.3 Datensatz einfügen

Betätigt die Benutzerin den Button EINFÜGEN, wird ein Datensatz eingefügt, der sich aus den Daten in den fünf TextBoxen zusammensetzt. Diese müssen zuvor von der Benutzerin gefüllt werden.

Die Ereignismethode hat den folgenden Code:

```
private void CmdEinfuegen_Click(...)
{
    cmd.CommandText = "INSERT INTO personen (name, " +
        "vorname, personalnummer, gehalt, geburtstag)" +
        " VALUES (?, ?, ?, ?, ?)";

    try
    {
        cmd.Parameters.Add("", OleDbType.VarChar).Value =
            TxtName.Text;
        cmd.Parameters.Add("", OleDbType.VarChar).Value =
            TxtVorname.Text;
```

```
            cmd.Parameters.Add("", OleDbType.Integer).Value =
                Convert.ToInt32(TxtPersonalnummer.Text);
            cmd.Parameters.Add("", OleDbType.Double).Value =
                Convert.ToDouble(TxtGehalt.Text);
            cmd.Parameters.Add("", OleDbType.Date).Value =
                Convert.ToDateTime(TxtGeburtstag.Text);

            con.Open();
            int anzahl = cmd.ExecuteNonQuery();
            if (anzahl > 0)
                MessageBox.Show("Ein Datensatz eingefügt");
        }
        catch (Exception ex)
        {
            MessageBox.Show(ex.Message);
        }

        con.Close();
        AlleSehen();
        cmd.Parameters.Clear();
    }
```

Listing 8.9 Projekt »DBVerwaltung«, Datensatz einfügen

Die Inhalte der fünf TextBoxen werden umgewandelt und als Parameter in den SQL-Befehl eingesetzt. Tritt ein Fehler auf, erscheint eine Fehlermeldung. Ansonsten wird ausgegeben, dass der Datensatz eingefügt wurde. Am Ende wird die aktualisierte Liste der Datensätze angezeigt.

Es sollte auf die richtige Reihenfolge bei den Werten für die Eigenschaft `TabIndex` der TextBoxen geachtet werden.

8.5.4 Datensatz zur Bearbeitung anzeigen

Die Ereignismethode, die für die Anzeige eines Datensatzes in den TextBoxen sorgt, hat folgenden Code:

```
private void LstAnzeige_SelectedIndexChanged(...)
{
    cmd.CommandText = "SELECT * FROM personen WHERE " +
        $"personalnummer = {pnummer[LstAnzeige.SelectedIndex]}";
```

```
    try
    {
        con.Open();
        OleDbDataReader reader = cmd.ExecuteReader();
        reader.Read();

        TxtName.Text = $"{reader["name"]}";
        TxtVorname.Text = $"{reader["vorname"]}";
        TxtPersonalnummer.Text = $"{reader["personalnummer"]}";
        TxtGehalt.Text = $"{reader["gehalt"]}";
        DateTime geb = (DateTime)reader["geburtstag"];
            TxtGeburtstag.Text = geb.ToShortDateString();

        reader.Close();
    }
    catch (Exception ex)
    {
        MessageBox.Show(ex.Message);
    }

    con.Close();
}
```


Listing 8.10 Projekt »DBVerwaltung«, Datensatz anzeigen

Markiert der Benutzer einen Datensatz in der Liste, wird die Methode aufgerufen. Im SQL-Befehl wird die Personalnummer aus der generischen Liste eingetragen, die parallel mit der ListBox geführt wird. Markiert der Benutzer zum Beispiel den dritten Datensatz von oben, hat die Eigenschaft `SelectedIndex` der ListBox den Wert 2. Damit wird das Element 2 aus der generischen Liste ermittelt.

Das Ergebnis der Abfrage besteht aufgrund der Eindeutigkeit des Felds `personalnummer` nur aus einem einzelnen Datensatz. Sein Inhalt wird in den fünf TextBoxen dargestellt. Der Inhalt des Tabellenfelds `geburtstag` wird umgewandelt und als Datum ohne Uhrzeit dargestellt.

8.5.5 Datensatz ändern

Betätigt der Benutzer den Button Ändern, wird die folgende Ereignismethode zum Ändern des Datensatzes aufgerufen:

```
private void CmdAendern_Click(...)
{
    if (LstAnzeige.SelectedIndex == -1)
    {
        MessageBox.Show("Bitte einen Datensatz auswählen");
        return;
    }

    cmd.CommandText = $"UPDATE personen SET name = ?, " +
        $"vorname = ?, personalnummer = ?, gehalt = ?, " +
        $"geburtstag = ? WHERE personalnummer = " +
        pnummer[LstAnzeige.SelectedIndex];
    try
    {
        cmd.Parameters.Add("", OleDbType.VarChar).Value =
            TxtName.Text;
        cmd.Parameters.Add("", OleDbType.VarChar).Value =
            TxtVorname.Text;
        cmd.Parameters.Add("", OleDbType.Integer).Value =
            Convert.ToInt32(TxtPersonalnummer.Text);
        cmd.Parameters.Add("", OleDbType.Double).Value =
            Convert.ToDouble(TxtGehalt.Text);
        cmd.Parameters.Add("", OleDbType.Date).Value =
            Convert.ToDateTime(TxtGeburtstag.Text);

        con.Open();
        int anzahl = cmd.ExecuteNonQuery();
        if (anzahl > 0)
            MessageBox.Show("Datensatz geändert");
    }
    catch (Exception ex)
    {
        MessageBox.Show(ex.Message);
    }

    con.Close();
    AlleSehen();
    cmd.Parameters.Clear();
}
```

Listing 8.11 Projekt »DBVerwaltung«, Datensatz ändern

Ist kein Datensatz markiert, erscheint eine entsprechende Meldung, und die Methode wird verlassen. Wie beim Einfügen eines Datensatzes werden die Inhalte der fünf Text-Boxen umgewandelt und als Parameter in den SQL-Befehl eingesetzt. Tritt ein Fehler auf, erscheint eine Fehlermeldung. Ansonsten wird ausgegeben, dass der Datensatz geändert wurde. Am Ende wird die aktualisierte Liste der Datensätze angezeigt.

8.5.6 Datensatz löschen

Betätigt die Benutzerin den Button LÖSCHEN, wird die folgende Ereignismethode zum Löschen des Datensatzes aufgerufen:

```
private void CmdLoeschen_Click(...)
{
    if (LstAnzeige.SelectedIndex == -1)
    {
        MessageBox.Show("Bitte einen Datensatz auswählen");
        return;
    }

    if (MessageBox.Show("Wollen Sie den ausgewählten " +
         "Datensatz wirklich löschen?", "Löschen",
         MessageBoxButtons.YesNo) == DialogResult.No)
    return;

    cmd.CommandText = "DELETE FROM personen WHERE " +
        $"personalnummer = {pnummer[LstAnzeige.SelectedIndex]}";

    try
    {
        con.Open();
        int anzahl = cmd.ExecuteNonQuery();
        if (anzahl > 0)
            MessageBox.Show("Datensatz gelöscht");
    }
    catch (Exception ex)
    {
        MessageBox.Show(ex.Message);
    }
```

```
        con.Close();
        AlleSehen();
    }
```

Listing 8.12 Projekt »DBVerwaltung«, Datensatz löschen

Ist kein Datensatz markiert, erscheint eine entsprechende Meldung, und die Methode wird verlassen. Nach einer Rückfrage wird der Datensatz gelöscht, und es erscheint eine entsprechende Ausgabe. Am Ende wird die aktualisierte Liste der Datensätze angezeigt.

8.5.7 Datensätze suchen

Zur Suche nach einem bestimmten Datensatz muss zuvor eine Suchzeichenkette für den Namen in der obersten TextBox eingetragen werden. Nach Betätigung des Buttons IN NAME SUCHEN werden alle Datensätze angezeigt, die die Suchzeichenkette an einer beliebigen Stelle im Feld `name` enthalten (siehe Abbildung 8.37).

Abbildung 8.37 Datensätze suchen

Die Ereignismethode sieht wie folgt aus:

```
private void CmdInNameSuchen_Click(...)
{
    cmd.CommandText = "SELECT * FROM personen WHERE name LIKE ?";
    cmd.Parameters.Add("", OleDbType.VarChar).Value =
        $"%{TxtName.Text}%";
```

```
    Ausgabe();
    TextBoxenLoeschen();
    cmd.Parameters.Clear();
}
```

Listing 8.13 Projekt »DBVerwaltung«, Suchen

Der Inhalt der obersten TextBox wird als Parameter in den SQL-Befehl eingesetzt, inklusive der Platzhalterzeichen. Als Ergebnis erscheint die Liste der passenden Datensätze. Anschließend werden die Inhalte der fünf TextBoxen gelöscht.

8.6 Abfragen über mehrere Tabellen

Es folgt ein Beispiel mit einer Datenbank, die mehrere Tabellen enthält (Projekt *DBMehrereTabellen*). Es werden insgesamt sieben Abfragen erstellt, bei denen die Daten aus einer oder mehreren Tabellen gewonnen werden und teilweise gruppiert beziehungsweise summiert werden, siehe Abbildung 8.38.

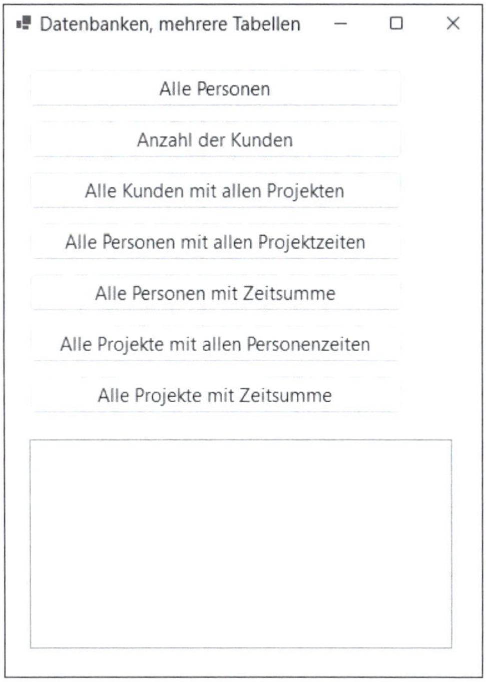

Abbildung 8.38 Abfragen über mehrere Tabellen

Der Aufbau der jeweiligen Ereignismethode folgt den bereits bekannten Regeln. In den einzelnen Abschnitten werde ich nur die SQL-Befehle darstellen und erläutern. Die Ergebnisse werden in einer ListBox dargestellt.

8.6.1 Datenbankmodell und Tabellen

Das Beispiel basiert auf der Übung *Projektverwaltung*, siehe Abschnitt 8.1.4, beziehungsweise auf der dazugehörigen Lösung in der Datenbank *projektverwaltung.accdb*. In der Datenbank finden Sie auch die Abfragen. Das Datenbankmodell ist in Abbildung 8.39 zu sehen.

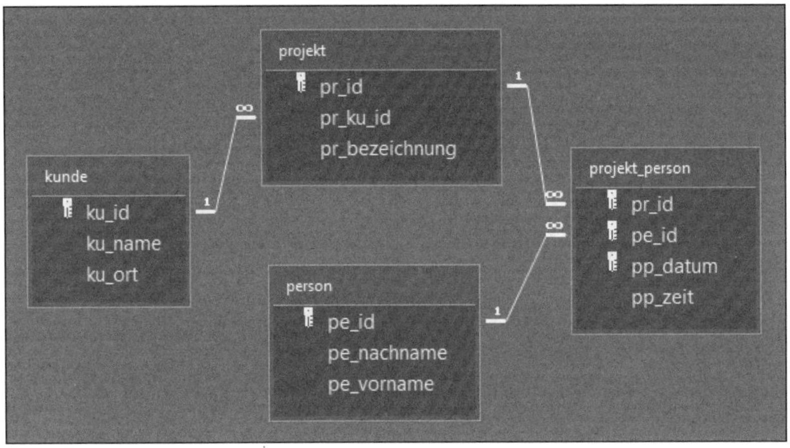

Abbildung 8.39 Datenbankmodell zu »Projektverwaltung«

Die vier Tabellen des Datenbankmodells sehen wie folgt aus:

- Kunden werden mit Namen und Ort angegeben, Primärschlüssel ist die Kunden-ID.
- Projekte werden mit Bezeichnung angegeben. Jedes Projekt ist einem Kunden zugeordnet. Primärschlüssel ist die Projekt-ID.
- Personen werden mit Nach- und Vornamen angegeben. Primärschlüssel ist die Personen-ID.
- Die Arbeitszeiten der Personen an den Projekten werden mit Datum und Zeit in Stunden angegeben. Primärschlüssel ist die Kombination aus Projekt-ID, Personen-ID und Datum.

Zum besseren Verständnis der Abfrageergebnisse folgen die Inhalte der Tabellen (siehe Abbildung 8.40 bis Abbildung 8.43).

ku_id	ku_name	ku_ort
1	Schmidt	Köln
2	Weber	Frankfurt
3	Murchel	Dortmund

Abbildung 8.40 Inhalt der Tabelle »kunde«

pr_id	pr_ku_id	pr_bezeichnung
1	1	Alexanderstrasse
2	1	Peterstraße
3	2	Jahnplatz
4	2	Lindenplatz
5	3	Nordbahnhof
6	3	Westbahnhof

Abbildung 8.41 Inhalt der Tabelle »projekt«

pe_id	pe_nachname	pe_vorname
1	Mohr	Hans
2	Berger	Stefan
3	Suhren	Marion

Abbildung 8.42 Inhalt der Tabelle »person«

pr_id	pe_id	pp_datum	pp_zeit
1	1	01.03.2019	3,5
1	3	01.03.2019	4
4	1	01.03.2019	3
4	2	01.03.2019	6,5
4	2	02.03.2019	7,3
4	3	01.03.2019	4

Abbildung 8.43 Inhalt der Tabelle »projekt_person«

8.6.2 Alle Personen

Als Erstes werden alle Personen ausgegeben. Das Ergebnis sehen Sie in Abbildung 8.44. Für jede Person erscheint ein Datensatz mit den Nachnamen und Vornamen der Personen, und zwar in sortierter Form:

```
SELECT * FROM person ORDER BY pe_nachname, pe_vorname
```

Abbildung 8.44 Alle Personen

8.6.3 Anzahl der Kunden

Die Anzahl der Kunden wird mithilfe der SQL-Funktion `COUNT()` ermittelt, siehe Abbildung 8.45. Es erscheint nur ein Datensatz. Dieser umfasst nur ein Feld mit dem (frei wählbaren) Namen `count_ku_id`, das die berechnete Anzahl enthält:

```
SELECT COUNT(ku_id) AS count_ku_id FROM kunde
```

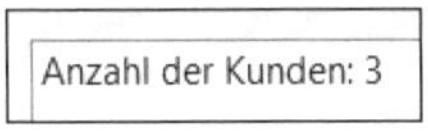

Abbildung 8.45 Anzahl der Kunden

8.6.4 Alle Kunden mit allen Projekten

Es werden alle Kunden mit ihren Projekten angezeigt, siehe Abbildung 8.46. Für jedes Projekt wird ein Datensatz ausgegeben. Darin stehen die Daten des Projekts und des Kunden, für den das Projekt bearbeitet wird. Die Anzeige ist nach Namen und Ort des Kunden sowie der Bezeichnung des Projekts sortiert:

```
SELECT ku_name, ku_ort, pr_bezeichnung
    FROM kunde INNER JOIN projekt ON kunde.ku_id = projekt.pr_ku_id
    ORDER BY ku_name, ku_ort, pr_bezeichnung
```

In jedem Datensatz werden Inhalte aus zwei Tabellen angezeigt. Die Felder `ku_name` und `ku_ort` stammen aus der Mastertabelle `kunde`, das Feld `pr_bezeichnung` aus der Detailtabelle `projekt`.

Es werden nur Datensätze zusammengestellt, bei denen die Feldinhalte dem sogenannten *Join*, also der Verbindung der beiden Tabellen, entsprechen:

- Im ersten Teil des Joins werden die beteiligten Tabellen genannt: `FROM kunde INNER JOIN projekt`.
- Im zweiten Teil des Joins werden die Felder genannt, bei denen die Inhalte aus beiden Tabellen übereinstimmen müssen: `ON kunde.ku_id = projekt.pr_ku_id`. Dabei muss

der Tabellenname vor dem Feldnamen geschrieben werden, getrennt durch einen Punkt. Ansonsten ist die Angabe des Tabellennamens vor dem Feldnamen nur erforderlich, falls derselbe Feldname in beiden beteiligten Tabellen vorkommt.

In den meisten Fällen wird mit einem *Inner Join* gearbeitet. Damit erreichen Sie, dass nur Kunden genannt werden, zu denen auch Projekte existieren.

Es könnte also noch weitere Datensätze in der Tabelle `kunde` geben, zu denen bisher noch kein Datensatz in der Tabelle `projekt` existiert. Umgekehrt kann es allerdings keinen Datensatz in der Tabelle `projekt` geben, zu dem kein Datensatz in der Tabelle `kunde` existiert, denn Projekte können nur mit einem Bezug zu einem Kunden erstellt werden.

Alle Kunden mit allen Projekten:
Murchel # Dortmund # Nordbahnhof
Murchel # Dortmund # Westbahnhof
Schmidt # Köln # Alexanderstrasse
Schmidt # Köln # Peterstraße
Weber # Frankfurt # Jahnplatz
Weber # Frankfurt # Lindenplatz

Abbildung 8.46 Alle Kunden mit allen Projekten

8.6.5 Alle Personen mit allen Projektzeiten

Es werden alle Personen mit allen Projektzeiten angezeigt, siehe Abbildung 8.47. Für jede eingetragene Arbeitszeit wird ein Datensatz ausgegeben. In jedem Datensatz stehen die Daten der Arbeitszeit, des Datums, des bearbeiteten Projekts und der arbeitenden Person. Die Ausgabe ist nach Namen der Person, Bezeichnung des Projekts und Datum der Arbeitszeit sortiert.

```
SELECT pe_nachname, pr_bezeichnung, pp_datum, pp_zeit
   FROM projekt INNER JOIN(person INNER JOIN projekt_person
      ON person.pe_id = projekt_person.pe_id)
      ON projekt.pr_id = projekt_person.pr_id
   ORDER BY pe_nachname, pr_bezeichnung, pp_datum
```

In jedem Datensatz erscheinen Inhalte aus drei Tabellen. Es handelt sich um einen geschachtelten Join. Es werden nur Datensätze zusammengestellt, bei denen die Feldinhalte beiden Joins entsprechen.

Zunächst werden im Join innerhalb der Klammern die Datensätze aus den beiden Tabellen `person` und `projekt_person` ermittelt, bei denen jeweils der Wert des Felds `pe_id` übereinstimmt. Anschließend werden zu diesen Datensätzen im Join außerhalb der Klammern diejenigen Datensätze aus der Tabelle `projekt` ermittelt, bei denen jeweils der Wert des Felds `pr_id` übereinstimmt.

Das Feld `pe_nachname` stammt aus der Tabelle `person`, das Feld `pr_bezeichnung` aus der Tabelle `projekt` und die beiden Felder `pp_datum` und `pp_zeit` aus der Tabelle `projekt_person`.

```
Alle Personen mit allen Projektzeiten:
Berger # Lindenplatz # 01.03.2019 # 6,5
Berger # Lindenplatz # 02.03.2019 # 7,3
Mohr # Alexanderstrasse # 01.03.2019 # 3,5
Mohr # Lindenplatz # 01.03.2019 # 3
Suhren # Alexanderstrasse # 01.03.2019 # 4
Suhren # Lindenplatz # 01.03.2019 # 4
```

Abbildung 8.47 Alle Personen mit allen Projektzeiten

8.6.6 Alle Personen mit Zeitsumme

Es werden alle Personen mit ihren summierten Arbeitszeiten angezeigt, siehe Abbildung 8.48. Für jede Person, für die mindestens eine Arbeitszeit notiert wurde, wird ein Datensatz ausgegeben. Die Summe der Arbeitszeiten pro Person wird mithilfe der SQL-Funktion `SUM()` berechnet. Die Ausgabe ist anhand der Nachnamen sortiert.

```
SELECT pe_nachname, SUM(pp_zeit) AS sum_pp_zeit
    FROM person INNER JOIN projekt_person
        ON person.pe_id = projekt_person.pe_id
    GROUP BY person.pe_id, pe_nachname
    ORDER BY pe_nachname
```

Alle Einträge im Feld `pp_zeit` werden gemäß der Gruppierung summiert. Die Gruppierung wird mithilfe von `GROUP BY` durchgeführt. Das Ergebnisfeld mit der berechneten Summe erhält den (frei wählbaren) Namen `sum_pp_zeit`.

Es wird nach den Feldern `pe_id` und `pe_nachname` der Tabelle `person` gruppiert, es werden also alle Arbeitszeiten einer Person summiert. Streng genommen hätte es gereicht, nach `pe_id` zu gruppieren, da dadurch bereits alle Personen voneinander unterschieden werden. Allerdings soll der Inhalt des Felds `pe_nachname` ebenfalls ausgegeben werden, daher muss es ebenfalls Teil der Gruppierungsfunktion sein.

```
Alle Personen mit Zeitsumme:
Berger # 13,8
Mohr # 6,5
Suhren # 8
```

Abbildung 8.48 Alle Personen mit Zeitsumme

8.6.7 Alle Projekte mit allen Personenzeiten

Es werden alle Projekte mit allen Personenzeiten angezeigt, siehe Abbildung 8.49. Es handelt sich um den gleichen Zusammenhang wie in Abschnitt 8.6.5, die Ausgabe ist nur anders sortiert: nach Bezeichnung des Projekts, Nachname der Person und Datum der Arbeitszeit.

```
SELECT pr_bezeichnung, pp_datum, pe_nachname, pp_zeit
    FROM projekt INNER JOIN(person INNER JOIN projekt_person
        ON person.pe_id = projekt_person.pe_id)
        ON projekt.pr_id = projekt_person.pr_id
    ORDER BY pr_bezeichnung, pe_nachname, pp_datum
```


Alle Projekte mit allen Personenzeiten:
Alexanderstrasse # Mohr # 01.03.2019 # 3,5
Alexanderstrasse # Suhren # 01.03.2019 # 4
Lindenplatz # Berger # 01.03.2019 # 6,5
Lindenplatz # Berger # 02.03.2019 # 7,3
Lindenplatz # Mohr # 01.03.2019 # 3
Lindenplatz # Suhren # 01.03.2019 # 4

Abbildung 8.49 Alle Projekte mit allen Personenzeiten

8.6.8 Alle Projekte mit Zeitsumme

Es werden alle Projekte mit ihren summierten Arbeitszeiten angezeigt, siehe Abbildung 8.50. Es handelt sich um einen ähnlichen Zusammenhang wie in Abschnitt 8.6.6, allerdings wird nach Projekt statt nach Person gruppiert und summiert.

```
SELECT pr_bezeichnung, SUM(pp_zeit) AS sum_pp_zeit
    FROM projekt INNER JOIN projekt_person
        ON projekt.pr_id = projekt_person.pr_id
    GROUP BY projekt.pr_id, pr_bezeichnung
    ORDER BY pr_bezeichnung
```

Alle Projekte mit Zeitsumme:
Alexanderstrasse # 7,5
Lindenplatz # 20,8

Abbildung 8.50 Alle Projekte mit Zeitsumme

8.6.9 Abfragen mit Verknüpfung

Verknüpfte Datensätze aus mehreren Tabellen lassen sich mithilfe von `JOIN` oder auch mithilfe von `WHERE` ermitteln.

Einige Gründe sprechen für `JOIN`:

- Die Schreibweise mithilfe eines Joins ist moderner und klarer.
- Auf bestimmten SQL-Servern wird die Schreibweise mit `WHERE` in Zukunft nicht mehr möglich sein.
- Verknüpfungen mit `JOIN` können besser von Bedingungen mit `WHERE` unterschieden werden.
- Joins werden in der SQL-Ansicht der Abfrageobjekte in MS Access genutzt. Diese Abfragen können Ihnen eine wertvolle Hilfe bei der Erstellung der SQL-Ausdrücke sein.
- Es ist günstig, das Verständnis für Joins bereits in kleinen Beispielen zu erlernen, bevor sie in komplexen Beispielen unumgänglich sind.

8.7 Verbindung zu MySQL

Bei MySQL handelt es sich um ein weitverbreitetes SQL-basiertes Datenbanksystem. Es würde den Rahmen dieses Buchs sprengen, die Installation des MySQL-Servers und die Erstellung einer Datenbank mit einer Tabelle zu erläutern. Daher werde ich im Projekt *DBZugriffMySQL* lediglich zeigen, wie Sie mit C# innerhalb von Visual Studio auf eine vorhandene MySQL-Datenbank zugreifen können. Es wird davon ausgegangen, dass der MySQL-Datenbankserver bereits läuft.

Zum Zugriff auf MySQL-Datenbanken benötigen Sie Klassen aus dem Namensraum `MySql.Data`. Dazu müssen Sie zuvor das gleichnamige Paket installieren, wie ich es für das Paket `System.Data.OleDb` in Abschnitt 8.3.5 beschrieben habe. Anschließend steht es Ihnen zur Verfügung, siehe Abbildung 8.51.

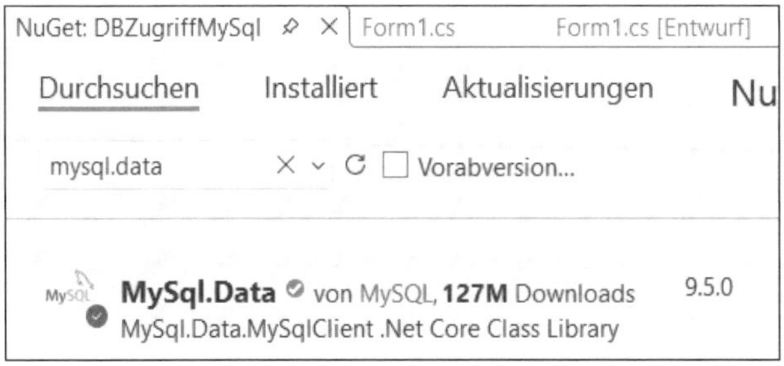

Abbildung 8.51 Installiertes Paket »MySql.Data«

8.7.1 Zugriff auf die Datenbank

Der Ablauf eines Zugriffs erfolgt ähnlich wie für MS-Access-Datenbanken. Nachfolgend werde ich nur die unterschiedlichen Befehlszeilen zum Aufbau der Verbindung erläutern.

In der MySQL-Datenbank stehen die gleichen Daten wie in der MS-Access-Datenbank in Abschnitt 8.3. Die Benutzeroberfläche des Programms entspricht derjenigen aus Abbildung 8.13.


```
using MySql.Data.MySqlClient;
private void CmdAlleSehen_Click(...)
{
    MySqlConnection con = new("Data Source=localhost;" +
        "Initial Catalog=firma;UID=root");
    MySqlCommand cmd = new("SELECT * FROM personen", con);

    try
    {
        con.Open();
        MySqlDataReader reader = cmd.ExecuteReader();
        ...
```

Listing 8.14 Projekt »DBZugriffMySQL«, Ausschnitt

Der Namensraum `MySql.Data.MySqlClient` aus der Bibliothek `MySql.Data` wird eingebunden. Die Objekte der Klassen `MySqlConnection`, `MySqlCommand` und `MySqlDataReader` aus diesem Namensraum entsprechen den Objekten der Klassen `OleDbConnection`, `OleDbCommand` und `OleDbDataReader` aus dem Namensraum `System.Data.OleDb`.

Der Wert der Eigenschaft `ConnectionString` sieht wie folgt aus:

- `Data Source=localhost` für den MySQL-Server
- `Initial Catalog=firma` für den Datenbanknamen
- `UID=root` für den Benutzernamen

Die restlichen Abläufe können den Programmen mit den anderen Datenbankzugriffen entnommen werden. Sie können auch mit einem lokalen C#-Programm auf eine MySQL-Datenbank im Internet zugreifen. Neben einer existierenden Internetverbindung ist in diesem Fall normalerweise ein Passwort erforderlich. Es wird mit dem Element `Pwd` angehängt, zum Beispiel mit `...UID=maier;Pwd=berlin`.

Hinweis

Unter der Internetadresse *http://www.connectionstrings.com* finden Sie Werte für die Eigenschaft `ConnectionString` für verschiedene Datenbanksysteme.

8.8 Verbindung zu SQLite

Bei SQLite handelt es sich um ein weiteres weitverbreitetes Datenbanksystem. Es ist dateibasiert und kann als vereinfachter Ersatz für ein komplexes, serverbasiertes Datenbankmanagementsystem dienen.

Zum Zugriff auf SQLite-Datenbanken benötigen Sie Klassen aus dem Namensraum `System.Data.SQLite`. Dazu müssen Sie im jeweiligen Projekt (hier: *DBZugriffSQLite*) zuvor das Paket `System.Data.SQLite.Core` installieren, wie ich es für das Paket `System.Data.OleDb` in Abschnitt 8.3.5 beschrieben habe. Anschließend steht es Ihnen zur Verfügung, siehe Abbildung 8.52. Zusätzlich wird ein zweites Paket automatisch installiert.

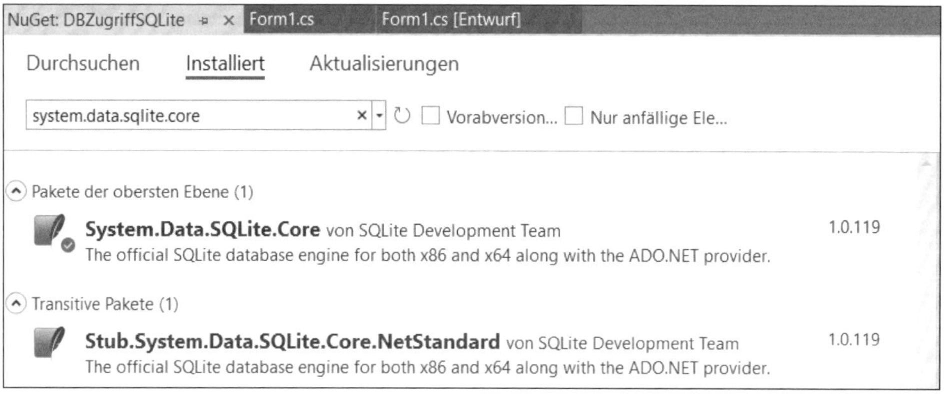

Abbildung 8.52 Installierte Pakete für SQLite

8.8.1 Eigenschaften von SQLite

Jede Datenbank wird bei SQLite in einer einzelnen Datei abgespeichert. Dadurch wird es sehr einfach, die einzelnen Datenbanken zusammen mit dem Visual-Studio-Projekt auf einen anderen Rechner zu transferieren.

Bei kleineren Datenbanken ist SQLite mindestens genauso schnell wie zum Beispiel ein MySQL-Datenbankserver. Bei größeren Datenbanken ergeben sich Vorteile aufseiten »echter« Datenbankserver, weil bessere Techniken eingesetzt werden können.

SQLite hat eine weitere Besonderheit: Es ist, bis auf eine Ausnahme, ein datentyploses System. Sie haben dadurch den Vorteil, keine Datentypen angeben zu müssen – allerdings entfallen im Gegenzug einige automatische Kontrollmöglichkeiten. Sollte es also wichtig sein, Daten des richtigen Typs zu verwenden, müssen Sie dies durch zusätzlichen Code kontrollieren.

Sie können Datentypen für die einzelnen Felder empfehlen. Diese Felder haben anschließend eine Affinität zu dem empfohlenen Datentyp. Sie sind nicht vorgeschrieben, erleichtern aber unter anderem die Kompatibilität mit anderen SQL-basierten Datenbanksystemen.

Eine Ausnahme bildet der Datentyp `INTEGER PRIMARY KEY`. Ein Feld dieses Typs kann für den Primärschlüssel verwendet werden und hat automatisch die Eigenschaft `AUTO_INCREMENT`. Geben Sie also keinen Wert vor, entspricht bei einem neuen Datensatz der Wert in diesem Feld dem höchsten bereits vorhandenen Wert plus 1.

8.8.2 Erstellung der Datenbank

Nach dem Start der Anwendung wird zunächst geprüft, ob die Datenbankdatei bereits existiert. Ist das nicht der Fall, wird sie neu erzeugt, eine Tabelle angelegt, und es werden drei Beispieldatensätze eingetragen.

Die SQLite-Datenbank enthält anschließend die gleichen Daten wie die MS-Access-Datenbank in Abschnitt 8.3. Die Benutzeroberfläche des Programms entspricht derjenigen aus Abbildung 8.13.

Der Code der Methode `Form1_Load()`:

```
using System.Data.SQLite;
private void Form1_Load(...)
{
    if (File.Exists("firma.db"))
        return;
    SQLiteConnection con = new("Data Source=firma.db;");
    SQLiteCommand cmd = new(con);

    try
    {
        con.Open();

        cmd.CommandText = "CREATE TABLE personen (name TEXT,"
            + "vorname TEXT, personalnummer INTEGER PRIMARY KEY,"
```

```
                + "gehalt REAL, geburtstag TEXT)";
            cmd.ExecuteNonQuery();

            cmdBeginn = "INSERT INTO personen (name, vorname,"
                + "personalnummer, gehalt, geburtstag) VALUES ";
            cmd.CommandText = cmdBeginn
                + "('Maier', 'Hans', 6714, 3500, '15.03.1962')";
            cmd.ExecuteNonQuery();
            cmd.CommandText = cmdBeginn
                + "('Schmitz', 'Peter', 81343, 3750, '12.04.1958')";
            cmd.ExecuteNonQuery();
            cmd.CommandText = cmdBeginn
                + "('Mertens', 'Julia', 2297, 3621.5, '30.12.1959')";
            cmd.ExecuteNonQuery();
        }
        catch (Exception ex)
        {
            MessageBox.Show(ex.Message);
        }
        con.Close();
    }
```

Listing 8.15 Projekt »DBZugriffSQLite«, Erstellung

Der Namensraum System.Data.SQLite aus dem gleichnamigen Paket wird eingebunden. Die Objekte der Klassen SQLiteConnection, SQLiteCommand und SQLiteDataReader aus diesem Namensraum entsprechen wiederum den Objekten der Klassen OleDbConnection, OleDbCommand und OleDbDataReader aus dem Namensraum System.Data.OleDb.

Der SQL-Befehl CREATE TABLE dient zur Erzeugung einer Tabelle. Es werden die Namen der Felder mit den jeweils empfohlenen Datentypen aufgeführt. Der Datentyp TEXT wird für Zeichenketten sowie Datumsangaben genutzt und die Datentypen INTEGER und REAL für ganze Zahlen beziehungsweise Zahlen mit Nachkommastellen. Der SQL-Befehl wird in der Eigenschaft CommandText des Kommando-Objekts gespeichert und mithilfe der Methode ExecuteNonQuery() ausgeführt.

Es folgt das Zusammensetzen und Ausführen der SQL-Befehle zum Einfügen von insgesamt drei Datensätzen. Als Letztes wird die Verbindung zur Datenbank mithilfe der Methode Close() wieder geschlossen.

8.8.3 Zugriff auf die Daten

Der Zugriff auf die Daten erfolgt in gleicher Weise wie bei den anderen Datenbanksystemen. Nachfolgend die wichtigen Schritte der Methode zur Ausgabe aller Datensätze:

```
private void CmdAlleSehen_Click(...)
{
    SQLiteConnection con = new("Data Source=firma.db;");
    SQLiteCommand cmd = new("SELECT * FROM personen", con);
    try
    {
        con.Open();
        SQLiteDataReader reader = cmd.ExecuteReader();
        ...
}
```

Listing 8.16 Projekt »DBZugriffSQLite«, Abfrage

Das vollständige Beispiel sehen Sie im Projekt *DBZugriffSQLite*.

Kapitel 9
Zeichnen mit GDI+

Nach der Bearbeitung dieses Kapitels werden Sie dazu in der Lage sein, Zeichnungen, Grafiken und externe Bilddokumente in Ihrer Windows-Anwendung zu erstellen.

Im Folgenden lernen Sie Elemente der Bibliothek GDI+ kennen und erlernen die Einbettung von Zeichnungselementen in Ihre Windows-Anwendung.

9.1 Grundlagen von GDI+

Die Bibliothek GDI+ umfasst eine Reihe von Klassen, die es ermöglichen, Zeichnungen anzufertigen. Auf vielen Steuerelementen einer Windows-Anwendung kann gezeichnet werden, so zum Beispiel auf dem Formular selbst oder auf einer PictureBox. Zum Zeichnen werden zudem einige Klassen aus dem Standard-Namenraum `System.Drawing` benötigt.

Dazu benötigen Sie den Zugriff auf das `Graphics`-Objekt des Steuerelements. Eine einfache Zugriffsmöglichkeit bietet die Methode `CreateGraphics()`. Außerdem wird ein Stift (`Pen`) oder ein Pinsel (`Brush`) benötigt.

Beim Zeichnen der grafischen Objekte können Sie zum Beispiel die Dicke des Stifts, die Farbe von Stift oder Pinsel sowie Art, Position und Größe der Objekte bestimmen. Soll die Zeichnung auch Text enthalten, können Sie außerdem beispielsweise Schriftart, Schriftgröße, Schriftfarbe und Position festlegen. Bilder fügen Sie mithilfe des `Image`-Objekts ein.

9.2 Linie, Rechteck, Polygon und Ellipse zeichnen

Das erste Beispielprogramm (Projekt *ZeichnenGrundformen*) enthält folgende Möglichkeiten:

- Zeichnen einer Linie
- Zeichnen eines leeren oder gefüllten Rechtecks

- Zeichnen eines leeren oder gefüllten Polygons
- Zeichnen einer leeren oder gefüllten Ellipse
- Ändern der Stiftdicke
- Ändern der Stiftfarbe
- Löschen der gesamten Zeichnung

Ein damit geschaffenes »Kunstwerk« könnte zum Beispiel so aussehen wie das in Abbildung 9.1.

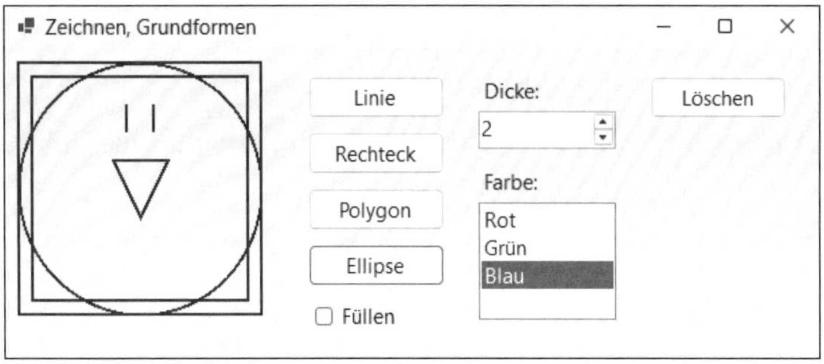

Abbildung 9.1 Erste geometrische Objekte

9.2.1 Grundeinstellungen

Zunächst müssen Sie einige Grundeinstellungen vornehmen:

```
public partial class Form1 : Form
{
    private readonly Graphics z;
    private readonly Pen stift = new(Color.Red, 2);
    private readonly SolidBrush pinsel = new(Color.Red);
    private readonly Color[] farbe =
        [ Color.Red, Color.Green, Color.Blue ];

    public Form1()
    {
        InitializeComponent();
        z = CreateGraphics();
    }

    private void Form1_Load(...)
    {
```

```
        LstFarbe.Items.Add("Rot");
        LstFarbe.Items.Add("Grün");
        LstFarbe.Items.Add("Blau");
        LstFarbe.SelectedIndex = 0;
    }
...
```

Listing 9.1 Projekt »ZeichnenGrundformen«, Einstellungen

Die Methode CreateGraphics() liefert einen Verweis auf das Graphics-Objekt des Formulars. Sie können nun im gesamten Formular mithilfe der Variablen z auf die Zeichenfläche des Formulars zugreifen. Diese einfache Methode hat allerdings den Nachteil, dass die Zeichnung teilweise oder vollständig gelöscht wird, sobald zum Beispiel die Anwendung über den Rand des Bildschirms geschoben wird. Eine andere Möglichkeit werde ich in Abschnitt 9.5 vorstellen.

Es wird ein Zeichenstift zum Zeichnen von Linien und nicht gefüllten Objekten in der Farbe Rot und der Dicke 2 festgelegt. Er steht nun im gesamten Formular über das Objekt stift der Klasse Pen zur Verfügung. Die Dicke kann mithilfe eines Zahlenauswahlfelds eingestellt werden. Dessen Eigenschaften werden zur Entwicklungszeit wie folgt gesetzt: Minimum 1, Maximum 10 und Value 2.

Ein einfacher Pinsel zum Füllen von Objekten wird ebenfalls in der Farbe Rot festgelegt. Er steht nun im gesamten Formular über das Objekt pinsel der Klasse SolidBrush zur Verfügung. Das Feld farbe enthält Werte der Struktur Color. Es dient zum Ändern der Farbe des Pinsels.

Eine ListBox ermöglicht den Farbwechsel für Stift und Pinsel. Es wird zu Beginn des Programms mit drei Farben gefüllt.

9.2.2 Linie

Zum Zeichnen von Linien verwenden Sie die Methode DrawLine(). Die Ereignismethode gestaltet sich folgendermaßen:

```
private void CmdLinie_Click(...)
{
    z.DrawLine(stift, 90, 40, 90, 60);
    z.DrawLine(stift, new Point(110, 40), new Point(110, 60));
}
```

Listing 9.2 Projekt »ZeichnenGrundformen«, Linie

Die Methode erfordert als Parameter den Verweis auf einen Zeichenstift. Danach werden die x- und y-Koordinaten des Startpunkts und des Endpunkts der Linie angegeben, entweder in Form von einzelnen Koordinaten oder als Objekte der Klasse Point.

9.2.3 Rechteck

Die Methoden DrawRectangle() und FillRectangle() erzeugen ungefüllte beziehungsweise gefüllte Rechtecke. Sind beide Seiten des Rechtecks gleich lang, handelt es sich bekanntlich um ein Quadrat:

```
private void CmdRechteck_Click(...)
{
    if (ChkFuellen.Checked)
    {
        z.FillRectangle(pinsel, 10, 10, 180, 180);
        ChkFuellen.Checked = false;
    }
    else
    {
        z.DrawRectangle(stift, 10, 10, 180, 180);
        z.DrawRectangle(stift, new(new Point(20, 20),
            new Size(160, 160)));
    }
}
```

Listing 9.3 Projekt »ZeichnenGrundformen«, Rechteck

Der Benutzer legt über die CheckBox ChkFuellen fest, ob es sich um ein gefülltes oder um zwei leere Rechtecke handeln soll. Ein gefülltes Rechteck benötigt einen Pinsel, ein leeres Rechteck und einen Zeichenstift.

Anschließend gibt man entweder vier Werte für die x- und y-Koordinaten der oberen linken Ecke sowie für die Breite und Höhe des Rechtecks oder ein Objekt der Klasse Rectangle an. Dieses kann wiederum mithilfe von Objekten der Klassen Point und Size erstellt werden.

Hat der Benutzer das gefüllte Rechteck gewählt, wird die CheckBox für das nächste Objekt wieder zurückgesetzt.

9.2.4 Polygon

Polygone sind Vielecke und bestehen aus einem Linienzug, der nacheinander alle Ecken einschließt. Die Methoden DrawPolygon() und FillPolygon() erzeugen einen geschlossenen Polygonzug, der ungefüllt beziehungsweise gefüllt ist. Hat die Benutzerin das gefüllte Polygon gewählt, wird die CheckBox für das nächste Objekt wieder zurückgesetzt.

```
private void CmdPolygon_Click(...)
{
    Point[] point_feld = [new(80, 80), new(120, 80), new(100, 120)];
    if (ChkFuellen.Checked)
    {
        z.FillPolygon(pinsel, point_feld);
        ChkFuellen.Checked = false;
    }
    else
        z.DrawPolygon(stift, point_feld);
}
```

Listing 9.4 Projekt »ZeichnenGrundformen«, Polygon

Ebenso wie das Rechteck kann auch das Polygon gefüllt (mithilfe eines Pinsels) oder ungefüllt (mithilfe eines Zeichenstifts) erzeugt werden.

Als zweiter Parameter wird ein Feld von Objekten der Klasse Point benötigt. Die Anzahl der Elemente dieses Felds bestimmt die Anzahl der Ecken des Polygons. Zwischen zwei Punkten, die in dem Feld aufeinanderfolgen, wird eine Linie gezogen. Vom letzten Punkt aus wird zuletzt noch eine Linie zum ersten Punkt gezogen.

9.2.5 Ellipse

Die Methoden DrawEllipse() und FillEllipse() erzeugen ungefüllte beziehungsweise gefüllte Ellipsen innerhalb eines umgebenden Rechtecks. Sind beide Seiten des umgebenden Rechtecks gleich lang, erhält man einen Kreis. Hier die Ereignismethode:

```
private void CmdEllipse_Click(...)
{
    if (ChkFuellen.Checked)
    {
        z.FillEllipse(pinsel, 10, 10, 180, 180);
        ChkFuellen.Checked = false;
    }
```

```
    else
        z.DrawEllipse(stift, 10, 10, 180, 180);
}
```

Listing 9.5 Projekt »ZeichnenGrundformen«, Ellipse

Der Aufbau der Ellipse entspricht dem Aufbau eines Rechtecks, das diese Ellipse umgibt.

9.2.6 Dicke und Farbe ändern, Zeichnung löschen

Einige Hilfsroutinen vervollständigen unser kleines Zeichenprogramm:

```
private void NumDicke_ValueChanged(...)
{
    stift.Width = (float)NumDicke.Value;
}

private void LstFarbe_SelectedIndexChanged(...)
{
    stift.Color = farbe[LstFarbe.SelectedIndex];
    pinsel.Color = farbe[LstFarbe.SelectedIndex];
}

private void CmdLoeschen_Click(...)
{
    z.Clear(BackColor);
}
```

Listing 9.6 Projekt »ZeichnenGrundformen«, Ändern, Löschen

Die Eigenschaft `Width` bestimmt die Dicke des Zeichenstifts. Das Zahlenauswahlfeld liefert eine Variable des Typs `decimal`, die mithilfe eines Casts in eine `float`-Variable für die Stiftdicke umgewandelt wird.

Die Eigenschaft `Color` bestimmt die Farbe des Zeichenstifts und des Pinsels. Bei einer Änderung der Auswahl in der ListBox wird unmittelbar das zugehörige Element aus dem Feld `farbe` bestimmt.

Die Methode `Clear()` dient zum Löschen der Zeichenfläche. Dabei handelt es sich um ein Auffüllen mit einer Einheitsfarbe, hier mit der Standard-Hintergrundfarbe.

9.3 Text zeichnen

Texte werden mithilfe eines Pinsels und eines Font-Objekts auf die Zeichenfläche gezeichnet. Das Beispielprogramm (Projekt *ZeichnenText*) enthält folgende Möglichkeiten (siehe auch Abbildung 9.2):

- Zeichnen eines eingegebenen Textes
- Ändern der Schriftart
- Ändern der Schriftgröße
- Ändern der Schriftfarbe
- Löschen der gesamten Zeichnung

Hier das vollständige Programm:

```
public partial class Form1 : Form
{
    private readonly Graphics z;
    private Font art = new("Arial", 16);
    private readonly SolidBrush pinsel = new(Color.Red);
    private readonly Color[] farbe =
        [ Color.Red, Color.Green, Color.Blue ];

    public Form1()
    {
        InitializeComponent();
        z = CreateGraphics();
    }

    private void Form1_Load(...)
    {
        LstSchriftart.Items.Add("Arial");
        LstSchriftart.Items.Add("Courier New");
        LstSchriftart.Items.Add("Symbol");
        LstSchriftart.SelectedIndex = 0;

        LstSchriftfarbe.Items.Add("Rot");
        LstSchriftfarbe.Items.Add("Grün");
        LstSchriftfarbe.Items.Add("Blau");
        LstSchriftfarbe.SelectedIndex = 0;
    }
```

```
    private void CmdAnzeigen_Click(...)
        => z.DrawString(TxtEingabe.Text, art, pinsel, new Point(20, 20));

    private void LstSchriftart_SelectedIndexChanged(...)
        => art = new Font(LstSchriftart.Text, art.Size);

    private void NumSchriftgroesse_ValueChanged(...)
        => art = new Font(art.FontFamily, (float)NumSchriftgroesse.Value);

    private void LstSchriftfarbe_SelectedIndexChanged(...)
        => pinsel.Color = farbe[LstSchriftfarbe.SelectedIndex];

    private void CmdLoeschen_Click(...)
        => z.Clear(BackColor);
}
```

Listing 9.7 Projekt »ZeichnenText«

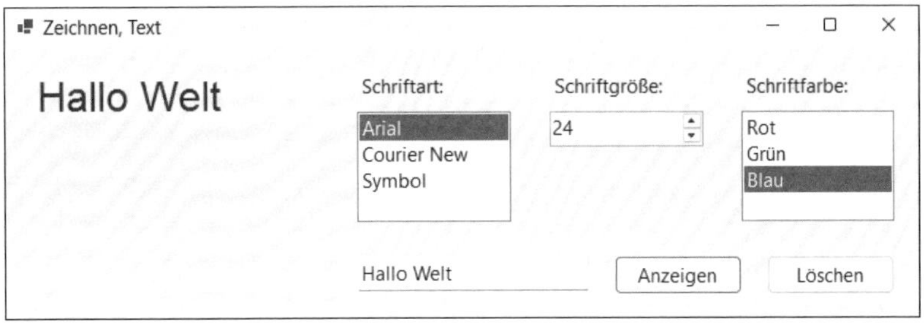

Abbildung 9.2 Text in Zeichnung

Die Zeichenfläche und ein Pinsel zum Schreiben von Text auf die Zeichenfläche werden als Eigenschaften bereitgestellt. Zudem wird das Schriftformat für den Text als Objekt der Klasse `Font` zur Verfügung gestellt. Die beiden Listen für Schriftart und Farbe werden gefüllt.

Die Methode `DrawString()` dient zum Schreiben des Textes. Sie benötigt den Text, ein Schriftformat, einen Pinsel und einen Ort zum Schreiben.

Bei einem Wechsel der Auswahl in der ersten ListBox wird eine neue Schriftart mithilfe eines neuen `Font`-Objekts eingestellt. In der zweiten ListBox wird auf die gleiche Weise die Schriftfarbe geändert.

Die Eigenschaften des Zahlenauswahlfelds werden zur Entwicklungszeit wie folgt gesetzt: `Minimum` 8, `Maximum` 24 und `Value` 16. Es dient zur Änderung der Schriftgröße, ebenfalls mithilfe eines neuen `Font`-Objekts. Es findet eine Umwandlung von `decimal` in `float` statt.

9.4 Bilder darstellen

Zum Darstellen des Inhalts einer Bilddatei auf einer Zeichenfläche benötigen Sie die Klasse `Image`. Die statische Methode `FromFile()` dieser Klasse lädt ein Bild aus einer Datei und stellt es zur Darstellung bereit. Außerdem stehen die Bildeigenschaften zur Verfügung. Die Zeichenmethode `DrawImage()` zeichnet das Bild schließlich auf die Zeichenfläche.

Im nachfolgenden Programm im Projekt *ZeichnenBild* wird über das Standarddialogfeld `OpenFileDialog` eine Bilddatei ausgewählt. Diese wird geladen, und das Bild wird dargestellt (Abbildung 9.3).

Abbildung 9.3 Bild aus Datei »namibia.gif«

Der Programmcode lautet:

```
private void CmdAuswahl_Click(...)
{
    OpenFileDialog ofd = new()
    {
        InitialDirectory = "C:\\Temp",
        Title = "Bitte eine Bilddatei wählen",
        Filter = "Bild-Dateien (*.jpg; *.gif)|*.jpg; *.gif"
    };

    if (ofd.ShowDialog() == DialogResult.OK)
    {
        Image bild = Image.FromFile(ofd.FileName);
        Graphics z = CreateGraphics();
```

```
            z.Clear(BackColor);
            z.DrawImage(bild, new Point(20, 50));
            z.DrawString($"Breite: {bild.Width}, Höhe: {bild.Height}",
                new("Verdana", 11), new SolidBrush(Color.Black),
                new Point(20, 20));
        }
        else
            MessageBox.Show("Keine Bilddatei ausgewählt");
    }
```

Listing 9.8 Projekt »ZeichnenBild«

Nach Aufruf eines Standarddialogfelds werden die Bilddateien mit den Endungen *.jpg* und *.gif* im Ordner *C:/Temp* aufgelistet. Der Benutzer sucht eine Bilddatei in diesem oder einem anderen Verzeichnis aus. Der Name dieser Datei steht in der Eigenschaft `FileName` des Dialogfelds. Die statische Methode `FromFile()` der Klasse `Image` lädt das Bild und liefert einen Verweis, über den auf das Bild zugegriffen werden kann.

Die Zeichenfläche wird mithilfe der Methode `CreateGraphics()` bereitgestellt. Die Methode `DrawImage()` stellt das Bild dar. Eine der zahlreichen Überladungen dieser Methode benötigt die Koordinaten der Stelle, an der sich die obere linke Ecke des Bilds befinden soll.

Bei der Ausgabe des Textes muss bei der Erstellung des Objekts für den zweiten Parameter der Name der Klasse nicht angegeben werden, da es sich nur um ein Objekt der Klasse `Font` handeln kann. Beim dritten Parameter handelt es sich um ein Objekt einer der Klassen, die von der Klasse `Brush` abgeleitet sind. Daher muss hier der Name der Klasse angegeben werden.

Bricht der Benutzer die Bildauswahl ab, erfolgt eine Meldung.

9.5 Dauerhaft zeichnen

Die bisher vorgestellte Methode hat den Nachteil, dass eine Zeichnung teilweise oder vollständig gelöscht werden kann, sobald zum Beispiel die Anwendung über den Rand des Bildschirms hinausragt.

Arbeiten Sie mit dem `Paint`-Ereignis des Formulars, umgehen Sie dieses Problem. Das Ereignis wird jedes Mal automatisch aufgerufen, wenn das Formular auf dem Bildschirm neu gezeichnet werden muss.

Im Projekt *ZeichnenDauerhaft* werden einige Elemente der vorgestellten Programme auf diese Weise gezeichnet (siehe Abbildung 9.4).

Abbildung 9.4 Drei dauerhafte Zeichnungselemente

Der zugehörige Code lautet:

```
private void Form1_Paint(object sender, PaintEventArgs e)
{
    Graphics z = e.Graphics;
    z.DrawRectangle(new(Color.Red, 2),
        new(new Point(20, 20), new Size(30, 60)));
    z.DrawString("Hallo", new("Arial", 16),
        new SolidBrush(Color.Red), new Point(70, 20));

    string filename = "namibia.gif";
    if (File.Exists(filename))
    {
        Image bild = Image.FromFile(filename);
        z.DrawImage(bild, new Point(70, 70));
    }
    else
        MessageBox.Show("Datei nicht vorhanden");
}
```

Listing 9.9 Projekt »ZeichnenDauerhaft«

Das Objekt `e` der Klasse `PaintEventArgs` liefert Daten für das `Paint`-Ereignis. Eine der Eigenschaftsmethoden des Objekts `e` ist `Graphics`. Sie liefert das Grafikobjekt, mit dessen

Hilfe nacheinander ein Rechteck, ein Text und ein Bild aus einer Datei auf dem Formular gezeichnet werden.

Zur Vereinfachung wird davon ausgegangen, dass die Bilddatei *namibia.gif* im Projektunterverzeichnis *bin/Debug/net10.0-windows* liegt.

9.6 Zeichnen einer Funktion

Zum Abschluss dieses Kapitels sollen im Projekt *ZeichnenFunktion* die Verläufe von zwei mathematischen Funktionen gezeichnet werden. Es handelt sich um die Sinus- und die Kosinusfunktion, deren Verläufe von 0 bis 360 Grad gezeichnet werden (siehe Abbildung 9.5).

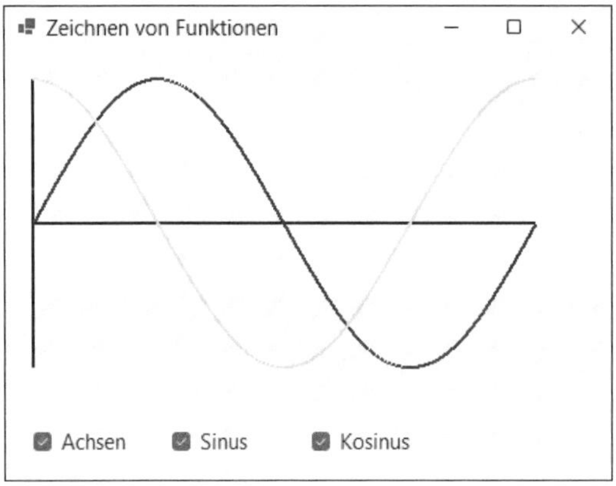

Abbildung 9.5 Projekt »ZeichnenFunktion«

Die Anzeige der Achsen und der beiden Kurven kann mithilfe der drei CheckBoxen ein- oder ausgeschaltet werden. Nach dem Einschalten der jeweiligen Anzeige wird das betreffende Element dauerhaft angezeigt.

9.6.1 Ereignismethoden

Zunächst der Code der beiden Ereignismethoden:

```
private void Form1_Paint(object sender, PaintEventArgs e)
{
    Graphics z = e.Graphics;
    Zeichnen(z);
}
```

```
private void ChkZeichnen_CheckedChanged(...)
{
    Graphics z = CreateGraphics();
    Zeichnen(z);
}
```

Listing 9.10 Projekt »ZeichnenFunktion«, Ereignismethoden

Das Grafikobjekt zum Zeichnen wird auf zwei Arten geliefert:

- Nach dem (automatischen) Aufruf der Methode `Form1_Paint()` wird das Grafikobjekt vom `Paint`-Ereignisobjekt zur Verfügung gestellt.
- Nach dem Setzen oder Wegnehmen des Häkchens in einer der drei CheckBoxen wird die Methode `ChkZeichnen_CheckedChanged()` aufgerufen. Das Grafikobjekt wird dann mithilfe der Methode `CreateGraphics()` zur Verfügung gestellt.

9.6.2 Methode zum Zeichnen

In beiden Fällen wird die Methode `Zeichnen()` aufgerufen, mit dem Grafikobjekt als Parameter. Es folgt der Code dieser Methode:

```
private void Zeichnen(Graphics z)
{
    z.Clear(BackColor);

    if (ChkAchsen.Checked)
    {
        Pen stift = new(Color.Black, 2);
        z.DrawLine(stift, new Point(20, 120), new Point(380, 120));
        z.DrawLine(stift, new Point(20, 20), new Point(20, 220));
    }

    if (ChkSinus.Checked)
    {
        Pen stift = new(Color.Blue, 2);
        Point start = new(20, 120);
        for (int i = 1; i <= 360; i++)
        {
            Point ende = new(20 + i, 120 - Convert.ToInt32(
                Math.Sin(i * Math.PI / 180) * 100));
            z.DrawLine(stift, start, ende);
```

```
                start = ende;
            }
        }

        if (ChkKosinus.Checked)
        {
            Pen stift = new(Color.LightGray, 2);
            Point start = new(20, 20);
            for (int i = 1; i <= 360; i++)
            {
                Point ende = new(20 + i, 120 - Convert.ToInt32(
                    Math.Cos(i * Math.PI / 180) * 100));
                z.DrawLine(stift, start, ende);
                start = ende;
            }
        }
    }
```

Listing 9.11 Projekt »ZeichnenFunktion«, Methode zum Zeichnen

Zunächst wird die Zeichnungsfläche vollständig gelöscht. Die Achse und die Kurven werden erst nach Prüfung der betreffenden CheckBox neu gezeichnet. Jede Kurve besteht aus geraden Linienstücken, die jeweils einen Start- und einen Endpunkt des Typs `Point` besitzen.

Für die Achsen wird ein schwarzer Stift mit der Stärke 2 gewählt. Die x-Achse wird in der Mitte der Zeichnung von links nach rechts gezogen. Die y-Achse wird am linken Rand der Zeichnung von unten nach oben gezogen.

Für die Sinuskurve wird ein blauer Stift mit der Stärke 2 gewählt. Der Startpunkt des ersten Linienstücks liegt mathematisch bei `x=0` und `y=sin(0)=0`. Der y-Wert wird mit dem Skalierungsfaktor 100 multipliziert. Der resultierende Wert muss anschließend von 120 abgezogen werden, da y in der Zeichnung von oben nach unten gemessen wird und der Nullpunkt für y in der Zeichnung bei 120 liegt. Es ergeben sich `x=20` und `y=120`.

Die x-Koordinate des Endpunkts des ersten Linienstücks ergibt sich durch den Winkel in Grad: 1. Dazu muss noch der x-Versatz des Ursprungs addiert werden. Es ergibt sich also 21.

Zur Berechnung der y-Koordinate des Endpunkts des ersten Linienstücks muss der Winkel zunächst von Grad in Bogenmaß umgerechnet werden, also multipliziert mit der mathematischen Konstante `PI`, dividiert durch 180. Die Sinusfunktion ergibt einen Wert zwischen 0 und 1. Auch dieser y-Wert muss mit 100 multipliziert und von 120 subtrahiert werden, siehe oben.

Zur Erzeugung eines Objekts des Typs `Point` werden zwei ganze Zahlen benötigt. Daher wird der berechnete Wert mit dem Cast `(int)` entsprechend umgewandelt.

Es wird eine Linie vom Startpunkt zum berechneten Endpunkt gezogen. Der Endpunkt entspricht jeweils dem Startpunkt des nächsten Linienstücks.

Für die Kosinuskurve wird ein hellgrauer Stift mit der Stärke 2 gewählt. Der Startpunkt des ersten Linienstücks liegt mathematisch bei `x=0` und `y=cos(0)=1`. Auch dieser y-Wert muss mit 100 multipliziert und von 120 subtrahiert werden. Es ergeben sich `x=20` und `y=20`. Die einzelnen Linienstücke werden wie bei der Sinuskurve erstellt.

Kapitel 10
Beispielprojekte

Als weiterführende Übungsaufgaben führe ich in diesem Kapitel zwei lauffähige Beispielprojekte vor. Haben Sie den geschilderten Aufbau erst einmal verstanden, können Sie später leicht eigene Verbesserungen oder Erweiterungen einbringen.

Bei den beiden Beispielprojekten handelt es sich zum einen um das bekannte Tetris-Spiel und zum anderen um einen Vokabeltrainer.

10.1 Spielprogramm »Tetris«

Im Folgenden wird das Spielprogramm Tetris in einer vereinfachten, leicht nachvollziehbaren Version für C# innerhalb von Visual Studio realisiert und erläutert. Das Programm enthält unter anderem:

- ein zweidimensionales Feld
- einen Timer und einen Zufallsgenerator
- eine generische Liste von Objekten
- eine rekursive Methode
- die Erzeugung und Löschung von Steuerelementen zur Laufzeit
- die Zuordnung von Ereignismethoden zu Steuerelementen, die erst zur Laufzeit erzeugt werden

Abbildung 10.1 zeigt die Benutzeroberfläche des Programms.

10.1.1 Spielablauf

Nach Programmstart fällt ein Steuerelement des Typs `Panel` in einer von acht möglichen Farben innerhalb des Spielfelds, das durch den schwarzen Rahmen gebildet wird, so weit herunter, bis es auf den unteren Rand des Spielfelds oder auf ein anderes Panel trifft. Es kann mithilfe von drei Buttons nach links, nach rechts und nach unten bewegt werden.

Die Betätigung des letztgenannten Buttons bewirkt ein sofortiges Absenken des Panels auf die unterste mögliche Position.

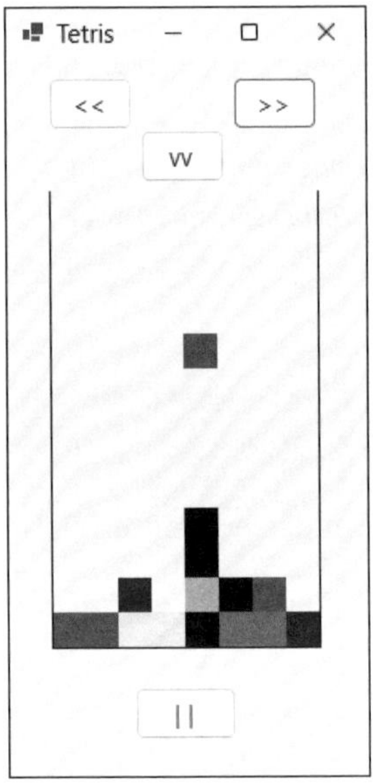

Abbildung 10.1 Tetris

Befinden sich drei gleichfarbige Panels unter- oder nebeneinander, verschwinden sie. Panels, die sich eventuell darüber befinden, rutschen nach. Anschließend wird die Schwierigkeitsstufe gesteigert, indem die Fallgeschwindigkeit der Panels erhöht wird.

Sobald ein Panel nur noch in der obersten Zeile platziert werden kann, ist das Spiel zu Ende. Ziel des Spiels ist es, so viele Panels wie möglich zu platzieren. Mit dem untersten Button kann das Spiel unterbrochen werden, eine erneute Betätigung des Buttons lässt das Spiel weiterlaufen.

10.1.2 Programmbeschreibung

In das Spielfeld passen 8 Panels nebeneinander und 13 Panels übereinander. Als Hilfskonstruktion steht ein zweidimensionales Feld mit 10 Spalten und 15 Zeilen zur Verfügung, in dem jedes existierende Panel mit seiner laufenden Nummer vermerkt ist.

Im Beispiel in Tabelle 10.1 wird der Inhalt des Felds nach den Panels 0 bis 11, also nach 12 gefallenen Panels angezeigt. Die Panels 1, 6 und 7 hatten die gleiche Farbe, standen über- oder nebeneinander und sind deshalb bereits verschwunden. Die Randelemente werden zu Spielbeginn mit dem Wert der Konstanten `Rand = -2` besetzt. Alle Elemente des Felds, die kein Panel enthalten, also leer sind, haben den Wert der Konstanten `Leer = -1`.

Ze/Sp	0	1	2	3	4	5	6	7	8	9
1	–2	–1	–1	–1	–1	–1	–1	–1	–1	–2
2	–2	–1	–1	–1	–1	–1	–1	–1	–1	–2
3	–2	–1	–1	–1	–1	–1	–1	–1	–1	–2
4	–2	–1	–1	–1	–1	–1	–1	–1	–1	–2
5	–2	–1	–1	–1	–1	–1	–1	–1	–1	–2
6	–2	–1	–1	–1	–1	–1	–1	–1	–1	–2
7	–2	–1	–1	–1	–1	–1	–1	–1	–1	–2
8	–2	–1	–1	–1	–1	–1	–1	–1	–1	–2
9	–2	–1	–1	–1	–1	–1	–1	–1	–1	–2
10	–2	–1	–1	–1	–1	–1	–1	–1	–1	–2
11	–2	–1	–1	–1	11	–1	–1	–1	–1	–2
12	–2	–1	–1	–1	3	8	9	–1	–1	–2
13	–2	–1	0	10	2	4	5	–1	–1	–2
14	–2	–2	–2	–2	–2	–2	–2	–2	–2	–2

Tabelle 10.1 Spielfeld

10.1.3 Steuerelemente

Es gibt zu Beginn des Programms folgende Steuerelemente:

- vier Buttons für die drei Bewegungen und das Unterbrechen des Spiels
- drei Panels als Begrenzungslinien des Spielfelds
- einen Timer, der das aktuelle Panel automatisch weiterfallen lässt (Startwert für das Zeitintervall: 500 ms) und der von Anfang an aktiviert ist, damit die Panels bereits unmittelbar nach Beginn des Spiels automatisch herunterfallen

Die drei Panels, die als Begrenzungslinien dienen, haben die Hintergrundfarbe `Black`. Die beiden seitlichen Panels haben die Breite 1, das untere Panel hat die Höhe 1. Ein solches fast unsichtbares Panel kann über die Liste im Kopf des Eigenschaftsfensters oder über das Aufziehen eines Rechtecks mit der Maus im ungefähren Bereich des gewünschten Panels ausgewählt werden.

Im Verlauf des Programms werden weitere Steuerelemente des Typs Panel als farbige herunterfallende Tetris-Blöcke hinzugefügt beziehungsweise wieder entfernt.

10.1.4 Initialisierung des Programms

Zu Beginn des Programms werden einige (teilweise konstante) Eigenschaften vereinbart, und die Form1_Load-Methode wird durchlaufen:

```
public partial class Form1 : Form
{
    ...
    /* Index des aktuellen Panels */
    private int PX;

    /* Spielfeld inkl. Randfelder */
    private readonly int[,] F = new int[15, 10];

    /* Zeile und Spalte des akt. Panels */
    private int PZ, PS;

    /* Schwierigkeitsstufe */
    private int Stufe;

    /* Eine zunächst leere Liste von Spiel-Panels */
    private readonly List<Panel> PL = [];

    /* Ein Feld von Farben für die Panels */
    private readonly Color[] FarbenFeld = [ Color.Red,
        Color.Yellow, Color.Green, Color.Blue, Color.Cyan,
        Color.Magenta, Color.Black, Color.White];

    /* Konstanten für Status eines Feldpunktes */
    private const int Leer = -1;
    private const int Rand = -2;

    /* Zufallsgenerator erzeugen und initialisieren */
    private readonly Random r = new();
```

```
    private void Form1_Load(...)
    {
        /* Feld besetzen */
        for (int Z = 1; Z < 14; Z++)
        {
            F[Z, 0] = Rand;
            for (int S = 1; S < 9; S++)
                F[Z, S] = Leer;
            F[Z, 9] = Rand;
        }

        for (int S = 0; S < 10; S++)
            F[14, S] = Rand;

        /* Initialisierung */
        Stufe = 1;
        NaechstesPanel();
    }
...
```

Listing 10.1 Projekt »Tetris«, Variablen, Konstanten, Start

Nachfolgend werden die (teilweise konstanten) Eigenschaften erläutert:

- Die laufende Nummer (der Index) des aktuell fallenden Panels wird in der Variablen `PX` festgehalten.
- Das gesamte Spielfeld, das in Abschnitt 10.1.2 schematisch dargestellt ist, wird im zweidimensionalen Feld `F` gespeichert.
- Die Variablen `PZ` und `PS` enthalten die Zeilen- und Spaltenposition des aktuell fallenden Panels innerhalb des Spielfelds.
- Die Variable `Stufe` kennzeichnet den Schwierigkeitsgrad des Spiels. Jedes Mal, wenn drei Panels, die untereinander- oder nebeneinanderlagen, gelöscht werden, wird die Stufe um 1 erhöht. Das sorgt für ein kürzeres Timer-Intervall; die Panels werden schneller.
- Bei `PL` handelt es sich um eine generische Liste von Steuerelementen des Typs `Panel`. Generische Listen können bekanntlich beliebige Objekte enthalten. Das können Variablen, Objekte eigener Klassen oder wie hier Steuerelemente, also Objekte vorhandener Klassen, sein. Zu Beginn ist die generische Liste leer.
- Das Feld `FarbenFeld` enthält insgesamt acht Farben. Die Farben der Panels werden per Zufallsgenerator ermittelt.

- Die Konstanten Leer und Rand werden erzeugt. Die Namen der Konstanten sind im Programm leichter lesbar als die Werte -1 beziehungsweise -2.
- Für die Farbauswahl wird der Zufallsgenerator bereitgestellt.

In der Form1_Load-Methode werden die Elemente des oben beschriebenen Hilfsfelds F mit Leer beziehungsweise Rand besetzt. Die Schwierigkeitsstufe wird auf 1 gesetzt. Es wird die Methode NaechstesPanel() aufgerufen. Sie ist in diesem Fall für die Erzeugung des ersten fallenden Panels zuständig.

10.1.5 Erzeugen eines neuen Panels

Die Methode NaechstesPanel() dient der Erzeugung eines neuen fallenden Panels. Das geschieht zu Beginn des Spiels und nachdem ein Panel auf dem unteren Rand des Spielfelds oder auf einem anderen Panel zum Stehen gekommen ist. Der Code lautet:

```
private void NaechstesPanel()
{
    int Farbe;
    Panel p = new();

    /* Neues Panel zur generischen Liste hinzufügen */
    PL.Add(p);

    /* Neues Panel platzieren */
    p.Location = new Point(105, 77);
    p.Size = new Size(20, 20);

    /* Farbauswahl für neues Panel */
    Farbe = r.Next(0, 8);
    p.BackColor = FarbenFeld[Farbe];

    /* Neues Panel zum Formular hinzufügen */
    Controls.Add(p);

    /* Index für späteren Zugriff ermitteln */
    PX = PL.Count - 1;

    /* Aktuelle Zeile, Spalte */
    PZ = 1;
    PS = 5;
}
```

Listing 10.2 Projekt »Tetris«, Methode »NaechstesPanel()«

Zunächst wird ein Objekt des Typs Panel neu erzeugt. Damit darauf auch außerhalb der Methode zugegriffen werden kann, wird mittels der Methode Add() der generischen Liste PL ein Verweis auf dieses Panel hinzugefügt.

Es werden die Eigenschaften Ort, Größe und Farbe des neuen Panels bestimmt. Das Panel selbst wird mithilfe der Methode Add() der Auflistung Controls, also der Liste der Steuerelemente des Formulars, hinzugefügt. Dadurch wird das Panel sichtbar. Seine laufende Nummer (der Index) wird durch die Eigenschaft Count der Liste ermittelt. Diese Nummer wird für den späteren Zugriff benötigt.

Als Letztes werden die Variablen PZ und PS, die die Position des aktuell fallenden Panels im Spielfeld F angeben, gesetzt.

10.1.6 Der Zeitgeber

In regelmäßigen Zeitabständen wird das Timer-Ereignis erzeugt und damit die Ereignismethode TimTetris_Tick() aufgerufen. Diese sorgt dafür, dass sich das aktuelle Panel nach unten bewegt, sofern das noch möglich ist:

```
private void TimTetris_Tick(...)
{
    /* Falls das Panel nicht mehr weiter fallen kann */
    if (F[PZ + 1, PS] != Leer)
    {
        /* Oberste Zeile erreicht */
        if (PZ == 1)
        {
            TimTetris.Enabled = false;
            MessageBox.Show("Das war's");
            return;
        }

        F[PZ, PS] = PX;          // Belegen
        AllePruefen();
        NaechstesPanel();
    }
    else
    {
        /* Falls das Panel noch weiter fallen kann */
        PL[PX].Location = new Point(
            PL[PX].Location.X, PL[PX].Location.Y + 20);
```

```
            PZ += 1;
        }
    }
```

Listing 10.3 Projekt »Tetris«, Zeitgeber

Zunächst wird geprüft, ob sich unterhalb des aktuellen Panels noch ein freies Feld befindet. Ist das nicht der Fall, hat das Panel seine Endposition erreicht.

Befindet sich diese Endposition in der obersten Zeile, ist das Spiel zu Ende. Der Timer wird deaktiviert, anderenfalls würden weitere Panels erzeugt werden. Es erscheint eine Meldung, und die Methode wird unmittelbar beendet. Will der Spieler erneut beginnen, muss er das Programm beenden und neu starten.

Befindet sich die Endposition nicht in der obersten Zeile, wird die Panel-Nummer im Feld `F` mit der aktuellen Zeile und Spalte vermerkt. Das dient der Kennzeichnung eines belegten Feldelements.

Die Methode `AllePruefen()` wird aufgerufen (siehe unten), um festzustellen, ob es drei gleichfarbige Panels über- oder nebeneinander gibt. Anschließend wird das nächste Panel erzeugt.

Befindet sich unterhalb des Panels noch ein freies Feld, kann das Panel weiterfallen. Seine Koordinaten und die aktuelle Zeilennummer werden entsprechend verändert.

10.1.7 Panels löschen

Die Methode `AllePruefen()` ist eine rekursive Methode, mit deren Hilfe festgestellt wird, ob es drei gleichfarbige Panels neben- oder übereinander gibt. Ist das der Fall, werden diese Panels entfernt, und die darüberliegenden Panels rutschen nach.

Möglicherweise befinden sich nun erneut drei gleichfarbige Panels neben- oder übereinander, es muss also wiederum geprüft werden. Das geschieht so lange, bis keine drei gleichfarbigen Panels mehr neben- oder übereinander gefunden werden.

Die Methode `AllePruefen()` bedient sich intern der beiden Methoden `NebenPruefen()` und `UeberPruefen()`:

```
private void AllePruefen()
{
    bool Neben = false, Ueber = false;

    /* Drei gleiche Panels nebeneinander ? */
    for (int Z = 13; Z > 0; Z--)
```

```
    {
        for (int S = 1; S < 7; S++)
        {
            Neben = NebenPruefen(Z, S);
            if (Neben) break;
        }
        if (Neben) break;
    }

    /* Drei gleiche Panels übereinander ? */
    for (int Z = 13; Z > 2; Z--)
    {
        for (int S = 1; S < 9; S++)
        {
            Ueber = UeberPruefen(Z, S);
            if (Ueber) break;
        }
        if (Ueber) break;
    }

    if (Neben || Ueber)
    {
        /* Schneller */
        Stufe += 1;
        TimTetris.Interval = 5000 / (Stufe + 9);

        /* Eventuell kann jetzt noch eine Reihe
           entfernt werden */
        AllePruefen();
    }
}

/* Falls drei Felder nebeneinander besetzt */
private bool NebenPruefen(int Z, int S)
{
    bool ergebnis = false;

    if (F[Z, S] != Leer &&  F[Z, S+1] != Leer &&
            F[Z, S+2] != Leer)
    {
```

```
        /* Falls drei Farben gleich */
        if (PL[F[Z, S]].BackColor == PL[F[Z, S+1]].BackColor &&
                PL[F[Z, S]].BackColor == PL[F[Z, S+2]].BackColor)
        {
            for (int SX = S; SX < S + 3; SX++)
            {
                /* Panel aus dem Formular löschen */
                Controls.Remove(PL[F[Z, SX]]);

                /* Feld leeren */
                F[Z, SX] = Leer;

                /* Panels oberhalb des entladenen
                   Panels absenken */
                int ZX = Z - 1;
                while (F[ZX, SX] != Leer)
                {
                    PL[F[ZX, SX]].Location = new Point(
                        PL[F[ZX, SX]].Location.X,
                        PL[F[ZX, SX]].Location.Y + 20);

                    /* Feld neu besetzen */
                    F[ZX + 1, SX] = F[ZX, SX];
                    F[ZX, SX] = Leer;
                    ZX -= 1;
                }
            }
            ergebnis = true;
        }
    }
    return ergebnis;
}

/* Falls drei Felder übereinander besetzt */
private bool UeberPruefen(int Z, int S)
{
    bool ergebnis = false;

    if (F[Z, S] != Leer && F[Z-1, S] != Leer &&
            F[Z-2, S] != Leer)
```

```
    {
        /* Falls drei Farben gleich */
        if (PL[F[Z, S]].BackColor == PL[F[Z-1, S]].BackColor &&
                PL[F[Z, S]].BackColor == PL[F[Z-2, S]].BackColor)
        {

            /* 3 Panels entladen */
            for (int ZX = Z; ZX > Z - 3; ZX--)
            {
                /* Panel aus dem Formular löschen */
                Controls.Remove(PL[F[ZX, S]]);

                /* Feld leeren */
                F[ZX, S] = Leer;
            }
            ergebnis = true;
        }
    }
    return ergebnis;
}
```

Listing 10.4 Projekt »Tetris«, Panels löschen

Die Variablen Neben und Ueber kennzeichnen die Tatsache, dass drei gleichfarbige Panels neben- oder übereinanderstehen. Sie werden erst einmal auf false gesetzt.

Zunächst wird geprüft, ob sich drei gleichfarbige Panels nebeneinander befinden. Das geschieht, indem für jedes einzelne Feldelement in der Methode NebenPruefen() geprüft wird, ob es selbst und seine beiden rechten Nachbarn mit einem Panel belegt sind und ob diese Panels gleichfarbig sind. Die Prüfung beginnt beim Panel unten links und setzt sich bis zum drittletzten Panel derselben Zeile fort. Anschließend werden die Panels in der Zeile darüber geprüft usw.

Sobald eine Reihe gleichfarbiger Panels gefunden wird, werden alle drei Panels mithilfe der Methode Remove() aus der Auflistung der Steuerelemente des Formulars gelöscht, d. h., sie verschwinden aus dem Formular. Ihre Position im Feld F wird mit -1 (= Leer) besetzt. Nun müssen noch alle Panels, die sich eventuell oberhalb der drei Panels befinden, um eine Position abgesenkt werden. Die Variable Neben wird auf true gesetzt. Die doppelte Schleife wird sofort verlassen.

Analog wird nun in der Methode UeberPruefen() geprüft, ob sich drei gleichfarbige Panels übereinander befinden. Ist das der Fall, werden sie aus der Auflistung der Steuerelemente des Formulars gelöscht. Ihre Positionen im Feld F werden mit -1 besetzt. Über den drei Panels können sich keine weiteren Panels befinden, die entfernt werden müssten. Wird durch eine der beiden Prüfungen eine Reihe gefunden und entfernt, wird die Schwierigkeitsstufe erhöht und das Timer-Intervall verkürzt.

Nun muss noch geprüft werden, ob sich durch das Nachrutschen von Panels wiederum ein Bild mit drei gleichfarbigen Panels über- oder nebeneinander ergeben hat. Die Methode AllePruefen() ruft sich also so lange selbst auf (rekursive Methode), bis keine Reihe mehr gefunden wird.

10.1.8 Panels seitlich bewegen

Mittels der beiden Methoden CmdLinks_Click() und CmdRechts_Click() werden die Panels nach links beziehungsweise rechts bewegt, sofern das möglich ist:

```
private void CmdLinks_Click(...)
{
    if (!TimTetris.Enabled)
        return;

    if (F[PZ, PS - 1] == Leer)
    {
        PL[PX].Location = new Point(
            PL[PX].Location.X - 20, PL[PX].Location.Y);
        PS -= 1;
    }
}

private void CmdRechts_Click(...)
{
    if (!TimTetris.Enabled)
        return;

    if (F[PZ, PS + 1] == Leer)
    {
        PL[PX].Location = new Point(
            PL[PX].Location.X + 20, PL[PX].Location.Y);
        PS += 1;
    }
}
```

Listing 10.5 Projekt »Tetris«, Panels seitlich bewegen

Befindet sich das Spiel im Pausenzustand, ist also der Timer deaktiviert, werden die beiden Methoden unmittelbar verlassen.

Es wird geprüft, ob sich links beziehungsweise rechts vom aktuellen Panel ein freies Feldelement befindet. Ist das der Fall, wird das Panel nach links beziehungsweise rechts verlegt, und die aktuelle Spaltennummer wird verändert.

10.1.9 Panels nach unten bewegen

Die Ereignismethode `CmdUnten_Click()` dient zur wiederholten Bewegung der Panels nach unten, falls das möglich ist. Diese Bewegung wird so lange durchgeführt, bis das Panel auf die Spielfeldbegrenzung oder auf ein anderes Panel stößt. Der Code lautet folgendermaßen:

```
private void CmdUnten_Click(...)
{
    if (!TimTetris.Enabled)
        return;

    while (F[PZ + 1, PS] == Leer)
    {
        PL[PX].Location = new Point(
            PL[PX].Location.X, PL[PX].Location.Y + 20);
        PZ += 1;
    }
    F[PZ, PS] = PX;          // Belegen
    AllePruefen();
    NaechstesPanel();
}
```

Listing 10.6 Projekt »Tetris«, Panels nach unten bewegen

Auch diese Methode wird unmittelbar verlassen, falls sich das Spiel im Pausenzustand befindet.

Es wird geprüft, ob sich unter dem aktuellen Panel ein freies Feldelement befindet. Ist das der Fall, wird das Panel nach unten verlegt, und die aktuelle Zeilennummer wird verändert. Das geschieht so lange, bis das Panel auf ein Hindernis stößt. Anschließend wird das betreffende Feldelement belegt. Es wird geprüft, ob nun eine neue Reihe von drei gleichfarbigen Panels existiert, und das nächste Panel wird erzeugt.

10.1.10 Pause

Abhängig vom aktuellen Zustand wird das Spiel durch Betätigen des Buttons PAUSE in den Zustand *Pause* geschaltet oder wieder gestartet:

```
private void CmdPause_Click(...)
{
    TimTetris.Enabled = !TimTetris.Enabled;
}
```

Listing 10.7 Projekt »Tetris«, Pause

Der Zustand des Timers wechselt zwischen den Werten `true` und `false`.

10.2 Lernprogramm »Vokabeln«

In diesem Abschnitt stelle ich ein kleines, erweiterungsfähiges Vokabel-Lernprogramm (Projekt *Vokabeln*) vor. Es enthält:

- eine Datenbank als Basis
- ein Hauptmenü
- eine generische Liste
- einen Zufallsgenerator
- eine Benutzerführung, abhängig vom Programmzustand
- das Lesen einer Textdatei

10.2.1 Benutzung des Programms

Die Benutzeroberfläche sieht nach dem Start und dem Aufruf des Menüs RICHTUNG aus wie in Abbildung 10.2.

Das Hauptmenü besteht aus:

- Menü ALLGEMEIN, dieses Menü besteht wiederum aus:
  - Menüpunkt TEST BEENDEN: vorzeitiger Testabbruch
  - Menüpunkt PROGRAMM BEENDEN
- Menü RICHTUNG: zur Auswahl und Anzeige der Richtung für Frage und Antwort
  - Menüpunkt DEUTSCH – ENGLISCH
  - Menüpunkt ENGLISCH – DEUTSCH (das ist die Voreinstellung)

  - Menüpunkt DEUTSCH – FRANZÖSISCH
  - Menüpunkt FRANZÖSISCH – DEUTSCH
- Menü HILFE
  - Menüpunkt ANLEITUNG: kurze Benutzeranleitung

Abbildung 10.2 Projekt »Vokabeln«, Benutzeroberfläche

Der Benutzer kann entweder die Richtung für Frage und Antwort wählen oder sofort einen Vokabeltest in der Voreinstellung ENGLISCH - DEUTSCH starten. Es werden parallel zwei generische Listen mit den Vokabeln der beiden beteiligten Sprachen gefüllt.

Nach der Betätigung des Buttons TEST STARTEN erscheint die erste Vokabel, der Button wird deaktiviert, und der Button PRÜFEN / NÄCHSTER wird aktiviert, so wie in Abbildung 10.3 zu sehen.

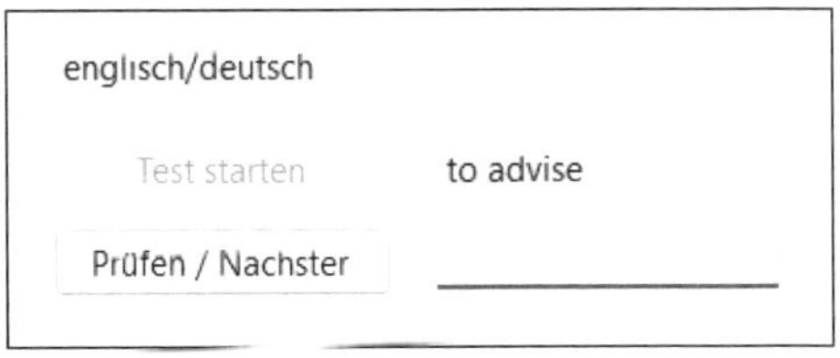

Abbildung 10.3 Test läuft, eine Vokabel erscheint

Nachdem der Benutzer eine Übersetzung eingegeben und den Button betätigt hat, wird seine Eingabe geprüft, und es erscheint ein Kommentar:

- Hat er die richtige Übersetzung eingegeben, wird diese Vokabel aus beiden Listen entfernt. Er wird in diesem Test nicht mehr danach gefragt.
- Hat er nicht die richtige Übersetzung eingegeben, wird die korrekte Übersetzung angezeigt, sodass der Benutzer sie erlernen kann (siehe Abbildung 10.4).

Anschließend erscheint die nächste Vokabel. Sie wird zusammen mit der korrekten Antwort aus den beiden Listen der noch vorhandenen Vokabeln ausgewählt. Enthalten die beiden Listen keine Vokabeln mehr, weil alle Vokabeln einmal richtig übersetzt wurden, ist der Test beendet.

Der Button TEST STARTEN wird wieder aktiviert, und der Button PRÜFEN / NÄCHSTER wird deaktiviert. Der Benutzer kann eine andere Richtung wählen und wiederum einen Test beginnen.

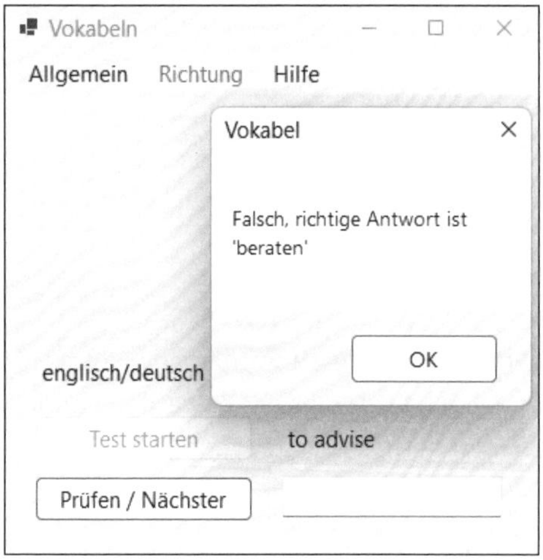

Abbildung 10.4 Übersetzung ist nicht richtig

10.2.2 Erweiterung des Programms

Dieses Programm kann als Basis für ein größeres Projekt dienen. Es gibt viele Möglichkeiten zur Erweiterung des Programms:

- Die Benutzer sollen die Möglichkeit zur Eingabe weiterer Vokabeln haben.
- Der Entwickler fügt weitere Sprachen und Richtungen für Frage und Antwort hinzu.
- Die Benutzer können die Testauswahl auf eine bestimmte Anzahl an Vokabeln begrenzen.
- Der Entwickler kann die Vokabeln in Kategorien unterteilen. Der Benutzer kann dann Tests nur noch mit Fragen aus einer (oder mehreren) Kategorien machen.

- Es kann zu einer Frage mehrere richtige Antworten geben.
- Der Entwickler fügt eine Zeitsteuerung per Timer hinzu. Der Benutzer hat dadurch nur noch eine bestimmte Zeitspanne für seine Antwort.

Viele andere Erweiterungen sind denkbar.

10.2.3 Initialisierung des Programms

Das Paket `System.Data.OleDb` muss für den Zugriff auf eine MS-Access-Datenbank installiert werden und der gleichnamige Namensraum muss eingebunden werden. Zu Beginn werden einige Eigenschaften deklariert, und die `Form1_Load`-Methode wird durchlaufen:


```
using System.Data.OleDb;
public partial class Form1 : Form
{
    ...
    /* Liste der Fragen */
    private readonly List<string> frage = [];

    /* Liste der Antworten */
    private readonly List<string> antwort = [];

    /* Zufallszahl für ein Element der beiden Listen */
    private int zufallszahl;

    /* Richtung der Vokabel-Abfrage */
    private int richtung;

    /* Erzeugen und initialisieren des Zufallsgenerators */
    private readonly Random r = new();

    private void Form1_Load(...)
    {
        /* Startrichtung englisch - deutsch */
        richtung = 1;
    }
...
```

Listing 10.8 Projekt »Vokabeln«, Initialisierung

Die beiden Listen frage und antwort enthalten im weiteren Verlauf des Programms die Fragen und zugehörigen Antworten je nach gewählter Testrichtung. Die Zusammengehörigkeit von Frage und Antwort ergibt sich daraus, dass die beiden zusammengehörigen Elemente der beiden Listen mit dem gleichen Index angesprochen werden.

Der jeweils aktuelle Index wird im weiteren Verlauf des Programms per Zufallsgenerator bestimmt und in der Variablen zufallszahl gespeichert.

Die Richtung für Frage und Antwort kann der Benutzer über das Benutzermenü auswählen. Für die Auswahl der Frage wird der Zufallsgenerator bereitgestellt. Hat der Benutzer keine andere Richtung für Frage und Antwort ausgewählt, wird der Standardwert »englisch – deutsch« genommen.

10.2.4 Ein Test beginnt

Nachdem der Benutzer den Button START betätigt hat, beginnt der Test. Der Code der zugehörigen Ereignismethode lautet:

```
private void CmdStart_Click(...)
{
    OleDbConnection con = new("Provider=Microsoft.ACE.OLEDB.12.0;"
       + "Data Source=C:/Temp/lernen.accdb");
    OleDbCommand cmd = new("SELECT * FROM vokabel", con);
    frage.Clear();
    antwort.Clear();

    try
    {
        con.Open();
        OleDbDataReader reader = cmd.ExecuteReader();

        /* Speicherung in den Listen gemäß
           der ausgewählten Richtung */
        while (reader.Read())
        {
            frage.Add(richtung switch
            {
                0 or 2 => (string)reader["deutsch"],
                1 => (string)reader["englisch"],
                _ => (string)reader["französisch"]
            });
```

```
            antwort.Add(richtung switch
            {
                1 or 3 => (string)reader["deutsch"],
                0 => (string)reader["englisch"],
                _ => (string)reader["französisch"]
            });
        }
        reader.Close();

        /* Buttons und Menü (de)aktivieren */
        CmdStart.Enabled = false;
        CmdPruefen.Enabled = true;
        MnuRichtung.Enabled = false;
        TxtAntwort.Enabled = true;

        /* Erste Vokabel erscheint */
        Naechste_Vokabel();
    }
    catch (Exception ex)
    {
        MessageBox.Show(ex.Message);
    }
    con.Close();
}
```


Listing 10.9 Projekt »Vokabeln«, Testbeginn

Es wird eine Verbindung zur MS-Access-Datenbank *C:/Temp/lernen.accdb* geöffnet. Anschließend wird eine Auswahlabfrage gesendet, die alle Datensätze der Tabelle `vokabel` anfordert.

Die zurückgegebenen Datensätze werden einem `OleDbDataReader` übergeben. Beim Auslesen des Readers werden die beiden Listen `frage` und `antwort` mithilfe der Methode `Add()` mit den Inhalten der jeweiligen Felder gefüllt, abhängig von der jeweils eingestellten Richtung für Frage und Antwort. Dabei muss das Objekt aus dem Reader jeweils in eine `string`-Variable umgewandelt werden.

Der Button Test starten und das Menü für die Richtung werden deaktiviert, damit sie nicht versehentlich während eines Tests bedient werden können. Der Button Prüfen / Nächster und die TextBox werden aktiviert, damit der Benutzer seine Antwort eingeben und prüfen lassen kann.

Die Methode Naechste_Vokabel() dient dem Aufruf einer zufällig ausgewählten Vokabel aus der Liste frage.

10.2.5 Zwei Hilfsmethoden

Die beiden Hilfsmethoden Naechste_Vokabel() und Test_Init() werden von verschiedenen Stellen des Programms aufgerufen:

```
private void Naechste_Vokabel()
{
    /* Falls keine Vokabel mehr in der Liste: Ende */
    if (frage.Count < 1)
    {
        MessageBox.Show("Gratuliere! Alles geschafft");
        Test_Init();
    }

    /* Falls noch Vokabeln in der Liste: Nächste */
    else
    {
        zufallszahl = r.Next(0, frage.Count);
        LblFrage.Text = $"{frage[zufallszahl]}";
        TxtAntwort.Text = "";
    }
}

private void Test_Init()
{
    /* Buttons und Menü (de)aktivieren */
    CmdStart.Enabled = true;
    CmdPruefen.Enabled = false;
    MnuRichtung.Enabled = true;
    TxtAntwort.Enabled = false;

    /* Felder leeren */
    LblFrage.Text = "";
    TxtAntwort.Text = "";
}
```

Listing 10.10 Projekt »Vokabeln«, Hilfsmethoden

In der Methode Naechste_Vokabel() werden nach einer richtigen Antwort Frage und Antwort aus der jeweiligen Liste gelöscht. Daher sind die Listen nach einiger Zeit leer. Dies wird mithilfe der Eigenschaft Count geprüft.

Sind die Listen leer, erscheint eine Erfolgsmeldung über den bestandenen Test. Der Startzustand der Benutzeroberfläche wird wiederhergestellt. Sind die Listen noch nicht leer, wird eine Zufallszahl ermittelt. Der zugehörige Begriff wird eingeblendet, und die TextBox wird geleert.

Die Methode Test_Init() dient zum Wiederherstellen des Startzustands der Benutzeroberfläche, nachdem ein Test beendet wurde. Der Button TEST STARTEN und das Menü für die Richtung werden aktiviert, damit ein Test gestartet beziehungsweise eine neue Richtung gewählt werden kann. Der Button PRÜFEN / NÄCHSTER und die TextBox werden deaktiviert, damit sie nicht versehentlich außerhalb eines Tests bedient werden können. Die alten Einträge werden aus den Feldern für Frage und Antwort gelöscht.

10.2.6 Die Antwort prüfen

Nachdem der Benutzer den Button PRÜFEN / NÄCHSTER betätigt hat, wird die eingegebene Antwort überprüft. Der Code der zugehörigen Ereignismethode lautet wie folgt:

```
private void CmdPruefen_Click(...)
{
    /* Falls richtig beantwortet: Vokabel aus Liste nehmen */
    if (TxtAntwort.Text == antwort[zufallszahl])
    {
        MessageBox.Show("Richtig", "Vokabel");
        frage.RemoveAt(zufallszahl);
        antwort.RemoveAt(zufallszahl);
    }

    /* Falls falsch beantwortet: richtige Antwort nennen */
    else
        MessageBox.Show("Falsch, richtige Antwort ist\n" +
            $"'{antwort[zufallszahl]}'", "Vokabel");

    /* Nächste Vokabel erscheint */
    Naechste_Vokabel();
}
```

Listing 10.11 Projekt »Vokabeln«, Eingabe prüfen

Der Inhalt der TextBox wird mit demjenigen Element der Liste antwort verglichen, das zum Element der Liste frage gehört.

Nach einer richtigen Antwort erscheint eine Erfolgsmeldung. Frage und Antwort werden mittels der Methode RemoveAt() aus ihren jeweiligen Listen gelöscht, sodass die Listen irgendwann leer sind. Nach einer falschen Antwort erfolgt eine Meldung, die auch die richtige Übersetzung enthält. Frage und Antwort werden nicht gelöscht. Auf diese Weise kann die gleiche Frage später erneut gestellt werden.

Anschließend wird die nächste Frage gestellt.

10.2.7 Das Benutzermenü

Vier Ereignismethoden dienen zur Realisierung des Benutzermenüs:

```
private void MnuEndeTest_Click(...)
{
    /* Abbruch mit Rückfrage */
    if (MessageBox.Show("Test wirklich abbrechen?", "Vokabel",
            MessageBoxButtons.YesNo) == DialogResult.Yes)
        Test_Init();
}

private void MnuEndeProgramm_Click(...)
{
    /* Beenden mit Rückfrage */
    if (MessageBox.Show("Programm wirklich beenden?", "Vokabel",
            MessageBoxButtons.YesNo) == DialogResult.Yes)
        Close();
}

private void MnuRichtung_Click(...)
{
    ToolStripMenuItem[] mi = [ MnuDE, MnuED, MnuDF, MnuFD ];
    string[] tx = [ "deutsch/englisch", "englisch/deutsch",
        "deutsch/französisch", "französisch/deutsch" ];

    ToolStripMenuItem mi_sender = (ToolStripMenuItem)sender;
    mi_sender.Checked = true;
    for (int i = 0; i < mi.Length; i++)
    {
        if(mi[i] == mi_sender)
```

```
            {
                richtung = i;
                LblRichtung.Text = tx[i];
            }
            else
                mi[i].Checked = false;
        }
    }

    private void MnuAnleitung_Click(...)
    {
        string dateiname = "hilfe.txt";
        if (!File.Exists(dateiname))
        {
            MessageBox.Show($"Datei {dateiname} existiert nicht");
            return;
        }

        FileStream fs = new(dateiname, FileMode.Open);
        StreamReader sr = new(fs);
        string ausgabe = "";
        while (sr.Peek() != -1)
            ausgabe += $"{sr.ReadLine()}\n";
        sr.Close();
        MessageBox.Show(ausgabe);
    }
```


Listing 10.12 Projekt »Vokabeln«, Benutzermenü

Im Hauptmenü ALLGEMEIN besteht die Möglichkeit, einen Test abzubrechen beziehungsweise das Programm zu beenden. Zur Sicherheit wird in beiden Fällen eine Rückfrage gestellt, damit nicht versehentlich abgebrochen wird.

Im Hauptmenü RICHTUNG können insgesamt vier Ereignismethoden zur Auswahl der Richtung von Frage und Antwort aufgerufen werden. Alle Aufrufe führen zur Methode `MnuRichtung_Click()`. Es wird festgestellt, von welchem Menüpunkt die Methode aufgerufen wurde. Bei diesem Menüpunkt wird das Häkchen gesetzt, bei allen anderen entfernt. Der Wert für die Richtung und der Text des Labels werden mithilfe von zwei Feldern gesetzt.

Im Hauptmenü HILFE wird über den Menüpunkt ANLEITUNG eine kleine Benutzeranleitung eingeblendet. Ihr Text wird aus einer Datei gelesen, die sich zur Vereinfachung im selben Verzeichnis wie das ausführbare Programm befindet, also im Unterverzeichnis *bin/Debug/net10.0-windows* des Projekts. Die Existenz der Datei wird zuvor geprüft.

Kapitel 11
Windows Presentation Foundation

Lernen Sie, mit der WPF zu arbeiten, einer neueren Klassenbibliothek zur GUI-Gestaltung mit vielen Multimedia-Komponenten.

WPF steht für *Windows Presentation Foundation*. Es handelt sich dabei um eine im Vergleich zu Windows Forms neuere Bibliothek von Klassen, die zur Gestaltung von Oberflächen und zur Integration von Multimedia-Komponenten und Animationen dient. Sie vereint die Vorteile von DirectX, Windows Forms, Adobe Flash, HTML und CSS.

Die WPF ermöglicht eine verbesserte Gestaltung von Oberflächen. Layout, 3D-Grafiken, Sprachintegration, Animation, Datenzugriff und vieles mehr basieren auf einer einheitlichen Technik. Die Benutzerin kann die Bedienung dieser Oberflächen außerdem schnell und intuitiv erlernen. WPF-Anwendungen können neben den klassischen Medien Maus, Tastatur und Bildschirm auch auf Touchscreen und Digitalisierbrett zugreifen. Sie können über Sprache gesteuert werden und selbst Sprachausgaben erzeugen.

Die Oberfläche einer WPF-Anwendung wird mithilfe von XAML entworfen. XAML steht für *eXtensible Application Markup Language*. Es handelt sich dabei um eine XML-basierte Markierungssprache, die nicht nur in der WPF zum Einsatz kommt. Innerhalb von Visual Studio sehen Sie die Oberfläche gleichzeitig in zwei Ansichten: im grafischen Entwurf und im XAML-Code.

Eine Anwendung kann ausschließlich aus XAML-Code oder ausschließlich aus Code in einer der Programmiersprachen bestehen, zum Beispiel C# oder Visual Basic. Meist wird allerdings gemischt: Die Oberfläche wird in XAML entworfen, die Abläufe hingegen werden in einer Programmiersprache kodiert. Die Übergänge sind jedoch fließend, es herrscht keine strenge Trennung wie in Windows Forms.

Die gesamte Vielfalt der WPF kann hier nur ansatzweise in einigen Beispielen gezeigt werden. Mehr zum Thema in dem Buch: »Windows Presentation Foundation. Das umfassende Handbuch«, siehe *https://www.rheinwerk-verlag.de/4949*.

11.1 Layout

Die Oberfläche einer Anwendung wird über das Layout festgelegt, sie sollte stufenlos skalierbar sein und unterschiedlichen Umgebungen angepasst werden können.

11.1.1 Erstellung des Projekts

Im nachfolgenden Projekt *WpfLayoutKombi* sehen Sie zwei der zahlreichen Möglichkeiten der WPF. Darin werden einige Buttons auf unterschiedliche Arten angeordnet (siehe Abbildung 11.1).

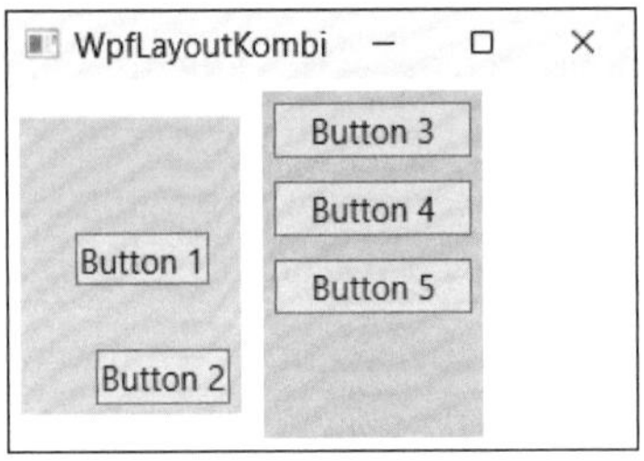

Abbildung 11.1 Projekt »WpfLayoutKombi«

Zur Erzeugung einer WPF-Anwendung gehen Sie zunächst wie gewohnt vor, also entweder über den Startbildschirm und die große Schaltfläche NEUES PROJEKT ERSTELLEN oder über den Menüpunkt DATEI • NEU • PROJEKT. Im Dialogfeld NEUES PROJEKT ERSTELLEN wählen Sie die Vorlage WPF-ANWENDUNG aus (siehe Abbildung 11.2). Im Feld NAME tragen Sie den Projektnamen ein.

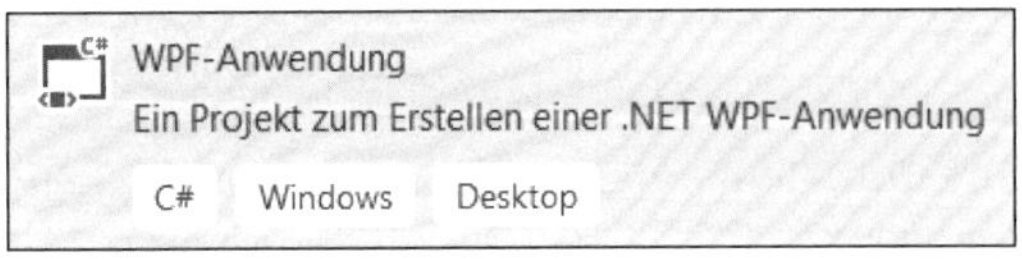

Abbildung 11.2 Neue WPF-Anwendung

Nach der Erstellung des Projekts erscheint unter anderem das Hauptformular der Anwendung in der Datei *MainWindow.xaml* in zwei verschiedenen Ansichten:

- in der DESIGN-ANSICHT: als Oberfläche, zu der die Elemente aus der TOOLBOX hinzugefügt werden können
- in der CODE-ANSICHT: als XAML-Code, in dem die Elemente durch Kodierung hinzugefügt werden können

11.1.2 Gestaltung der Oberfläche

Die Codezeilen für ein leeres Formular sind bereits vorhanden. Wir werden sie für unser Projekt in der CODE-ANSICHT ergänzen und anpassen:

```
<Window x:Class="WpfLayoutKombi.MainWindow" xmlns="..."
    Title="WpfLayoutKombi" Height="200" Width="300">
  <StackPanel Orientation="Horizontal">
    <Canvas Width="100" Height="130" Margin="5"
        Background="LightGray">
      <Button x:Name="B1" Canvas.Top="50" Canvas.Left="25"
        Click="B1_Click">Button 1</Button>
      <Button x:Name="B2" Canvas.Bottom="5" Canvas.Right="5"
        Click="B2_Click">Button 2</Button>
    </Canvas>
    <StackPanel Width="100" Margin="5" Background="LightBlue"
        Button.Click="Sp_Click">
      <Button x:Name="B3" Margin="5">Button 3</Button>
      <Button x:Name="B4" Margin="5">Button 4</Button>
      <Button x:Name="B5" Margin="5">Button 5</Button>
    </StackPanel>
  </StackPanel>
</Window>
```

Listing 11.1 Projekt »WpfLayoutKombi«, XAML-Code

XAML-Dokumente bestehen wie XML-Dokumente aus einer Hierarchie von Elementen mit Attributen. Das Hauptelement ist hier ein Fenster, das vom Typ `Window` abgeleitet ist. Der Name des abgeleiteten Typs wird über `x:Class` angegeben, hier `MainWindow`.

Bereits bei der Erstellung eines Projekts werden die wichtigsten Klassen der WPF mithilfe einiger Namensräume (hier nur mit `xmlns=...` angedeutet) automatisch zur Verfügung gestellt.

Die XAML-Elemente haben verschiedene Eigenschaften, zum Beispiel `Title`, `Height` oder `Background`. `Title` ist vom Typ *Zeichenkette*, die Werte anderer Elemente werden gegebenenfalls mithilfe von *Type Convertern* umgewandelt, zum Beispiel in Zahlen, Farben oder boolesche Werte.

Ein Window darf genau ein Unterelement haben, hier ist es eines vom Typ *StackPanel*. Ein StackPanel ist ein Container mit einem »Stapel« von Unterelementen, in diesem Fall einem `Canvas` und einem weiteren StackPanel. Mit dem Wert `Horizontal` für das Attribut `Orientation` wird dafür gesorgt, dass die Unterelemente nebeneinander gestapelt werden.

Innerhalb eines Canvas können die Unterelemente absolut positioniert werden. Dieses Layout stellt einen Kompromiss innerhalb der WPF dar, da die Oberfläche so nicht mehr frei skalierbar ist. Der Canvas hat Breite, Höhe und Hintergrundfarbe. Über die Eigenschaft `Margin` stellen Sie den Abstand eines Elements zu seinem übergeordneten Element ein.

Die Position der Elemente innerhalb des Canvas wird über die Eigenschaften `Canvas.Top`, `Canvas.Left`, `Canvas.Bottom` und `Canvas.Right` eingestellt. Es handelt sich dabei um sogenannte *Attached Properties*. Das sind Eigenschaften anderer Elementtypen (und zwar des Canvas), die hier (im Button-Element) benötigt werden.

Innerhalb des inneren StackPanels sind drei Buttons gestapelt, standardmäßig untereinander. Auch der Klick auf einen dieser Buttons führt zu einer Ereignismethode. Das liegt am sogenannten *Event Routing*: Ist bei einem Element zu dem ausgelösten Ereignis keine passende Methode registriert, wird das Ereignis zum übergeordneten Element weitergeleitet.

In diesem Fall findet sich im StackPanel das Event `Button.Click`. Dabei handelt es sich um ein sogenanntes *Attached Event*. Das ist eine Eigenschaft eines anderen Elementtyps (und zwar des Button-Elements), die hier (im StackPanel) benötigt wird. Eine Methode zu einem *Attached Event* muss »von Hand« erzeugt werden.

Zur Erzeugung des Rahmens für den C#-Code der Ereignismethode zu einem XAML-Element gehen Sie wie folgt vor:

- Setzen Sie den Cursor im XAML-Code in den bereits notierten Namen der Ereignismethode, also zum Beispiel in den Text `B1_Click`.
- Öffnen Sie mithilfe der rechten Maustaste das Kontextmenü.
- Wählen Sie hier den Menüpunkt GEHE ZU DEFINITION.

Hinweis

In der Editor-Hilfe wird darauf hingewiesen, dass durch das Festlegen von DATACONTEXT die Arbeit mit Datenbindungen verbessert wird. Das ist für die Beispiele dieses Buchs nicht notwendig.

11.1.3 Code der Ereignismethoden

Es folgt der C#-Code aus der Datei *MainWindow.xaml.cs*:

```
private void B1_Click(object sender, RoutedEventArgs e)
{
    MessageBox.Show("B1");
}

private void B2_Click(object sender, RoutedEventArgs e)
{
    MessageBox.Show("B2");
}

private void Sp_Click(object sender, RoutedEventArgs e)
{
    Button b = (Button)e.Source;
    MessageBox.Show(b.Name);
}
```


Listing 11.2 Projekt »WpfLayoutKombi«, Code in C#

Es werden jeweils die Namen der geklickten Buttons ausgegeben. Im Fall der Buttons innerhalb des StackPanels muss zunächst der Auslöser ermittelt werden, das Objekt `sender` verweist auf das StackPanel.

Die Eigenschaft `Source` des Objekts `e` verweist dagegen auf den tatsächlich auslösenden Button. Sie ist vom Typ `object` und muss zunächst in den Typ `Button` umgewandelt werden.

Hinweis

Während der Entwicklung wird in Ihrem WPF-Projekt eine zusätzliche Symbolleiste eingeblendet (siehe Abbildung 11.3). Sie benötigen sie nicht. Sie können sie mit einem Klick auf den Pfeil am rechten Rand verkleinern. In der ausführbaren Version ist sie nicht mehr zu sehen.

Abbildung 11.3 Symbolleiste, zur Entwicklungszeit

11.2 Steuerelemente

Die TOOLBOX bietet zahlreiche Steuerelemente für die WPF. Im nachfolgenden Projekt *WpfSteuerelemente* zeige ich einige Möglichkeiten (siehe Abbildung 11.4).

11.2.1 Gestaltung der Oberfläche

Zunächst der XAML-Code:

```
<Window x:Class="WpfSteuerelemente.MainWindow" xmlns="..."
    Title="WpfSteuerelemente" Height="250" Width="350">
  <StackPanel>
    <WrapPanel>
      <Label Margin="5">Beschriftung:</Label>
      <CheckBox x:Name="Cb" Margin="10" Checked="Cb_Checked"
        Unchecked="Cb_Unchecked" >CheckBox</CheckBox>
      <TextBox x:Name="Tb" Width="150"
        Margin="5">Das ist ein Text</TextBox>
      <Button Margin="5" Click="Bu_Click">Anzeigen</Button>
    </WrapPanel>
    <ListBox x:Name="Lb" Margin="5" SelectionMode="Multiple"
        SelectionChanged="Lb_SelectionChanged">
      <ListBoxItem>Frankreich</ListBoxItem>
      <ListBoxItem Selector.IsSelected="True">Spanien</ListBoxItem>
      <ListBoxItem Selector.IsSelected="True">Italien</ListBoxItem>
    </ListBox>
    <Slider x:Name="Sl" Margin="5" TickFrequency="1"
      TickPlacement="BottomRight" IsSnapToTickEnabled="True"
      Value="5" ValueChanged="Sl_ValueChanged" />
  </StackPanel>
</Window>
```

Listing 11.3 Projekt »WpfSteuerelemente«, XAML-Code

Innerhalb eines StackPanels gibt es insgesamt drei Elemente: ein `WrapPanel`, eine `ListBox` zur Auswahl von mehreren Einträgen und einen `Slider` zur Auswahl eines Zahlenwerts. Innerhalb eines WrapPanels werden die Elemente nebeneinander aufgereiht. Ist nicht genügend Platz, wird in der nächsten Reihe fortgefahren. Beachten Sie die Anordnung dazu auch einmal nach einer manuellen Vergrößerung oder Verkleinerung des Fensters.

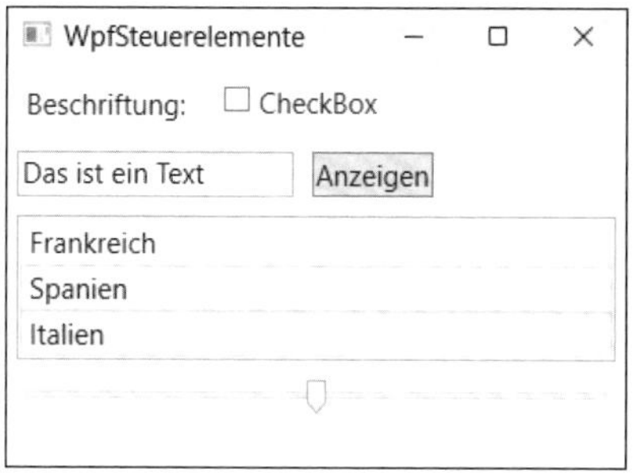

Abbildung 11.4 Projekt »WpfSteuerelemente«

Das WrapPanel enthält vier Elemente: ein `Label` zur Beschriftung, eine `CheckBox` zum Markieren, eine `TextBox` für die Eingabe und einen Button. Die Ereignisse `Checked` und `Unchecked` der CheckBox (Setzen und Löschen der Markierung) führen zu unterschiedlichen Methoden.

Die Eigenschaft `SelectionMode` einer ListBox enthält unter anderem den Wert `Multiple`. Das führt dazu, dass jeder Klick auf einen Eintrag dessen Auswahlzustand umschaltet. Die Attached Property `IsSelected` des Typs `Selector` kann zur Vorauswahl eines Eintrags genutzt werden. Das Ereignis `SelectionChanged` tritt ein, sobald sich die Auswahl innerhalb der ListBox ändert.

Die Eigenschaften `Minimum` und `Maximum` eines Sliders haben als Standard die Werte 0 und 10. Die Eigenschaften `TickFrequency` und `TickPlacement` legen die Häufigkeit und den Ort der Ticks, also der kleinen Markierungsstriche am Slider, fest. Wird die boolesche Eigenschaft `IsSnapToTickEnabled` auf `True` gesetzt, können nur die Werte der Ticks erreicht werden. Das Ereignis `ValueChanged` tritt ein, sobald sich der Wert des Sliders ändert.

11.2.2 Code der Ereignismethoden

Es folgt der Programmcode:

```
private void Cb_Checked(object sender, RoutedEventArgs e)
    => Tb.Text = "CheckBox ein";

private void Cb_Unchecked(object sender, RoutedEventArgs e)
    => Tb.Text = "CheckBox aus";

private void Bu_Click(object sender, RoutedEventArgs e)
    => MessageBox.Show($"{Tb.Text} / {Tb.SelectedText}");
```

```
private void Lb_SelectionChanged(object sender,
    SelectionChangedEventArgs e)
{
    if (IsLoaded)
    {
        Tb.Text = "";
        foreach (ListBoxItem lbi in Lb.SelectedItems)
            Tb.Text += $"{lbi.Content} ";
    }
}

private void Sl_ValueChanged(object sender,
    RoutedPropertyChangedEventArgs<double> e)
{
    if (IsLoaded)
        Tb.Text = $"Wert: {Sl.Value}";
}
```

Listing 11.4 Projekt »WpfSteuerelemente«, Code in C#

Die Eigenschaft `IsLoaded` eines `Window`-Objekts liefert die Information, ob die Oberfläche bereits vollständig geladen ist. Erst im Anschluss daran wollen wir eine Reaktion sehen, wenn sich zum Beispiel die Auswahl der ListBox oder der Wert des Sliders ändern.

Die Eigenschaft `Text` enthält den gesamten Text einer TextBox, `SelectedText` hingegen nur den aktuell markierten Text. Die einzelnen Einträge einer ListBox sind vom Typ `ListBoxItem` und stehen in der Auflistung `Items`. Diese Auflistung wird mithilfe einer `foreach`-Schleife durchlaufen. Die Eigenschaft `Content` enthält den Text eines Eintrags.

11.3 Anwendung mit Navigation

Im Projekt *WpfNavigationFrame* kann sich der Benutzer zwei verschiedene Seiten in beliebiger Reihenfolge anzeigen lassen.

11.3.1 Ablauf der Anwendung

Nach dem Start erscheint erst einmal nur die Steuerung (Abbildung 11.5).

Von hier aus kann der Benutzer beide Seiten über Hyperlinks erreichen. Als Beispiel sehen Sie in Abbildung 11.6 die Seite 2.

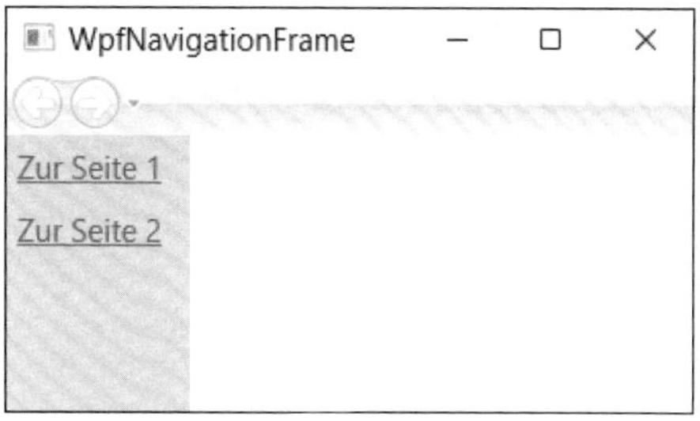

Abbildung 11.5 Steuerung

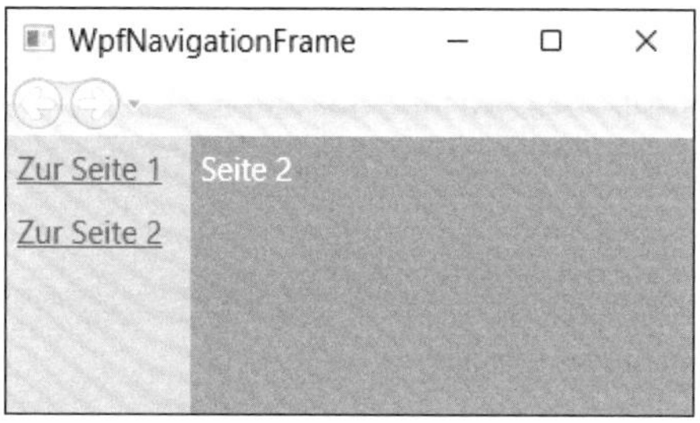

Abbildung 11.6 Anzeige von Seite 2

Die Klasse `NavigationWindow` (siehe unten) stellt eine browserähnliche Navigation mit VORWÄRTS- und RÜCKWÄRTS-Buttons und einer History (Verlauf) zur Verfügung. Für die Anwendung benötigen Sie die fünf XAML-Dateien *MainWindow.xaml*, *Aufbau.xaml*, *Steuerung.xaml*, *Seite1.xaml* und *Seite2.xaml*, jeweils mit Programmcodedatei (siehe Abbildung 11.7).

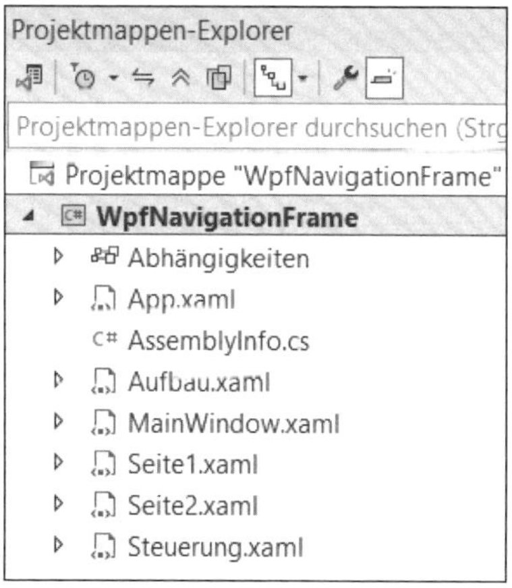

Abbildung 11.7 Projektdateien

11.3.2 Navigationsdatei

Zunächst der Aufbau der Navigation in der Datei *MainWindow.xaml*:

```
<NavigationWindow x:Class="WpfNavigationFrame.MainWindow"
  xmlns="..." Title="WpfNavigationFrame"
  Height="200" Width="350" Source="Aufbau.xaml" />
```

Listing 11.5 Projekt »WpfNavigationFrame«, Datei »MainWindow.xaml«

Es wird eine Standard-WPF-Anwendung erzeugt. Allerdings wird das Hauptelement des Typs `Window` in den Typ `NavigationWindow` geändert. Die Eigenschaft `Source` verweist auf den URI (*Uniform Resource Identifier*) der ersten Seite, die nach dem Start im `NavigationWindow` angezeigt wird. Der Titel der Anwendung wird mithilfe der Eigenschaft `Title` festgelegt.

In der Datei *MainWindow.xaml.cs* muss die Klasse `MainWindow` ebenfalls von der Klasse `NavigationWindow` und nicht von der Klasse `Window` abgeleitet werden. Zudem muss der Namensraum `System.Windows.Navigation` eingebunden werden.

Alle weiteren Seiten sind vom Typ `Page`. Einzelne Pages fügen Sie über den Menüpunkt PROJEKT • SEITE HINZUFÜGEN hinzu.

11.3.3 Aufbauseite

Es folgt das Layout der Aufbauseite in der Datei *Aufbau.xaml*:

```
<Page x:Class="WpfNavigationFrame.Aufbau" xmlns="..." ...>
  <Grid>
    <Grid.ColumnDefinitions>
      <ColumnDefinition Width="90" />
      <ColumnDefinition />
    </Grid.ColumnDefinitions>
    <Frame Grid.Row="0" Grid.Column="0" Source="Steuerung.xaml" />
    <Frame x:Name="Fr" Grid.Row="0" Grid.Column="1" />
  </Grid>
</Page>
```

Listing 11.6 Projekt »WpfNavigationFrame«, Datei »Aufbau.xaml«

Innerhalb eines Layouts des Typs `Grid` wird eine Seite aufgeteilt wie eine Tabelle, nämlich in Zeilen (engl. *rows*) und Spalten (engl. *columns*). Die Nummerierung der Zeilen und Spalten beginnt bei 0.

Hier sind es zwei Spalten, eine davon mit fester Breite. In beiden Spalten wird ein Steuerelement der Klasse `Frame` erzeugt. Die Eigenschaft `Source` des linken Frames verweist auf den URI der Page, die links angezeigt wird.

Der rechte Frame bekommt einen Namen, damit er später als Ziel für die Navigation dienen kann. Zunächst wird im rechten Frame aber noch keine Seite angezeigt.

11.3.4 Steuerungsseite

Es folgt der Code der Steuerungsseite in der Datei *Steuerung.xaml*:

```
<Page x:Class="WpfNavigationFrame.Steuerung" xmlns="..."
    Background="LightGray">
  <StackPanel Grid.Row="0" Grid.Column="0">
    <TextBlock Margin="5">
      <Hyperlink NavigateUri="Seite1.xaml"
        TargetName="Fr">Zur Seite 1</Hyperlink>
    </TextBlock>
    <TextBlock Margin="5">
      <Hyperlink NavigateUri="Seite2.xaml"
        TargetName="Fr">Zur Seite 2</Hyperlink>
    </TextBlock>
  </StackPanel>
</Page>
```

Listing 11.7 Projekt »WpfNavigationFrame«, Datei »Steuerung.xaml«

Die Eigenschaft `NavigateUri` der beiden Hyperlink-Objekte verweist auf den URI der Seiten, die nach der Betätigung angezeigt werden sollen. Ein Hyperlink-Objekt steht immer innerhalb eines umgebenden Steuerelements.

Über die Eigenschaft `TargetName` wird festgelegt, dass die Seiten im rechten Frame erscheinen sollen. In *Seite1.xaml* und *Seite2.xaml* steht jeweils eine einfache Page ohne besondere Elemente. Als Beispiel wird *Seite2.xaml* gezeigt:

```
<Page x:Class="WpfNavigationFrame.Seite2" xmlns="..."
    Background="DarkGray">
  <Label Foreground="White">Seite 2</Label>
</Page>
```

Listing 11.8 Projekt »WpfNavigationFrame«, Datei »Seite2.xaml«

11.4 Zweidimensionale Grafik

Es gibt verschiedene Möglichkeiten, mithilfe der WPF zweidimensionale Grafiken zu erstellen. Eine davon bedient sich der Klasse PathGeometry. Eine solche *Pfadgeometrie* besteht aus einer einzelnen Figur (Typ PathFigure) oder aus einer Auflistung von Figuren (Typ PathFigureCollection). Eine Figur wiederum besteht aus einem einzelnen Segment oder aus einer Auflistung von Segmenten (Typ PathSegmentCollection). Es gibt verschiedene Arten von Segmenten:

- einfache Segmente wie Linie (Typ LineSegment), Bogen (Typ ArcSegment) und Gruppen von Linien (Typ PolyLineSegment)
- quadratische oder kubische Bézierkurven der Typen QuadraticBezierSegment und BezierSegment
- Gruppen von quadratischen oder kubischen Bézierkurven der Typen PolyQuadraticBezierSegment und PolyBezierSegment

Bézierkurven werden im CAD-Bereich verwendet. Sie lassen sich mithilfe weniger Parameter aus (relativ) einfachen mathematischen Formeln erstellen.

11.4.1 Gestaltung der Oberfläche

Nachfolgend wird im Projekt *WpfGeometriePfad* ein Beispiel für eine Pfadgeometrie dargestellt (siehe Abbildung 11.8). Sie besteht aus zwei Figuren mit jeweils zwei Segmenten.

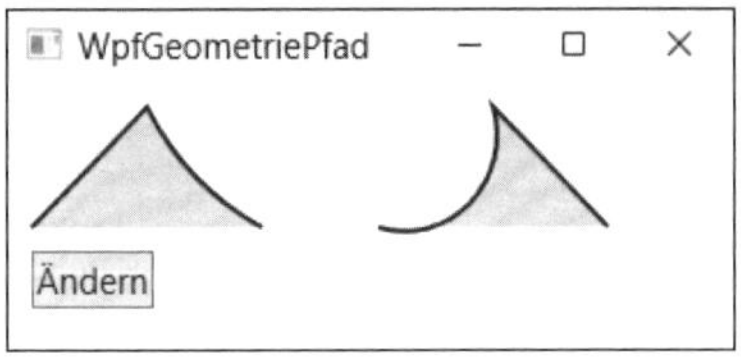

Abbildung 11.8 Pfadgeometrie

Hier der XAML-Code:

```
<Window x:Class="WpfGeometriePfad.MainWindow" xmlns="..."
    Title="WpfGeometriePfad" Height="150" Width="330">
  <Canvas>
    <Path x:Name="Pt" Fill="LightGray" Stroke="Black"
        StrokeThickness="2">
      <Path.Data>
        <PathGeometry>
          <PathFigureCollection>
```

```
          <PathFigure StartPoint="10,60">
            <PathSegmentCollection>
              <LineSegment Point="60,10" />
              <ArcSegment Point="110,60" Size="120,120" />
            </PathSegmentCollection>
          </PathFigure>
          <PathFigure StartPoint="160,60">
            <PathSegmentCollection>
              <ArcSegment Point="210,10" Size="40,40" />
              <LineSegment Point="260,60" />
            </PathSegmentCollection>
          </PathFigure>
        </PathFigureCollection>
      </PathGeometry>
    </Path.Data>
  </Path>
  <Button Canvas.Top="70" Canvas.Left="10"
    Click="Aendern">Ändern</Button>
 </Canvas>
</Window>
```


Listing 11.9 Projekt »WpfGeometriePfad«, XAML-Code

Füllfarbe, Umrissfarbe und Umrissdicke sind Eigenschaften des umgebenden Elements `Path`. Die Eigenschaft `Data` enthält eine Instanz der Klasse `PathGeometry`. Diese enthält wiederum in der Eigenschaft `Figures` (des Typs `PathFigureCollection`) die Auflistung der Figuren.

Die Umrisslinie einer Figur startet bei den Koordinaten, die durch die Eigenschaft `StartPoint` des Typs `Point` gegeben werden. Sie durchläuft die einzelnen Segmente in der Auflistung `Segments` (des Typs `PathSegmentCollection`). Sie wird geschlossen, wenn die boolesche Eigenschaft `IsClosed` den Wert `True` hat. Die im umgebenden Element definierte Füllung wird dargestellt, wenn die boolesche Eigenschaft `IsFilled` den Standardwert `True` hat.

Die Segmente sind im vorliegenden Fall vom Typ `LineSegment` und `ArcSegment`. Diese haben gemeinsame Eigenschaften: Die Umrisslinie läuft in jedem Segment zu den Koordinaten, die durch die Eigenschaft `Point` des Typs `Point` vorgegeben werden. Die im umgebenden Element definierte Umrisslinie wird dargestellt, wenn die boolesche Eigenschaft `IsStroked` den Standardwert `True` hat.

Size vom Typ Size ist dagegen nur eine Eigenschaft eines ArcSegment-Elements. Damit wird die Größe der Ellipse bestimmt, die den Bogenradius festlegt: je größer der Radius, desto flacher die Kurve.

11.4.2 Code der Ereignismethode

Für die Steuerung per Programmcode ist hier zusätzlich der Namensraum System.Windows.Media notwendig. Mit jedem Klick wird der Bogenradius des ersten Segments der zweiten Figur vergrößert. Die Methode zum Ändern der Pfadgeometrie lautet:

```
private void aendern(object sender, RoutedEventArgs e)
{
    PathGeometry pg = (PathGeometry)Pt.Data;
    ArcSegment asg = (ArcSegment)pg.Figures[1].Segments[0];
    asg.Size = new Size(asg.Size.Width + 5, asg.Size.Height + 5);
}
```

Listing 11.10 Projekt »WpfGeometriePfad«, Code in C#

Die Eigenschaft Data des Path-Objekts ist vom allgemeinen Typ Geometry und muss in den speziellen Typ PathGeometry umgewandelt werden, damit auf die Eigenschaft Figures zugegriffen werden kann.

Ein Element der Segments-Collection ist wiederum vom allgemeinen Typ PathSegment und muss in den speziellen Typ ArcSegment umgewandelt werden, damit auf die Eigenschaft Size zugegriffen werden kann.

11.5 Dreidimensionale Grafik

Zum Verständnis von dreidimensionalen Grafiken in WPF-Anwendungen ist ein wenig Theorie nicht zu umgehen. In diesem Abschnitt erläutere ich daher, wie Sie einen *3D-Körper* auf die zwei Dimensionen eines Bildschirms oder eines Buchs abbilden, sodass die dritte Dimension für den Betrachter erkennbar wird.

Ein Würfel hat bekanntlich sechs quadratische Seiten. Im Projekt *WpfDreiDWuerfel* werden drei der sechs Seiten eines Würfels im dreidimensionalen Raum dargestellt. Die Kantenlänge des Würfels ist 2, das Zentrum des Würfels ist der Nullpunkt des Koordinatensystems.

Das Koordinatensystem hat eine x-Achse von links nach rechts, eine y-Achse von unten nach oben und eine z-Achse, die »hinter dem Bildschirm« beginnt und auf den Betrachter zuläuft. Der Betrachter sieht von vorn auf drei Seiten des Würfels wie in Abbildung 11.9 gezeigt.

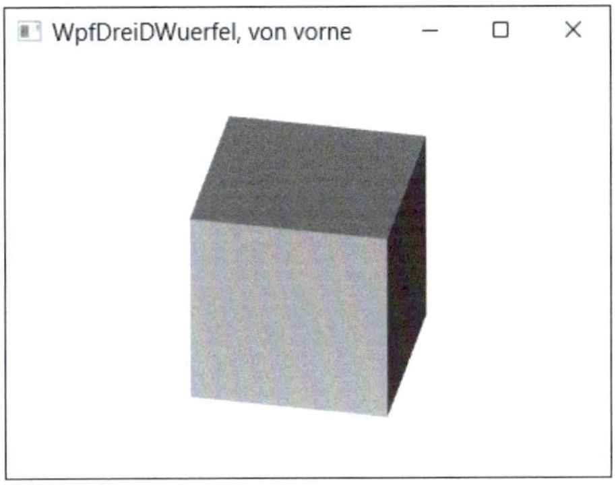

Abbildung 11.9 Drei Seiten eines Würfels

Die drei Seiten sind jeweils aus zwei Dreiecken aufgebaut. Es gibt also insgesamt sechs Dreiecke. Dreiecke sind die Grundelemente zur Erstellung von 3D-Körpern in der WPF. Der Betrachter kann sich die drei Seiten des Würfels per Tastendruck auch von hinten anschauen ([V] = vorn, [H] = hinten).

11.5.1 Gestaltung der Oberfläche

Der Aufbau im XAML-Code:

```
<Window x:Class="WpfDreiDWuerfel.MainWindow" xmlns="..."
    Title="WpfDreiDWuerfel, von vorne"
    Height="300" Width="400" KeyDown="Window_KeyDown">
  <Viewport3D>
    <Viewport3D.Camera>
      <OrthographicCamera x:Name="Oc" Position="1,3,5"
        LookDirection="-1,-3,-5" Width="6" />
    </Viewport3D.Camera>

    <Viewport3D.Children>
      <ModelVisual3D>
        <ModelVisual3D.Content>
          <DirectionalLight x:Name="Dl" Color="White"
            Direction="-1,-3,-5" />
```

```
          </ModelVisual3D.Content>
        </ModelVisual3D>

        <ModelVisual3D>
          <ModelVisual3D.Content>
            <GeometryModel3D>
              <GeometryModel3D.Material>
                <DiffuseMaterial Brush="LightGray" />
              </GeometryModel3D.Material>
              <GeometryModel3D.BackMaterial>
                <DiffuseMaterial Brush="Red" />
              </GeometryModel3D.BackMaterial>

              <GeometryModel3D.Geometry>
                <MeshGeometry3D Positions="-1,1,1 -1,-1,1 1,-1,1
                  1,1,1 1,1,1 1,-1,1 1,-1,-1 1,1,-1 -1,1,-1
                  -1,1,1 1,1,1 1,1,-1" TriangleIndices="0,1,2
                  2,3,0 4,5,6 6,7,4 8,9,10 10,11,8" />
              </GeometryModel3D.Geometry>

            </GeometryModel3D>
          </ModelVisual3D.Content>
        </ModelVisual3D>
      </Viewport3D.Children>
    </Viewport3D>
</Window>
```

Listing 11.11 Projekt »WpfDreiDWuerfel«, XAML-Code

Wird innerhalb des Fensters eine Taste heruntergedrückt, reagiert darauf die Ereignismethode `Window_KeyDown`.

Zunächst muss eine Kamera aufgestellt werden, mit deren Hilfe die 3D-Körper gesehen werden. Dabei sind die Position und die Blickrichtung wichtig. In diesem Projekt »schwebt« die Kamera an der Position 1/3/5, also schräg rechts oben vor der Blattebene, außerhalb des Würfels.

Die Blickrichtung (`LookDirection`) wird mit `-1/-3/-5` angegeben. Die Kamera blickt durch den Nullpunkt hindurch zum gegenüberliegenden Punkt hinter der Blattebene. Der

Würfel selbst liegt um den Nullpunkt herum, also kann der Betrachter ihn sehen. Innerhalb des Projekts können Position und Blickrichtung per Tastendruck geändert werden.

Es wird ein gerichtetes Licht des Typs `DirectionalLight` verwendet. Es strahlt aus einer bestimmten Richtung, die über die Eigenschaft `Direction` des Typs `Vector3D` angegeben wird. In diesem Beispiel wird die gleiche Richtung wie die Blickrichtung genommen. Die drei Seiten des Würfels werden von diesem Licht aus unterschiedlichen Winkeln beleuchtet; daher erscheinen sie für den Betrachter in verschiedenen Farbtönen. Die Farbe des Lichts ist Weiß (Eigenschaft `Color`), das ist das Licht mit der höchsten Intensität.

Das Material für die Vorderseite ist diffus und hellgrau. Über die Eigenschaft `BackMaterial` wird eine rote Farbe für die Rückseite der drei Seiten gewählt. Der Betrachter kann sie somit auch von hinten sehen.

Die Form wird über ein Objekt des Typs `MeshGeometry3D` bestimmt. Darin stehen die Dreiecke, aus denen eine dreidimensionale Form aufgebaut wird. Wichtige Eigenschaften sind:

11

- `Positions`, vom Typ `Point3DCollection`, enthält eine Auflistung von `Point3D`-Objekten, also Punkten im dreidimensionalen Raum. Jedes `Point3D`-Objekt besteht aus einer Gruppe von drei `double`-Zahlen für die x-, y- und z-Koordinate des Punkts. Wie in einer Auflistung üblich, sind die Elemente nummeriert, beginnend bei 0. Diese Nummern werden für die Eigenschaft `TriangleIndices` benötigt.
- `TriangleIndices`, vom Typ `Int32Collection`, besteht hier aus sechs Gruppen von drei ganzen Zahlen. Eine Gruppe ergibt jeweils eines der sechs Dreiecke. Die drei ganzen Zahlen geben an, welche `Point3D`-Objekte der Auflistung `Positions` für das Dreieck verwendet werden.

Die Auflistung der `Point3D`-Objekte für die Eigenschaft `Positions` umfasst hier zwölf Elemente, aus denen mithilfe der Eigenschaft `TriangleIndices` sechs Dreiecke gebildet werden. Der Umlaufsinn jedes Dreiecks wird so gewählt, dass der Betrachter immer die Vorderseiten sieht. Jeweils zwei Dreiecke bilden eine der drei Seiten des Würfels. Im Einzelnen sind das:

- die hellgraue vordere Seite, Indizes 0 (links oben), 1 (links unten), 2 (rechts unten) und 2, 3 (rechts oben), 0
- die schwarze rechte Seite, Indizes 4 (vorn oben), 5 (vorn unten), 6 (hinten unten) und 6, 7 (hinten oben), 4
- die dunkelgraue obere Seite, Indizes 8 (links hinten), 9 (links vorn), 10 (rechts vorn) und 10, 11 (rechts hinten), 8

11.5.2 Code der Ereignismethode

Für die Steuerung per Programmcode sind zusätzlich die Namensräume System.Windows.Media.Media3D und System.Windows.Input notwendig. Die Ereignismethode lautet wie folgt:

```
private void Window_KeyDown(object sender, KeyEventArgs e)
{
    if (e.Key == Key.V)
    {
        Oc.Position = new Point3D(1, 3, 5);
        Oc.LookDirection = new Vector3D(-1, -3, -5);
        Dl.Direction = new Vector3D(-1, -3, -5);
        Title = "WpfDreiDWuerfel, von vorne";
    }
    else if (e.Key == Key.H)
    {
        Oc.Position = new Point3D(-1, -3, -5);
        Oc.LookDirection = new Vector3D(1, 3, 5);
        Dl.Direction = new Vector3D(1, 3, 5);
        Title = "WpfDreiDWuerfel, von hinten";
    }
}
```

Listing 11.12 Projekt »WpfDreiDWuerfel«, Code in C#

Die Eigenschaft Key liefert das Element der Enumeration Key zu der betätigten Taste. Nach dem Betätigen einer der beiden Tasten V oder H werden die Position und die Blickrichtung der orthografischen Kamera und die Richtung des gerichteten Lichts geändert.

11.6 Animation

Das nachfolgende Projekt *WpfAnimDreiDRotation* zeigt eine Kombination aus verschiedenen Elementen. Das sind: die *Animation* einer dreidimensionalen *Rotationstransformation*, ein *Storyboard* als Ressource und ein *Event Trigger*.

Eine Transformation ist die Veränderung eines 3D-Körpers, zum Beispiel eine Verschiebung, Größenänderung oder Drehung. Ein Storyboard (deutsch: Drehbuch) enthält den Ablauf einer Animation. Eine Ressource entspricht einem Werkzeug, das einer Anwendung zur Verfügung steht. Ein Event Trigger kann bei einem bestimmten Ereignis eine Animation starten.

Mit der Rotationstransformation dreht sich der Würfel aus dem letzten Abschnitt nacheinander um drei verschiedene Achsen, sobald das Fenster geladen wird: In den ersten zehn Sekunden von 0 auf 180 Grad um die x-Achse und wieder zurück auf 0 Grad, in den nächsten zehn Sekunden ebenso um die y-Achse, anschließend ebenso zehn Sekunden um die z-Achse. Dieser Ablauf wird endlos fortgesetzt, siehe Abbildung 11.10.

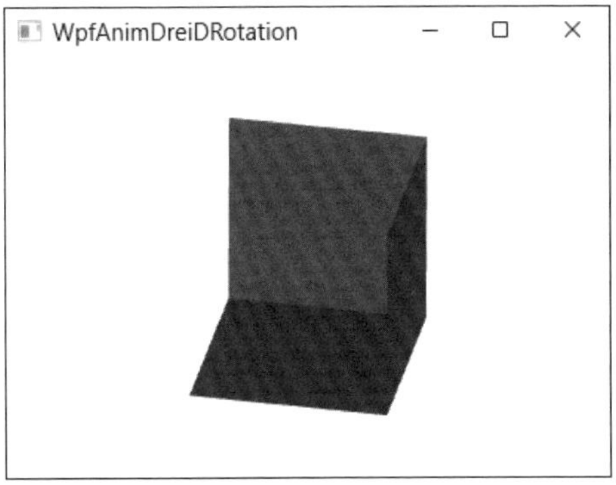

Abbildung 11.10 Animierte 3D-Rotation

11.6.1 Gestaltung der Oberfläche

Zunächst der Würfel mit Event Trigger und Transformation in XAML:

```
<Window x:Class="WpfAnimDreiDRotation.MainWindow" xmlns="..."
    Title="MainWindow" Height="300" Width="400">
  <Window.Resources>
    <Storyboard x:Key="SbRes" ...> ... </Storyboard>
  </Window.Resources>
  <Window.Triggers>
    <EventTrigger RoutedEvent="Loaded">
      <BeginStoryboard Storyboard="{StaticResource SbRes}" />
    </EventTrigger>
  </Window.Triggers>
  <Viewport3D>
    <Viewport3D.Camera>
      <OrthographicCamera Position="1,3,5"
          LookDirection="-1,-3,-5" Width="6"/>
    </Viewport3D.Camera>
    <Viewport3D.Children>
```

```
        <ModelVisual3D>
          <ModelVisual3D.Content>
            <DirectionalLight Color="White" Direction="-1,-3,-5" />
          </ModelVisual3D.Content>
        </ModelVisual3D>
        <ModelVisual3D>
          <ModelVisual3D.Content>
            <GeometryModel3D>
              <GeometryModel3D.Geometry>
                <MeshGeometry3D Positions =
                  "-1,1,1 -1,-1,1 1,-1,1 1,1,1
                  1,1,1 1,-1,1 1,-1,-1 1,1,-1
                  -1,1,-1 -1,1,1 1,1,1 1,1,-1"
                  TriangleIndices="0,1,2 2,3,0 4,5,6
                                   6,7,4 8,9,10 10,11,8" />
              </GeometryModel3D.Geometry>
              <GeometryModel3D.Material>
                <DiffuseMaterial Brush="LightGray" />
              </GeometryModel3D.Material>
              <GeometryModel3D.BackMaterial>
                <DiffuseMaterial Brush="Red" />
              </GeometryModel3D.BackMaterial>
              <GeometryModel3D.Transform>
                <RotateTransform3D x:Name="Rt3d" >
                  <RotateTransform3D.Rotation>
                    <AxisAngleRotation3D />
                  </RotateTransform3D.Rotation>
                </RotateTransform3D>
              </GeometryModel3D.Transform>
            </GeometryModel3D>
          </ModelVisual3D.Content>
        </ModelVisual3D>
      </Viewport3D.Children>
    </Viewport3D>
</Window>
```

Listing 11.13 Projekt »WpfAnimDreiDRotation«, XAML-Code, Rahmen

Die Ressource hat als Bezeichnung den Schlüssel SbRes. Der Event Trigger reagiert, sobald das Ereignis Loaded des Fensters eingetreten ist, und startet das Storyboard aus der Ressource SbRes.

Es folgt der bekannte Aufbau von Szene und Würfel – mit Kamera, Licht, Geometrie und Material. Als neues Element von `GeometryModel3D` folgt die Transformation. Die Art der Transformation (hier: `RotateTransform3D`) ist das Zielelement der Animation (`TargetName`). Die Art der Rotation (hier: `AxisAngleRotation`) ist hingegen die Zieleigenschaft der Animation (`TargetProperty`). Es werden hier noch keine Werte für die Drehachse (`Axis`) oder den Drehwinkel (`Angle`) eingetragen, diese folgen erst im Storyboard.

11.6.2 Das Storyboard

Nun zum Storyboard innerhalb der Ressource:

```
<Window.Resources>
  <Storyboard x:Key="SbRes" RepeatBehavior="Forever">
    <Rotation3DAnimation Storyboard.TargetName="Rt3d"
        Storyboard.TargetProperty="Rotation" Duration="0:0:5"
        AutoReverse="True">
      <Rotation3DAnimation.From>
        <AxisAngleRotation3D Axis="1,0,0" Angle="0" />
      </Rotation3DAnimation.From>
      <Rotation3DAnimation.To>
        <AxisAngleRotation3D Axis="1,0,0" Angle="180" />
      </Rotation3DAnimation.To>
    </Rotation3DAnimation>
    <Rotation3DAnimation Storyboard.TargetName="Rt3d"
        Storyboard.TargetProperty="Rotation" Duration="0:0:5"
        BeginTime="0:0:10" AutoReverse="True">
      <Rotation3DAnimation.From>
        <AxisAngleRotation3D Axis="0,1,0" Angle="0" />
      </Rotation3DAnimation.From>
      <Rotation3DAnimation.To>
        <AxisAngleRotation3D Axis="0,1,0" Angle="180" />
      </Rotation3DAnimation.To>
    </Rotation3DAnimation>
    <Rotation3DAnimation Storyboard.TargetName="Rt3d"
        Storyboard.TargetProperty="Rotation" Duration="0:0:5"
        BeginTime="0:0:20" AutoReverse="True">
      <Rotation3DAnimation.From>
        <AxisAngleRotation3D Axis="0,0,1" Angle="0" />
      </Rotation3DAnimation.From>
      <Rotation3DAnimation.To>
```

```
      <AxisAngleRotation3D Axis="0,0,1" Angle="180" />
    </Rotation3DAnimation.To>
  </Rotation3DAnimation>
 </Storyboard>
</Window.Resources>
```

Listing 11.14 Projekt »WpfAnimDreiDRotation«, XAML-Code, Storyboard

Das gesamte Storyboard wird aufgrund des Werts `Forever` für die Eigenschaft `RepeatBehavior` endlos wiederholt.

Jede der drei Animationen des Typs `Rotation3DAnimation` hat als Zielelement (`TargetName`) die Art der Transformation und als Zieleigenschaft (`TargetProperty`) die Art der Rotation. Eine Animation dauert jeweils fünf Sekunden und wird anschließend wieder rückgängig gemacht – macht insgesamt zehn Sekunden. Jede verläuft vom Winkel 0 Grad bis zum Winkel 180 Grad (Animationseigenschaften `From` und `To`).

Die drei Animationen unterscheiden sich in der Drehachse: Erst ist es die x-, es folgt die y-, als Letztes die z-Achse. Außerdem starten sie dank der unterschiedlichen Werte der Eigenschaft `BeginTime` zeitversetzt, im Ergebnis also nacheinander. Die Werte werden im Format `hh:mm:ss` angegeben.

Anhang A
Installation und technische Hinweise

Nützliche Hinweise zur Installation von und zur Arbeit mit Visual Studio

In diesem Kapitel werde ich neben der Installation von Visual Studio weitere nützliche Arbeitsmittel erläutern.

A.1 Installation von Visual Studio Community 2026

Zur Installation von Visual Studio rufen Sie zunächst die entsprechende Seite bei Microsoft auf: *https://visualstudio.microsoft.com/de*. Dort können Sie Visual Studio herunterladen, das in der Community-Version frei verfügbar ist. Es wird die ausführbare Datei *VisualStudioSetup.exe* heruntergeladen.

Nach einem Doppelklick auf diese Datei wird das Programm VISUAL STUDIO INSTALLER gestartet. Auf der Registerkarte WORKLOADS können Sie die gewünschten Komponenten auswählen. Zur Erstellung der Beispiele dieses Buchs genügt die Komponente .NET-Desktopentwicklung, siehe Abbildung A.1.

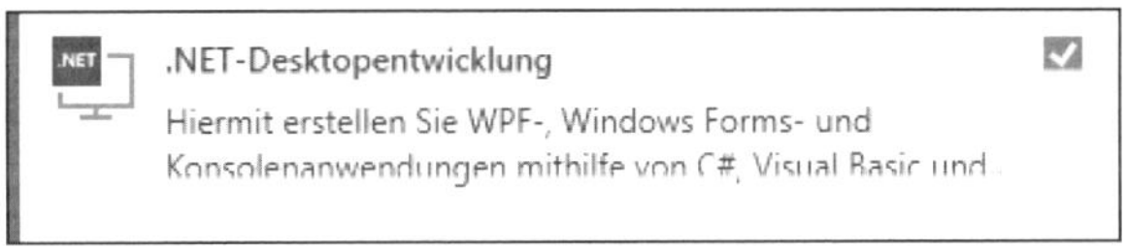

Abbildung A.1 Komponente für .NET-Desktopentwicklung

Nach der Betätigung des Buttons INSTALLIEREN starten das Herunterladen und die Installation. Anschließend steht Ihnen *Visual Studio Community 2026* zum Lernen, Testen und Programmieren zur Verfügung.

Durch einen erneuten Aufruf der Datei *VisualStudioSetup.exe* und die Auswahl des Buttons ÄNDERN könnten Sie weitere Komponenten nachinstallieren.

Über den Menüpunkt HILFE • VISUAL STUDIO REGISTRIEREN gelangen Sie auf ein Dialogfeld, um Ihr Visual Studio kostenfrei bei Microsoft zu registrieren. Dieses Dialogfeld erscheint auch im Verlauf der Installation. Sollten Probleme während der Registrierung auftreten, kann das an der Einstellung Ihres Browsers bezüglich Cookies liegen. Sie sollten ihn so einstellen, dass Cookies (auch von Drittanbietern) akzeptiert werden.

A.2 Arbeiten mit einer Projektvorlage

In diesem Abschnitt beschreibe ich ein nützliches Feature der Entwicklungsumgebung. Es kann vorkommen, dass Sie ein neues Projekt auf Basis eines bereits vorhandenen Projekts aufbauen möchten. Zu diesem Zweck müssen Sie zunächst das vorhandene Projekt, zum Beispiel das Projekt *ErweiterungEnter*, als Vorlage speichern.

Wählen Sie dazu den Menüpunkt PROJEKT • VORLAGE EXPORTIEREN. Im ersten Dialogfeld wählen Sie den Vorlagentyp *Projektvorlage* aus. Die Einstellungen im zweiten Dialogfeld können unverändert bleiben. Nach Betätigung des Buttons FERTIG wird die Vorlage in einer komprimierten Datei abgelegt, die Ihnen unmittelbar angezeigt wird. Existiert bereits eine komprimierte Datei mit demselben Namen, werden Sie gefragt, ob sie vorher gelöscht werden soll.

Möchten Sie ein neues Projekt auf Basis des vorhandenen Projekts aufbauen, gehen Sie zunächst wie gewohnt über den Menüpunkt DATEI • NEUES PROJEKT. Die soeben erstellte Vorlage können Sie über ihren Namen in der Liste der Vorlagen finden und als Vorlage für ihr neues Projekt auswählen.

Der Name des neuen Projekts entspricht dem Namen der Vorlage, um eine Ziffer verlängert. Sie können den Namen passend ändern. Nach Erstellung des Projekts sollten Sie die neue Anwendung einmal starten. Spätestens nach diesem Start stehen Ihnen Formular und Code zur Verfügung.

A.3 Weitergabe eigener Windows-Programme

Nach dem Kompilieren eines Visual-Studio-Programms mit C# in eine *.exe*-Datei erhalten Sie ein eigenständiges Programm, das Sie unabhängig von der Entwicklungsumgebung ausführen können.

Das gilt aber nur für den eigenen Rechner und nicht für einen Rechner, auf dem die .NET-Softwareplattform nicht installiert ist. Es muss dafür gesorgt werden, dass die notwendige Umgebung auf dem Zielrechner existiert.

Die einfachste Lösung für dieses Problem bietet *ClickOnce*. Dabei werden alle benötigten Dateien zusammengestellt, und ein vollständiges und einfach zu bedienendes Installationsprogramm wird erzeugt.

Dieses Installationsprogramm wird auf dem Zielrechner ausgeführt. Je nach Art des Installationsprogramms wird die neue Windows-Anwendung im Windows-Startmenü eingetragen. Die neue Windows-Anwendung kann auch bei Bedarf wieder über die Systemsteuerung deinstalliert werden.

A.3.1 Erstellung des Installationsprogramms

Zur Erstellung öffnen Sie innerhalb der Entwicklungsumgebung zunächst das Projekt, das weitergegeben werden soll. Anschließend klappen Sie im PROJEKTMAPPEN-EXPLORER das Kontextmenü auf dem Projektnamen auf und rufen den Menüpunkt VERÖFFENTLICHEN auf. Wählen Sie im Dialogfeld VERÖFFENTLICHEN die Option CLICKONCE.

Nach Betätigung des Buttons WEITER sehen Sie die Voreinstellungen und können sie nacheinander in mehreren Schritten ändern. Standardmäßig wird das Installationsprogramm im gewählten Verzeichnis (hier *bin/publish*) erzeugt. Die Revisionsnummer wird bei jeder weiteren Veröffentlichung erhöht. Die Projektkonfiguration ist ebenfalls standardmäßig eingestellt.

Nach Betätigung des Buttons FERTIG STELLEN wird das Profil zur Veröffentlichung erstellt. Nach Betätigung des Buttons VERÖFFENTLICHEN wird das Installationsprogramm erzeugt. Der gesamte Inhalt des gewählten Verzeichnisses sollte anschließend auf das Transportmedium übertragen werden.

A.3.2 Ablauf einer Installation

Das Programm *setup.exe* wird vom Transportmedium aus gestartet. Zunächst erfolgt eine Sicherheitswarnung, da Sie als Herausgeber der Anwendung nicht überprüft werden können. Nach der Betätigung des Buttons INSTALLIEREN wird die Anwendung installiert, inklusive eines Eintrags im Windows-Startmenü.

Index

A

D

M

N

X

Y

Z